DESCRIPTION

STATISTIQUE, HISTORIQUE ET POLITIQUE

DES ÉTATS-UNIS

DE

L'AMÉRIQUE SEPTENTRIONALE.

IMPRIMERIE DE FAIN, PLACE DE L'ODÉON.

DESCRIPTION,

STATISTIQUE, HISTORIQUE ET POLITIQUE

DES ÉTATS-UNIS

DE

L'AMÉRIQUE SEPTENTRIONALE,

DEPUIS L'ÉPOQUE DES PREMIERS ÉTABLISSEMENS JUSQU'A
NOS JOURS;

PAR D. B. WARDEN,

Ancien consul américain, à Paris; membre ou correspondant des sociétés philosophiques de New-York et de Philadelphie; de la société historique de New-York;
de la société philomathique et d'encouragement de Paris; de l'académie royale de
Nancy; de la société littéraire de Belfast, en Irlande, etc., etc., etc.

ÉDITION TRADUITE SUR CELLE D'ANGLETERRE;

Ornée d'une carte nouvelle et générale des États-Unis, par M. Tardieu;
d'un plan du district de Columbia, et d'une vue du Capitole.

TOME IV.

A PARIS,

CHEZ REY ET GRAVIER, LIBRAIRES,

QUAI DES GRANDS-AUGUSTINS, N°. 55.

1820.

TABLE DES MATIÈRES

DU QUATRIÈME VOLUME.

SUITE DU LIVRE II.

CHAPITRE XVI.

ÉTAT DE KENTUCKY.

TOME IV.   *a*

CHAPITRE XVII.

ÉTAT DE L'OHIO.

CHAPITRE VII.

ÉTAT DE NEW-JERSEY.

CHAPITRE VIII.

ÉTAT DE PENSYLVANIE.

CHAPITRE IX.

ÉTAT DE DELAWARE.

CHAPITRE XXIII.

TERRITOIRE DU MICHIGAN.

CHAPITRE XXIV.

TERRITOIRE DU MISSOURI.

CHAPITRE XXV.

TERRITOIRE D'ARKANSAW.

CHAPITRE XXVI.

*Description du pays situé entre les montagnes Rocky
et l'Océan Pacifique.*

CHAPITRE XXVII.

TERRITOIRE DES FLORIDES.

FIN DE LA TABLE DES MATIÈRES DU QUATRIÈME VOLUME.

DESCRIPTION
DES ÉTATS-UNIS
D'AMÉRIQUE.

SUITE

DU LIVRE II.

CHAPITRE XVI.

ÉTAT DE KENTUCKY (1).

TOPOGRAPHIE.

Sɪᴛᴜᴀᴛɪᴏɴ ᴇᴛ éᴛᴇɴᴅᴜᴇ. Cet état est situé entre le 36° 30′ et le 39° 10′ de latitude nord, et entre les 4° 48′ et le 12° 20′ de longitude ouest de Washington. Il est borné au nord et au nord-

---

(1) Du mot indien *Kentucke*, qui veut dire rivière de sang. Ce nom fut donné à la principale rivière de cet État à cause des combats sanglans que les naturels du pays livrèrent sur ses bords à d'autres Indiens.

ouest par la rivière d'Ohio, qui le sépare de l'état du même nom et de celui d'Indiana; au sud, par le parallèle de 36 degrés et demi qui forme la ligne de démarcation avec l'état de Tennessée; à l'est, au nord-est et au sud-est, par la rivière de Big Sandy et les montagnes de Cumberland qui le séparent de la Virginie; et à l'ouest, par le Mississipi. Sa forme est très-irrégulière. Sa plus grande longueur de l'est à l'ouest est d'environ trois cent soixante milles; et sa plus grande largeur du nord au sud, de cent quatre-vingts milles.

Superficie. D'après les observations géographiques de M. Melish, elle est de trente-neuf mille milles carrés, ou vingt-quatre millions neuf cent soixante mille acres; et, selon M. Marshall, de cinquante mille milles carrés.

Aspect du pays et nature du sol. La chaîne de *Cumberland* s'étend dans les parties sud-est de l'état formant une ligne de frontière pendant quatre-vingts milles environ. Près de ces montagnes, le pays est raboteux et inégal. Les autres parties sont généralement plates et unies. Le sol est noirâtre et léger, mais extraordinairement fertile, et repose sur de l'argile très-compacte. Celle-ci se trouve dans tout le pays plat, sur un lit de pierre calcaire, dont l'épaisseur varie de un à quinze pieds. Dans le pays de Miami, ce lit existe près de la surface, et est même à découvert dans quelques endroits. Le pays, dans son état naturel, est, en général, couvert d'immenses forêts. Il y a cependant une étendue de prairies naturelles de soixante à soixante-dix milles de long, et de cinquante à soixante de large, connues sous le nom de *barrens*, que la nature a garnies des herbages les plus abondans. Depuis l'embouchure de l'Ohio jusqu'à la jonction de la rivière de Big Sandy, les terres alluviales ou *bottoms*, qui ont près d'un mille de large, sont couvertes, dans leur état naturel, de gros arbres, et quelques parties sont sujettes à l'inondation (1). A celles-ci tiennent d'autres terres très-fertiles, qui ont de cinq à vingt milles de large, et qui s'étendent dans toute la longueur de l'état. Cette partie est formée de hautes collines et de vallées profondes, à travers lesquelles les eaux s'écoulent dans l'Ohio. Entre ces terres, le Big Sandy, la rivière Verte, et les comtés de l'est, le pays contenant une étendue de cent cinquante milles de long et de cinquante à cent de large, est le plus productif de tout l'état, et ne le cède peut-être, sous ce

---

(1) Environ un sixième de ces terres est défriché, et en état de culture.

A

rapport, à aucune autre contrée. Les terres ont de légers mouvemens, et les plus fortes inclinaisons du sol ne dépassent pas 28 degrés. Il n'y a point de marais, et le pays est arrosé par de belles eaux de source et par celles des rivières du petit Sandy, du Licking, du Kentucky et de la Salt. Le sol est meuble par sa nature, généralement noir, rougeâtre ou couleur de cendre dans quelques endroits, et profond de un à vingt pieds. Il est plus fertile dans les parties élevées que dans les vallées, et principalement près des bords des rivières. Les arbres qu'il produit sont d'une petite venue et si clair-semés, qu'il n'y en a pas plus de vingt par acre en plaine. Il n'y a point de taillis ni d'arbrisseaux, excepté la vigne sauvage qui monte autour des arbres. Les parties de l'est et du sud-est de l'état, le long des frontières de la Virginie et du Tennessée, où plusieurs rivières prennent leur source, sont variées par des collines, de profondes vallées, et par quelques chaînons des monts Alleghanys et de Cumberland. Toute la surface est bien boisée, surtout dans les fonds qui ont d'un à cinquante acres d'étendue, et sont très-unis. Le peuplier y acquiert jusqu'à huit pieds de diamètre, et de grands roseaux sont entremêlés aux autres arbres. Entre la rivière de Salt, nommée Rolling, la rivière

Verte, dans un espace de quarante milles carrés,
et le long de la grande et de la petite rivière de
Barren, la terre est moins fertile. La surface
qui s'étend entre la rivière Verte et celle
de Cumberland, fut considérée par les premiers colons comme de peu de valeur; et
le gouvernement ayant la même opinion, fit
un acte en 1800, par lequel il concédait à chaque colon établi un lot de quatre cents acres.
Cette offre encouragea les fermiers à mieux examiner la valeur des terres, et ils les trouvèrent
susceptibles de produire du grain de bonne
qualité, du tabac, du coton, de l'indigo, et
une grande variété de plantes potagères. Les
bois offraient de beaux pâturages pour les bestiaux; et les chênes étant en grande quantité,
fournissaient une nourriture abondante aux
porcs. Les terres, qui sont sur les bords de la
rivière de Cumberland, ne sont pas si sujettes
aux inondations que celles des bords de l'Ohio.
Elles consistent en une argile graveleuse ou
terreau sablonneux, de couleur rougeâtre, excepté dans les endroits couverts de peupliers,
où elle a une couleur de cendre. Cette partie est
d'une si grande fertilité, qu'on la dit susceptible de produire cent boisseaux de maïs par
acre. Les arbres qui y croissent sont le chêne,
le châtaignier, le noyer, le tupélo, le peuplier

et le magnolier à feuilles aiguës. Le chêne domine presque partout (1).

Cavernes. Les parties souterraines de cet état sont devenues l'objet de recherches intéressées, à cause de la grande quantité de nitre qu'elles renferment. La grande caverne située près de la petite rivière Tortue (*Crooked*) passe pour

---

(1) M. Correa de Serra pense que le sol des millions d'acres que renferme l'étendue de terre, connue sous le nom d'*Elk horn tract*, arrosée par les eaux du Kentucky, est formé du détritus d'une grande quantité de végétaux qui y avaient été laissés par la mer. Tout ce terrain est beaucoup plus bas que le pays avoisinant, on n'y rencontre presque point de pierre, et le sol se compose partout de carbonate de chaux pur, qui existe à la surface, en couches minces, de l'épaisseur des lits du schiste argileux, et disposés horizontalement. Il n'acquiert de consistance qu'à une certaine profondeur, et même alors il présente le beau grain que l'on remarque dans tous les blocs de marbre de Kentucky. Cette pierre calcaire est entièrement semée de coquilles marines, parmi lesquelles dominent celles du genre *terebratula*. La manière horizontale dont est disposée cette couche, est très-frappante. Au-dessus de ce carbonate de chaux, il n'y a presque pas de sable ou de gravier, mais seulement un terreau léger et très-noir, de trois à quinze pieds de profondeur, qui est d'une fertilité incroyable (*).

(*) *Transactions of the American philosophical society of Philadelphia*, vol. 1.; *new series*, n°. xi, 1818.

en contenir un million de livres. Elle a deux entrées distantes l'une de l'autre de mille neuf cent trente-huit pieds, et est éloignée d'environ quatre cent cinquante pieds d'un large ruisseau, au-dessus duquel elle est élevée de quatre-vingts pieds; la hauteur moyenne de sa voûte est de dix pieds. Dans quelques endroits elle s'élève de cinquante à soixante. Sa largeur moyenne est de quarante, et elle s'étend, dans quelques endroits, à soixante-dix ou quatre-vingts. Le fond ressemble à une grande route (1). Il y a dans le comté de Warren une autre caverne plus étendue. On y entre par une descente de quarante pieds, qui aboutit à un passage de quarante à cinquante pieds de haut et de trente de large. Au bout de cent vingt pieds, il se rétrécit et n'a plus que quinze pieds de hauteur et le double de largeur; ensuite il s'élève à vingt pieds et s'élargit à trente ou quarante, dimension qu'il conserve environ pendant l'espace d'un mille. De là jusqu'à la distance de deux milles de son entrée, la caverne a soixante pieds de haut et quarante

_____

(1) Le docteur Brown, de Lexington, a donné une description de cette caverne et des autres qui se trouvent dans cet état, dans le 6°. vol. des Transactions de la société philosophique de Philadelphie.

de large ; ensuite elle a de soixante à cent pieds
de haut, et conserve à peu près la même largeur pendant un mille dans la direction de
l'ouest, puis dans celle du sud-ouest jusqu'à la
distance de six milles de l'entrée ; là elle aboutit à une aire qui a plus de huit acres d'étendue
avec une voûte de pierres solides, haute de
cent pieds. De cet endroit, nommé le chef-lieu
(*chief city*), partent cinq branches larges de
soixante à cent pieds, et hautes de quarante à
quatre-vingts, dont l'une se dirige au sud pendant plus de deux milles ; une autre à l'est,
puis au nord, en offrant un plus long trajet, et
communiquant avec une troisième qui aboutit
à la grande aire dans la direction du nord, et
parallèlement à la première branche décrite ;
une quatrième au bout de deux milles s'étend
en une belle voûte, dont le plus haut point est à
deux cents pieds au-dessus de la surface du sol ;
de là un passage d'environ neuf cents pieds de
long, aboutit à une troisième aire de deux
cents pieds carrés, et haute de cinquante. Près
de l'extrémité de ce passage, une belle nappe
d'eau tombe d'une roche élevée de quatre-
vingts pieds sur des fragmens de pierres, et
disparaît. En retournant environ à la distance
de trois cents pieds, une autre avenue, dont
le terrain est raboteux, va dans la direction du

sud pendant plus d'un mille, et passant par-
dessus une éminence escarpée d'environ cent
quatre-vingts pieds, aboutit à une autre aire,
dont la voûte couvre au moins six acres. L'extrémité de cette dernière avenue est à environ
dix milles de l'entrée de la caverne et à quatre
de la première grande aire, de laquelle un
cinquième passage, long de deux mille sept
cents pieds, part dans la direction du sud-est,
et aboutit à une surface unie de quatre acres
d'étendue, et couverte de pierres calcaires bri-
sées. Dans un passage long de cinq cents perches, et qui se dirige vers le midi, il y a une
ouverture à peine assez large pour laisser passer
un homme, et haute de quarante pieds, qui
aboutit à une salle de dix-huit cents pieds de
circonférence, dont la voûte a cent cinquante
·pieds d'élévation. On croit que la rivière Verte,
qui est navigable pendant plusieurs centaines
de milles, passe au-dessus des voûtes de cette
caverne (1).

_____

(1) Telle est la description publiée par les journaux
américains, et en premier lieu, par le *Worcester Spy*,
du mois d'août 1816. L'auteur du *Western Gazetteer* remarque (p. 99) que, bien qu'il ait fait une recherche
particulière sur les grottes et les cavernes, il n'a jamais
entendu parler d'aucune qui approchât de celle-ci en
grandeur.

EAUX.

Rivières. Cet état est baigné au nord, au nord-est et au nord-ouest, par la rivière de l'Ohio, dans une étendue de plus de six cent quarante milles; au nord-est, par le Big Sandy, branche de cette rivière, dont le cours est de cent milles; et à l'ouest, par le Mississipi, pendant plus de cinquante milles.

Après les grandes pluies et la fonte soudaine des neiges, les eaux de l'Ohio s'élèvent à une hauteur considérable, et inondent ses bords : à Louisville, situé près des chutes de cette rivière, elles étaient, en 1815, à plus de soixante-dix pieds au-dessus de leur niveau ordinaire.

Le Kentucky est arrosé dans son intérieur par différentes branches de l'Ohio, qui le traversent principalement dans la direction du sud-est au nord-ouest.

1°. Le *Big Sandy,* ou *Tottery,* qui forme la ligne de frontières entre le Kentucky et la Virginie, prend ses sources dans les montagnes, près de celles des rivières de Clinch et de Cumberland, et ses deux grandes branches se réunissent à quarante milles au-dessus de son confluent avec l'Ohio (1), où elle a six cents pieds de large. Elle est navigable pour les bateaux pendant soixante-dix milles jusqu'à la montagne d'Ouasioto. La branche méridionale reçoit un grand nombre de petites rivières qui coulent dans une direction est ou nord-est.

2°. La rivière de *Licking* prend sa source dans l'angle sud-est de l'état près des sources du Cumberland et du Big Sandy, et coule au nord-nord-ouest jusqu'à l'Ohio, dans une étendue d'environ cent quatre-vingts milles. Elle a environ quatre cents pieds de large à sa jonction, et est navigable jusqu'à la distance de soixante-dix milles. Dans l'hiver et le printemps, ses eaux s'élèvent à une grande hauteur; mais, dans l'été, elles se perdent en partie dans les ouvertures de rochers calcaires qui forment leur lit, et n'ont plus qu'un courant très-faible. La principale branche de cette rivière qui vient de l'ouest, se nomme la petite rivière de Licking.

3°. La rivière de *Kentucky* prend sa source dans les montagnes de Cumberland, dans la partie sud-est de l'état, et suit un cours

---

(1) A trois cent quarante-un milles et demi de la jonction de ses deux branches, l'Alleghany et la Monongahela.

vers le nord-ouest pendant l'espace de deux
cent quatre-vingts milles jusqu'à sa jonction
avec l'Ohio, au 39°: degré de latitude, où elle
a sept cent cinquante pieds de large. Son courant, quoique rapide, est navigable, lorsque
les eaux sont hautes, pendant l'espace de cent
quatre-vingts milles (1). Dans les autres temps,
il ne l'est que jusqu'à Frankfort, c'est-à-dire,
à environ soixante milles de l'embouchure.
Cette rivière a plusieurs branches, dont celles
du nord et du midi prennent leurs sources dans
des collines près de la rivière de Cumberland.
Elles coulent au nord jusqu'à leurs confluens,
dans le comté de Madison, à la distance de
deux milles l'une de l'autre. Une autre branche,
nommée Dick, prenant son cours au nord-
nord-ouest, a cinquante milles de long et cent
cinquante pieds de large. Dans quelques endroits ses bords, composés de marbre blanc,
sont élevés de deux ou trois cents pieds, et
occasionent un courant rapide. La branche

---

(1) En mars 1817, les eaux du Kentucky s'élevèrent
à quatre-vingts pieds de hauteur à la suite de grosses
pluies qui tombèrent pendant 4 jours. Les magasins établis sur ses bords furent entraînés par le courant, et
les pertes de marchandises, mais surtout de tabac, furent
considérables.

d'Elk-Horn , qui opère sa jonction à huit milles au-dessus de Frankfort, a cent cinquante pieds de large.

4°. La rivière *Verte* prend sa source près des branches du Kentucky (dans le comté de Lincoln), et a un cours irrégulier ouest et nord-ouest de plus de deux cents milles jusqu'à sa jonction avec l'Ohio, à neuf cent vingt-cinq milles de Pittsburgh, et cinquante au-dessus de la jonction du Cumberland. A son embouchure, elle a six cents pieds de largeur; et est navigable pendant cent cinquante milles. Ses eaux tributaires sont au nombre de cinquante : les principales sont le grand Barren, le petit Barren et la rivière Pond.

5°. La rivière de *Cumberland*, ou *Shawanée*, prend sa source dans l'angle sud-est de l'état près des montagnes de Cumberland et formant une courbe, traverse les parties septentrionales de l'état de Tennessée pendant deux cents milles, et repasse ensuite dans le Kentucky jusqu'à son embouchure dans l'Ohio, à six cent vingt-sept milles et demi au-dessous de Pittsburgh, et à cinq cent cinq du Mississipi. Elle a sept cent cinquante pieds de largeur à son embouchure, et à Nashville (cent quatre-vingt-dix milles au-dessus), elle en a plus de cinq cents. Dans cet endroit il y a vingt pieds d'eau depuis

le mois de novembre jusqu'au mois de juin, et
dix à douze pendant le reste de l'année. Cependant, après la saison des grandes pluies, les eaux
s'élèvent quelquefois à quarante, cinquante et
soixante pieds, et inondent toutes les terres
basses. Cette rivière a plus de cinq cents milles
de long, et le courant, étant modéré, offre
une navigation facile pour les goëlettes jusqu'à
Nashville, et même jusqu'à trois cents milles
plus haut pour les bateaux de quinze tonneaux.

6°. Le *Tennessée* traverse l'angle sud-ouest
de l'état pour se jeter dans l'Ohio, à treize
milles au-dessous de la rivière de Cumberland (1).

7°. La rivière *Trade-Water* a un cours nord-
nord-ouest d'environ quatre-vingts milles, et
se joint à l'Ohio deux cents milles au-dessus de
la rivière Verte. Elle a plus de deux cents pieds
de large à son confluent.

8°. La rivière de *Salt* vient de plusieurs
sources qui, lorsqu'elles sont réunies, coulent
dans la direction de l'ouest, l'espace de deux
cent quatre-vingt-dix milles jusqu'à sa jonction
avec l'Ohio au-dessous des rapides. Elle a qua-

---

(1) Le Tennessée et le Cumberland coulent chacun
pendant près de soixante milles dans les limites de l'é-
tat, jusqu'à leur confluent avec l'Ohio.

tre cent cinquante pieds à son confluent, et est
navigable pour les bateaux dans une étendue
de cent soixante milles.

9°. L'angle sud-ouest de l'état est arrosé par
la rivière *Kaskinompe*, qui prend sa source
près du Tennessée, et coule à l'ouest jusqu'au
Mississipi. Elle est navigable à quelque distance
de son embouchure (1).

Les bords de ces rivières sont, dans quelques endroits, élevés de cent à trois cents
pieds au-dessus du fond, et, après les fortes
pluies, leurs eaux, comme celles de l'Ohio
qui les reçoit, s'élèvent de trente à quarante
pieds. Lorsque les eaux sont basses, les bords
perpendiculaires ont l'apparence de canaux.

---

(1) *Étendue des eaux navigables*, d'après l'auteur du
Western Gazetteer.

L'Ohio	500 milles.
Le Mississipi	75
Le Tennessée	100
Le Cumberland et ses tributaires	700
Le Trade water	60
La rivière Verte et ses affluens	350
La Salt	150
Le Kentucky	230
Le Licking	100
Le Big-Sandy	60
EN TOUT	2,325

Les eaux des plus petites rivières s'échappent quelquefois par des ouvertures à travers des rochers, et laissent leur lit à sec pendant l'été (1).

MÉTÉOROLOGIE.

Température. Le climat est plus doux et plus agréable que dans les états du nord, et n'est pas sujet aux mêmes extrêmes de froid et de chaud. L'hiver commence rarement avant Noël, et ne dure pas plus de trois mois, quelquefois même il ne dure que deux mois. Il ne tombe que peu de neige, et elle ne tient pas long-temps. Quoique la rivière d'Ohio gèle tous les deux ou trois ans, le thermomètre tombe rarement au-dessous de vingt-cinq degrés (Fahr.)(2).

---

(1) Pour creuser des puits, il est nécessaire de percer le lit de pierre calcaire, au-dessous de laquelle on trouve une belle eau potable.

(2) Dans notre description de l'état de Virginie, nous avons donné les observations de M. Jefferson, qui tendent à prouver que la température de cette contrée est probablement moins froide de trois degrés que sous le même parallèle, sur la côte Atlantique. Dans l'article Ohio, nous rapporterons aussi les objections du docteur Drake à cette observation. Bien que la différence ne soit pas tout-à-fait aussi grande qu'on l'a dit, il est cependant évident que la chaleur moyenne annuelle est plus forte.

Dans les mois les plus chauds, juillet et août,
le thermomètre monte à quatre-vingts degrés,
tandis que dans les autres parties des États-
Unis, il s'élève jusqu'à quatre-vingt-seize, ce
qui est à peu près la température du sang hu-
main.Dans le comté de Madison, il se tient
généralement à cinquante-deux, ce qui est
considéré comme la chaleur moyenne de ce
climat. La disparition subite, au printemps,
de l'immense quantité de feuilles qui couvrent
la terre, a été citée comme une preuve de
l'humidité extraordinaire du pays ; mais cela
est dû à la grande fertilité du sol, et à l'épaisseur des bois, qui, interceptant les rayons du
soleil, occasionent une décomposition soudaine. Le vent du nord-ouest amène toujours
le froid ; mais il souffle rarement pendant plusieurs jours de suite. Celui du sud-ouest domine
ordinairement, surtout dans le printemps et
l'automne, lorsque la saison est le plus agréable.

Tremblemens de terre. En 1812, on en a
ressenti plusieurs secousses. Les ouvriers employés dans la grande caverne du comté de
Warren, entendirent, pendant cinq minutes
environ, avant la secousse, un bruit sourd
très-fort, qui semblait sortir de la caverne
comme un vent violent, et ils rapportèrent
qu'au moment où il cessa, les rochers cra-

quèrent, que de grands fragmens s'en déta-
chèrent, et qu'ils craignirent une destruction
générale; mais le tremblement cessa tout à
coup, et personne ne fut blessé (1).

RÈGNE MINÉRAL.

Substances métalliques. On trouve dans plusieurs parties de cet état des mines de *fer*; mais
le métal qu'on en retire est de qualité inférieure.
Il existe une mine de *plomb*, dans les montagnes, à douze milles environ au sud de Monticello.

*Substances terreuses, acidifères et combus-
tibles.* On trouve du *marbre* sur les bords de la
rivière de Kentucky, dans le comté de Franklin.
Il est d'un beau grain et varié de plusieurs
nuances de gris. La *pierre calcaire* se trouve
partout à une profondeur inégale, quoique
généralement elle suive les mouvemens du sol.
Il y a de la *pierre de taille* dans le comté de
Franklin et dans d'autres parties. On trouve de
la *craie* sur les bords de la rivière de Kentucky;
du *nitre* dans plusieurs endroits souterrains,
principalement dans la caverne de Big-Bone,
d'où on en a tiré une grande quantité pour les

---

(1) *Worcester spy.*

manufactures de poudre. Les cavernes où cette substance abonde sont situées dans les comtés de Barren, Rockcastle, Montgomery, Knox, Estill, Warren, Cumberland et Wayne. Celle du dernier comté a produit par an de cinquante à soixante-dix mille livres de ce sel. Le docteur Brown, habitant du Kentucky, a fait le calcul suivant de la quantité de nitre contenue dans différentes cavernes, situées à quelques milles l'une de l'autre : dans la grande caverne, un million de livres ; dans celle de Scot, à deux milles de distance de la première, deux cent mille livres ; dans celle de Davis, à six milles au-delà, cinquante mille livres ; dans deux autres, situées dans l'espace d'un mille, vingt mille livres ; dans une autre, près de la Rough-Creek, branche de la rivière Verte, dix mille livres (1).

La pierre sablonneuse, connue sous le nom de *rock ore*, est aussi, en différentes parties de l'état, imprégnée de potasse nitratée. La quantité que l'on retire d'un boisseau de cette pierre brisée et lavée est de dix à douze livres. Elle existe ordinairement à l'entrée des vallées étroites et profondes, et s'élève au-dessus du

(1) 6ᵉ· vol. n°. 39. *Of the Transactions of the American philosophical society.*

sol, en plusieurs endroits, de soixante à cent pieds. On trouve souvent dans les fentes de ces rochers des masses de nitre natif de plusieurs centaines de livres (1).

Salines. Il se trouve beaucoup de salines dans l'état : 1°. sur la petite rivière de Sandy, dans la partie du nord-est; 2°. près de la rivière de Licking, celles qui sont connues sous le nom de *Salines bleues*; 3°. sur le bord de la petite rivière de Salt, à douze milles de l'Ohio; 4°. sur la Big-Bone-Creek, dans l'angle le plus septentrional de l'état; 5°. sur la rivière de Drennan, branche du Kentucky, à vingt-cinq milles de l'Ohio, etc. Celles qui se trouvent sur les bords de la petite Sandy contiennent un boisseau de sel sur deux cent cinquante à trois cents gallons d'eau. Les salines de la rivière de Salt sont exploitées par les États-Unis, qui en retirent cent cinquante mille boisseaux de sel environ par an. Le prix est de 70 *cents* le boisseau. Il y a aussi une exploitation à celles de Big-Bone. La saline de Drennan est si abondante, qu'on suppose qu'elle pourrait approvisionner tout le Kentucky. Il en existe encore plusieurs autres dans l'état; mais leurs eaux

---

(1) *Brown*, 5°. yol. *of the Transactions of the American philosophical society.*

sont si faiblement imprégnées de sel, qu'il faut huit cents gallons pour en tirer un boisseau, tandis que celles de la Kenhawa en fournissent la même quantité avec un huitième de liquide.

Eaux minérales. Près des sources de la rivière de Licking se trouvent les *fontaines olympiennes*, au nombre de trois, qui sont très-fréquentées par les valétudinaires : leurs eaux n'ont point encore été analysées. On dit que l'une est imprégnée de fer, l'autre de soufre, et la troisième de soufre et d'acide carbonique (1). Près d'Harrodsburg, dans le comté de Mercer, on trouve une source fortement imprégnée de sels d'epsom. Il y a une autre fontaine médecinale près de la petite rivière de Drennan, qui est très-fréquentée pendant l'été. Dans le voisinage de Boonsborough, il y a une source, de laquelle se dégage une vapeur sulfureuse. Près de la rivière Verte, il y en a trois autres qui se réunissent dans un réservoir commun, et qui y déposent une substance bitumineuse, dont on se sert pour remplacer l'huile à brûler.

---

(1) Géographie de M. Morse, article *Kentucky.*

RÈGNE VÉGÉTAL.

Liste des principaux arbres et arbrisseaux de cet état.

Acer *rubrum*, L. , Érable rouge, ou *Red maple*, ou *Swamp-maple*.

— *saccharinum*, L. , (1) , Érable à sucre, ou *Sugar-maple tree*.

Æsculus *flava*, H. K. , Esculus Pavia jaune , ou *Bucks-eye-tree*, *yellow Horse Chesnut.*

—*oiotensis* Mich. arbr. , Esculus de l'Ohio, ou *Bucks-eye-tree.*

Annona *triloba*, L. , Annone à trois lobes , ou assimi-nier , ou *Papaw.*

Bignonia *catalpa*, L., Bignone catalpa, ou *Catalpa-tree.*

Celtis *crassifolia*, Lam. , Micoucoulier à feuilles en cœur, ou *Hag-berry.*

Corylus *florida*, L. , Cornouiller à grandes fleurs, ou *Dog-wood.*

— *americana*, Mich. Arbr. , Noisetier d'Amérique, ou *Hazel Nut.*

Chionanthus *virginica*, L. , Chionanthe de Virginie, ou *Fringe-tree.*

_____

(1) Cet arbre, dans beaucoup d'endroits , fournit du sucre en assez grande quantité pour les besoins des habitans.

DIOSPYROS *virginiana*, L., Plaqueminier de Virginie, ou *Persimon*.

FRAXINUS *quadrangulata*, MICH. FL., Frêne quadrangulaire, ou *Blue-ash*.

— *pubescens*, LAM., ⎫
ou *tomentosa*, MICH. ⎬ Frêne pubescent, ou *Red-ash*, *Black-ash*.
   F. ARB., ⎭

— *concolor*, MICH. F. ARB., ⎫
ou *acuminata*, LAM., ⎬ Frêne d'Amérique, ou *White-ash*, *Green-ash*.
ou *americana*, L., ⎭

EVONYMUS *americanus* L., Fusain d'Amérique, ou *Burning-bush*.

FAGUS *sylvatica*, L , Hêtre des bois, ou *White Beech*.

— *ferruginea*, WILLD., Hêtre pourpre, ou *Red Beech*.

GLEDITSIA *triacanthos*, L., Févier à trois pointes, ou *Honey-locust*.

— *monosperma*, H. K., ⎫
ou *caroliniensis*, LAM., ⎬ Févier monosperme, ou *Swamp Locust-tree*.

GYMNOCLADUS *canadensis*, LAM., ⎫
guilandina dioica, L. ; ⎬ Gymnocladus de Canada(1), ou *Coffee-tree*.

ILEX *angustifolia*, Houx à feuilles étroites, ou *narrow leaved Holly*.

JUGLANS *nigra*, L., Noyer noir, ou *Black Walnut*.

— *olivæformis*, H. K., ⎫
ou *cylindrica*, LAM., ⎬ Noyer Pacanier, ou *Pecan*, ou *Illinois Nut*.

----

(1) En hiver, il ressemble à un arbre mort, c'est pour cela que les jardiniers lui ont donné le nom de chicot.

JUGLANS *alba*, L. ,) Noyer Hickory, ou *Mocker*
ou *tomentosa*. MICH. FL.,) *nut*, *White heart Hickory*

JUNIPERUS *virginiana*, L. , Genévrier de Virginie, ou
Red Cedar.

LAURUS *sassafras* , L. , Laurier sassafras , ou *Sassafras*.

— *Benzoin*, L. , Laurier faux Benjoin , *Allspice* , ou
fever-bush.

LIRIODENDRON *tulipifera*, L. , (1) Tulipier de Virginie ,
ou *Tulip-tree*, *White* , ou *Yellow Poplar*.

LIQUIDAMBAR *styracyflua*, L. , Copalme d'Amérique, ou
Sweet-gum Tree.

MAGNOLIA *acuminata*, L. , Magnolier à feuilles aiguës,
ou *Cucumber-tree*.

— *macrophylla*, MICH. FL., Magnolier à grandes feuilles , ou *Long-leaved Magnolia*.

MORUS *rubra* , L. , Mûrier rouge , ou *Red mulberry*.

MYRICA *cerifera*, L. , Cirier de la Louisiane , ou *Candle-
berry myrtle*.

NYSSA *villosa*, MICH. FL. , Tupélo velu , ou *Sour-gum*.

PLATANUS *occidentalis*, L. , Platane d'occident , ou *Plane-
tree*.

POPULUS *canadensis* ; (2) MICH. ABBR. , Peuplier du Canada , ou *Cotton-tree*.

---

(1) M. Michaux remarque que le Kentucky est le pays natal
des tulipiers, qui ont quelquefois quinze, seize et dix-huit
pieds de circonférence. Entre Beardstown et Louisville, on voit
des parties de bois qui en sont exclusivement composées.

(2) Les peupliers qui croissent dans un sol vaseux et humide

Populus *heterophylla*, L., ou *argentea*, Mich. Arbr., } Peuplier argenté, ou *Various*, ou *silver leaved Cotton Tree*.

Prunus *virginiana*, L., Prunier de Virginie, ou *Choke Cherry*.

Quercus *virens*, Mich. Arbr., Chêne verdoyant, ou *Live Oak*.

— *imbricaria*, Mich., Chêne à lattes, ou *Shingle-Oak*.

— *nigra*, L., ou *ferruginea*, Mich. Arbr. } Chêne noir, ou *Barren Oak*, ou *Black Jack*.

— *macrocarpa*, Mich Querc., Chêne à gros fruit, ou *Over-cup White Oa* .

— *alba*, L., Chêne blanc, ou *White Oak*.

— *rubra*, L., Chêne rouge, ou *Red Oak*.

— *prinus acuminata* Mich., Chêne châtaignier des Illinois, ou *Yellow Oak*.

— *prinus tomentosa*, Mich. Querc., ou *discolor*, Mich. Arbr. } Chêne châtaignier velu, ou *Swamp White Oak*.

— *obtusiloba*, Mich. Arbr., Chêne à lobes obtus, ou *Post White Oak*.

Rhus *aromaticum*, H. K., Sumac aromatique, et d'autres espèces.

Rhododendron *maximum*, L., Rhododendron d'Amérique, ou *Dwarf-rose-Bay*.

---

atteignent à la hauteur de cent vingt à cent trente pieds, et en ont de trois à six de diamètre.

Robinia *pseudo-acacia*, L. , Robinier faux Acacia , *Lo-cust-tree* (1).

Sambucus *canadensis*, L., Sureau de Canada, ou *Black-berried Elder.*

Tilia *heterophylla* , Vent. , Tilleul à feuilles variables , ou *Various leaved Lime Tree.*

Ulmus *americana*, L. , Orme d'Amérique, *White Elm.*

— *rubra*, Mich. Arbr. ⎫ Orme rouge, ou *Red Elm*, ou ou *fulva*, Mich. Fl., ⎭. *Slippery Elm.*

Les meilleures terres produisent les féviers à trois pointes, l'assiminier, l'esculus, le robinier, l'érable à sucre, le noyer, l'orme, le hêtre, le frêne, le prunier et le chêne à lattes. Dans les parties fraîches et montueuses, et le long des rivières, dont les bords ne sont pas escarpés, on trouve encore le chêne à gros fruits, l'érable à sucre, le hêtre, le platane, le tulipier de Virginie et le magnolier à feuilles aiguës. Les terres de deuxième classe sont garnies principalement de chênes noirs, blancs et rouges, de châtaigniers, de sassafras, de copalmes d'Amérique et de tupélos velus. Les terres de troisième classe, dans la contrée montueuse et inégale, ne produisent que des pins, des chênes chétifs,

(1) Dans le pays plat, on voit des robiniers qui ont cinq pieds de diamètre.

·quelquefois entremêlés de cèdres de Virginie (1).

M. Michaux remarque « que, dans toutes les parties fertiles, couvertes de forêts, le sol est entièrement dégarni de graminées; qu'il y vient quelques plantes çà et là, et que les arbres sont toujours assez éloignés, pour que l'on puisse apercevoir un cerf à cent ou cent cinquante toises de distance. Avant l'établissement des Européens, tout cet espace, nu aujourd'hui, était couvert d'une espèce de grand roseau articulé (2). »

Les plantes fibreuses et filamenteuses les plus utiles sont : le chanvre sauvage (*acnida cannabina*) et le lin de Virginie.

Parmi les plantes médicinales qu'on a trouvées dans ce territoire sont : l'actea à grappes (*actœa racemosa*, L.), le jatropha stimulant (*jatropha stimulosa*, Mich. Fl.), le panax ginseng (*panax quinquefolium*, L.), la grenadille incarnate (*passiflora incarnata*, L.),

---

(1) Voyage à l'ouest des monts Alleghanys , par M. Michaux, p. 181.

(2) *Arundo gigantea*, Walt:, *arundinaria macrosperma* , Mich. Il s'élève de sept à huit pieds , et son diamètre est de trois à quatre lignes; son feuillage reste toujours vert, et sert de nourriture aux chevaux et au bétail.

la spiréa à trois folioles (*spiræa trifoliata*, L.),
l'asclépiade tubéreuse (*asclepias tuberosa*, L.),
le smilax glauque (*smilax glauca*, Mich. Fl.),
le polygala sénéga (*polygala senega*, L.).

Graminées. L'*herbe à bison* (*buffalo-grass*),
qui est d'une contexture très-épaisse, croît dans
les terres médiocres à la hauteur de neuf à dix-
huit pouces. D'autres espèces de graminées,
connus sous le nom de *spear, blue* et *crab*;
croissent dans les terres après qu'elles ont été
labourées, et donnent un pâturage et un foin
excellens. Le *seigle* sauvage, qui ressemble au
vrai seigle, et le *trèfle*, qui est plus épais et
plus vigoureux que celui d'Europe, procurent
un excellent fourrage pour le bétail. Les prairies naturelles sont couvertes de gérarde jaune
(*gerardia flava*, L.), d'immortelle blanche
(*gnaphalium dioicum*) et de rudbeckia pourpre
(*rudbeckia purpurea*). Dans les champs croissent un grand nombre de plantes sauvages,
qu'on ne voit point ailleurs. On y trouve la
salade shawanèse, la *laitue sauvage*, le *poivre
en herbe*, et plusieurs autres inconnues aux habitans, mais qui sans doute ont de grandes ver-
tus (1).

_____

(1) *Filsons' history of Kentucky, art. Sol et productions.*

Le lobelia cardinal et le lobelia syphiliti-
que (1) sont très-abondans dans le Kentucky.

RÈGNE ANIMAL.

Mammifères. Les *bisons*, autrefois très-nombreux, ont entièrement disparu, ainsi que l'é-
lan (2). Les *daims* sont encore en grand nombre
dans les terres stériles et dans les parties du
sud-ouest. Les quadrupèdes, communs aux autres états que l'on rencontre dans le Kentucky,
sont : le couguar, le chat sauvage, l'ours, le
raton laveur, le loup, le renard, l'opossum, le
putois, le blaireau, le lièvre, et l'écureuil. Les
eaux abondent en castors, en loutres, en minx
et en rats musqués.

Oiseaux. Parmi les gibiers les plus estimés,
on remarque les *dindons sauvages*, qui pèsent
de dix à vingt-cinq livres, la perdrix (*perdix
marylandica*) et une espèce de gelinotte appelée faisan.

Poissons. Les principaux poissons qui se
trouvent dans les eaux du Mississipi et de l'Ohio,
sont : le poisson chat, dont quelques individus

---

(1) *Lobelia cardinalis et syphilitica* L.

(2) Les habitans parlent de deux espèces, dont l'une a
les cornes palmées, et l'autre les a rondes.

pèsent plus de cent livres, le buffle, le bar, le brochet, le mulet, la perche, le poisson de roc, la truite saumonée (dont plusieurs, prises dans la rivière de Kentucky, pèsent trente livres), la lune, l'ésoce brochet, l'anguille, etc.

La chair de la *tortue molle* est très-estimée dans l'état.

Insectes. Les habitans de l'état pensent que la *mouche à miel* n'est pas indigène ; et que les essaims, qu'on a trouvés dans les bois, proviennent de ceux qui ont accompagné les blancs dans leur émigration. Cette opinion est confirmée par l'observation qu'ont faite les Indiens « que la mouche à miel indique le voisinage des blancs. » Lorsque Imlay écrivit ses Observations sur le Kentucky, cet insecte industrieux se rencontrait à deux cents milles au nord et au nord-ouest de l'Ohio.

POPULATION.

Mouvement de la population.

En 1784, elle fut évaluée à. .	3o,ooo habitans (1).	
1790 (d'après le recensement). . .	73,677 y compris	12,13o esclaves. ↲14 noirs lib.

(1) Cette estimation a été faite par Imlay.

1800. . . . . . 220,959 . . . . {40,343 esclaves,
741 noirslib.

1810. . . . . . 406,511 . . . . {80,561 esclaves.
1,713 noirslib.

Pendant les dix dernières années, la population s'accrut à raison de six pour cent environ; et par un calcul approximatif, fait au commencement de 1816, la population avait reçu une augmentation de vingt-cinq pour cent en cinq années; le nombre des habitans étant alors de cinq cent vingt-sept mille, dont cent sept mille environ étaient esclaves (1). D'après le recensement de 1810, le Kentucky était, par sa population, le sixième état de l'Union. Il y avait onze personnes par mille carré.

L'accroissement par an de la population de cet état, pendant les dix années comprises entre 1800 et 1810, a été, savoir :

Population totale. . . . . $\frac{1}{16}$, exactement $\frac{1}{15948}$
Population blanche . . . $\frac{1}{16}$ . . . . . . $\frac{1}{16478}$
Gens de couleur libres. . $\frac{1}{11}$ . . . . . . $\frac{1}{11440}$
Esclaves. . . . . $\frac{1}{14}$ . . . . . . $\frac{1}{13968}$

L'accroissement *pour cent*, pendant les dix ans, a été :

_____

(1) *Niles' Weekly register.*

Population totale, de. 83.3₉7
Population blanche, de. 80.₂57
Gens de couleur, libres, de. 131.174
Esclaves, de 99.6₉0

D'après le dernier recensement, le nombre des

Mâles au-dessous de seize ans
    était de 9₁,9³8
Femelles, *idem*. 86,5₁9
Mâles de seize à quarante-
    ans. 5₉,³₂5
Femelles, *idem*. 55,43₁
Mâles de quarante-cinq ans
    et au-delà. ₁7,54₂
Femelles, *idem*. 13,48₂

                  168,8o5   155,43₂

Total de la population blanche.   3₂4,₂37
Gens de couleur libres. 1,7₁3
Esclaves.   80,561

    Total   406,511

Division de la population de la ville de Lexing-ton, par sexes, par âges et par conditions.

DIVISION PAR SEXES, PAR AGES ET PAR CONDITIONS.	NOMBRE.	
	1800.	1810.
Mâles blancs libres au-dessous de dix ans.	212	429
Femelles, *idem*.	178	416
Mâles de dix à seize ans	85	227
Femelles, *idem*.	75	190
Mâles de seize à vingt-six ans	264	456
Femelles, *idem*.	121	254
Mâles de vingt-six à quarante-cinq ans.	189	328
Femelles, *idem*.	123	222
Mâles de quarante-cinq et au-delà. .	55	122
Femelles, *idem*.	31	88
Toutes autres personnes libres que des Indiens non taxés.	23	85
Esclaves.	439	1,509
Totaux généraux	1,795	4,326 (1)

(1) En 1819, la population de cette ville était de cinq à six mille âmes.

Maladies. Les plus communes sont les fièvres
bilieuses et intermittentes, qui règnent surtout
en automne. En hiver, il y a souvent des pleurésies et des rhumatismes. On dit que les étrangers éprouvent, à leur arrivée, une purgation
occasionée par la pierre calcaire et les matières végétales que l'eau tient en solution.
Frankfort, capitale de l'état, située sur la rive
orientale de la rivière de Kentucky, à soixante
milles au-dessus de sa jonction avec l'Ohio, fut
très-insalubre pendant plusieurs années, après
les premières plantations. Les habitans furent
affectés de fièvres bilieuses qui disparurent dès
que les parties basses et marécageuses furent
desséchées. Louisville, située dans une plaine,
environ un quart de mille au-dessus des chutes
de l'Ohio, fut aussi sujette aux fièvres bilieuses
et intermittentes; mais elle est maintenant
généralement salubre.

Mœurs et caractère. Les habitans du Kentucky, principalement ceux qui proviennent
de la Virginie, sont aussi remarquables par la
finesse de leur esprit que distingués par leur
naturel franc et hospitalier. Les femmes sont
généralement sobres et industrieuses, bien
qu'elles aiment beaucoup la danse et les amu-
semens innocens. Les hommes se sont laissé
dominer par la passion du jeu, et, pour la sa-

tisfaire, ils sacrifient souvent leurs temps, leur
fortune et leur santé. Le pays produisant une
grande abondance de denrées à un prix peu
élevé, la pauvreté y est presque inconnue; et
les gens le plus à leur aise déploient autant de
luxe que ceux des ports de mer, dont ils sont
cependant si éloignés. Dans les maisons bien
fournies, on fait régulièrement cuire un jambon
tous les jours pour le dîner. Il y a constamment
de la viande au déjeuner, au dîner et au souper,
et la consommation de jambons est surtout prodigieuse. La boisson ordinaire consiste en eau-
de-vie mêlée avec de l'eau. On boit aussi du ge-
nièvre, de la bière, du *porter*, du cidre et de
l'eau-de-vie de pommes et de pêches. Les tables
des propriétaires les plus riches sont servies des
vins que l'on trouve sur celles des habitans des
états situés sur les bords de la mer.

HISTOIRE ET ADMINISTRATION.

Dans le Précis historique que Imlay a donné
de cet état, nous trouvons que l'embouchure
de la rivière de Kentucky fut découverte, en
1754, par une expédition (1) qui descendait
la rivière d'Ohio; mais que les richesses de ce
pays furent inconnues jusqu'en 1764, époque

---

(1) Composée de Mac Bride et autres.

à laquelle une autre expédition commença à
faire le commerce avec les Indiens, en s'aven-
turant dans les bois. De ce nombre était le
colonel Boone, qui, étonné des dimensions
énormes des arbres et de la vigueur des herbages dans les prairies naturelles, conçut la
plus haute opinion des avantages qu'offrait le
pays, et résolut de pénétrer dans les parties
les plus retirées, dans le dessein d'y former un
établissement; mais, pendant son entreprise,
tous ceux qui l'accompagnaient furent massa-
crés par les Indiens; et lui seul, leur ayant
échappé, retourna découragé à sa résidence
sur la rivière de Yadkin, dans la Caroline du
sud. Quelques-uns de ses compatriotes, auxquels il décrivit la fertilité du pays qu'il avait
vu, s'associèrent avec lui pour acheter une
portion de terre, appartenant à la nation des
Cherokees, établie sur le côté méridional de
la rivière du Kentucky, et ils partirent en 1773,
au nombre de cinq familles, pour aller y
fonder un établissement. Ceux qui s'étaient déjà
formés sur le côté du nord furent cédés, par
quelques tribus des Cinq-Nations, au colonel
Donaldson (1), avec l'approbation des habitans

_____

(1) Ingénieur et arpenteur de l'état, qui en récompense de ses services, lors de l'achat de cette contrée,

des comtés de Clinch et de Holston. Leur nombre s'augmenta peu après de quarante hommes, qui arrivèrent de la vallée de Powell, et ils élevèrent sur le Kentucky le fort de Boonesborough. Ce fort et celui d'Harrodsburgh devinrent, en 1775, le rendez-vous général des émigrans. L'année suivante, le pays, connu sous le nom de « Partie sud-ouest du comté de Fincastle, » fut érigé en un comté séparé, et prit le nom de Kentucky (1). En 1777, on y établit une cour de justice. L'année suivante, plusieurs familles, guidées par le colonel Clark, firent un établissement près des chutes de l'Ohio. Une loi, passée en 1779, donna sécurité à tous les émigrans; on accorda quatre cents acres de terre à chaque famille (2), ou une moindre

---

reçut une étendue de terre de deux cent mille acres, située près du confluent de la rivière Verte. L'état de Virginie lui accorda une étendue de terre semblable dans la vallée de Powell.

(1) Cette contrée s'étendait au sud et à l'ouest d'une ligne qui, commençant au confluent de l'Ohio et du Big-Sandy, suivait le cours de cette rivière jusqu'à son affluent du nord-est, qu'elle remontait jusqu'à la grande chaîne du Laurier et des montagnes de Cumberland; de là elle passait le long de cette chaîne, et venait aboutir à la ligne de la Caroline du nord.

(2) Le gouvernement réservait six cent quarante

quantité, si elle le désirait, pourvu qu'elle payât seulement 2 dollars et un quart par cent acres, lorsque ses droits étaient reconnus par un bureau de commissaires (1). En 1780, les

---

acres pour chaque district ou village, et ceux qui y étaient établis recevaient quatre cents acres de terres adjacentes.

(1) Anburey, officier anglais et prisonnier à Richmond, en Virginie, décrit de la manière suivante, l'émigration des habitans qui se rendaient au Kentucky en 1779. « Je pense, dit-il, que rien ne prouve mieux la misère réelle des habitans dans toute l'Amérique en général, et l'esprit de persécution et d'oppression qui règne dans toutes les provinces, que l'étonnante émigration qui a lieu dans un nouvel établissement nommé Kentucky, où le sol est extrêmement fertile, et où il y a une grande quantité de bisons. Cet établissement est à environ mille milles de Richmond, et cependant ceux qui traversent une si grande distance pour s'y rendre, bien qu'ils abandonnent des maisons et des plantations qu'ils ont cultivées toute leur vie à mettre en bon état, paraissent gais et heureux, par l'idée qu'ils seront affranchis de l'oppression et de la tyrannie du congrès et de ses agens odieux. Leur manière de voyager rappelle celle des patriarches de l'ancien temps, car ils mènent avec eux leurs chevaux, leurs bœufs, leurs moutons et autre bétail, et même toutes sortes de volailles. » (*)

(*) Travels through the interior parts of America, vol. 2, p. 361.

Indiens qui manifestaient des intentions hostiles furent réduits par le colonel Clark ; et la
population faisant chaque jour des progrès
rapides, le Kentucky devint un état indépendant, en 1790, et fut reçu dans l'Union en
1792. La constitution fut rédigée et signée à
Frankfort, le 17 août 1799.

L'introduction des bateaux à vapeur a détruit
l'un des obstacles à ce que ce pays devînt une
résidence commode. Les autres inconvéniens
qui existaient vers l'an 1793 (1), tels que l'in-
certitude des titres des terres, les travaux et
les dangers que courait la milice obligée sans
cesse de se défendre contre les Indiens, ont
entièrement cessé, et la douceur du climat, la
grande fertilité du sol ont fait oublier tous les
inconvéniens qui pouvaient exister (2).

---

(1) *Some information respecting America*, *collected
by Thomas Cooper*, *late of Manchester*, *London*, 1 vol.
in-8°.; p. 24, 1794.

(2) Les bateaux à vapeur de quatre cents tonneaux
remontent de la Nouvelle-Orléans jusqu'à Louisville,
qui en est éloignée de plus de quatorze cent milles en
vingt-deux jours, et descendent en huit ou neuf, avec des
passagers et une charge d'environ quatre cents tonneaux.

Division civile ou administrative de l'état de Kentucky, avec la population de chaque comté et de son chef-lieu, en 1810, époque du dernier recensement.

COMTÉS.	POPULATION.	CHEFS-LIEUX.	HABITANS.
Adair	6,011	Columbia	175
Barren	11,286	Glasgow	244
Bath	»		
Boone	3,608		
Bracken	3,451	Augusta	255
Breckenridge .	3,430		
Bourbon	18,009	Paris	838
Butler	2,181		
Bullet	4,311		
Clarke	11,519	Winchester . . .	538
Casey	3,285	Liberty	33
Campbell . . .	3,060	New-Port	413
Christian . . .	11,020	Hopkinsonville . .	131
Cumberland . .	6,191	Burkesville	106
Clay	2,398		
Caldwell	4,268		
Estill	2,082		
Fayette . , . .	21,370	Lexington	4,326
Franklin	8,013	Francfort	1,099

COMTÉS.	POPULATION.	CHEFS - LIEUX.	HABITANS.
Fleming	8,947		
Floyd.	3,485	Prestonville . . .	32
Gallatin	3,307	Port-William . .	120
Greenup. . . .	2,369		
Green	6,735	Greensburg . . .	132
Grayson	2,301		
Garrard	9,186	Lancaster	260
Henry	6,777	New-Castle. . . .	125
Harrison. . . .	7,752	Cynthiana	369
Henderson. . .	4,703	Henderson	169
Harden.	7,531	Elizabeth-town .	181
Hopkins	2,964	Madisonville. . .	37
Jessamine . . .	8,377	Nicholasville. . .	158
Jefferson. . . .	13,399	Louisville	1,357
Knox.	5,875	Barboursville. . .	55
Lexington. . . .	»		
Livingston. . .	3,674	Smithland	99
Lewis	2,357		
Lincoln	8,676		
Logan	12,123	Busselville	532
Mason	12,459	Washington . . .	815
Mercer.	12,630	Danville	432
Madison	15,540	Richmond	366
Muhlenburg. .	4,181	Greenville	75
Montgomery. .	12,975	Mountsterling . .	325
Nicholas. . . .	4,898		

COMTÉS.	POPULATION.	CHEFS-LIEUX.	HABITANS.
Nelson.	14,078	Beardstown . . .	821
Ohio.	3,682	Hartford	110
Pulaski.	6,897		
Pendleton . . .	3,061	Falmouth.	121
Rockcastle. . .	1,731		
Scott.	12,419	Georgetown . . .	529
Shélby.	14,837	Shelbyville. . . .	424
Union	»		
Wayne	5,430	Monticello. . . .	37
Washington. .	13,248	Springfield. . . .	249
Warren	11,937	Bowling-green. .	154
Woodfort. . .	9,659	Versailles.	488
57	406,511		

CONSTITUTION.

D'après la constitution établie en 1799, le pouvoir législatif réside dans une assemblée générale composée de deux corps délibérans, un sénat et une chambre des représentans.

Les *représentans* sont élus, tous les ans, le premier lundi d'août, par les citoyens libres (les noirs, mulâtres et Indiens exceptés), ayant au moins vingt-un ans d'âge, et qui ont résidé deux ans dans l'état. Les candidats doivent au moment de leur élection être citoyens des États-Unis, avoir au moins vingt-quatre ans, avoir résidé dans l'état pendant les deux années qui précèdent l'élection et passé la dernière de ces années dans le comté ou la ville où ils sont élus. Afin de conserver une représentation égale et uniforme, on fait tous les ans un recensement de tous les habitans mâles, libres et majeurs. Le nombre des représentans ne peut être de moins de cinquante-huit ni de plus de cent.

Le *sénat* se compose de vingt-quatre membres, et ce nombre augmente d'un toutes les fois qu'il entre trois nouveaux membres dans la chambre des représentans; mais ils ne peuvent être plus de trente-huit. Les sénateurs sont divisés en quatre séries, dont une est renouvelée chaque année : personne ne peut être nommé à cette fonction, s'il n'a atteint l'âge de trente-cinq ans, s'il n'a résidé dans l'état pendant les six ans qui précèdent l'élection, et s'il n'a habité, pendant la dernière de ces années, le district par lequel il est élu. Aucun membre de l'une ou de l'autre chambre ne peut être nommé pendant l'espace d'un an, après le terme pour lequel il a été élu, à aucun emploi civil lucratif, qui ait été créé, ou dont les émolumens äient été augmentés pendant la durée de son service. Aucun membre du clergé exerçant cette profession, aucune personne, ayant un emploi lucratif donné par l'état, n'est éligible à l'assemblée générale, excepté les avocats, les juges de paix et les officiers de milice. Les juges 'de la cour des sessions trimestrielles sont déclarés inéligibles tant qu'ils reçoivent un traitement pour leurs services, ainsi que les procureurs de l'état qui ont un salaire annuel. Aucun acte ne peut avoir force de loi, s'il n'a été lu et discuté pendant trois jours successivement dans chaque chambre, à moins qu'il n'y ait une extrême urgence, auquel cas les quatre cinquièmes des membres peuvent déclarer qu'il y a lieu de s'écarter de la règle ordinaire. La chambre des représentans prend l'initiative dans toutes les lois pour la levée des impôts. La constitution peut être revue par une assemblée convoquée à cet effet par la majorité des citoyens. Les sessions commencent le premier lundi de novembre.

Le pouvoir exécutif réside dans un *gouverneur* nommé, pour quatre ans, par tous les citoyens qui ont droit d'élection, et il est inéligible pendant les sept années qui suivent l'expiration de ses fonctions. Le gouverneur doit avoir atteint trente-cinq ans d'âge, être citoyen des États-Unis, et avoir résidé dans l'état pendant les six ans qui ont précédé l'élection. Aucun membre du congrès, officier public ou membre du clergé n'est éligible aux fonctions de gouverneur. De même que dans les autres états, il est commandant en chef de l'armée, de la milice, et de la marine, si ce n'est lorsqu'elles sont appelées au service des États-Unis. Il a le pouvoir de remettre les amendes, les confiscations, d'accorder des sursis ou des grâces, excepté dans les cas où l'accusation est portée par les chambres. Il a aussi le droit de s'opposer aux actes, qui alors ne peuvent acquérir force de loi, à moins qu'ils ne soient consentis par la majorité dans les deux chambres. En cas d'absence, de démission, ou de mort, les fonctions de ce magistrat sont dévolues au sous-gouverneur, élu, de la même manière, pour le même temps, et qui est président du sénat.

Émigration. Tout citoyen a droit d'émigrer de l'état.

Esclaves. Les esclaves sont la propriété légale des possesseurs, et l'assemblée générale, quoiqu'ayant le pouvoir d'empêcher leur future importation comme marchandise, ne peut pas les émanciper sans le consentement de leurs maîtres, ou sans leur en donner la valeur en argent. L'assemblée générale a aussi le pouvoir d'obliger les maîtres à traiter leurs esclaves avec humanité, et à leur donner une nourriture saine et des vêtemens convenables. Les esclaves ne sont cependant pas regardés comme dignes de jouir du bénéfice des mêmes lois que les hommes libres; car, lorsqu'ils sont poursuivis pour crime capital, ils ne paraissent pas devant le grand jury; ils ont droit seulement à être jugés par un petit jury.

Organisation religieuse.

Les lois ne pourvoient pas au soutien des membres du clergé. Les principales sectes sont celles des presbytériens, des méthodistes, des baptistes, des catholiques, etc. Les baptistes sont les plus nombreux. D'après le rapport de l'assemblée générale, tenue à Philadelphie en mai 1817, le nombre des églises était de quatre cent vingt-un, et celui des paroissiens de vingt-deux mille quatre cent trente-quatre. Le nombre des membres du clergé presbytérien est d'environ cinquante, dont quarante tiennent à l'assemblée générale de l'église presbytérienne, et dix au synode réformé du Kentucky (1). Il y a

_____

(1) A Washington, les presbytériens d'Écosse ont une

un évêque catholique à Beardstown; mais le nombre des catholiques (1) et des épiscopaux y est très-peu considérable.

Organisation judiciaire.

Le pouvoir judiciaire réside dans une cour suprême, ou cour d'appel, et dans des cours inférieures. Les juges, nommés par le gouverneur, avec l'avis du sénat, occupent leur charge tant qu'ils s'en acquittent honorablement. Dans le cas contraire, ils sont sujéts à être accusés et suspendus de leurs fonctions, sur la demande des deux tiers des membres de l'assemblée générale. Dans chaque comté, il y a une cour de comté et un nombre suffisant de juges de paix, qui exercent également tant qu'ils remplissent bien leurs devoirs. Il y a des procureurs de l'état nommés dans chaque comté par les cours respectives.

église; et les baptistes une assemblée. A Lexington, il y a plusieurs églises pour les méthodistes, les presbytériens, les baptistes, les *seceders*, les épiscopaux et les catholiques romains. A Danville, il y a une église presbytérienne. A Newport, il y a une congrégation de baptistes et de méthodistes.

(1) M. l'abbé Baudin qui a passé plus de vingt ans dans le pays, m'a informé que le nombre des catholiques, en 1819, était de vingt mille environ.

Les officiers judiciaires des États-Unis, pour
le Kentucky, sont : un juge; un procureur qui
reçoit 200 dollars par an, un *marshal* qui en a
également 200, et un clerc qui n'a droit qu'à
des honoraires variables (1).

Prison d'état. La prison d'état (*Penitentiary*),
établie sur le plan de celles de la Pensylvanie
et du New-York, ne cause point de dépenses
au gouvernement. En 1813, la valeur des objets
fabriqués par les condamnés, monta à 20,203
dollars, les matières premières employées à
11,034, ce qui fit un bénéfice de 9,169 dollars.
En 1816, le nombre des prisonniers a été de
soixante-dix à cent. Cet établissement comprend un acre d'étendue, et les murs sont con-
struits en pierre.

Organisation financière.

Les recettes du trésor montèrent, en 1810,
à 105,130 dollars, et les dépenses à 90,136.

---

(1) *Register of the United States*, p. 15.

Évaluation des terres, maisons et esclaves, en 1798.

		dollars.	dollars.
Acres. . 17,674,634	Valeur 20,268,325		
Maisons 3,339		1,139,765	21,408,090
Esclaves 15,820			

En 1815, la valeur était de. 87,013,837

La taxe directe de la même année était répartie à raison de 39 *cents* pour cent dollars.

Prix des articles de consommation à Lexington, en juin 1817.

	doll.	cents.	à	doll.	cents.
Maïs, la barrique.	1	50	à	2	»
Farine de maïs, le boisseau. .	»	50	à	»	»
— de froment, la barrique. .	8	»	à	»	»
Grain de froment, le boisseau.	»	25	à	»	37
Coton, la livre.	»	30	à	»	32
Betteraves, le quintal. . . .	4	50	à	5	»
Graine de lin, le boisseau. . .	»	50	à	»	»
Chanvre, le quintal.	4	50	à	5	»
Foin, le tonneau.	10	»	à	»	»
Le ginseng, la livre.	»	20	à	»	»
Tabac, le cent pesant.	3	»	à	3	50
— de manufacture, la livre.	»	20	à	»	»
Eau-de-vie de grain, le gal— lon.	»	50	à	»	»

	doll. cents.		doll. cents.
Porc, le quintal	4 »	à	4 5o
Jambon, la livre	» 8	à	» 11
Beurre, la livre	» 12	à	» 18
Cire, la livre	» 25	à	» 26
Chandelles ordinaires	» 20	à	» »
— moulées	» 23	à	» »
Peaux, la livre	» 5	à	» 6
Lard, la livre	» 8	à	» »
Cuir de semelles, la livre . . .	» 3o	à	» »
— d'empeigne	2 5o	à	3 5o
Savon brun, la livre	» 8	à	» 12 $\frac{1}{2}$
— blanc, la livre	» 10	à	» »
Suif, la livre	» 12 $\frac{1}{2}$	à	» »
Sel, le boisseau	1 25	à	1 5o
Nitre, la livre	» 17 $\frac{1}{2}$	à	» »
Poudre à tirer, la livre	» 45	à	» »
Fer, la livre	» 10	à	» »
Plomb en barre	» 12 $\frac{1}{2}$	à	» »
Clous fabriqués par une machine, la livre	» 16	à	» 20
Clous fabriqués à la main . . .	» 25	à	» 37

Prix de divers articles de consommation importés de l'étranger.

	doll. cents.		doll. cents.
Eau-de-vie de Cognac, le gall.	3 5o	à	5 »
Rhum de la Jamaïque, le gall.	3 »	à	3 5o
Vin de Madère, le gallon . . .	6 »	à	7 5o
— Ténériffe	3 75	à	4 5o

	doll. cents.		doll. cents.	
Vin de Bordeaux, la douzaine de boutelles	10	50	à 12	»
Thé impérial, la livre	3	»	à 3	50
— Hyson, la livre	2	»	à »	»
Cigares de la Havanne, la boite	15	»	à 16	»
Sucre brut, la livre	»	23	à »	25
— blanc, la livre	»	45	à »	50
Café, la livre	»	35	à »	37 (1)

Le bœuf se vendait, en 1818, à 6 dollars le quintal ; et la farine 6 dollars la barrique (2).

Salaire des employés et ouvriers, à Paris (ville située à la distance de vingt-deux milles de Lexington), en 1818.

	doll. cents.		doll. cents.	
Salaire d'un clerc, par an, de	200	»	à 500	»
— d'un menuisier, par jour, avec nourriture	1	»	à »	»
— d'un maçon	1	»	à 1	50
— d'un cordonnier ouvrier, pour les souliers communs.	»	75	à »	»
— pour des souliers fins. . .	1	25	à »	»
— pour des bottes	3	25	à »	»
Tailleurs, façon d'habit. . . .	5	»	à »	»
Chapelier ouvrier, par jour . .	1	»	à 1	25

---

(1) *Monitor* de 13 juin, 1817.

(2) *Hulmes' journal*, in 3d. part of *Cobbett' years' residence* in *America*, *London*, 1816.

4 *

Chapelier ouvrier, par mois,	doll. cents.		doll. cents.
avec nourriture	3o »	à	» »
Serrurier ouvrier, par jour. .	1 »	à	1 25
— par mois	25 »	à	» »
Sellier ouvrier, par jour . . .	1 25	à	2 5o (1)

Organisation militaire.

Tous les hommes libres de l'état (excepté les noirs, les mulâtres et les Indiens), sont obligés de s'armer et de s'enrégimenter pour sa défense; et ceux qui, par motif de religion, refusent de porter les armes, paient une somme équivalente aux services qu'ils pourraient rendre. Les officiers d'état-major sont nommés par les commandans des régimens; les majors de brigade le sont par le brigadier général; leurs aides-de-camp, par les majors généraux, et les officiers subalternes, par les capitaines. Le pouvoir militaire est strictement subordonné au pouvoir civil, et aucune armée ne peut être conservée sur pied en temps de paix sans le consentement des deux chambres.

En 1815, la milice se composait de quarante-neuf mille sept cent dix-neuf hommes; savoir:

---

(1) *Journal of M*^r. *Hulme, in the* 3^d *part of a years' residence in the United-States by William Cobbet.*

État-major.	601
Infanterie.	46,774
Cavalerie.	504
Artillerie.	113
Carabiniers.	1,727
Total.	49,719 (1)

Organisation administrative.

Instruction publique. Le collége connu sous
le nom d'*université de Transylvanie*, fondé
vers l'an 1780 à Lexington, par le gouvernement de Virginie, autorisé par celui de l'état
en 1798, est doté en terres, dont le revenu
annuel est de 2,600 dollars. Une partie de ces
terres a été dernièrement vendue pour le prix
de 75,000 dollars; et cette somme, placée en
fonds de banque, produit annuellement de
dix à douze et demi pour cent. L'établissement
est sous la direction de vingt-un curateurs. Les
étudians, au nombre de cinquante ou soixante,
sont divisés en quatre classes, et sont tenus de
passer une année dans chacune. Pour être admis dans l'université, ils doivent savoir passa-
blement les grammaires latine et grecque; ex-

---

(1) *Message* du président des États-Unis, du 11
mars 1816.

pliquer Virgile, les oraisons choisies de Cicé-
ron, Salluste, le testament en grec et les *col-
lectanea græca minora*. Il est aussi nécessaire
qu'ils sachent un peu d'arithmétique, la géographie ancienne et moderne, et qu'ils jouissent d'une bonne réputation sous le rapport
des mœurs. Les dépenses annuelles, pour ceux
qui vivent en commun, n'excèdent pas 175
dollars; et celles des jeunes gens qui sont dans
des pensions particulières sont un peu plus
fortes. Le prix de l'enseignement est de quarante dollars par an dans les classes, et de 30
dans l'école de grammaire. La bibliothéque, qui
dépend de l'établissement, contient environ
quinze mille volumes.

Académies. Il en a été institué pour l'encouragement et les progrès de la littérature à
Louisville, Beardstown, Frankfort, Cynthiana
et New-Port.

Écoles. Il y a des écoles publiques dans chaque comté. Depuis quelques années le gouvernement a affecté six mille acres de terre situés
dans le comté de Green River, pour l'entretien
de ces écoles. Le désir de l'instruction est tellement répandu dans tout l'état, qu'il est rare de
trouver un blanc qui ne sache lire et écrire (1).

(1) Le prix de l'enseignement et de la pension dans

Beaux-arts. On vient d'établir à Lexington un *musée* destiné à renfermer les objets d'histoire naturelle et les antiquités de l'état, et une société pour les recueillir et les décrire. On a aussi fondé dernièrement dans la même ville un *athénée*, où l'on reçoit déjà plus de trente journaux et feuilles périodiques, publiés dans différentes parties des États-Unis.

Antiquités. Une des choses les plus extraordinaires dans l'histoire de ce pays, ce sont les élévations de terre (*mounds*) et les restes de fortifications qu'on y trouve, qui indiquent une haute antiquité et une grande connaissance dans les arts mécaniques. Quelques-uns de ces vieux forts, situés auprès du confluent de la rivière du Kentucky et de l'Ohio, sont couverts d'arbres, que le docteur Cutler considère comme étant de seconde crue, et il infère de là que ces ouvrages doivent avoir plus de mille ans. Les murs qui restent de l'un de ces forts, à un demi-mille de l'Ohio, et presqu'à l'opposé de la rivière de Big Scioto, renferment une

---

les meilleures écoles est de 45 livres sterling par an. Plusieurs instituteurs en retirent un profit annuel de 7 à 1400 dollars (*).

(*) *Fearon' Sketches of America.*, p. 240.

surface presque carrée de quatorze acres ; ils
ont trente pieds d'épaisseur à la base, sont
élevés de huit à seize pieds et assez larges pour
donner passage à un chariot. Il y a sept entrées
de vingt pieds de haut, trois à l'ouest, deux à
l'est, deux au nord; et à l'angle nord-ouest,
on remarque les vestiges d'un chemin couvert,
long de huit cent quarante pieds, qui s'étend
jusqu'à un ruisseau. De l'ouest du fort partent
deux murs parallèles distans de trente pieds
l'un de l'autre, et qui s'étendent à six cent
soixante pieds jusqu'au même ruisseau. Ces
murs sont de même dimension que ceux du
fort, et il y en a de semblables du côté de
l'est, qui vont jusqu'à un autre ruisseau éloigné
de quatre cent cinquante pieds. Au-delà de ces
ruisseaux, il n'existe aucune trace de fortifications; mais à peu de distance du fort se trou-.
vent deux tertres de forme pyramidale (1).

Journaux. A Lexington, il y paraît chaque
semaine trois journaux : le *Rapporteur*, la gazette du Kentucky, et le *Moniteur*. Ce dernier
est opposé aux deux autres. A Danville, il y a
un journal appelé le *Fanal;* à Frankfort, il y
en a trois désignés par les noms de *Palladium*,
Argus et *Pulse.*

_____

(1) *Western gazetteer*, p. 108.

Hommes célèbres.

Jean *Brackenridge*, membre du sénat de Kentucky, se fit remarquer par le discours qu'il prononça dans cette assemblée, et l'opposition qu'il y fit naître contre une loi passée pendant la session de 1801, qui ajoutait seize nouveaux juges d'arrondissement, à l'établissement judiciaire des États-Unis. Il fut ensuite nommé procureur général, et mourut à Lexington, en 1806.

Le colonel *Daveiss*, un des avocats les plus distingués de l'état par ses talens, son génie et son zèle infatigable, fut tué en novembre 1811, dans le combat livré aux Indiens à Tippecanoe, où le Kentucky perdit cinquante de ses citoyens les plus recommandables (1).

AGRICULTURE.

Le principal but de tous ceux qui viennent s'établir dans cet état est l'agriculture. Le plus pauvre laboureur y acquiert bientôt de l'aisance, et l'indépendance qui en est la suite. A Lexington et dans les comtés voisins, le produit moyen du blé et du seigle est d'environ trente boisseaux par acre. Dans les meilleures terres, le produit du *maïs* est de cinquante à soixante; et, dans les années les plus favora-

_____

(1) *History of the late war in the Western country*, by *Robert B. Mac Afee*, *Lexington*, 1816, p. 32.

bles, il donne jusqu'à soixante-quinze boisseaux. Ce grain, qui est généralement cultivé,
vient à la hauteur de dix à douze pieds. Le
produit des autres grains est proportionnellement aussi considérable. La première qualité
de terre est trop grasse pour le *froment* jusqu'à
ce qu'on l'ait un peu épuisée par d'autres récoltes pendant quatre ou cinq ans. Le *seigle* et
l'*avoine* réussissent mieux que dans les états
de l'est. On emploie le premier pour la distil-
lation de l'eau-de-vie, et la dernière sert de
nourriture aux chevaux. La moisson se fait
généralement dans les premiers jours de juillet.
Le *lin* et le *chanvre* sont beaucoup cultivés. Le
premier se vend 80 dollars le tonneau; le second, 15 dollars le quintal (1). Le produit
ordinaire est de soixante-dix à cent livres pesant par acre. Le *coton* peut être cultivé jusqu'à
la rivière Verte, à la latitude du 57° 51'; mais
le climat n'est pas assez chaud pour cette plante
ainsi que pour la patate douce.

Arbres fruitiers. Les principaux sont le pommier et le pêcher. On fait du cidre avec le fruit
du premier, et l'on extrait des pêches une liqueur appelée eau-de-vie de pêches, dont on
fait une grande consommation.

---

(1) *Nile's Weekly register*, vol. 7, p. 339.

La culture de la *vigne* a été propagée par une compagnie formée à cet effet, en 1803, sous la direction d'un émigré suisse. Elle avait un capital de 10,000 dollars.

Animaux nuisibles à l'agriculture. Parmi les animaux qui dévorent les grains, principalement le maïs, sont l'ours et l'écureuil gris (1), auxquels les fermiers font une guerre continuelle.

Moutons. Une grande étendue de terres, nommées *Barrens,* ou de prairies naturelles, a été dernièrement achetée pour y élever des moutons, par une compagnie d'habitans de Lexington, qui a commencé, en 1815, avec un fonds de 10,000 dollars. Dans le mois de janvier de cette année, la laine de mérinos pure valait d'un dollar et demi à deux dollars la livre ; celle de race mêlée de 75 *cents* à 1 dollar 25 *cents*, et celle des moutons communs un demi-dollar.

Porcs. Les porcs sont si nombreux, que quelques fermiers ont des troupeaux de plusieurs centaines de ces animaux. Ils errent dans les bois, excepté lorsqu'ils sont attirés près des habitations, au moyen du maïs.

Prix des chevaux et du bétail. En 1816, le

----

(1) *Sciurus carolinianus.*

prix d'un bon cheval de labour était de 5o dollars; celui d'un bon cheval de selle, de 100
dollars, et un cheval de ce prix, à New-York,
n'en coûtait que 70 dans le Kentucky. Une cou-
ple de bœufs vaut environ 5o dollars; une
bonne vache en coûte de 10 à 12; et un mouton
tondu, d'un dollar un quart à un dollar et
demi.

Tout fermier aisé a de dix à trente bons chevaux. On élève beaucoup de bestiaux pour la
consommation des nouvelles plantations et
pour les marchés des ports sur l'Océan. On se
sert peu des bœufs pour les travaux de l'agriculture.

Prix des terres dans le Kentucky, en 1811.

A Middleton et Shelbyville, de	8 à 10 doll. l'acre.
Dans le voisinage de Versailles, de	10 à 20
Dans le voisinage immédiat de Lexington	200
De là jusqu'à la distance d'un mille.	180
Idem. d'un mille et demi. .	100
Idem. de deux milles. . . .	50
Idem. de deux milles et demi	3o
Idem. de trois milles. . . .	25
Idem. de quatre milles. . .	20
Idem. de huit milles. . . .	12 à 20

La bonne terre se vend rare-
ment moins de . . . .   12 doll. l'acre.
Les terres en friches, depuis
Louisville jusqu'à Lexington, se
paient de . . . .   20 à 50

En 1816, les terres cultivées, situées près
de la frontière du Tennessée, se vendaient de
10 à 20 dollars par acre (1), et quelques étendues de terres, appartenant à des habitans de
la Virginie, étaient estimées à 30 dollars l'acre.
Des terres situées à cinq milles d'une ville ou
d'une rivière navigable, se payaient, en 1817,
de 20 à 40 dollars l'acre; celles qui en étaient
éloignées de cinq à dix, de 10 à 20 dollars; et
lorsqu'elles étaient à dix ou quinze, de 5 à 15
dollars (2).

INDUSTRIE.

On a établi dans différentes villes des filatures de coton, de laine et de chanvre, dont
les machines sont mises en mouvement par la
vapeur.

Substances minérales. Il y a une *verrerie* à
Maysville; quatre clouteries à Lexington, qui

---

(1) *Western gazetteer*, p. 96.
(2) *Fearons' Sketches of America*, London, 1818,
p. 239.

fournissent annuellement soixante-dix tonneaux de *clous*, et deux manufactures d'instrumens de *cuivre* et de *fer-blanc*. La quantité de
nitre extrait des cavernes, pendant la dernière
guerre, excédait par an quatre cent mille livres;
et celle de la *poudre* manufacturée, durant
cette même période, trois cent mille livres
annuellement (1). On a établi une manufacture
de *sel* à Vangeville.

Produits des substances minérales en 1810.

Fer, 4 hauts fourneaux, 4 tonn. Val.   1,000 doll.
Forges (3), 52 ½ tonneaux. 10,600 (2)
Clouteries (11), 196,660 livres de clous.   33,660
Poudre à tirer, 63 moulins, 115,716 liv.   38,561
Sel, 36 salines, 324,870 boisseaux . . .   324,870

Substances végétales. Les manufactures de
chanvre de Lexington étaient évaluées à 500,000
dollars, en 1811. Il y a aussi plusieurs filatures
de *coton*, trois moulins à *farine* et deux moulins à *papier* mis en mouvement par la vapeur,
et employant chacun cent cinquante ouvriers.
A Georgetown, il y a différentes manufactures;
à Danville, plusieurs moulins, manufactures et

_____

(1) *Western gazetteer*, p. 111.
(2) Le maréchal de Kentucky pense que la quantité de fer est
plus considérable qu'elle n'est indiquée dans son rapport.

corderies ; à Frankfort, des filatures de chanvre, des moulins à farine et à scie; à Cynthiana, dix moulins à farine et à scie, et à Shipping-Port, une corderie qui a mille deux cent cinquante pieds de long.

Produits des substances végétales en 1810.

Esprits distillés de fruits et de grains,
2,000 distilleries, 2,220,773 gall. Val.   740,242 doll.
Huile de graine de lin, 9 moulins, 4,605
   gallons   4,605
Toile de chanvre pour emballer le coton,
   13 manufactures, 453,750 verges . .   159,445
Câbles et cordages, 38 corderies, 1,991 ½
   tonneaux   398,400
Papier, 6 moulins, 6,200 rames 18,600 (1)

Produits des substances animales en 1810,

Tanneries (267), 70,432 peaux tannées . . . . Valeur   255,212 doll.
Moulins à foulon (33), 53,038 verges
   foulées 78,407 (2)

---

(1) Il est question dans le rapport de 15 filatures de coton ; de 23,559 métiers pour le coton, le chanvre, etc. ; de 21 machines qui ont cardé 75,100 livres de coton, de chanvre, de laine, etc., et de 1,656 fuseaux.

(2) La valeur des toiles et étoffes mélangées non désignées

D'après le rapport du maréchal, le montant
total des manufactures s'est élevé, en 1810, à
4,120,683, non compris les articles dits incertains; mais, considérant que plusieurs objets
étaient omis ou imparfaitement connus, il a
cru devoir le porter à 6,181,024 dollars. La
valeur des articles dits incertains a été, selon
le même rapport, de 1,033,180 dollars; savoir :

Sucre d'érable, 2,471,647 liv.   Valeur   308,932 doll.
Salpêtre, 201,937 livres   33,648
Chanvre, 5,755 tonneaux 690,600 (1)

Il s'est formé à Lexington, au mois de septembre 1817, une *association pour l'encoura-*
gement des manufactures nationales, dont les
membres ont résolu de ne porter que des étoffes
de ces manufactures, et d'en encourager l'usage
de préférence à celles qui sont importées des
pays étrangers.

(4,685,385 verges), est de 2,057,081 dollars, et celle des toiles
et étoffes de toute espèce s'élève à 2,216,526 dollars.

(1) Le maréchal du Kentucky observe que la production du
chanvre a doublé en 1811 en beaucoup d'endroits, et que la
quantité de salpêtre que renferme l'état est inépuisable.

COMMERCE.

Le commerce étranger de cet état est encore peu considérable, à cause de son grand éloignement de la mer, et parce que les productions qu'on met en magasin sont consommées par les nouveaux colons.

Les *exportations* consistent principalement en blé, seigle, orge, tabac, chanvre, bétail sur pied, eau-de-vie de grains et de pêches. On a embarqué, en une année, pour la Nouvelle-Orléans de la ville de Henderson, située sur l'Ohio, cinq cents barriques de tabac. Le montant total des exportations, en 1802, s'éleva à 626,673 dollars.

Tableau des exportations de l'état, en 1817.

Salpêtre et poudre à tirer.	60,000
Plomb blanc et rouge	45,000
Farine et froment	1,000,000
Tabac	1,900,000
Cordages, chanvre, etc.	500,000
Eau-de-vie de grains	500,000
Bétail	200,000
Chevaux et mulets	100,000
	4,305,000

Report. . . . . 4,305,000 doll.

Laine et coton 100,000
Porc, lard et sain-doux. 350,000
Savon et chandelles.   27,000

TOTAL. 4,782,000 (1)

État du tonnage.

ANNÉES.	TONNAGE.	TONNEAUX.
1802 / 1811	Enregistrés pour le commerce étranger.	308 / 100
1816 / 1816	Payant un droit annuel pour le cabotage.	» / »

(1) *Fearons' sketches of America*, London, 188, p. 241.

BANQUES.

Tableau des Banques autorisées en vertu d'un acte de la législature du Kentucky.

VILLES.	COMTÉS.	CAPITAUX.
Georgetown.	Scott.	300,000
Bowling-green. . . .	Warren	200,000
Lexington	Fayette	1,000,000
Versailles	Woodfort	300,000
Cynthiana	Harrison	120,000
Louisville	Jefferson	1,000,000
Bardstown	Nelson	200,000
Mounstterling	Montgomery	100,000
Maysville	Mason	300,000
Newcastle	Henry	100,000
Lancaster	Garrard	100,000
Harrodsburgh	Mercer	150,000
Shelbyville	Shelby	200,000
Flemingsburgh . . .	Fleming	150,000
Petersburgh	Boone	100,000
Greensburgh	Green	100,000
Hopkinsonville . . .	Christian	200,000
Springfield	Washington	100.000
Russelville	Logan	200,000
Elizabeth	Hardin	100,000
Carlisle	Nicholas	100,000
Frankfort	Franklin	200,000
Greenville	Muhlenburg	100,000

VILLES.	COMTÉS.	CAPITAUX.
Burkesville	Cumberland.	100,000
Owingville	Bath.	100,000.
Somerset	Pulaski.	100,000
Morgantown.	Butler	100,000
Burlington.	Boone	100,000
Hardinsburgh. . . .	Breckenridge	100,000
Nicholasville	Jessamine	100,000
Columbia	Adair	100,000
Henderson.	Henderson.	150,000
Barbourville.	Knox	100,000
Newport.	Campbell	200,000
Glasgow	Barren.	200,000
Paris.	Bourbon.	300,000
Augusta	Bracken.	100,000
Port-william	Gallatin	100,000
Shepherdsville . . .	Bullit	100,000
Danville.	Mercer.	150,000
	Total	7,720,000

TRAVAUX PUBLICS.

Dans les nouvelles plantations, les *maisons* sont construites en charpente, dont les interstices sont remplis de vase. Les cheminées sont en pierre, et sont saillantes hors du mur. Dans les villes, les maisons, pour la plupart con-

struites en pierre, en briques ou en bois, ont
également l'air propre. En 1797, Lexington
contenait cinquante maisons environ; en 1816,
il y en avait près de mille, dont une grande
partie étaient construites en briques ou en bois.
Cette ville possède une belle maison de justice,
une banque et une loge maçonique : la rue
principale a quatre-vingts pieds de large, avec
des trottoirs de huit pieds. Il y a dans les environs cinquante à soixante jolies maisons de
campagne.

La *maison-de-ville*, à Frankfort, est de marbre, et a quatre-vingt-six pieds de front sur
cinquante-quatre de profondeur.

Routes. Les premiers chemins du Kentucky
furent tracés par les bisons, lorsqu'ils se rendaient aux salines. Ces animaux pesans, doués
d'un instinct remarquable, suivent le sentier le
plus facile sur le revers des collines, et passent
par les ouvertures les plus profondes, qu'ils
trouvent entre les montagnes. On peut encore
voir la route qu'ils prenaient pour aller à la
grande saline, située sur la branche du milieu
de la rivière de Licking.

En raison de la nature du sol et de l'humidité du climat, les routes sont extrêmement
coûteuses à établir et à réparer; aussi sont-elles
encore en mauvais état.

Tableau des routes.

DÉSIGNATION DES ROUTES.	LONGUEUR.
De Frankfort à Cincinnati	162 milles.
au port William	37
à Cumberland Gap	154
à Shawneetown.	207
De Lexington à Fleming.	69
à Chetwood	127
à Monroe	149
à Bowling Green.	189
à Russelville	206
De Greensburg à Cumberland	46
Cumberland à Glasgow.	32
Louisville à Russelville.	155
Hardensburg à Greenville	59
Hartford à Henderson	45
Henderson à Russelville.	99
Harpshead à Eddyville.	50
Russelville à Fort Massac.	101

Ponts. Un pont en chaînes de fer a été jeté sur le Kentucky, à Frankfort.

Navigation intérieure. La législature vient de voter 40,000 dollars pour améliorer la navigation des rivières de Licking, Kentucky, Salt et Green.

Ports de commerce. Louisville, situé au 38°

8′ de latitude nord, est maintenant un port de commerce.

Canaux. Il s'est formé une compagnie pour l'ouverture d'un canal le long des courans (*rapids*) de l'Ohio. La descente, en neuf milles′, est de vingt-deux pieds. Le canal doit avoir seize pieds de profondeur, vingt de largeur dans le fond, et soixante-huit à la surface. Il commencera un peu au-dessous du confluent de la petite rivière de Bears' Grease, et aboutira à l'Ohio, au-dessous de Shipping-Port, distant d'un peu plus d'un mille et trois quarts. Le compagnie, autorisée à cet effet par le gouvernement, a un capital de 500,000 dollars. Le sol est une terre grasse reposant sur un lit de pierre calcaire, et n'a pas plus de trois pieds et demi d'élévation au-dessus du niveau du canal projeté. Ce canal, qui doit donner passage aux bateaux de trente tonneaux, coûtera, selon l'estimation de l'ingénieur, M. Baldwin, 240,000 dollars.

Inventions réclamées par cet état.

Moulins de l'Ohio. La mécanique tient à un bateau plat, et est mise en mouvement par le moyen d'une roue qui est sur le côté, et qui plonge dans le courant de l'eau où le bateau est amarré jusqu'à ce que le grain soit moulu. Lorsque cette opération est faite, on le dirige vers le rivage, pour recevoir une nouvelle charge. Le meunier vit avec sa famille, sur ce bateau, dans une cabane qui les met à l'abri des intempéries de la saison.

Ouvrages qui traitent de l'histoire et des productions de cet état.

Années 1793. *Imlay (George) topographical description of the Western territory of North America, with a map; to which are added the Discovery, settlement, etc., of Kentucky, etc., by John Filson, 2ᵉ. édit. in-8°. London.* — Description topographique du territoire occidental de l'Amérique du nord, à laquelle on a ajouté l'histoire de Kentucky, par John Filson. Ce dernier ouvrage avait été traduit en français, par M. Paraud, en 1785.

— 1799. *Nicolas (George), letter to his friend in Virginia, justifying the conduct of the citizens of Kentucky, as to some of the late measures of the general government, Lexington, p. p. 39.* — Lettres de M. Nicolas à son ami, en Virginie, pour justifier la conduite des habitans de Kentucky, en ce qui regarde quelques mesures prises par le gouvernement général.

— 1808. *Michaux (F. A.).* Voyage à l'ouest des monts Alleghanys, dans les états de l'Ohio, du Kentucky, et du Tennessée, etc., in-8°., Paris.

— 1814. *The navigator of the Ohio , Pittsburgh,*
in-12.

— 1817. *Brown (Samuel R.) Western gazetteer, or
emigrants' guide , etc., art. Kentucky , —* in-8°. *Auburn. N. Y.* Gazetier de l'Ouest , ou guide des émigrans,
art. *Kentucky.*

— 1818. *Darbys' emigrants' guide,* 1 vol. in-8°.,
New-York , art. *Kentucky. —* Guide des émigrans.

Carte.

Il vient de paraître une belle carte de l'état de
Kentucky.

CHAPITRE XVII.

ÉTAT DE L'OHIO.

TOPOGRAPHIE.

SITUATION ET ÉTENDUE. Cet état est situé entre le 38° 30′ et le 43° de latitude nord, et entre le 5° 32′ et le 7° 43′ de longitude ouest de Washington. Il est borné au nord par le lac Érié et par une ligne qui part de l'embouchure du Miami du lac, et va directement à l'ouest jusqu'à la frontière orientale de l'état d'Indiana; au sud et au sud-est, par la rivière d'Ohio; à l'est, par une ligne qui se rend de cette rivière dans une direction nord jusqu'au lac Erié, et sépare cet état de celui de Pensylvanie; et à l'ouest, par une ligne tirée vers le nord, à partir du confluent du grand Miami, qui forme la démarcation entre cet état et l'Indiana, et rencontre la ligne, tirée du lac Erié, qui le sépare du territoire de Michigan. L'Ohio lui sert de limite pendant près de quatre cents milles; le lac Erié, pendant cent soixante-quinze. La ligne des frontières de l'ouest a cent quatre-vingt-

dix milles environ d'étendue; celle de l'est,
quatre-vingt-dix, et celle du nord, soixante-
quinze.

Superficie. Selon M. Drake (1), elle est de
quarante mille milles carrés, ou de vingt-cinq
millions d'acres, non compris les eaux du lac
Erié, qui se trouvent dans les limites de l'état,
et celles de la baie de Sandusky.

Aspect du pays et nature du sol. Les parties
les plus élevées de cet état sont une chaîne de
montagnes oblique à celle des Alleghanys,
qui s'étend le long du quarante-unième degré
de latitude, et d'où les eaux se rendent dans
une direction opposée, les unes vers le N.,
jusqu'au lac Érié, et les autres, vers le S., jusqu'à l'Ohio (2). Dans quelques endroits, les
collines les traversent; dans d'autres, elles
suivent la direction des eaux (3). Les parties
du sud-est sont montueuses; mais tout le
reste du pays est généralement uni, si l'on
excepte le voisinage de l'Ohio, et de quelques-
unes des rivières les plus considérables. Vers

---

(1) *Picture of Cincinnati*, p. 19.

(2) On a estimé à huit cent cinquante pieds l'élévation du pays situé entre le lac Érié et les montagnes du
Cumberland, dans le méridien de Cincinnati.

(3) *Forsyth' topography of Ohio.*

la sud, il y a des plaines, sans bois, d'une
grande étendue, couvertes de beaux pâturages.
En plusieurs endroits, les eaux, ne trouvant
point d'issue, ont formé des étangs et des
marais; mais, quoi qu'il en soit, cet état est
peut-être plus favorisé que tous les autres,
puisqu'il a, proportionnellement à son étendue, une plus grande surface propre à la culture. Il a encore un autre avantage : ses terres
élevées ont une surface ondulée d'un facile
accès, et susceptible d'être labourée jusqu'au
sommet. On a remarqué que la partie nord des
collines possède un sol très-riche, ce qu'on
suppose être dû aux feuilles que les vents du
sud y apportent continuellement (1).

---

(1) Charlevoix, dans son *Histoire de la Nouvelle-
France*, décrit ainsi les parties septentrionales qui bordent le lac Érié. « Je naviguais le long d'un charmant
pays quelquefois dérobé à ma vue par des aspects très-
désagréables, mais qui étaient peu étendus. Quelque
part que j'allasse, j'étais enchanté de la beauté et de la
variété du paysage, terminé par les plus belles forêts du
monde; joignez à cela que chaque partie regorge d'oiseaux aquatiques. Je ne saurais dire si les bois donnent
du gibier dans une égale profusion; mais je sais bien
qu'il y a une prodigieuse quantité de bisons. Si nous de-
vions toujours naviguer par un ciel serein dans le climat le plus charmant, et sur des eaux pures comme

Le docteur Hildreth, dans sa description de Marietta, située au confluent du Muskingum, remarque « que la terre à l'est est de plusieurs pieds plus basse que celle de l'ouest, et se compose d'argile et de marne, reposant sur un lit de gravier qui paraît avoir servi de canal à la rivière ; qu'on trouve des troncs d'arbres en creusant dans les collines à la profondeur de trente-cinq pieds, qui est le niveau des bords du Muskingum ; et il ajoute qu'immédiatement après cette terre argileuse, à l'est, est une plaine graveleuse de trente-trois pieds plus élevée que les terres basses, et de soixante pieds au-dessus du niveau de la rivière, » ce qui lui fait croire que c'était autrefois son lit. La partie orientale de l'état, située entre le Muskingum et la ligne de Pensylvanie, à la distance de cinquante milles au nord, est inégale, et s'élève en hautes collines, entre lesquelles sont de profondes vallées ; mais toute la surface est

---

celles des plus belles sources ; si nous étions certains de trouver partout des endroits sûrs et agréables, pour passer la nuit, où nous puissions aussi goûter le plaisir de chasser à peu de frais, respirer à notre aise l'air le plus pur et jouir de l'aspect des plus beaux pays de l'univers, nous serions peut-être tentés de voyager jusqu'à la fin de nos jours. »

féconde et propre à la culture. Depuis le Muskingum jusqu'au grand Miami, à l'ouest, le pays a beaucoup d'inégalités; mais les collines s'abaissent graduellement; quelques-unes aboutissent à l'Ohio, tandis que d'autres se terminent à la distance de deux ou trois milles. Au nord-ouest et au nord, la surface est plus unie, le sol humide, mais coupé par des portions de prairies élevées, et par des forêts dont le sol est pierreux ou sablonneux. Dans l'angle nord-est, le terroir est fertile, mais humide et malsain. A la distance de huit ou dix milles, entre l'Huron et le Miami du lac, 'il y a de vastes prairies entrecoupées de pays bien boisés.

EAUX.

Lacs. Le lac Érié, dont une partie est située dans les limites de l'état, a déjà été décrit (1).··

Rivières. Les principales rivières de l'état, qui se déchargent dans l'Ohio, sont le Muskingum, le Scioto, le grand Miami, le petit Miami, le Hockhocking et le petit Hockhocking.

Le *Muskingum* (2) est formé de deux grands affluens, la Tuscarawa et la White-Woman (3),

---

(1) Tom. 1er., liv. 1er. , p. 111 et suiv.
(2) Ce mot signifie *Œil de l'Élan.*
(3) *Femme blanche.*

dont les sources sont situées près de celles des
rivières du lac Érié, et qui se réunissent au-
dessus du 39° de latitude. Le Muskingum prend
alors une direction sud-est, qu'il conserve,
pendant plus de cent milles, jusqu'à sa jonction avec l'Ohio. La Tuscarawa, qui est formée
par plusieurs petites rivières, l'Indian, le Sandy,
le Conotton, le Sugar et la Still-Water, a un
cours presque aussi long, et la White-Woman
serpente à travers le pays pendant près de
quatre-vingts milles. Les affluens de cette dernière sont le Killbuck et le Mohigan, qui lui
arrivent du nord, et la Owl-Creek (1), qui s'y
décharge de l'ouest. Au-dessous du confluent
de ses deux branches, le Muskingum reçoit de
l'est les eaux de la petite rivière de Wills; et
de l'ouest, celles de la Wakatomaka et du Licking : ce dernier est navigable pendant près
de cent milles. A l'endroit où il entre dans
l'Ohio (2), le Muskingum peut avoir sept cent
cinquante pieds de large. Il est navigable de ce
point pendant cent milles, jusqu'aux trois four-
ches (*Three-Legs*), pour de grands bateaux; et
pour des chaloupes, à quarante-cinq milles plus
haut, c'est-à-dire, à sa source, qui se trouve dans

---

(1) La petite rivière des Hiboux.
(2) A cent quatre-vingts milles de Pittsburgh.

un petit lac (1). Cette navigation est cependant
obstruée au confluent du Licking par une chute
considérable (2). Quoique ses bords soient élevés, ils sont néanmoins sujets à être inondés
à une certaine distance.

Le *Scioto* prend sa source près de celle de
la rivière de Sandusky, au-dessus du 40° de latitude, et parcourt une distance de deux cents
milles, jusqu'à sa jonction avec l'Ohio, à trois
cent quatre-vingt-dix milles de Pittsburgh (3).
Ses principaux affluens sont : 1°. le *petit Scioto*,
qui arrive des plaines de Sandusky et s'y jette
sous le parallèle du 40° 30′; 2°. le *Whetstohe*,
qui prend sa source à l'est de ces plaines et
opère sa jonction (4) un peu au-dessus du 40°
de latitude, après avoir suivi un cours de
soixante milles environ; 3°. le *Big-Belly*, ou
Gros-Ventre, formé de deux branches, le
Walnut et l'Allum, qui y aboutit à douze milles
plus bas que le précédent; 4°. une autre petite
rivière, connue sous le nom de *Walnut*, qui

(1) De là, moyennant un transit par terre d'environ
un mille, il existe une communication avec le lac Érié
par la Cayahoga.

(2) Voir l'article *Canaux.*

(3) Sous le 38° 43′ de lat.

(4) Columbus, siège du gouvernement, y est établi.

s'y décharge à neuf milles du Big-Belly; 5°. la
Darbys' Creek, qui s'y jette du côté de l'ouest;
6°. la *Deer Creek*, qui s'y joint à onze milles
de la dernière; 7°. la *Paint Creek*, qui y arrive
du même côté à seize milles de la Deer Creek,
et 8°. la *Salt Creek*, qu'elle reçoit du côté opposé.

Le Scioto est navigable pendant soixante-
dix milles, jusqu'à Chillicothe, pour des barques du port de dix tonneaux, et il l'est pour
des canots tirant quatre pieds d'eau jusqu'à
deux cents milles de son confluent (1); son
cours est lent et très-facile à remonter. Cette
rivière, bordée de terres basses et de prairies,
grossit considérablement au printemps, et présente, durant un mois, une largeur d'un demi-
mille. Elle est guéable dans plusieurs endroits.
Sa largeur à son confluent est de sept cent cinquante pieds, et elle est de trois cents, à deux
cents milles plus haut.

Le *grand Miami* (2) a sa source près de

---

(1) Jusqu'à un portage, dit Hutchins, qui est à quatre
milles du Sandusky, mais le général Collot remarque
« qu'il a sans doute voulu parler de la rivière de Miami,
attendu que le portage du Scioto au Sandusky, est de
soixante-dix milles. »

(2) Nommé par Hutchins, *Mineami*, et par d'autres *Assereniet*, ou *Rocky*.

celles du Scioto, du Sandusky et de la Sainte-
Marie, vers le 40° et demi de latitude, et traverse le pays pendant l'espace de cent trente
millés, dans une direction sud-ouest par sud
jusqu'à l'Ohio, dans lequel il se jette à l'angle sud-
ouest de l'état, à cinq cent cinquante-un milles
de Pittsburgh (1). Les principaux affluens de
l'ouest sont la Loramies' Creek, la branche du
Sud-ouest et la White river (*rivière Blanche*).
Cette dernière s'y jette à dix milles de l'Ohio. Du
côté de l'est, le grand Miami reçoit la *Mad river*
(*rivière Folle*), qui lui arrive du nord-est, et
s'y joint à la ville de Dayton, située à soixante-
quinze milles de l'Ohio. Le grand Miami peut
avoir six cents pieds de large à son embouchure
mais il n'en a plus que quatre-vingt-dix à Dayton. Il est navigable jusqu'à cette ville pour
des barques; mais les canots remontent à cinquante milles plus haut jusqu'en un endroit où
il est séparé du Sandusky par un portage de
neuf milles. Le lit du grand Miami est pierreux; il n'y a point de cataracte, mais le courant est très-rapide, et la navigation interrompue à quinze ou vingt milles de l'Ohio par
des arbres et des bancs de sable.

Le *petit Miami* prend sa source près d'une

----

(1) Sous le 39° 40′ de lat. nord.

des branches de la Mad river, et suit la direction du grand Miami jusqu'à sa jonction avec
l'Ohio, qu'il effectue à trente-cinq milles plus
haut que cette rivière. Il a deux cents pieds de
large jusqu'à une certaine distance de son confluent, mais il n'est pas navigable. Les bords
en sont escarpés, et le courant est doux et
tranquille (1).

Le *Hockhocking*, qui se jette dans l'Ohio, à
vingt-cinq milles environ au-dessous du Muskingum, est navigable pour de grands bateaux
plats pendant soixante-dix milles. Il a deux
cent quarante pieds de large à sa jonction. Ses
bords sont élevés et ne sont pas sujets à être
inondés.

Le *petit Hockhocking*, qui se jette dans
l'Ohio, à six milles au-dessus de la grande rivière du même nom, est peu considérable.

Rivières qui se déchargent dans le lac Érié.
La plus considérable et la plus à l'ouest est le
Miami du lac, ou *Maurice*, qui prend sa source
dans l'état de l'Indiana, où ses deux branches,

---

(1) Les eaux du petit Miami, à quelque distance de
leur source passent dans un canal rocailleux qui a plus
de cent pieds de profondeur. Il y a un endroit où l'eau
est profonde de cinquante pieds, et la rivière large de
trois ou quatre pieds seulement.

connues sous le nom de Sainte-Marie et de
petit Saint-Joseph, suivent des directions opposées, jusqu'à ce que leurs eaux se réunissant,
vont par un cours nord-est jusqu'au lac Érié,
dans lequel elles se déchargent. La branche
méridionale, appelée la Glaize, est assez considérable ; elle commence à dix ou douze milles
au nord-est de la source de la Sainte-Marie (1).
Le Miami a cent cinq milles de longueur, et
il est navigable dans toutes les saisons, depuis
son embouchure jusqu'auprès de sa source. Le
Saint-Joseph est navigable jusqu'à cinquante
milles, et la Sainte-Marie, dans les saisons
pluvieuses, jusqu'au vieux fort Sainte-Marie,
à cent cinquante milles de son confluent. A
la distance de vingt milles à l'est de la jonction
du Miami, est la *Toussaint*, dont sa source
n'est éloignée que de dix ou douze milles. Il
a trois cents pieds de large à son embouchure;
son lit, peu profond, est rempli de folle
avoine, de nymphéa et d'autres plantes aquatiques. Le *Portage,* ou le *Carrying* vient de deux
sources dans un endroit marécageux, appelé
le Marais noir (*Black-swamp*). Il est navigable

---

(1) On a proposé d'établir un canal entre les sources
de la Loramie, de la Sainte-Marie, de la Glaize et des
affluens de l'Ohio.

à peu près depuis sa source jusqu'à son embouchure dans le lac Érié, où il a une largeur de quatre cent vingt pieds qu'il conserve jusqu'à la distance de six à sept milles. Le *Sandusky* est une rivière assez considérable, qui coule au sud-est et tombe dans la baie du même nom, à huit milles à l'est de l'embouchure du Carrying, dans une ligne directe, mais à quarante-sept milles en suivant la côte de la presque île qui est formée par le Portage, la baie de Sandusky et le lac Érié. A quelques milles à l'est de cette rivière, deux ruisseaux, la *Pipe* et le *Cold*, qui tombent dans la baie, après avoir traversé un pays riche, offrent des sites favorables à la construction des moulins. Le *Huron*, qui se jette dans le lac à dix ou onze milles à l'est de la baie du Sandusky, a cent cinquante pieds de largeur à son embouchure, depuis laquelle il est navigable jusqu'à la distance de dix-huit milles. Il a plusieurs branches qui arrosent un pays fertile. Le *Vermillon* a presque la même largeur que cette dernière, et tombe à dix milles de là. L'embouchure du Black-River se trouve à neuf milles plus à l'est. Le *Rocky*, qui prend sa source auprès d'une branche du Muskingum, est plus long et plus rapide; il décharge ses eaux à la distance de dix-huit milles de la Black-River. Il est navigable jusqu'à

viugt-ciuq milles; mais son courant est obstrué
en quelques endroits par des bancs de sable;
et les vents de nord-ouest, qui viennent du
lac, élèvent souvent ses eaux au-dessus de ses
bords et les rendent insalubres. La rivière la
plus voisine est la *Cayahoga*, qui a sa source
près du parallèle du 41° 35', et coule dans une
direction sud-ouest jusqu'au 41° 8' de latitude,
puis se dirige au nord-ouest vers le lac Érié,
auquel elle se réunit au 41° 31'. On pourrait aisément rendre cette rivière navigable à la distance de cinquante milles de son embouchure,
et à sept ou huit de la Tuskarawa (1). Une
branche auprès de sa courbe méridionale, qui
sort d'un petit lac, approche beaucoup de la
source de la Tuskarawa, ou de la grande branche
septentrionale du Muskingum. Cette rivière,
comme le Rocky, a son courant obstrué par des
bancs de sable et par l'influence des vents du
nord-ouest, qui occasionent les fièvres qui
règnent sur ses bords. Il a plusieurs petites
branches, dont la plus forte est le *Tinker*,

---

(1) L'état avait autorisé à cet effet une loterie, qui
n'obtint aucun succès, parce que les nouveaux colons
établis à Cleaveland, auprès de la jonction, se décou-
ragèrent faute d'un port, et à cause de la fièvre bilieuse
qui y règne durant l'automne.

qui vient de l'est. Le *Chagrin* prend sa source dans la grande courbe de la Cayahoga, et va au nord dans un cours de quarante milles jusqu'au lac Érié, où il entre à vingt milles à l'est du Tinker. Ce ruisseau est rapide et se déborde fréquemment. La *Grande Rivière* prend sa source auprès de la courbe du Big Beaver, affluent de l'Ohio, et va dans une direction nord jusqu'à 41° 45', où il se dirige à l'ouest jusqu'au lac. Elle n'est pas navigable.

L'*Ashtabula* se décharge à vingt-six milles de la précédente. Le *Coneought*, ruisseau le plus à l'est, se décharge à dix milles plus loin (1). Comme l'Ashtabula, il offre de beaux sites pour l'établissement des moulins, mais il n'est pas navigable (2).

Iles. (3) Les îles formées par l'Ohio sont nombreuses. Celle de *Mill Creek*, située à un mille au-dessus du confluent de la petite rivière

_____

(1) Le *Western Gazetteer*, p. 274, dit qu'il a son entrée dans le lac Érié, dans la Pensylvanie, à environ dix milles à l'est de la ligne de séparation.

(2) Nous nous sommes servis, pour décrire les rivières, de l'excellente carte de cet état, dressée par M. M. B. Hough et C. Bourne, en 1815.

(3) Voir la description des îles du lac Érié, tom. 1er., chap. III, p. 114.

de Beaver, a un quart de mille environ de longueur. L'île de *Brown* se trouve au-dessous du
parallèle du 40° 30' de latitude. L'île de *Wheeling*, vis-à-vis la ville du même nom, a un
mille de longueur, et contient près de quatre
cents acres d'excellentes terres. L'île de *Middle*,
située près de la rivière de Middle, a deux milles
de longueur. Celle de *Blennerhassets*, au sud
du Muskingum, est remarquable par sa situation et la qualité de son terroir.

MÉTÉOROLOGIE.

Température. Le climat est, en général, très-
doux. L'été n'est pas plus chaud que dans le
Vermont, et l'hiver est beaucoup moins rigoureux, quoique sujet à des changemens soudains
et à des pluies fréquentes. Le printemps se fait
sentir vers le milieu de mars, par une chaleur
agréable, qui dure jusque vers le 15 mai; alors
commence l'été, qui finit en septembre; après
quoi le temps devient gris, l'atmosphère sèche
et sereine, et cette époque est connue sous le
nom d'*été indien*. La température moyenne de
l'année, d'après des observations faites à Cincinnati, depuis 1806 jusqu'en 1813, a été de
54 degrés un quart de Fahrenheit, ce qui cor-
respond avec celle des puits et des sources.

La chaleur moyenne, pendant chaque mois, se trouve indiquée ci-après :

Janvier	29°,88.
Février	34°,42.
Mars	43°,97.
Avril	57°,58.
Mai.	61°,32.
Juin.	71°,16.
Juillet	74°,51.
Août.	73°,27.
Septembre.	68°,29.
Octobre	55°,08.
Novembre	41°,75.
Décembre.	34°,54.

Le terme moyen de la plus grande variation par jour du froid à la chaleur, fut de 29° 32, et de la chaleur au froid, de 28° 37.

La différence moyenne annuelle entre les parties les plus froides et les plus chaudes du jour, à Cincinnati, a été de 15° et demi. Le plus grand froid qu'on ait jamais ressenti fut celui du 8 janvier 1797, où le mercure descendit à 18 degrés au-dessous de zéro. Dans cette année, l'Ohio fut gelé durant quatre semaines, et le froid dura jusqu'au 22 mai. La plus grande chaleur fut de 98 degrés.

Le mercure s'élève à 90° ou au-dessus, pendant quatorze ou quinze jours de l'été. Le vent

du sud-ouest règne depuis mars jusqu'en novembre inclusivement. Il souffle ordinairement du nord-ouest pendant les mois de décembre, de janvier et de février. Les mois les
plus pluvieux sont ceux d'avril et de mai, et la
quantité annuelle de pluie qui tombe dans les
parties méridionales du pays de Miami est
d'environ trente-six pouces. La neige, qui dure
peu de temps, a rarement plus de quatre pouces d'épaisseur; mais plus au nord et près du
lac Érié, il en tombe davantage. Auprès du
Scioto, au 40° 40′ de latitude, la neige avait
vingt pouces de hauteur le 4 janvier 1813,
tandis qu'à Cincinnati elle n'en avait que quatre. Il gèle rarement dans la vallée de l'Ohio
avant le premier octobre. Le 14 février 1817,
l'Ohio fut pris auprès de Marietta à la profondeur de dix-neuf pouces.

On rencontre des perroquets dans ce pays
jusqu'au parallèle de 39° et demi, et l'on trouve
dans les eaux de l'Ohio la tortue molle, qui
n'existe pas dans les états limités par l'Atlantique au nord de la Géorgie.

Le catalpa vient sur la Wabash, à la hauteur
du pays de Miami, et des grands roseaux à l'est
jusqu'à la rivière de Big Sandy.

A Cincinnati, la végétation commence vers
les premiers jours de mars; les pêchers sont

en fleurs dans la première semaine d'avril, les
cerises, les fraises et les framboises sont mûres
à la fin de mai, et les pêches vers le commencement d'août (1). Les gelées ne pénètrent pas
dans la terre à plus de cinq ou six pouces; et
à Cincinnati, on regarde le froid comme très-
grand, lorsque le sol, exposé aux rayons du
soleil, demeure pris pendant un mois. Les gelées
blanches du printemps cessent tout-à-fait au
commencement de mai, et celles de l'automne
commencent en général à la fin de septembre.

Le docteur Forsyth remarque qu'à Wheeling
l'atmosphère est très-humide; qu'il est difficile
de conserver du lait pendant douze heures à la
cave, sans qu'il devienne aigre, et que les
livres sont fort exposés à la moisissure.

D'après beaucoup d'observations et d'expé-
riences curieuses, M. Jefferson pense que la
vallée de l'Ohio a une température plus chaude
de trois degrés que celle des états de l'Atlantique
sous le même parallèle. Le docteur Drake observe, contre cette opinion, que la température moyenne, déduite de huit années d'observations à Cincinnati, est de 54° 25′. Selon
le docteur Rush, la chaleur annuelle, à Philadelphie, est de 52° 5′, et le docteur Coxe pré-

---

(1) *Drakes' picture of Cincinnati*, 4°. section.

tend qu'elle doit être de 54° 16′. M. Legaux fixe la chaleur moyenne à Springmill, sur le Schuylkill, à 53° 32; le terme moyen est de 53° 66, ce qui ne fait que six dixièmes de degrés de moins que la température de Cincinnati, situé à 50′ plus au sud.

Les argumens que l'on tire de l'existence de plusieurs plantes et de certains animaux, sont aussi combattus par le même auteur, qui observe que le perroquet, oiseau des tropiques, est attiré le long du Mississipi et de l'Ohio, par les fruits de la lampourde commune (1), du cyprès, du micoucoulier, du hêtre et du platane, dont il est très-friand, et qui ne se trouvent pas en si grande abondance dans la Pensylvanie; et aussi par les salines auprès desquelles on en voit souvent des quantités considérables. D'ailleurs, cet oiseau ne pourrait passer aisément aux rivières des états de l'est et du sud-est, situées le long de l'Atlantique; et comme rien ne l'attire dans leurs vallées, il s'arrête dans les marais de cyprès de la Caroline du nord et de la Virginie. La croissance du catalpa, comme on l'observe, dépend plus du sol que du climat, car il vient sur la Wabash, à la latitude du pays de Miami, et à

(1) *Xanthium strumarium.*

Cincinnati, où il n'est pas indigène. Il se
trouve encore dans la Pensylvanie. Au Kentucky, les grands roseaux résistèrent au froid
rigoureux de l'hiver de 1796 à 1797, pendant
lequel le thermomètre descendit à plusieurs
degrés au-dessus de zéro. Nous sommes cependant portés à croire que la différence de température entre la vallée de l'Ohio et celle de la
côte de l'Atlantique, est presque aussi grande
que l'a prétendu M. Jefferson. L'hiver de la
première est plus court et plus doux, comme
on le voit par ses végétaux et par les oiseaux
de passage qui y reviennent annuellement.

RÈGNE MINÉRAL.

Substances métalliques. Le *fer* est commun
sur les bords du Hockhocking, sur le ruisseau
de Bush, dans le comté d'Adam, dans celui de
Columbiana et dans les parties septentrionales.
Le *fer de marais* abonde dans les terres basses,
situées sur les bords de la Paint Creek. *Mines
d'argent.* On a trouvé des morceaux de ce
minéral auprès du ruisseau d'Yellow, dans le
comté de Green.

*Substances terreuses, acidifères et combusti-
bles.* Il y a plusieurs carrières d'excellente *pierre
à fusil*, et une roche examinée depuis peu a
été reconnue propre à donner de bonnes *meules*

de moulin. La *pierre calcaire*, de couleur bleue, ou d'un blanc grisâtre, abonde dans l'état. De belles carrières de *pierre de taille* sont ouvertes dans le voisinage d'Athens et sur les bords du Hockhocking. On trouve du *charbon de terre* à peu de profondeur, sur les bords de l'Ohio, où on le suppose inépuisable. Des lits considérables s'étendent le long des parties montagneuses.

On a découvert en quelques endroits du *salpêtre* et de l'*alun ;* la terre alumineuse se trouve en abondance. Le *sel d'epsom* (le *sulfate de magnésie*) est en grande quantité à environ quarante milles de Wheeling, où il couvre toute la surface qui environne une ligne de rochers, et a cinq ou six pouces de profondeur. Il y a des *sources salées* sur le Scioto, qui appartiennent à l'état, et aussi auprès du Muskingum et en d'autres endroits. On a découvert, en 1818, à trois milles à l'ouest de la ville de Wooster, dans le comté de Wayne, une saline, dont cent gallons d'eau produisent un boisseau d'excellent sel. M. Joseph Eichar, qui en est propriétaire, a été obligé de creuser dans le roc à la profondeur de quatre cent quarante pieds pour y arriver (1).

---

(1) Voir le « Spectateur de l'Ohio ».

Sources minérales. La plus célèbre est la source jaune (*Yellow spring*), dans le comté de Green, à soixante-quatre milles de Cincinnati, et à deux de chutes du petit Miami. On dit qu'elle tient en dissolution de l'oxide de fer et du carbonate de chaux, et qu'elle est utile contre les faiblesses et les maladies chroniques. Sa température, qui est de 52°, est aussi celle des sources voisines.

Une espèce de *naphte*, connue sous le nom d'*huile de seneca*, se trouve dans le lit du Muskingum, près du petit Beaver, et dans celui de ses branches, et lorsque les eaux sont basses. Elle s'élève à la surface de l'eau, où on la retient au moyen de pierres (1).

RÈGNE VÉGÉTAL

Les plus beaux arbres des forêts américaines se trouvent dans cet état. Dans le pays du Miami il y a quarante-cinq espèces d'arbres qui arrivent à quarante pieds de hauteur, et trente qui atteignent soixante pieds (2). Les plus grands sont le platane d'Occident et le tulipier de

(1) *Doctor Hildreths' Description of Marietta.*
(2) D'après le tableau de M. Michaux, il y a dans les.

Virginie, qui croissent sur les bords de l'Ohio, dans les endroits humides. D'après les mesures prises par des voyageurs, il paraît qu'un platane, auprès de Mariteta, avait soixante pieds de circonférence, et, étant creux, il aurait pu contenir dix-huit ou vingt personnes (1). On parle d'un autre, à trente-six milles de cette ville, près de la route de Wheeling, qui avait quarante-sept pieds de circonférence à quatre pieds du sol; et d'un troisième, dans une île de l'Ohio, à quinze milles au-dessus du Muskingum, mesuré par le général Washington, qui avait trente pieds (2). Les arbres qui abondent le plus sont le hêtre pourpre, le chêne blanc, le frêne, le noyer, le robinier (3), l'érable à sucre. Le faux thuya et le cyprès chauve croissent sur la Wabash, ainsi que le pin blanc sur les bords

---

États-Unis, quatre-vingt-dix espèces d'arbres qui s'élèvent à quarante pieds de hauteur.

(1) *State of Ohio*, *by J. M. Harris*, *Boston*, 1805, p. 97.

(2) Voyage à l'ouest des monts Alleghany, par H. A. Michaux, Paris, 1808.

(3) Il est à remarquer qu'au nord de Pittsburgh, et à soixante milles à l'ouest de cette ville, le robinier vient naturellement sur la surface des collines qu'on a défrichée au moyen du feu.

du Muskingum; mais aucune de ces espèces ne se trouve dans le district du Miami. Les érables abondent dans plusieurs parties de ce pays, et fournissent beaucoup de sucre : ceux de dix-huit à vingt pouces de diamètre donnent environ quatre livres de sucre par an. On remarque que le robinier faux acacia, si commun en Kentucky et sur les bords de l'Ohio, est rare à plus de trente milles au nord de cette rivière.

RÈGNE ANIMAL.

Mammifères. L'ours et le daim habitent encore les forêts de cet état; on fait sécher leur chair, que l'on vend ensuite sous le nom de jambon. En 1808, la récolte du maïs souffrit beaucoup en quelques endroits, et fut même entièrement détruite ailleurs par les *écureuils gris* qui émigrèrent en grand nombre du nord au sud. En traversant l'Ohio, ils se noyèrent par milliers. Ils étaient très-maigres et couverts d'ulcères occasionés par une espèce de ver (1).

Oiseaux. Parmi les oiseaux les plus utiles à l'homme, qui se trouvent dans cet état, on

(1) *Le sénat fit une loi en 1808*, qui ordonnait à to* homme *libre d'apporter cent écureuils au greffier

doit placer les dindons, les oies et les canards sauvages, les faisans et les perdrix.

Reptiles. La tortue féroce (*testudo ferox*) et la tortue peinte (*testudo picta*) sont très-communes. Le naturaliste Rafinesque en a vu six espèces, dont il assure que trois sont nouvelles; savoir : le *testudo bigibbosa*, dans la rivière d'Ohio, le *testudo chlorops* et le *trionyx ohiensis.*

Poissons. Les rivières sont peuplées de poissons, d'esturgeons, de poissons-chats, de buffles, de cyprins catostomes, de brochets, de perches, de lunes, et de chabots. Quelques poissons chats de l'Ohio, dont il y a deux espèces, l'une noire et l'autre jaune, pèsent de cinquante à quatre-vingt-dix livres. L'auteur du *Western gazetteer* dit qu'il en vit prendre un à l'embouchure du Scioto, qui pesait soixante-

comté, ou de payer trois dollars au trésor. Les écureuils disparurent au mois de janvier, et la loi fut révoquée. On trouva ensuite dans quelques arbres creux les os et la fourrure d'environ quarante à cinquante de ces animaux; il est présumable qu'ils y périrent d'une maladie épidémique. A la même époque, la fièvre bilieuse et la grippe ravagèrent le pays (*).

(*) *Hildreths' description of Marietta.* — *Medical repository for* 1819, p. 360.

quatorze livres (1). Le *buffle* pèse de cinq à
trente livres; l'*esturgeon*, de quatre à quarante;
la *perche*, de trois à douze; le *chat*, d'une à
six; le *brochet*, de quatre à quinze; le poids
ordinaire de l'*alose* est de deux livres.

*Liste des poissons qui se trouvent dans l'Ohio
et les autres rivières de l'état, d'après M. Rafinesque.*

Accipenser platyrhinco, RAF., Sturgeon. — *A. hepti-
pus*, RAF., Brown sturgeon.

Anguilla laticauda, RAF., Ohio Eel.

Bodianus calliops, RAF., Bride-Perch. — *B. calliurus*,
RAF., Bass.

Catostomus anisopturus, RAF., Perch-buffaloe. — *C.
amblodon*, RAF., Black-buffaloe. — *C. velifer*, RAF.,
Sailor-fish. — *C. bubalus*, RAF., Buffaloe-fish. — *C.
alosoïdes*, RAF., Shad. — *C. Duquesni*, LESUEUR,
Sucker. — *C. erythrurus*, RAF., Red horse. — *C.
heterurus*, RAF. Gizzard. — *C. macropterus*, RAF.,
Carp.

Clupea chrysochloris, RAF., Golden shad.

Cyprinus fasciolaris, RAF., Mullet. — *C. trachiaphas*,
RAF., Brown-mullet.

---

(1) Un poisson de cette espèce, pris auprès de Cincinnati, avait cinq pieds et demi de long, quatre de tour,
dix-neuf pouces de large à la poitrine, et douze entre
les yeux. Il pesait cent dix-sept livres.

7*

Dinectus truncatus, Raf., Blunt-nose sturgeon (nouveau genre).

Esox vittatus, Raf., Jack-pike. — *E. fasciolaris*, Raf., Salmon-pike.

Exoglossum argenteum, Raf., *White chub.*

Glanis limosus, Raf., Mud Cat-fish.

Glossodon harengoïdes, Raf., Spring-herring (nouveau genre). — *G. chrysops*, Raf., Gold-eye herring.

Hydrargyra amblops, Raf., White chub. — *H. dinema*, Raf., Minny. — *H. notata*, Raf., Chub.

Lepisosteus platostomus, Raf., Minny. — *L. stenorhynchus*, Raf., Gar-fish.

Litholepis adamantinus, Raf., Diamond-fish , *ou* Devil-jack (nouveau genre).

Lepisosteus fluviatilis, Lacep. , Gar-fish.

Noturus flavus, Raf., Yellow-back-tail , *ou* Yellow-cat-fish (nouveau genre).

Olmurus albula, Raf., White-fish.

Perca salmonea, Raf., Salmon. — *P. chrysops*, Raf., Rock-fish.

Pogostoma leucops, Raf., White Eye (nouveau genre).

Polyodon folium, Lacep., Shovel-fish. — *P. pristis*, Raf., Spade-fish.

Sarchirus vittatus, Raf., Ribbon-fish.

Sciæna grunniens, Raf., White-Perch. — *S. caprodes*, Raf., Hog-fish.

Silurus pallodus, Raf., White-cat-fish.— *S. cærules-*

cens, RAF., Blue cat-fish. — S. punctatus, RAF.,
Mud cat-fish. — S. olivaris, BUF., Yellow cat-fish. —
S. amblodon, RAF., Black-cat-fish.

Sparus cyanelus, RAF., Sun-fish. — S. nigropunctatus,
RAF., Batchelor-fish (1).

Coquillages. On trouve dans l'Ohio une espèce de mulette de deux à cinq pouces de
longueur, auquel M. Bosc a donné le nom de
unio ohiotensis. La nacre, qui est épaisse, sert
à faire des boutons qui ne le cèdent pas en
beauté à ceux que l'on fabrique en Europe avec
la nacre de perle (2).

---

(1) Les découvertes de M. Rafinesque consistent, selon lui, en vingt-cinq nouveaux quadrupèdes, qui n'ont
pas encore été décrits, trente nouvelles espèces d'oiseaux,
trente-deux serpens, lézards et tortues, soixante-quatre
poissons sur les soixante-huit qui habitent dans l'Ohio,
trois crustacées, quarante insectes, environ cent mol-
lusques de terre ou d'eau, et un nombre aussi considérable de coquilles fossiles. Ce naturaliste y a aussi
trouvé douze nouvelles espèces de vers ou de polypes, et
plus de cent fossiles.

(2) Voyage à l'ouest des monts Alleghanys, par
M. Michaux, p. 114.

POPULATION.

Mouvement de la population.

En 179?, elle était, par estimation, de.　3,000
En 18e? (par le recensement) . . . . .　42,156
En 1810 . . . .　230,760

L'accroissement par an de la population de l'état de l'Ohio, pendant les dix années comprises entre 1800 et 1810, a été de $\frac{1}{5}$ (exactement $\frac{1}{5,15}$). L'accroissement *pour cent* pendant ces dix ans a été de 447,399. La superficie de l'état étant de 40,000 milles carrés, le nombre d'individus est de 5.76 par mille carré.

D'après le dernier recensement, le nombre des

Mâles blancs au-dessous de seize ans était de.	64,742	
Femelles, *idem*.		61,061
Mâles de seize à quarante-cinq ans.	42,950	
Femelles, *idem*.		39,426
Mâles de quarante-cinq ans et au-delà	11,965	
Femelles, *idem*		8,717
	119,657	109,204

Population blanche 228,861
Gens de couleur libres 1,899

TOTAL 230,760

Le grand accroissement de la population dans l'état de l'Ohio vient en partie des émigrations qui se font des états voisins et des divers pays de l'Europe (1). Elles ont été déterminées par la fertilité du sol, le bas prix des terres, la sûreté des achats, le haut prix de la main-d'œuvre, et la défense d'introduire des esclaves. D'autres circonstances ont encore favorisé ces émigrations. Une partie du terrain, situé dans le nord de cet état, appartenant à celui du Connecticut, et la Virginie réclamant aussi la propriété du sol entre le petit Miami et le Scioto, les émigrans de ces deux états y furent attirés par des motifs d'intérêt.

Indiens. La population des Indiens qui résident pour la plupart dans l'angle nord-ouest de l'état, montait, en 1816, à trois mille trente, et était répartie ainsi qu'il suit :

---

(1) *Le docteur Drake remarque, en traitant de la population de Cincinnati, qu'il n'y a point d'état de l'union qui ne lui ait donné quelques-uns de ses citoyens les plus actifs et les plus entreprenans, ni aucun royaume de l'ouest de l'Europe dont les exilés, aventuriers ou malheureux, ne se soient mêlés avec eux; que le Kentucky et les états au nord de la Virginie, l'Angleterre, l'Irlande, l'Allemagne, l'Écosse, la France et la Hollande ont formé presque toute cette population.*

Les *Wyandots*, sur le Sandusky   695

Les *Shawanese*, auprès des sources de la
Glaize, et auprès des eaux supérieures du
Miami de l'Ohio 840 (1)

Les *Delawares*, qui vivent vers les
sources du Sandusky, et du Muskingum . .   161

Les *Senécas*, entre le Sandusky supérieur
et inférieur, et auprès de la ville de Seneca.   450

Les *Senécas*, les *Munsays* et les *Delawares* qui habitent près des sources du grand
Miami, et dans le voisinage de Lewis-Town,
à trente milles nord-est de Piqua   434

Les *Ottawas*, qui résident sur le rivage
méridional du lac Érié, près de la baie de
Miami, non loin du fort Meigs, et sur les
bords de la Glaize, environ.   450

TOTAL. 3,030 (2)

Noirs. Les noirs de Cincinnati, où ils sont

---

(1) Leur principal village, nommé *Wapaghkonetta*,
est situé à vingt-sept milles au nord de Piqua.

(2) Rapport de M. John Johnson, agent indien.

En 1817 (le 29 septembre) les chefs des Wyandots,
Delawares, Shawanese, Senecas, Ottawas, Chippewas
et Pottawatamies cédèrent aux États-Unis tout le pays
qu'ils occupaient dans l'état de l'Ohio, et qui se composait de sept à huit millions d'acres d'excellentes terres.
Ce traité fut signé au pied des rapides du Miami du
Lac, au nom du président des États-Unis, par les commissaires Mac Cass, et le général Mac Arthur.

en plus grand nombre que partout ailleurs, sont représentés, par le docteur Drake, comme étant gais, bavards et débauchés, n'aimant pas les occupations difficiles, et se livrant de préférence aux travaux domestiques. Quelques-uns cependant exercent un petit commerce; d'autres paraissent s'être formé une juste idée des avantages de la propriété, et sont à la fois industrieux et économes. Beaucoup d'entré eux passent pour être portés au larcin; mais un seul a été puni par les cours de justice depuis la fondation de la ville.

Maladies. Le docteur Drake, qui nous fournit des renseignemens à ce sujet, observe que les maladies de cet état sont communes aux mêmes latitudes à l'est des monts Alleghanys; mais que quelques-unes sont moins fréquentes et moins violentes; que la consomption pulmonaire, qui, dans quelques villes des états situés sur l'Atlantique, emporte le quart ou le sixième des personnes portées sur le bill de mortalité, n'occasione pas le vingtième des décès dans la ville de Cincinnati. Pendant l'hiver, il règne des pleurésies et des péripneumonies, qui souvent se joignent aux affections bilieuses : on les guérirait difficilement sans employer le mercure. Le croup emporte chaque année beaucoup d'enfans. Le plus souvent, il

est accompagné de symptômes bilieux, surtout
dans les mois de juin et de juillet; quelquefois
il est uni au *cholera*, maladie plus fatale à
l'enfance que toutes les autres dont elle est
attaquée. Les rhumatismes ne sont ni si fréquens ni si cruels que dans les états du nord.
Les rhumes, les catarrhes, les enflures des
amygdales et autres maladies de la gorge se trouvent ici comme dans les parties maritimes;
mais elles ne semblent pas aussi souvent suivies
de la consomption. Les maux de dents et de
gencives, et la chute prématurée des dents ne
sont pas si communs que dans quelques districts
de la Nouvelle-Angleterre, où, selon le docteur Hazletine, ils forment le huitième de toutes
les maladies du district du Maine. Pendant l'automne, les fièvres rémittentes et intermittentes
règnent le long des rivières. La dyssenterie devient quelquefois épidémique; mais elle est rarement mortelle. L'inflammation du foie n'est
pas plus fréquente qu'aux mêmes latitudes dans
les états maritimes. La jaunisse est ordinaire
dans la campagne; mais elle est rarement fu-
neste. Les goîtres (1), les affections scrophu-

_____

(1) Le docteur Forsyth observe que cette maladie est
commune et endémique à Wheeling, et au confluent de
l'Alleghany et de la Monongahela.

leuses, le scorbut, le tétanos et l'apoplexie sont
rares, ainsi que la goutte, la pierre et la paralysie.
Les ophthalmies deviennent quelquefois épidémiques. —Une maladie appelée *sick-stomach*,
(mal d'estomac), a régné pendant plusieurs
années vers les sources du grand Miami et
dans quelques-uns des endroits voisins du Kentucky; ses symptômes principaux sont une
grande faiblesse, de la lassitude, de la douleur
aux extrémités et des vomissémens à la suite
d'exercices. Cette maladie, qu'on attribue aux
exhalaisons marécageuses, dure quelquefois
plusieurs mois; elle attaque des familles entières, et même les animaux domestiques, tels
que les vaches, les brebis et les chiens. Les maladies les plus fréquentes du pays de Miami
sont la rougeole et la coqueluche; mais elles
se terminent rarement mal. La plus grande
mortalité pour les adultes a lieu aux mois
d'août, de septembre et d'octobre, excepté
quand des maladies épidémiques éclatent dans
d'autres temps. — Les émigrans, et surtout
ceux qui arrivent de la Nouvelle-Angleterre et
du New-York, sont attaqués par les fièvres
bilieuses et le typhus. Le docteur Drake prétend
que le moyen de les éviter est d'arriver vers la
fin de l'automne, et de s'établir dans les ter-
ràins les plus salubres avant l'été suivant; d'é-

viter le voisinage des marais et des étangs,
et de changer de vêtemens, selon les variations
de température, et surtout lors du passage
subit du chaud au froid. Durant l'été, en 1796,
beaucoup d'habitans de Gallipolis périrent victimes de la fièvre jaune, qui fut occasionée
par la quantité de matières animales et végétales, déposées dans les petits étangs et dans
les marais des environs de ce village. — En
1808, il y eut à Marietta, ville qui comprend
près de quinze cents habitans, cent quarante
naissances et vingt-huit décès, dont onze d'enfans enlevés par le *cholera infantium* et les con-
vulsions. En 1807, le tableau de la mortalité
présentait cinquante-un décès, qui furent pour
la plupart causés par des fièvres bilieuses.

Mœurs et caractère. Comme les habitans de
cet état ont besoin du secours et de la bien-
veillance de leurs voisins, ils se font remarquer
par une hospitalité franche pour les étrangers.
Le peuple du pays de Miami, qui ressemble à
celui des autres parties de l'état, est représenté
par le docteur Drake, comme étant généralement industrieux, sobre, patriote et religieux,
doué d'une grande intelligence, et d'un caractère plus entreprenant que celui des familles
dont il a été détaché. Les biens sont répartis
à peu près également : la grande quantité de

jeunes gens qui émigrent des autres pays est la cause des mariages précoces. Il n'y a aucun amusement favori. Les cartes sont peu en usage. Les classes riches aiment la danse, mais sans excès. Les récréations les plus ordinaires sont la promenade du soir à cheval ou en voiture, et les concerts. — Le docteur Forsyth remarque « que l'usage excessif des boissons spiritueuses est très-habituel, à cause du bas prix de l'eau-de-vie de grains et de pêches, en sorte, dit-il, que, lorsque nous parvenons à détruire quelques-unes des maladies qui attaquent le nouveau colon, un autre mal répand ses honteux effets parmi nous ».— Beaucoup de chefs de famille ont coutume le matin de se réunir pour boire en commun.

Caractère politique. Un esprit fier et républicain caractérise ce peuple, qui a donné des preuves très-frappantes de son patriotisme dans les services qu'il rendit à l'armée du nord-ouest durant la dernière guerre contre la Grande-Bretagne.

HISTOIRE ET ADMINISTRATION.

Les rivières qui baignent les parties septentrionales de l'état de l'Ohio ont été connues par les Français dès l'année 1534. En 1680, De La

Salle alla de Quebec jusqu'au Mississipi ; mais il n'y eut point d'établissement avant 1735 (1). A cette époque une petite colonie se fixa dans un endroit appelé Vincennes, sur le bord oriental de la Wabash. Le manque de terres propres à la culture du tabac dans la Virginie fit émigrer plusieurs de ses citoyens au-delà des montagnes. L'Europe ne tarda point à connaître bientôt les avantages que présentaient le sol et le climat de ce pays. La Hontan les publia en France ; il dépeignit la contrée au sud du lac Érié comme une des plus belles du globe sous tous les rapports, et comprenant des prairies étendues et des forêts majestueuses, remplies de daims, de dindons et d'abeilles, et couvertes de vignes sauvages. Le même pays fut connu en Angleterre par l'intéressant ouvrage que publia le docteur Mitchel, qui le désigna comme un des plus beaux de l'Amérique, abondant en bisons et en daims. En 1750, le gouvernement anglais accorda six cent mille acres de terre, sur les bords de l'Ohio, à une compagnie, dont l'établissement éprouva de l'opposition de la part des Français qui trafiquaient avec les sauvages. Cette circonstance engagea le gouverneur du Canada à ouvrir une

_____

(1) Volney « du climat et du sol des États-Unis », etc.

communication militaire entre le fort de Presqu'île et l'Ohio par la rivière d'Alleghany. En
1748 et 1749, les Français avaient en partie
défendu tout ce pays par une ligne de forts et
chassé les colons anglais. La suite fut une guerre
dont les événemens sont encore récens dans
notre mémoire. Le fort Duquesne, à la jonction de l'Alleghany et de la Monongahela, fut
abandonné aux Anglais, qui le nommèrent le
fort Pitt, et ensuite Pittsburgh. Après l'occupation de cette place, il se fit de nouvelles émigrations des parties occidentales de la Virginie
et de la Pensylvanie, et nombre de familles
s'étaient déjà établies sur l'Ohio et ses affluens,
lorsqu'il parut, en 1763, une proclamation pour
empêcher tout établissement au-delà des sources des rivières qui tombent dans l'océan Atlantique. Mais les terres étaient trop fertiles
pour être si facilement abandonnées, et on
n'eut pas égard à la proclamation, ce qui
amena des discussions et des querelles fréquentes avec les six nations indiennes auxquelles
le pays appartenait, et qui vendirent ensuite
leurs droits sur tous les pays au sud de l'Ohio,
pour 10,000 livres sterling que leur paya le
gouverneur de Virginie. Les hostilités, de la
part des Indiens, empêchèrent tout établissement dans les limites actuelles de l'état de

l'Ohio avant l'année 1788, époque à laquelle
Marietta (1) fut bâtie à l'embouchure du Muskingum par des émigrans de la Nouvelle-Angleterre, sous la protection de la compagnie
de l'Ohio. D'autres établissemens se formèrent
aussi dans un lieu appelé *North-bend*, au-
dessus de l'embouchure du grand Miami ; au
fort Washington, aujourd'hui Cincinnati, ainsi
qu'à Columbia, au-dessous de l'embouchure du
petit Miami. A partir de ces points, la population s'étendit le long du Muskingum et du
grand Miami ; mais ses progrès furent lents
jusqu'à la ratification du traité de Greenville,
en 1795, par lequel les douze tribus d'Indiens
cédèrent aux États-Unis une grande étendue
de pays qui leur appartenait. D'autres cessions
eurent lieu en 1805, 1807 et 1808, d'après
lesquelles ils abandonnèrent tous leurs droits
sur le pays, et se réservèrent seulement la
partie au nord-ouest qu'ils habitent maintenant. Par le traité de 1763, la Grande-Bretagne
renonça, en faveur de la France, à toutes ses
prétentions sur le pays situé à l'ouest du Mississipi (2) ; mais celui à l'est de cette rivière

_____

(1) Ainsi nommé, en l'honneur de Marie-Antoinette,
reine de France.

(2) L'Angleterre réclamait la juridiction sur tout

jusqu'aux montagnes avait été accordé par un traité aux états de Virginie et de Connecticut; d'après cette cession, le premier réclama le droit de propriété et de juridiction sur la partie entre le 36° degré 30' et 41° de latitude nord, et le second depuis le 41° jusqu'au 42°.

En 1784, la Virginie abandonna toute juridiction sur le pays au nord de l'Ohio, ainsi que tout droit de propriété, excepté pour une portion de terres situées entre le Scioto et le petit Miami; et en 1786 et 1800, le Connecticut abandonna de la même manière tous ses droits, excepté sur une partie connue sous le nom de *Connecticut reserve*, ou Nouveau Connecticut (1).

Le territoire de l'Ohio (y compris les nouveaux états d'Indiana, des Illinois et le territoire du Michigan), passa, en 1787, sous la juridiction du congrès, qui investit un gouverneur, un secrétaire et trois juges, de toutes les fonctions judiciaires et administratives. Cette forme de gouvernement subsista jus-

---

le continent, depuis l'Atlantique jusqu'à l'Océan pacifique.

(1) Elle avait cent vingt milles de longueur, était aussi large que l'état de Connecticut, et renfermait à peu près quatre millions d'acres.

qu'en 1799, époque à laquelle le pays comptant une population de cinq mille mâles libres,
et arrivés à l'âge de majorité, fut autorisé à
créer une assemblée générale, formée d'une
chambre de représentans élus par le peuple,
et d'un conseil législatif nommé par cette dernière et confirmé par le congrès, auquel l'assemblée envoyait un député. Ce gouvernement
exista jusqu'à ce qu'il y eût une population
de soixante mille âmes ; dès lors les habitans
furent autorisés à se donner une constitution.
Elle fut rédigée en 1802, et, l'année suivante,
elle fut mise à exécution.

Après la reddition aux Anglais du fort Détroit, le 12 août 1812, un détachement de
troupes américaines, commandé par le général
Winchester, venant au secours de ce fort, fut
défait le 22 janvier 1813. Au mois de mai suivant, trois mille Indiens et Anglais réunis at-
taquèrent le fort Meigs, qui est situé sur la
rivière de Raisin ; mais ils se retirèrent après
en avoir fait le siége pendant cinq jours.
Plusieurs officiers distingués de l'armée américaine succombèrent en le défendant, entre
autres le major Stoddard (1).

_____

(1) L'auteur de l'ouvrage intitulé *Sketches of Louisiana.*

*Division civile ou administrative de l'état
de l'Ohio, avec la population de chaque
comté, en 1810 et en 1815.*

COMTÉS.	POPULATION.		CHEFS - LIEUX.
	1810.	1815.	
Adams	9,434	10,410	West-Union.
Ashtabula . .	»	3,200	Jefferson.
Athens. . . .	2,791	3,960	Athens.
Belmont . . .	11,097	12,200	Saint-Clairsville.
Butler	11,150	11,890	Hamilton.
Cayahoga. . .	1,459	2,500	Cleveland.
Champaign. .	6,303	10 460	Urbana.
Clermont. . .	9,965	12,240	Williamsburg.
Clinton. . . .	2,674	4 608	Wilmington.
Columbiana..	10,878	13,600	New-Lisbon.
Coshocton . .	»	3,000	Coshocton.
Dark	»	1,500	Greenville.
Delaware. . .	2,000	5,000	Delaware.
Fairfield . . .	4,361	13,660	New-Lancaster.
Fayette. . . .	1,854	3,700	Washington.
Franklin . . .	3,486	6,800	Franklin. Columbus.
Gallia.	4,181	6,000	Gallipolis.
Geauga. . . .	2,917	3,000	Chardon.
Guernsey. . .	3,051	4,800	Cambridge.
Green.	5,870	8,000	Zenia.
Hamilton. . .	15,258	18,700	Cincinnati.
Harrison . . .	»	7,300	Cadix.

COMTÉS.	POPULATION.		CHEFS - LIEUX.
	1810.	1815.	
Highland. . .	5,760	7,300	Hillsborough.
Huron	»	1,500	Avery.
Jefferson . . .	17,260	15,000	Steubenville.
Knox.	2,149	3,000	Mount-Vernon.
Licking. . . .	3,852	6,400	Newark.
Madison . . .	1,603	2,100	New-London.
Medina. . . .	»	»	Mecca.
Miami	3,941	5,910	Troy.
Monroe. . . .	»	1,200	
Montgomery.	7,722	13,700	Dayton.
Muskingum .	10,036	11,200	Zanesville.
Pickaway. . .	7,124	9,260	Circleville.
Portage. . . .	2,995	6,000	Ravenne.
Preble	3,304	5,509	Eaton.
Richland. . .	»	3,900	Mansfield.
Ross.	15,514	18,000	Chillicothe.
Scioto.	3,399	3,870	Portsmouth.
Stark.	2,734	6,625	Canton.
Trumbull. . .	8,671	10,000	Warren.
Tuscarawas. .	3,045	3,880	New-Philadelphia.
Warren . . .	9,925	12,000	Lebanon.
Washington .	5,991	3,800	Marietta.
Wayne. . . .	»	7,100	Wooster (1).
TOTAUX. .	230,760	322,790	

(1) *Kilbournes' Ohio Gazetteer.*

CONSTITUTION.

La constitution est basée sur les principes les plus libéraux : elle proclame la liberté de conscience et celle de la presse, le jugement par jury, le droit d'association pour le bien public et celui de s'armer pour sa défense ; elle défend toute recherche illégale et toute caution trop onéreuse, et abolit les priviléges héréditaires et l'esclavage.

L'autorité législative réside dans une assemblée générale, formée d'un sénat et d'une chambre des représentans, l'un et l'autre à la nomination de tous les hommes blancs ayant plus de vingt et un ans, qui ont résidé dans l'état douze mois avant l'élection, et qui paient une taxe à l'état ou au comté ; tout individu convaincu de corruption, de parjure ou de tout autre crime, ne pouvant concourir à l'élection ni être élu. Les *représentans*, dont le nombre est fixé à soixante-douze, sont choisis tous les ans, le second mardi d'octobre. Les candidats doivent avoir vingt-cinq ans, être citoyens des États-Unis, habiter l'état et payer des taxes dans le comté où ils ont dû résider un an avant leur élection, à moins qu'ils ne soient absens pour affaires publiques de l'état ou des États-Unis. Les *sénateurs*, dont le nombre ne doit pas être moindre du tiers ni de plus de la moitié de celui dès représentans, sont élus tous les deux ans par les mêmes électeurs, et de manière à ce que la moitié seulement soit renouvelée. Un sénateur doit être citoyen américain, âgé de trente ans ; il doit résider depuis deux ans dans le comté ou dans le district par lequel il est élu, à moins qu'il ne soit absent pour affaires publiques. Il doit aussi payer des contributions.

Tout membre des deux chambres peut être renvoyé pour cause de conduite scandaleuse, par décision des deux tiers de la chambre à laquelle il appartient. Le même nombre de membres forme aussi la majorité nécessaire pour les délibérations. Deux membres de l'une ou de l'autre chambre peuvent protester contre tout acte ou résolution qu'ils regardent comme contraire aux intérêts publics ou particuliers. Dans aucun cas, excepté pour félonie, trahison ou contravention aux lois, les sénateurs et les représentans ne peuvent être arrêtés durant la session de l'assemblée générale, ni être recherchés hors des séances pour leurs discours ou leurs opinions. Tout individu ne faisant point partie de la chambre, qui occasionerait du désordre par une conduite indécente, peut être puni par un emprisonnement de vingt-quatre heures. Chaque chambre a le droit de proposer un bill, qui est ensuite changé, amendé ou rejeté par l'autre. Les séances sont publiques, excepté quand les membres demandent qu'elles soient secrètes : une chambre ne peut s'ajourner pour plus de deux jours sans le consentement de l'autre. Dans le cas où la place d'un sénateur ou d'un représentant serait vacante, le gouverneur convoque aussitôt les colléges électoraux, pour qu'ils la remplissent. Aucun membre de l'assemblée ne peut être nommé à une charge publique, et les émolumens dont il jouissait auparavant ne peuvent être augmentés durant le temps qu'il siége.

Le droit d'accusation (*impeachment*) est confié à la chambre des représentans, et exige la majorité de tous les membres. Dans les affaires d'état ou criminelles, le sénat est juge, et il faut les deux tiers des voix pour condamner. Tous les officiers civils peuvent être accusés pour malversation dans leurs placés, et sont ensuite révocables dans les formes voulues par la loi.

Le pouvoir exécutif suprême est confié à un *gouverneur*, choisi pour deux ans par les électeurs des membres de l'assemblée générale ; il ne peut être réélu plus de deux fois en huit ans.

Pour être éligible, il faut avoir atteint l'âge de trente ans, être citoyen des États-Unis, et avoir habité l'état quatre ans avant l'élection. En cas de démission, de révocation ou de mort, il est remplacé provisoirement par l'orateur de la chambre des représentans. Le gouverneur a le pouvoir d'accorder des sursis ou de faire grâce après la conviction d'un criminel, excepté dans le cas où l'accusation serait portée par les chambres; de nommer aux places vacantes, dans l'intervalle des sessions, des personnes dont les fonctions expirent à la fin de la session suivante; de convoquer l'assemblée dans les occasions extraordinaires; de l'ajourner aussi long-temps qu'il le juge convenable, mais non pas au-delà du temps de la réunion annuelle; enfin d'exiger des renseignemens par écrit de la part de tous les employés du pouvoir exécutif, sur les devoirs de leur état. Le gouverneur est commandant en chef de l'armée, de la marine et de la milice de l'état, excepté lorsqu'elles sont appelées au service des États-Unis.

Toutes les commissions et emplois accordés portent sa signature, le sceau de l'état et le contre-seing du secrétaire. Cet officier est nommé pour trois ans par les suffrages réunis du sénat et de la chambre des représentans. Le gouverneur doit veiller à l'exécution fidèle des lois, recommander à l'assemblée générale les mesures qu'il juge nécessaires, et fournir de temps en temps des rapports généraux sur la situation de l'état.

Lois. Les lois sont promulguées chaque année, avec le tableau des recettes et des dépenses publiques. La trésorerie ne peut délivrer aucun fonds que pour un emploi déterminé par la loi.

Esclavage. L'esclavage et la servitude involontaire sont abolis; aucune transaction faite désormais avec des noirs ou des mulâtres, et exécutée hors de l'état, quand le terme du service excède une année, ne peut être valide que comme acte d'apprentissage. Un esclave devient libre aussitôt qu'il touche le sol de L'Ohio; mais il ne jouit point du droit de suffrage. Un statut de 1804, qui a été depuis amendé, défend aux noirs libres de résider dans l'état, à moins qu'ils ne s'engagent par écrit à ce que ni eux ni leurs enfans ne seront à charge aux habitans; les noirs et les mulâtres ne peuvent témoigner en justice contre les blancs. Cette dernière disposition est généralement observée; mais la première, regardée comme inconstitutionnelle, est tombée en désuétude.

Organisation religieuse.

La constitution de l'état déclare « que tout homme a le droit d'honorer le Tout-Puissant selon l'impulsion de sa conscience ; que jamais autorité humaine ne peut contrôler ou régler ce droit ; qu'aucun homme ne sera forcé d'élever ou d'entretenir un temple, ou d'assister à des cérémonies qui lui répugneraient, ni de subvenir aux frais d'un culte quelconque. »

Les principales dénominations religieuses sont les méthodistes, les presbytériens, les *seceders*, les baptistes et la secte des nouvelles lumières (*new lights*). D'après le rapport de l'assemblée générale des baptistes, tenue à Philadelphie, au mois de mai 1817, le nombre de leurs églises était de soixante-sept ; et celui des membres, de trois mille six cent vingt-huit (1).

---

(1) Il y a à Cincinnati une église méthodiste épiscopale, la première église baptiste, une société de quakers et une société luthérienne. Dans la congrégation de baptistes, il y a une société d'hommes et de femmes formée pour le soutien des missions étrangères. Une seconde, connue sous le nom de *Female society for charitable purposes*, se compose de quarante personnes ; et ses fonds, résultant de souscriptions annuelles, de

La vingt-neuvième partie de chaque canton, dont la patente porte le nom de *Symmes*, a été concédée par le gouvernement général pour subvenir aux besoins de la religion. Ces terrains ont été vendus par des baux de quatre-vingt-dix-neuf ans, que l'on peut renouveler indéfiniment, et dont les rentes annuelles sont réparties parmi les églises, selon leur nombre.

Organisation judiciaire.

L'autorité judiciaire émane du pouvoir législatif. Elle se compose d'une cour suprême, et d'une cour des plaids communs pour chaque comté, et de justices de paix. La cour suprême est composée de trois juges, élus pour sept ans, qui tiennent des *assises annuelles* dans chaque comté. Ce tribunal, qui est sans appel, juge des délits portant peine capitale, ainsi que des

---

donations et de collectes, sont, 1°. consacrés à l'entretien d'une mission dans la Louisiane ; 2°. aux dépenses d'un séminaire de théologiens établi à Princeton ; 3°. à l'achat de bibles, et 4°. à fournir des secours aux femmes indigentes.

La société de la bible, établie dans la même ville, composée de personnes de différentes religions, a pour objet de répandre l'Écriture sainte parmi les pauvres du pays de Miami.

affaires civiles, lorsque la chose en litige excède la somme de 1000 dollars.

La cour des plaids communs est composée d'un
président et de trois conseillers, nommés aussi
pour sept ans, qui étendent leur juridiction sur
toutes les affaires portées devant la cour de
chancellerie, et jugent avec la cour suprême,
quand il est question de titres fonciers, ou
lorsque la somme en discussion excède 1000
dollars. Ils siégent aux lieux et aux époques
déterminés par la loi.

Tous les juges sont nommés par l'assemblée
générale, et peuvent délibérer lorsqu'il n'y en
a pas plus d'un dans chaque cour qui soit absent. Les juges de la cour suprême, en vertu
de leur place, veillent au maintien de la tranquillité publique. Le président de la cour des
plaids communs a la même autorité dans son
arrondissement, tandis que le juge n'étend pas
ses attributions hors des limites du comté. Les
juges ne peuvent remplir d'autres emplois
pendant le temps pour lequel ils sont élus, et
ils ne doivent recevoir aucun autre dédom-
magement ou honoraire que ceux qui leur sont
accordés par la loi.

Le greffier de chaque cour est nommé par
la majorité des juges pour le terme de sept
ans, et peut être destitué pour cause d'incon-

duite. Les juges de paix sont nommés, pour
trois ans, par les électeurs appartenant à chaque canton; leur pouvoir et leurs jugemens ne
s'étendent qu'au cas où il ne s'agit que de 70
dollars, et qui sont déterminés par la loi; leur
nombre dans chaque district est fixé par le tribunal civil. Le district de Cincinnati en a communément trois. Leur juridiction dans les affaires civiles s'étend de 70 dollars jusqu'à 200,
toutefois du consentement des parties. Dans les
délits criminels, leur devoir est de déférer l'accusé à la justice. Dans chaque comté, il y a un
schérif et un comptable élus, pour deux ans,
par des membres que désigne l'assemblée. Les
officiers de villes et de districts sont choisis,
chaque année, par les habitans. Le trésorier de
l'état et l'auditeur sont nommés, tous les trois
ans, par le suffrage réuni des deux chambres
de la législature.

Les officiers judiciaires des États-Unis pour
cet état sont : 1°. un juge qui reçoit 1000 dollars; 2°. un avocat-général, auquel il en est
alloué 200; 3°. un marshal, qui en a aussi
200; 4°. et un greffier qui n'a droit qu'à des
honoraires variables, selon le nombre et la
nature des causes jugées.

Avocats et avoués. Ils sont examinés et pour-
vus de licence par la cour suprême, après avoir

produit des certificats qui attestent qu'ils ont suivi régulièrement un cours de droit, ou qu'ils ont été admis ailleurs à exercer, et que leur conduite morale est exempte de reproches. On n'exige pas une résidence préalable; mais le candidat est obligé de prêter serment que son intention est de résider dans l'état.

Lois criminelles. Le code vient d'être revisé, et le nombre des crimes qui emportaient peine capitale a été réduit de cinq à deux, qui sont le meurtre et la trahison (1).

Organisation financière.

Taxe des terres. Avant la dernière guerre, la taxe sur les terres de première qualité était de 1 dollar et 20 *cents* par centaine d'acres ; pour celles de seconde qualité, 1 dollar, et pour les plus pauvres, de 60 *cents*. Pendant la guerre et jusqu'en 1816, la première qualité de terre était taxée à 3 dollars les cent acres, la seconde, 2 dollars et un quart, la troisième, à 1 dollar et demi.

---

(1) Le docteur Drake rapporte que dans la ville de Cincinnati il n'y eut que deux personnes convaincues de meurtre pendant les cinq premières années de son établissement. Ces deux personnes n'étaient point nées dans les États-Unis; l'une fut exécutée, et l'autre obtint sa grâce.

Le traitement annuel des principaux agens du gouvernement devait rester, jusqu'en 1808, tel qu'il avait été fixé par la constitution.

Traitement du gouverneur	1,000 doll.
Juges de la cour suprême	1,000
Président de la cour des plaids communs.	800
Secrétaire d'état	500
Auditeurs des comptes publics.	750
Trésorier	450

Les membres de la législature reçoivent 2 dollars par jour pendant la session, et une somme égale pour chaque vingtaine de milles qu'ils parcourent en venant ou en retournant.

Prix de divers articles de consommation, à Zanesville, en 1808.

	doll.	cents.		doll.	cents.
Farine de blé, la barrique de 196 livres	5	»	à	5	75
Blé, le boisseau de 50 à 66 livres	»	75	à	»	»
Grains de maïs, le boisseau .	»	33$\frac{1}{3}$	à	»	»
Orge	»	75	à	»	»
Seigle	»	50	à	»	»
Avoine	»	25	à	»	»
Pommes-de-terre.	»	25	à	»	»
Navets	»	20	à	»	»
Foin, le tonneau	9	»	à	10	»
Pêches, le boisseau	»	12$\frac{1}{2}$	à	»	25

	doll.	cents.	doll.	cents.
Sucre d'érable, la livre . . .	»	$18\frac{3}{4}$ à	»	»
Bœuf, le quintal	4	» à	»	»
Porc	4	5o à	5	»
Dindons de 12 à 20 livres . .	»	$37\frac{1}{2}$ à	»	5o
Poules	»	$12\frac{1}{2}$ à	»	$18\frac{3}{4}$
Beurre, la livre (de bon poids)	»	$12\frac{1}{2}$ à	»	$18\frac{3}{4}$
Fromage	»	$12\frac{1}{2}$ à	»	25
Charbon de terre, le boisseau, rendu.	»	8 à	»	»
Potasse, le tonneau.	18o	» à	»	»
Perlasse, le tonneau	200	» à	»	»
Briques, le 1,000, rendues. .	6	» à	7	»
Verre, la boîte contenant 100 pieds carrés, ou 18o carreaux.	14	» à	»	»
Chaux, le boisseau	»	$18\frac{3}{4}$ à	»	»
Fer, les 100 livres.	14	» à	»	»
Plomb, les cent livres. . . .	9	5o à	»	»
Laine de mérinos lavée, la livre.	1	» à	»	»
Laine de mouton ordinaire, la livre.	»	5o à	»	»
Planches de chêne, de 100 pieds carrés et d'un pouce d'épaisseur, non rendues..	1	5o à	»	»

Prix des animaux domestiques.

	doll.	cents.		doll.	cents.
Cheval	40	»	à	100	»
Un couple de bœufs.	50	»	à	75	»
Vache.	18	»	à	25	»
Mouton.	2	50	à	»	»

Prix de la main d'œuvre.

	doll.	cents.		doll.	cents.
Maçon , par jour, logé et nourri	1	50	à	»	»
Charpentier, par jour, sans nourriture ni logement. .	1	25	à	»	»
Serrurier, par mois, logé, nourri, et fourni d'outils .	30	»	à	40	»
Menuisier des moulins, par jour, sans nourriture. . .	1	50	à	2	»
Tailleur, par semaine, sans nourriture, travaillant 14 ou 15 heures par jour. .	7	»	à	9	»
Cordonniers, *idem*.	7	»	à	9	»
Manœuvriers, par an, avec nourriture	100	»	à	120	» (1)

---

(1) *Hulmes' journal. Contained in the 3ᵈ. part of « a years residence in the United States of America »*, by *William Cobbet*, *London*, 1819.

Organisation militaire.

La milice est organisée en divisions, brigades, régimens, bataillons et compagnies.
Les capitaines et les autres officiers sont choisis
par les citoyens soumis au service dans le même
district militaire. Les majors sont nommés
par les capitaines et les officiers du bataillon;
les colonels, par les majors, les capitaines et
les lieutenans; les brigadiers - généraux, par
les officiers commissionnés dans leurs brigades respectives; les majors-généraux et les
quartiers-maîtres-généraux, par les suffrages
réunis des deux chambres de la législature, et
l'adjudant-général, par le gouverneur. Il n'y a
que six jours d'exercices publics dans l'année,
deux au printemps et quatre en automne.

En 1812, la milice formait quatre divisions,
commandées chacune par un major-général,
dix-sept brigades, sous les ordres d'autant de
brigadiers généraux, et quarante-huit régimens, commandés chacun par un lieutenant-
colonel-commandant.

En 1815, toute la milice, conformément au
rapport officiel présenté au congrès, montait
à quarante-six mille huit cent trente-deux
hommes; savoir :

État-major	598
Infanterie.	42,045
Artillerie.	205
Cavalerie	1,331
Carabiniers	2,653
TOTAL	46,832

Au mois d'octobre 1816, un engagement de
12 dollars et 5 dollars de paie par mois furent
offerts, à Chillicothe, aux jeunes gens vigoureux et bien constitués, qui voudraient s'enrô-
ler dans le troisième régiment d'infanterie des
États-Unis.

Organisation administrative.

Municipalité. Les villes sont formées en cor-
porations par la législature de l'état, et sont
divisées par quartiers, dans chacun desquels
des délégués sont élus pour un temps déterminé; ces délégués nomment le maire, l'assesseur, le greffier et le trésorier, qui forment
un conseil investi du pouvoir de faire exécuter
toutes les ordonnances et règlemens qu'ils jugent utiles et nécessaires au bien-être des habitans, et d'asseoir une taxe sur les propriétés
immobilières, laquelle ne peut être levée sans
l'autorisation de leurs administrés, ni excéder
un demi pour cent par an.

9 *

Officiers de districts. Trois commissaires, avec plusieurs officiers subalternes, sont élus annuellement dans chaque district, pour répartir et recueillir des taxes destinées à l'entretien des pauvres, et à la réparation des routes et des rues, choisir les jurés, et en général surveiller les affaires du district.

Commissaires de comté. Trois commissaires sont choisis dans chaque comté pour le terme de trois ans, et investis du pouvoir de lever des taxes pour l'intérêt du comté, de veiller à l'entretien des édifices publics, et d'administrer les affaires du comté.

Bureau de l'assesseur. Il y a un bureau dans chaque comté, pour tenir registre des actes et des autres documens importans : on y délivre des copies certifiées par l'assesseur, et qui ont même force que l'original. Cet officier est nommé pour sept ans par la cour des plaids communs, et ne touche point de traitement. Il perçoit des droits qui sont fixés par la loi.

Pauvres. Ils ne sont admis à recevoir des secours du district qu'après une année de résidence, et qu'après avoir justifié de leurs besoins; alors ils sont mis à la charge de ceux qui consentent à les occuper aux conditions les plus favorables.

Instruction publique. Par règlement du gou-

vernement général, la trente-sixième partie de
l'état de l'Ohio a été accordée pour l'entretien
des écoles ; plus, quelques cantons ou districts
pour les colléges ; ces donations sont sous la
direction de la législature de l'état. Cinq cent
quatre-vingt mille acres de terres achetés aux
Indiens ont été destinés à l'établissement et à
l'entretien d'une université, d'une académie,
d'écoles et d'églises.

L'université de l'Ohio, qui se trouve à Athens
sur une péninsule formée par la rivière d'Hockhocking, à quarante milles par terre de l'O-
hio, y a été établie par un acte de la législature
de 1801. Elle est sous la surveillance d'une
corporation, formée du gouverneur de l'état,
du président du collége, et de dix commissaires au moins et de quinze au plus. Les re-
venus annuels proviennent de deux districts,
chacun de six milles carrés, et qui, en 1817,
rapportèrent environ 2,500 dollars. Les terres
en sont louées par fermes de cent à cent
soixante acres, dont la rente est fixée d'après
l'intérêt de la valeur de la terre dans son état
naturel. L'éducation dans cette université ne
doit rien coûter. L'édifice que l'on construit
maintenant sera élevé de trois étages.

L'université de Miami, établie, à Oxford, à
l'ouest du grand Miami, a été créée et autorisée

par le gouvernement en 1809. Il y a aussi une université à Cincinnati, mais elle a été jusqu'à présent peu florissante.

Écoles. L'école d'enseignement mutuel, pour les deux sexes, reçut plus de quatre cents enfans dans la première quinzaine de son ouverture ; et douze mille dollars furent immédiatement fournis par les habitans pour la construction d'un bâtiment qui pourra contenir onze cents personnes, lorsqu'il sera achevé.

Sociétés. La société, pour l'établissement d'un cabinet littéraire (*circulating library society*), fondée en 1814, possédait, deux ans après, huit mille volumes.

Une autre société, appelée « École de littérature et des arts », fut formée en 1813.

On a établi depuis peu, à Cincinnati, une « société des Émigrans de l'ouest », dont le but est de fournir les renseignemens nécessaires aux personnes qui viennent s'établir dans l'état et de leur en faciliter les moyens (1).

_____

(1) Les membres (*) de l'association font connaitre

(*) MM. *Ethan Stone*, président ; *Daniel Roe*, greffier, et *Nathan Guilford*, secrétaire correspondant.

BEAUX-ARTS.

On vient d'ouvrir, à Cincinnati, un *musée*,
où seront recueillis et exposés au public les

---

que les intentions suivantes ont présidé à la formation
de cette entreprise : « Ils regardent le pays à l'ouest
des monts Alleghanys comme un des plus beaux du
globe, comme devant fournir à tous les besoins de
l'homme, et destiné un jour à nourrir des millions d'habitans. Ils ont souvent regretté de voir une si grande
partie de cette immense région rester dans son état de
nature, et sans habitans pour la cultiver, et ils ont vu
avec le plus vif intérêt les accroissemens continuels de
la population, qui y arrivent de toutes les parties du
monde civilisé.

Ils sont aussi portés à croire que les variétés du sol,
les productions et le climat de ce vaste territoire, ainsi
que ses positions diverses et ses avantages locaux, sont
imparfaitement connus, surtout de personnes éloignées ;
et ils regrettent que les émigrans, à leur arrivée dans un
pays nouveau, et parmi des étrangers, soient souvent
incertains et embarrassés, ne sachant où chercher de
l'occupation, ni à qui s'adresser, ni comment connaître
les lieux qui leur sont les plus convenables pour s'é-
tablir.

Ils ont donc formé une association dans la vue de
réunir et de communiquer les renseignemens en tous
genres qui seraient les plus utiles aux personnes qui
viennent habiter les pays de l'ouest, et d'assister ceux

curiosités naturelles et artificielles de l'état, mais particulièrement celles du pays de l'ouest;

qui, par maladie ou par tout autre malheur, seraient réduits à un extrême besoin.

Afin de faciliter et d'encourager ces intentions bienveillantes, la société a jugé à propos de désigner des membres honoraires dans les différentes parties des États-Unis, sur l'aide et la coopération desquels elle pût compter, et auxquels on pût s'adresser pour se procurer les renseignemens nécessaires.

Cincinnati est regardé comme l'endroit le plus convenable pour cette société, tant pour son étendue et pour sa situation locale, que parce qu'elle sert de lieu de passage à la plus grande partie des émigrans. Les membres de la société dédaignent et condamnent toutes vues intéressées, et sont déterminés à se maintenir purs et exempts de toute influence fâcheuse. Ils considèrent comme un devoir, et enjoignent à tout membre d'accorder une attention particulière aux émigrans qui s'adresseront à eux, de leur fournir tous les renseignemens possibles, de les mettre en garde contre toute fraude, et de leur rendre, en un mot, tous les services qui dépendent d'eux.

Les personnes éloignées, qui veulent prendre des renseignemens ou en communiquer, s'adresseront au secrétaire correspondant. Toutes les demandes faites à la société par des artisans, des ouvriers, des laboureurs, etc., doivent lui être envoyées par écrit. Les personnes émigrant à Cincinnati, ou passant par cette ville, qui désirent des renseignemens ou des secours, s'adresseront à un des conseillers de l'association. »

savoir : 1°. les métaux, minéraux et substances
pétrifiées; 2°. les animaux indigènes, et les
ossemens de ceux dont la race est éteinte;
3°. les vestiges du peuple inconnu qui a construit les anciens ouvrages qui existent dans le
pays de l'ouest, et 4°. les divers articles d'ornement et d'utilité fabriqués par les Indiens.

Antiquités. On voit dans cet état des vestiges
nombreux d'anciennes fortifications. A Cincinnati, il y a une levée de terre (*embankment*)
de huit cents pieds de diamètre, de trente à
la base, et de trois à six pieds de hauteur, et
plusieurs autres de dimensions moins considérables. Il y a aussi quatre tertres, dont l'un
a vingt-sept pieds de hauteur et quatre cent
quarante de circonférence. Sur le sommet d'une
colline élevée, à deux milles au-dessous d'Hamilton, les murs d'une ancienne fortification
de deux ou trois pieds de hauteur, renferment
un terrain de quatre-vingts acres. Il y en a
d'autres, d'une grande étendue, auprès de Piqua, dans le comté de Miami, et auprès de
Lebanon, dans les comtés de Warren et de
Highland. A deux milles, à l'ouest de Chillicothe, se trouve une muraille de pierre, de
douze à quinze pieds de hauteur sur quatre à
cinq d'épaisseur, qui enferme plus de cent
acres. Dans le comté de Washington, il existe

des restes de fortifications très-étendues. « Auprès de Piqua, dans le comté de Miami, dit l'auteur du *Western gazetteer,* il y a sur ma ferme une fortification qui embrasse environ dix-sept acres ; les murs en sont de pierres apportées de six cents verges de distance. Les arbres qui y végètent sont aussi grands que ceux des forêts voisines, et on en a conclu que les forts pouvaient remonter à environ quatre cents ans. Je me suis assuré qu'il n'en existe pas au nord de ce comté, et qu'on les trouve seulement au sud et au sud-ouest jusqu'aux Florides. » (P. 290.) Un mur de quatre à sept pieds de hauteur et long de sept milles s'étend depuis le grand jusqu'au petit Scioto.

Papiers publics. En 1817, « l'*Espion de l'ouest* (*Western spy*), » la « gazette de Cincinnati, » et la « *Liberty-Hall* », qui paraissent toutes les semaines à Cincinnati, comptent chacun quinze cents abonnés. A Hamilton, situé sur la rive orientale du Miami, on publie chaque semaine le « *Miami Intelligencer* », et à Lebanon, « l'*Espion de l'ouest* »; deux journaux, intitulés le « *Censeur politique* et l'*Américain de l'ouest* », paraissent tous les huit jours à Williamsburg, sur la branche orientale du petit Miami; à Xenia, dans le comté de Green, on publie « l'*Ohio Vehicle* »; à Ur-

bana, à deux milles à l'est de la rivière Mad,
« l'*Esprit de la liberté* »; à Chillicothe, sur le
bord occidental du Scioto, le « *Fredonian* et
le *Supporter* »; à Zanesville, sur la rive
orientale du Muskingum, le « *Muskingum
messenger* et le *Zanesville Express* », et à
Steubenville, sur l'Ohio, le « *Western He-
rald.* »

Hommes célèbres de l'état.

Le révérend David *Zeisberger*, né dans la Moravie,
fut missionnaire de la secte des Moraves pendant soixante-deux ans, parmi les Indiens. Il mourut en 1808, à
Goshen, sur la rivière de Muskingum (1).

AGRICULTURE.

Le sol est en général très-favorable à la culture du froment, du maïs, de l'avoine, du
seigle et de l'orge. L'indigo et le tabac réussissent également. Quelques districts sont extrêmement fertiles. A Coshocton, sur le Muskingum, on a retiré quatre mille cinq cents boisseaux de maïs sur quatre-vingts acres; et le
bétail élevé sur quatre-vingt-dix acres d'une

(1) Voir *Loskiels' history of the mission of the united
brethren, among the north American Indians.*

terre semblable a été évalué à 2,000 dollars.
Le produit du maïs, lorsque la culture est
bonne, est de soixante à cent boisseaux par
acre; mais la récolte moyenne est d'environ
quarante-cinq. Celui du *froment* a été estimé à
vingt-deux boisseaux par acre, quoique plusieurs endroits en donnent quarante. La récolte du *seigle* est d'environ vingt-cinq
boisseaux par acre; celle de l'*avoine*, de trente-
cinq, et celle de l'*orge* de trente. Dans le
comté de Miami, on ne cultive le *seigle* que
pour extraire un esprit de son grain, et on
cultive beaucoup le *chanvre* et le *lin*, mais
leur semence paraît être inférieure à celle des
états de l'Atlantique.

Le *coton* parvient à sa maturité dans les
parties méridionales; mais il souffre quelquefois de la gelée (1).

Soie. Le climat et le sol sont favorables à la
production de la soie. Au mois d'août 1771,
plus de dix mille pesant de cocons furent ven-

---

(1) L'auteur de l'ouvrage intitulé « *American Husbandry* », est surpris qu'on n'introduise point la culture de la garance dans les colonies, principalement dans
le pays de l'Ohio, où le terrain lui serait très-favorable,
et dont le climat ressemble beaucoup à celui de Tur-
quie, où elle vient naturellement.

dus à la manufacture publique de Philadelphie, et la soie fut trouvée d'excellente qualité (1).

Graminées. Le *trèfle rouge et blanc* et d'autres espèces d'herbes croissent abondamment,
et la moyenne récolte est de deux tonneaux
par acre. Dans quelques comtés, et particulièrement ceux de Champaign et de Green,
les pâturages sont excellens.

Époque des travaux de l'agriculture. On
sème les pois, les radis et les autres légumes
esculens vers la fin de mars; le maïs, vers le
15 de mai. On récolte le foin dans la dernière
semaine de juin; le seigle, dans la première
semaine de juillet; le froment, dans la seconde
semaine de juillet; l'avoine, dans la dernière
semaine du même mois; le maïs, à la fin d'octobre.

Fruits. Il y a une grande variété de fruits
excellens, dont les meilleurs sont les pommes (2), les pêches, les poires, les cerises et
les prunes. Les pêchers portent des fruits à la

_____

(1) *American Husbandry*, 1 vol. p. 289.
(2) Il a été rapporté dans les journaux américains,
qu'une pomme du verger appartenant au juge Wood,
auprès du grand Miami, au mois d'octobre 1815, avait
cinq pouces de diamètre, et pesait vingt-deux onces.

troisième ou quatrième année, dont on fait une liqueur délicieuse (1).

Vignes. Elles viennent en abondance sur le revers méridional de toutes les collines ; et quelques-uns des plants d'Europe ont été cultivés avec succès. A Louisville et en d'autres lieux, le vin du pays se vend dans les tavernes, sous le nom de *claret du Cap*, de *Dossel* ou d'*Alicante*; celui-ci à un dollar le gallon, celui-là à 75 *cents* (2).

A Gallipolis, on fait un bon vin avec du raisin sauvage, qui, pour la grosseur et le parfum, ressemble au muscat de France. On espérait qu'en 1817, six acres de vignes produiraient mille gallons de vin, ou cinq cents veltes.

Bétail. On engraisse dans le comté de Champaign pour 100,000 dollars de bestiaux par an. Les *moutons* y prospèrent à merveille, et leur chair est supérieure en qualité à celle des moutons des états de l'Atlantique.

Prix des terres (3). Le prix général des terres

(1) Quinze boisseaux de pêches en fournissent six gallons, ou trois veltes.

(2) Nous avons vu, sur les bords de l'Ohio, dit le docteur Mitchel, quinze sortes de vignes sauvages, et certes on ne peut rien rencontrer de semblable dans aucune partie du monde.

(3) L'excellent ouvrage déjà cité, l'*American Hus-*

non cultivées , sans aucun avantage local
particulier, est de 2 dollars l'acre. C'est le

---

bandry , indique les moyens qui font juger à l'acheteur
de la bonté du sol, non-seulement sur les bords de
l'Ohio, mais aussi dans toutes les colonies centrales et
méridionales. La terre est bonne, s'il y a abondance de
beaux arbres , de noyers rouges et noirs, de châtaigniers
blancs, de chênes rouges , de tulipiers , de robiniers et
de mûriers ; et la valeur est ordinairement proportionnée à la grosseur et à la régularité de ces arbres , et
au peu de taillis qui y vient. Ceux au contraire qui indiquent de mauvaises terres sont, les pins , les chênes
verts , les chênes aquatiques, les lauriers , le copalme
d'Amérique. La couleur et la profondeur du sol servent aussi à les connaître : le terreau noir reposant sur
une couche d'argile sablonneux est le meilleur ; celui sur
un lit d'argile seul est également bon , mais le terrain
entièrement sablonneux est généralement mauvais , à
moins qu'il ne soit humide et de couleur foncée , et
qu'il produise naturellement de bons arbres ; dans ce
cas , il peut être excellent , car les sables diffèrent entre
eux autant que les terreaux. Le malheur est , qu'en
Amérique , les sables sont généralement blancs et secs ,
et ne produisent que des pins. On reconnaît la bonté des
prairies , par la hauteur , l'épaisseur et l'abondance des
herbages. La valeur des marais dépend de la richesse du
sol, et de la facilité des écoulemens. On juge de la première par ses productions ; les cèdres sont de bons si-
gnes ; quoiqu'ils soient assez rares , on y trouve communément des cyprès , et l'on est assuré de la bonne

prix de celles qui appartiennent aux États-Unis, et qui peuvent être achetées en quelques endroits à meilleur marché, si on les paie au comptant.

Au bureau des terres de Cincinnati, on adjuge en vente publique des terres à raison de 2 dollars l'acre, dont un quart payable en argent comptant au moment de l'acquisition, un quart en trois ans, un autre quart en quatre ans ; et, si le tout n'est pas payé à l'expiration de la cinquième année, la terre retourne aux États-Unis.

Le prix moyen de la terre fertile, mais non encore cultivée dans la partie habitée du pays de Miami, est de 8 dollars l'acre, et de 12 si elle est cultivée. Une étendue de terrain de plus de trois cent mille acres, situé entre les rivières de Miami, qui avait été achetée en

qualité de la terre par la grosseur et la beauté des troncs. Quand les marais sont desséchés, si le sol est ferme, ce sont les meilleures terres pour la culture du chanvre, non que cette plante ne réussisse également bien dans les terres élevées et fertiles, mais alors celles-ci peuvent recevoir d'autre culture. Les riches terrains montagneux sont bons pour l'indigo, le tabac et la garance, s'ils sont peu propres au coton. On peut planter des vignes et des oliviers sur les revers des montagnes (*).

(*) *American Husbandry*, 1 vol., p. 314 et 315.

1787 par M. Symmes, de New-Jersey, à raison
de 66 *cents* l'acre, a été communément vendue
depuis ce temps pour 2 dollars. Près des principaux villages du pays de Miami, le prix est
de 20 à 40 dollars, et dans les parties les plus
éloignées, il est de 4 à 8. Les améliorations ont
augmenté la valeur de 25 pour cent (1). Sur
les bords du Scioto, les terres alluviales non
défrichées valent 5 dollars l'acre (2).

. (1) *Picture of Cincinnati*, p. 53

(2) Les terres situées sur le Scioto ont été l'objet de
grandes spéculations faites en Europe, vers le commencement de la révolution française, par des compagnies
ou associations. Des agens avides, à l'aide de belles descriptions, de cartes et de plans, proposaient d'ouvrir
une porte à la fortune en vendant des pays sur lesquels
ils n'avaient ni droits, ni titres légaux.

La compagnie du Scioto, formée à Paris en 1789,
proposait la vente de trois millions d'acres de terres
situées entre l'Ohio et le Scioto, à raison de 6 livres
l'acre anglais (*), payables moitié à l'avance, moitié
dans le cours de deux ans, en Amérique ou en France,
au choix de l'acheteur. Son prospectus (**), publié en
1790, contient les calculs suivans sur l'acquisition de
deux cents arpens.

(*) Environ un cinquième plus grand que l'arpent des environs de Paris.
(**) Nouveau prospectus de la compagnie du Scioto, Paris,
p. p. 20.

Prix des lots de ville.

En 1817, le prix des lots à Cincinnati, dans les principales rues, a été de 200 dollars par pied, mesuré sur le devant; dans d'autres rues, de 80 à 120, et dans quelques-unes il a été jusqu'à 10. Les lots du dehors et les terres voisines de la ville ont été vendues 500 à 1,000

	francs.
Deux cents arpens à 6 francs font 1,200 francs, dont on ne paie que la moitié	600
Passage à Philadelphie, dans la cabane du timonier.	200
Frais du voyage de Philadelphie à Pittsbourg, et de là au Scioto, environ	100
Bétail et ustensiles de ferme	300
Achat de semences en Amérique, et pain durant six mois	150
Fusil, poudre et plomb pour tuer le gibier	180
Argent pour les cas de besoin.	200
	1,730

En se prêtant mutuellement assistance, on peut construire une maison en dix jours sans dépenses. D'après ce calcul, trois cents arpens coûteraient 2,330 livres ; six cents, 3,200, et mille, 4,600. Les dépenses pour la nourriture et l'entretien n'excèdent pas, disait-on, 200 livres par an. Chaque laboureur, avec un nombre nécessaire de chevaux, était supposé pouvoir défricher cent arpens en trois ans, savoir; la première année, cinquante arpens; la seconde, trente, et la troisième vingt.

dollars l'acre. A West-Union, des lots de ville d'un tiers d'acre ont été payés 6, 7 et 8 dollars; les lots du dehors 40. A New-Lancaster, des lots de quatre-vingt-deux pieds de front et de cent soixante-quatre pieds de profondeur, 300 dollars; à Zanesville (1), des lots de soixante-six pieds de front et contenant un cinquième d'acre, de 100 à 1000 dollars; des lots du dehors de cinq acres, de 100 à 200. A Canton (2). des lots de soixante-six pieds de front sur cent quatre-vingt-dix-huit de profondeur, ou un tiers d'acre, depuis 50 jusqu'à 300 dollars. Dans la ville de Columbus, comté de Franklin, qui est destinée à être la métropole de l'état depuis 1813, les lots, auprès des places publiques, ont été vendus 2,000 dollars; et dans les autres endroits de la ville, ils n'ont pas été payés moins de 200. A New-Philadelphia, située sur les bords de la Tuscarawa, des lots de quatre-vingt-huit pieds carrés ont été vendus de 20 à 200 dollars.

(1) Sur le Muskingum, commencé en 1804.

(2) Situé sous le 40° 48′ de latitude, à la distance de de cent milles de Pittsburgh, et à quatre cents de Philadelphie.

INDUSTRIE.

Substances minérales. La *fonderie de fer*, établie à Cincinnati, occupait, en 1818, quatre-vingts ouvriers. On y fait tous les ouvrages en fer qui servent aux moulins à vapeur. On fabrique dans la même ville des *faux*, que l'on vend 20 dollars la douzaine, et des *serpes* 10 doll. On y fait aussi de la *faïence commune*, et une verrerie y a été établie depuis peu. La terre brunâtre, déposée par les eaux des sources jaunes, sert à faire une peinture, que l'on dit égale en qualité *au brun d'Espagne*. Les *salines* du Scioto fournissent une quantité considérable de sel. Elles appartiennent aux États-Unis.

Produits des substances minérales en 1810.

Fer, 1,237 tonneaux . . . . . . Valeur 108,490 doll.
Clouteries (24). 64,723
Poudre à tirer, 6 moulins, 12,850 liv. . . 7,355
Sel, 24,000 boisseaux. 24,000

Substances végétales. Il y a à Cincinnati une manufacture de *coton* qui fait mouvoir trois mille trois cents fuseaux, un *moulin à vapeur*,

qui a une force de soixante-dix chevaux (1);
un *moulin à scies*, également mis en mouvement par la vapeur (2), et deux grandes *corderies*. Les brasseries pour la *bière*, l'*aile* et le
porter, consomment par an trente mille boisseaux d'orge. Le *pin jaune* fournit de beaux
mâts; et le *noyer noir*, employé dans la construction des vaisseaux, est plus léger et aussi
durable que le chêne vert.

Produits des substances végétales, en 1818.

Esprits distillés, de fruits et de grains,
   343 distilleries; 1,212,266 gall. Val. 580,180 doll.
Bière, *Aile* et *Porter*, 13 brasseries,
   1,116 barils.   5,712
Huile de graine de lin, 4 moulins,
   3,752 gallons   3,941

---

(1) Il est construit sur un rocher près de la rivière.
Le bâtiment a quatre-vingt-deux pieds sur soixante-
deux, et cent dix de hauteur; les murailles sont épaisses
de dix pieds. Il a coûté 120,000 dollars à établir. Quand
toute la mécanique est en opération, elle peut moudre
sept cents barils de farine par semaine.

(2) C'est un bâtiment en bois à trois étages de trente-
six pieds sur soixante-dix; la mécanique à une force de
vingt chevaux, et fait agir séparément quatre scies, qui
coupent huit cents pieds de bois par heure.

Cotonnades fabriquées par différentes
familles, 56,072 verges. . . . . . . :   43,660 doll.
Toiles de lin fabriquées par différentes
familles; 1,093,031 verges   425,149
Toiles et étoffes mêlées non désignées,
701,156 verges   418,244
Papier, 2 moulins   10,000

Substances animales. Il y a à Steubenville
une manufacture d'*étoffes de laine* (1), dont la
mécanique est mise en mouvement par la vapeur. Une manufacture de cette espèce, établie
à Cincinnati en 1815, peut fabriquer, par jour,
soixante aunes de drap de grande largeur.

Produits des substances animales en 1810.

Étoffes de laine fabriquées par différentes
familles, 93,074 verges. . .   Valeur   112,485 doll. .
Laine et coton filés dans des moulins,
10,000 verges   11,250
Machines à carder (18), 86,000 livres
cardées   8,600
Tanneries (217). . . . . : .   153,581 (2)

---

(1) La législature de l'état a décrété en 1811, que
chaque famille pourrait avoir douze brebis, avec leur
laine et le produit qu'elle en retirerait, exempts de toute
saisie, et de vente pour dettes ou dommages.

(2) Il est question dans le rapport du maréchal, de

D'après le rapport du maréchal, le produit total des manufactures, en 1810, s'éleva à 1,987,370 dollars, non compris les articles dits incertains; mais considérant que plusieurs étaient ou imparfaitement connus ou omis, il a cru devoir le porter à 2,894,290 dollars. La valeur des articles incertains, qui consistaient en 3,023,806 livres de sucre d'érable (1), fut de 502,580 dollars.

COMMERCE.

Le commerce extérieur de l'état de l'Ohio se fait par la rivière du même nom et par le Mississipi avec la Nouvelle-Orléans; et une faible partie trouve un débouché par le lac Érié. Les *exportations* consistent en farine, porc, eau-

---

10,856 métiers pour le coton, le lin, la laine, etc., de vingt-un moulins à foulon, et de sept cent soixante-huit fuseaux.

(1) La quantité annuelle que l'on recueille ordinairement d'un seul arbre, est de dix livres environ. On extrait la séve aux mois de février et de mars. Lorsqu'on l'a fait bouillir, on emploie pour la clarifier de la colle de poisson, de la colle forte, des œufs, du lait et de la chaux vive, que l'on jette en petite quantité dans la bouilloire pour absorber l'acide qui reste. Cette préparation faite, on vend le sucre de 10 à 12 *cents* la livre.

de-vie de grains et de pêches, bière et *porter*,
potasse et perlasse, fromage, savon, chan-
delle, chanvre et laine filés; planches de
noyer, de cerisier et de frêne quadrangulaire;
fourrures des bords du grand et du petit
Miami et de la Wabash. Les *importations* consistent en marchandises des Indes orientales,
d'Europe et de la Nouvelle-Angleterre, et en
objets manufacturés dans les états du centre;
qui sont transportés de Philadelphie et de Baltimore à travers les montagnes, dans une
étendue de trois cents milles. On importe de
la Louisiane les productions de ce pays, telles
que le sucre et la mélasse, le coton, le riz et
les cuirs; du Missouri, du plomb, des pelleteries et des peaux; du Tennessée et du Kentucky, du coton, du tabac, du salpêtre et du
marbre; de la Pensylvanie et de la Virginie,
du fer en barre, des clous, des meules de
moulin et de la verrerie.

On pourra se faire une idée de l'étendue et
du surplus des productions du pays des bords
de l'Ohio, par le tableau suivant, copié d'un
ouvrage intitulé, *Pittsburgh Navigator*.

Commerce de l'Ohio depuis le 24 novembre 1810 jusqu'au 24 janvier 1811.

Chevaux	155
Volailles.	14,390
Porc	520 barils.
Porc	681,900 livres.
Jambons	4,609
Sain-doux.	64,750
Bœuf	6,300
Venaison.	817 jambons.
Suif.	180 livres.
Beurre	1,526
Fromage	4,433
Plumes	300
Eau-de-vie de grains	2,373 barils.
Pommes.	3,759
Cidre.	1,085
— royal	721
— vin (*cider wine*)	43
Eau-de-vie de pêches. . . .	323
— de cerises	46
Vinaigre	17
Porter	143 barils.
Haricots.	62
Ognons.	67
Ginseng.	20
Naphte (*seneca oil*) (1) . . .	200 gallons.

(1) Ce nom lui vient de la tribu indienne des Sénécas, les premiers qui firent usage de cette huile, que l'on trouve à la source de l'Oil Creek. On peut en recueillir plusieurs gallons par jour.

Savon. . . . .   59 livres.
Chanvre.   400
Fil   1,484
Fil de carret   154,000
Cordes à emballage   20,784
Toile à sac . . . .   27,700 verges.
Toiles.   4,619
Cordages goudronnés   479
Avoine . . . .   500 boisseaux.
Maïs   1,700
Pommes-de-terre..   216
Planches de cerisier . . . . .   18,000 pieds.
— de pin.   279,300
Douves   286

Tous ces articles ont passé les chutes de l'O-
hio en deux cent onze bateaux plats et en bateaux à quille.

État des exportations.

ANNÉES.	PRODUCTIONS		TOTAUX.
	INDIGÈNES.	ÉTRANGÈRES.	
	dollars.	dollars.	dollars.
1790	»	»	»
1806	62,318	»	62,318
1817	7,749	»	7,749

État du tonnage.

ANNÉES.	ÉTAT DU TONNAGE.	TONNEAUX
	BATIMENS.	
1804	Enregistrés pour le commerce étran-	509
1816	ger	175
1816	Payant un droit annuel pour le ca-	
	botage.	403
	BARQUES.	
1816	Au-dessous de vingt tonneaux , payant	
	un droit annuel pour le cabotage. . .	82

Au 31 décembre 1815, le port d'Érié, situé sur le lac du même nom, possédait 419 tonneaux.

Banques. La compagnie du Miami pour les exportations (*Miami exporting company*) a été établie à Cincinnati en 1803, et doit durer quarante ans. Les dividendes ont été de 10 à 15 pour cent pendant quelques années. Elle a un capital de 450,000 dollars. La banque des fermiers et des artisans (*farmers and mechanics' bank*) a été autorisée, en 1813, pour cinq ans. Les dividendes ont été de 8 à 14 pour cent. Son capital est de 200,000 dollars. La « banque de Cincinnati » n'est pas encore patentée : ses actions sont de 5o dollars chacune, et, en 1817, on en a vendu à trois cent quarante-cinq personnes pour 8,800 dollars. Ses dividendes ont été de 6 à 8 pour cent. La banque de l'Owl-Creek du Mont Vernon (*Owl-Creek bank of Mount Vernon*) a été ouverte le 5 octobre 1816, avec un capital de 25o,000 dollars, et elle a le pouvoir de le doubler. Il y a à Dayton, sur le bord oriental de la rivière du grand Miami, une banque nommée la compagnie manufacturière de Dayton (*Dayton manufacturing company*), qui a un capital de 100,000 dollars. La banque de Lebanon, dans le comté de Warren, appelée *Lebanon Miami banking company*, possède un capital de 25o,000 dollars (1).

TRAVAUX PUBLICS.

Routes. On réserve trois pour cent des produits nets de la vente des terres du gouvernement, situées dans l'état de l'Ohio, pour l'établissement et la réparation des routes.

---

(1) Voir le *National register*, du 26 octobre 1816.

Tableau des routes.

DÉSIGNATION DES ROUTES.	LONGUEUR.
De Chillicothe à Cleveland	220 milles.
au Fort Meigs	189
à Gallipolis	60
à Portsmouth	45
à Cincinnati	93
à Hamilton	86
De Wheeling à Ralphsville	150
De Zanesville à Sandusky	150
à Marietta	57
De Marietta à Portsmouth	115
De Cincinnati au Fort Meigs	229
à Urbana	95
à Augusta	44

Forts. Il y a plusieurs forts dans les parties du nord-ouest de l'état. Le fort de *Ferres* est construit sur l'affluent supérieur du Sandusky, et un peu plus bas se trouvent ceux de *Seneca* et de *Stephenson*, sur la même rivière. Le fort *Portage* est situé sur l'affluent septentrional du Carrying. Le fort *Meigs* est construit sur la rivière de Miami du Lac. Le fort *Finley* est élevé sur le Blanchards' fork, et ceux d'*A-manda*, *Jennings*, *Brown* et *Defiance*, se trouvent sur la Glaize; le dernier est bâti à sa jonction avec le Miami. Le fort de *Sainte-Ma-*

rie est situé à la source de la rivière du même nom. Le fort *Mac Arthur* est bâti sur le bord de l'affluent le plus septentrional du Scioto ; et celui de *Necessity* un peu plus au nord. Le fort *Loramie* est construit sur la rivière qui porte son nom. Celui de *Recovery* se trouve à la source de la Wabash. Le fort *Grenville*, à douze milles du dernier, a été élevé sur la branche sud-ouest du Miami. Le fort *Jefferson* est à cinq milles au sud du précédent. Le fort *Saint-Clair*, à la source de la petite rivière du même nom, est à vingt-un milles au sud de celui de Jefferson.

Ponts. La législature a autorisé la construction d'un pont de péage sur la Mill-Creek auprès de son confluent avec l'Ohio, quoique les bacs à vapeur soient sans doute plus économiques à établir sur cette rivière. A neuf milles environ de Canton, il y a un pont de péage sur la Tuscarawa, qui a six cent douze pieds de longueur ; il est soutenu par des piles de pierre de vingt pieds de hauteur. A un mille à l'est de Canton, il s'en trouve un autre sur le Nimishellon, de six cent cinquante pieds de longueur, qui est bâti sur des pilotis de bois.

Canaux. Entre la Cayahoga et la Tuscarawa, affluent du Muskingum, on a proposé de former un canal, et cent mille acres de terre ont

été accordés pour cet effet par les États-Unis.
On en projette un autre entre les sources de la
Wabash et de la Sainte-Marie, à huit milles
au-dessus du fort Wayne, et une égale portion
de terrain lui a été assignée par le congrès,
ainsi qu'à un troisième canal à faire entre la
rivière des Illinois et celle de Chicago, qui se
jette dans le lac Michigan. On a proposé d'établir une communication entre les eaux du lac
Érié et celles de l'Ohio, par le Mahoning et la
rivière Grande.

Bateaux à vapeur. Le bateau à vapeur, le
Washington, construit à Wheeling, en 1816, a
cent quarante-huit pieds de longueur, et la
chambre principale soixante pieds. La machine
qui ne pèse que neuf mille livres a une force de
cent chevaux.

Des bateaux à vapeur font le commerce entre
Louisville et la Nouvelle-Orléans : ils font ce
trajet en sept ou huit jours pour descendre, et
ils en mettent vingt-deux ou vingt-trois pour
remonter.

Le premier bâtiment de mer construit sur
l'Ohio, le *Saint-Clair*, de cent vingt tonneaux,
a été fait, en 1799, à Marietta, (39° 34' de latitude nord.) On vient d'établir un chantier
dans le même endroit, sous la direction d'une
compagnie de commerce et d'exportation.

On a lancé en 1817, à Columbus, sur le Scioto, et dans ses environs, plus de vingt bâtimens destinés à transporter de la farine à la Nouvelle-Orléans. Un plus grand nombre a été construit à Delaware, Circleville et Chillicothe. Il étaient tous capables de porter trois cents barils.

Il y a sur l'Ohio, dans les nouveaux établissemens, des bâtimens dont les chambres sont distribuées comme des boutiques, et garnies de marchandises de toute espèce, que l'on échange pour les produits des plantations. Leur arrivée est annoncée par le son d'une trompe ou d'une conque marine (1).

Ouvrages qui traitent de l'histoire et des productions de cet état.

Année 1764. *Historical narrative of colonel Bouquets' expedition against the Indians of the Ohio, in 1764.* — Précis historique de l'expédition du colonel Bouquet, contre les Indiens de l'Ohio, en 1764.

— 1767. *Mitchell* (doctor) *The present state of Great Britain and North America.* —État présent de la Grande-Bretagne, et de l'Amérique du Nord. L'auteur démontre dans cet ouvrage l'importance que ce territoire pré-

---

(1) Voir *Sutcliffs' Travels in North America*, in 1804 and 1806, p. 91.

sente sous le rapport de la culture du tabac, du chanvre, de la vigne, du coton, de l'indigo, de la soie, etc.

— 1788. *Hutchins' topographical description of Virginia, Pensylvania, Maryland, and North Carolina, comprehending the rivers Ohio, Kenhawa, Scioto, Cherokee, Wabash, Illinois, Mississipi, with a table of distances between fort Pitt and the mouth of the river Ohio, London*, in-8°. — Description topographique de la Virginie, de la Pensylvanie, etc.

— 1790. Jacquemart (Fr.). Le nouveau Mississipi, ou les dangers d'habiter les bords du Scioto, par un patriote voyageur. Paris, in—12, p. p. 44.

— 1791. Lettres venues du Scioto, auxquelles se trouvent jointes des « observations générales et préliminaires sur un établissement dans l'Amérique septentrionale. » Paris.

— 1801. Marnezia (Cl. Fr. de Lezay). Lettres écrites des rives de l'Ohio, in-8°. Paris, p. p. 144.

— 1803. Volney. Tableau du climat et du sol des États-Unis d'Amérique, 2 vol. in-8°., Paris.

— 1804. Collot (general Victor), ex-gouverneur de la Guadeloupe. Voyage en Amérique septentrionale, ou description des pays arrosés par le Mississipi, l'Ohio, etc., 2 vol. in-8°. Paris.

— 1805. *Harris (Rev. J. M.). Journal of a tour into the territory, north west of the Alleghany mountains,* in-8°. *Boston.* — Journal d'un voyage dans le territoire au nord-ouest des monts Alleghanys.

TOME IV. 11

— 1808. Michaux (F. A.). Voyage à l'ouest des monts Alleghanys, dans les états de l'Ohio, du Kentucky, et du Tennessée, in-8°. Paris.

— 1812. *A topographical description of the State of Ohio*, etc. , in–12, *Boston.* — Description topographique de l'état de l'Ohio, etc. ƥ par un ancien officier de l'armée américaine.

— 1814. *The navigator; containing directions for navigating the Monongahela, Alleghany, Ohio and Mississipi rivers*, etc., in-11, 8ᵗʰ. *édit!, Pittsburgh.* — Le Navigateur, contenant des instructions sur la navigation de la Monongahela, de l'Alleghany, de l'Ohio et du Mississipi.

1815. *Drake (Daniel). Natural and Statistical view, or picture of Cincinnati and the Miami country, illustrated by maps*, in-8°. , p. p. 251. *Cincinnati.* — Aperçu naturel et statistique, ou tableau de Cincinnati et du pays de Miami.

— 1816. *Kilbourns' Ohio navigator.* — Le Navigateur de l'Ohio.

— 1817. *Browns' Western gazetteer, article Ohio.* — Gazetier de l'Ouest, par M. Brown.

— 1818. *Fearon (H. B.). Sketches of America, London*, 1 vol. in-8°., *from* p. 216, *to* p 237. — Aperçu de l'Amérique.

1818. *Darby (W). Emigrants' Guide to the western and south-western states and territories*, in-8°. *New-York.* — Guide des émigrans dans les contrées de l'ouest et du sud-ouest.

Cartes.

— 1804. Carte générale des cours de l'Ohio, depuis sa source jusqu'à son confluent avec le Mississipi, gravée pour le voyage du général Collot.

— 1815. *A map of the state of Ohio, from actual survey, by B. Hough and C. Bourne, Philadelphia.* — Carte de l'état de l'Ohio, d'après les renseignemens les plus exacts, en quatre feuilles.

CHAPITRE XVIII.

ÉTAT DE LA LOUISIANE (1).

TOPOGRAPHIE.

SITUATION ET ÉTENDUE. Cet état est borné au nord, par le 33e. degré de latitude qui le sépare du territoire du Missouri; à l'est, par le fleuve du Mississipi (2), depuis ce parallèle jusqu'au 31e. degré, en suivant cette ligne jusqu'à la rivière des Perles, qui est la limite la plus orientale; à l'ouest, par la rivière de Sabine, depuis son embouchure jusqu'au 32e. degré de latitude, et depuis ce point par une ligne qui va directement au nord jusqu'au trente-troisième parallèle; au midi, par le golfe du Mexique, y compris toutes les îles gisantes à la distance de six lieues de la côte.

Superficie. Quarante-huit mille deux cent

---

(1) Ce pays fut ainsi nommé par De la Sale, lors-, qu'il en prit possession au nom de Louis XIV.

(2) Voir, à la fin du chapitre, la table des distances.

vingt milles carrés, ou trente millions huit
cent soixante mille huit cents acres (1).

Aspect du pays et nature du sol. La partie
qui se trouve entre le Mississipi et la rivière des
Perles, celles d'Iberville et d'Amité et le 31ᵉ.
degré de latitude, qui était autrefois annexée
à la Floride occidentale, et qui contient environ quatre mille huit cent cinquante milles
carrés, est une plaine presque entièrement
plate, qui s'élève par une pente douce vers le
nord. La terre y est légère et couverte de pins,
excepté le long des eaux courantes, où elle est
généralement fertile et favorable à la végétation des arbres qui ont le plus de valeur, tels
que le chêne, le noyer, le cyprès, le frêne,
le magnolier, etc. A la distance de vingt milles
au nord des lacs Maurepas, Ponchartrain et
Borgne, le sol est uni et sablonneux, sec dans
dans les parties élevées, et marécageux dans
les parties basses. Le premier endroit élevé est
Baton-Rouge, où la surface est à environ trente
pieds au-dessus des plus hautes eaux du Mississipi. De là à Pinckneyville, située sur le bord
oriental du fleuve, vers le trente-unième parallèle de latitude, à une distance de cinquante

─────────────

(1) *Emigrants' guide*, by *W. Darby*. New-York,
1818.

milles en ligne droite, la surface de la terre est
ondulée et couverte d'arbres de diverses espèces.
Le sol, près du bayou Sara et de la Thompsons'-
Creek, est riche. Entre cette dernière et Baton-
Rouge, il y a une étendue de prairie qui a six
milles de long et un mille de large ; mais tous
les ruisseaux qui se jettent dans le Mississipi,
au-dessus du bayou Sara, sortent fréquemment
de leurs lits après les grandes pluies; ils inondent et entraînent le sol des pays montueux.
Près de l'embouchure de la Perle, à la distance
de dix-huit milles, il y a une étendue considérable de terres basses et marécageuses, sujettes à l'inondation. Les terres ondulées et
couvertes de pins, quoique légères et sablonneuses, sont favorables à la culture du coton
et du maïs. De belles prairies s'étendent le long
du Bogue-Chitto, branche de la Perle. Près de
l'embouchure du Mississipi, dans la paroisse
de Plaquemine, le pays n'est qu'un marais in-
culte, de niveau avec les eaux lorsqu'elles sont
hautes, excepté une bande de terre étroite, sur
les bords du fleuve, qui est propre à la culture.
Lorsque les Français prirent possession de ces
bords, il n'y avait que deux arbres (1) jusqu'à

_____

(1) L'un fut appelé l'arbre à la bouteille, parce qu'on
trouva suspendue à l'une de ses branches une bouteille

onze lieues de l'embouchure, et les premières
plantations, en 1752, furent presque aussitôt
détruites, d'un côté par le débordement, et
de l'autre par les grandes marées, tellement
qu'il fallut les abandonner; cependant le terrain devint ensuite solide, s'étant élevé de
trois pieds dans l'espace de quinze ans (1). La
Balise, petit fort élevé vers cette époque à
l'embouchure du fleuve, en était, en 1770,
éloigné d'un mille par suite de la formation
des terres alluviales; et les casernes de San-
Carlos, qui avaient été bâties par don Ulloa en
1769, disparurent bientôt après. On a calculé,
d'après cela, que la terre gagne sur la mer
environ deux lieues en cent ans, et que par
conséquent un cyprès trouvé près de la Nouvelle-Orléans, à la profondeur de vingt pieds,
doit avoir été enterré il y a douze siècles.

La péninsule qui s'avance vers le nord-est,
entre le lac Borgne et la baie de Chandeleur,
n'a pas encore été explorée au-delà du bayou
Terre-aux-Bœufs. La surface en est marécageuse

---

contenant une lettre; l'autre fut appelé la potence de
Picard, parce qu'une personne de ce nom dit que si son
destin était d'être pendu, il voudrait l'être à cet arbre.

(1) Lettre officielle de Vaudreuil, gouverneur du Canada.

et presque de niveau avec les eaux environnantes; mais, le long du Mississipi, au-dessus
de son détour nommé Plaquemine, le sol est
élevé, fertile et favorable à la culture du
maïs, du riz, du tabac, de l'indigo, du
coton et du sucre. Depuis la Grande île et la
baie de Barataria jusqu'au lac Ponchartrain, y
compris la paroisse de la Nouvelle-Orléans, la
terre susceptible de culture et qui est de la
même nature que la précédente, est restreinte
aux bords du Mississipi, du bayou Saint-Jean,
du bayou Sauvage, et des autres eaux de la
baie de Barataria. La canne à sucre et les autres
productions des tropiques y réussissent assez
bien. Sur le bord oriental du fleuve se trouve
une bande de terre fertile, nommée Terre-aux-
Bœufs (arrosée par le ruisseau de même nom),
et large d'un mille, qui traverse le marais couvert de cyprès, commençant à douze
milles de la Nouvelle-Orléans, et continuant
jusqu'à vingt milles des lacs. Au-dessus de cette
ville, dans la paroisse de Saint-Bernard ou la
côte allemande, et autres paroisses voisines,
la terre labourable est restreinte aux bords
du Mississipi. Les rives de l'Amité sont trop
basses pour être cultivées. Dans la paroisse appelée l'Intérieur de la Fourche, qui s'étend de
chaque côté de cette rivière jusqu'au golfe du

Mexique, une grande partie des terres est susceptible de culture ; mais, dans la paroisse
adjacente de l'Assomption, la contrée. entre
les bords des rivières la Fourche et Atchafayala,
est sujette à de fréquentes inondations. On a
formé sur les bords de la première des plantations, à la distance de quatre-vingt-dix milles
de son extrémité septentrionale, et la canne à
sucre y est cultivée avec succès. Il n'y a que
peu d'arbres jusqu'à la distance de trente milles
de son embouchure : dans la paroisse d'Iberville, la terre cultivable est aussi restreinte
aux bords du Mississipi. Ceux du bayou Plaquemine peuvent être facilement appropriés
à la culture. La paroisse de Baton-Rouge
occidental, et celle de Pointe-Coupée, la
dernière située au 31°. degré de latitude, et
embrassant un ancien canal du Mississipi,
nommé la Fausse-Rivière, ont un sol extrêmement productif. Celui qui se trouve près des
bords du bayou Grosse-Téte, qui traverse la
paroisse de Baton Rouge occidental du nord au
midi, est également fertile, mais sujet à être
souvent inondé. L'île de Pointe-Coupée contient une grande étendue de terre excellente.
La paroisse voisine, nommée Concordia, qui
se prolonge le long du Mississipi vers l'angle
nord-est de l'état, est une terre d'alluvion su-

jette aux inondations, excepté sur les bords
du fleuve, de même que sur ceux des lacs
Concordia, Saint-Jean, Saint-Joseph, et des
branches de la rivière de Tensaw qui arrosent
les parties septentrionales.

Les bords de toutes les rivières sont plus
élevés que la surface des terres environnantes,
qui, dans plusieurs endroits, sont sujettes à
l'inondation lors de la crue des eaux, ce qui
les rend si fertiles, que leur qualité est restée
la même sans le secours des engrais après
soixante ou soixante-dix ans de culture (1).
Toute la surface, le long de la côte au sud-
ouest de la Tèche, n'est qu'un marais qui,
près du lac Chetimaches et le long de l'Atchafayala, depuis la baie de Berwick jusqu'à
l'embouchure du Plaquemine, est submergé
tous les ans, excepté sur quelques points de
peu d'étendue. Il en est de même d'une grande
partie de l'île formée par le Mississipi, l'Atchafayala, le bayou Bœuf et la Fourche.

Toute la Louisiane inférieure paraît avoir
été formée par la retraite de la mer, près de
laquelle la terre végétale repose sur un fond de
sable blanc. On trouve à une grande distance
du golfe du Mexique des masses de coquilles

_____

(1) Lettre de M. Robertson, *Western Gazetteer*, p. 141.

d'huîtres et des cyprès enfouis à la profondeur de vingt pieds.

La contrée d'Attakapas s'étend le long du golfe depuis l'embouchure de l'Atchafayala jusqu'à la rivière de Mermenteau, distantes de cent quinze milles; depuis cette dernière jusqu'à celle de Courtableau, pendant quatre-vingt-dix milles, et de là jusqu'à la première (Atchafalaya), à peu près la même distance, formant une surface triangulaire d'environ cinq mille cent milles carrés. Cette contrée est arrosée par la Tèche et le Vermillon. La terre labourable, près de la première de ces rivières, s'étend à un mille de chaque côté, et sa surface est estimée à cent soixante-six mille quatre cents acres : on présume qu'au moyen de tranchées, la quantité pourrait en être portée à deux cent mille. Celle également susceptible de culture, près du Vermillon, s'étend à quatre-vingts milles en longueur, à partir du golfe du Mexique, et contient deux cent quatre mille huit cents acres. Cette terre est d'une excellente qualité, convient bien à la culture du maïs, du coton, du tabac, du riz, et est favorable dans certaines parties à celle de la canne à sucre. La prairie des Attakapas, située entre les rivières de Tèche et de Vermillon, commence au-dessous de la jonction de la première avec celle de Fusilier, où sa largeur est d'un à trois milles. Au-dessous du Fusilier, les principaux arbres que l'on trouve sont les chênes blancs, noirs et verts et le copalme. Les plantations du pays des Attakapas, par suite du défaut de bois et d'eau, sont restreintes aux parties extérieures de cette prairie naturelle, dont le nord est appelé prairie du grand Chevreuil, et s'étend depuis le bord des terres submergées de l'Atchafalaya jusqu'à celles de la Tèche. La partie qui borde cette dernière rivière, pendant l'espace de huit milles à l'est des Opelousas, est la plus élevée, et a environ deux milles de large.

Depuis les bords de la Tèche jusque vers les bois, il y a une pente douce qui donne aux eaux un écoulement facile. Lorsqu'elles sont hautes, quelques parties de prairie sont submergées par l'Atchafayala, dont les eaux s'avancèrent, en 1811, jusqu'à un mille de la Tèche, et occasionèrent un grand dommage aux récoltes. Les eaux baissent pendant l'été, et laissent la surface presque à sec pendant l'automne et l'hiver. L'écoulement de la Tèche inférieure laisse à découvert deux étendues de prairies nommées l'une Courtableau, l'autre prairie du Petit-Bois, qui probablement étaient jadis réunies à celle du Grand-Chevreuil. Toutes les prairies qui bordent la Tèche sont élevées au-dessus de l'atteinte des grosses eaux; et le sol, qui consiste en une terre légère et fertile, est très-convenable à la culture du coton, du tabac, du riz, du maïs, et, dans les parties inférieures, à celle de la canne à sucre (1).

. La contrée des Opelousas, maintenant paroisse de Saint-Landri, séparée des Attakapas par la rivière de Queue-Tortue, présente une grande variété dans la qualité du sol et dans les productions. La partie qui a le plus de valeur se trouve vers l'extrémité nord-est. La partie nord-ouest est couverte de pins (2). Les prairies des Opelousas, qui s'étendent dans une direction sud-ouest vers la mer, près de laquelle elles se terminent en marais, couvrent un tiers de ce district. Elles ont soixante-dix milles de long, vingt-cinq de large, et contiennent plus d'un million cent vingt mille

---

(1) Les bords de ces prairies sont ornés de platanes, de noyers, de copalmes et de chênes noirs, rouges et verts, au-dessous du 30° 15' de latitude, ainsi que d'ormes rouges, de tilleuls, de magnoliers et de lauriers sassafras. On voit, çà et là, dans les bois, des cannes d'une végétation faible et des palmiers. Le houx, le frêne épineux et le sumac y viennent isolés.

(2) M. Mérieult possède cinq mille acres de terre sur la Tèche, qu'il évalue à 15 ou 16 dollars par acre.

acres. Le sol en est semblable à celui des bois
adjacens, et convient à la culture du coton,
de l'indigo et du tabac. Au-dessous du 30°
de latitude, le terrain, excepté près de la
Tèche, se trouve plus bas que le niveau de la
mer, tout le long de la côte, depuis la rivière
des Perles jusqu'à celle de Sabine. Le terrain
est tellement marécageux, qu'on ne peut y pénétrer si ce n'est dans trois ou quatre endroits
à l'ouest du canal de l'Atchafayala. Une chaîne
de petites collines élevées de vingt à trente
pieds, part de New-Iberia, à la latitude du
30° 3', un peu au nord-ouest de la Tèche, et
se prolonge au-delà du Vermillon à travers la
prairie des Opelousas. La contrée qui environne
cette immense étendue de prairies est, dans
plusieurs parties, bien boisée.

A douze milles au-dessus de l'embouchure
de la Sabine, qui forme la frontière occidentale de l'état, et vers le point où ses eaux s'é-
tendent en une sorte de lac, peu profond, les
bords de cette rivière consistent en prairies
marécageuses, qui ne sont élevées que très-peu
au-dessus de son niveau ordinaire. Vingt milles
au-dessus, la surface s'élève graduellement, et
forme des prairies hautes jusqu'à un ruisseau qui
vient du nord-ouest à la latitude nord du 30° 3'.
Là, commencent les bois, consistant principale-

ment en pins, qui s'étendent depuis les Opelousas jusqu'à la rivière Rouge. Au-dessus de
l'embouchure du Waw-ca-Hatcha, une chaîne
de collines, qui suit la direction de la Sabine,
à la distance de vingt ou trente milles, et environ à la même distance de la rivière Rouge,
sépare la première de celle-ci et de celle de
Calcasu. La terre de ces collines est couleur
d'ocre jaune et couverte de pins, de chênes et
de hêtres, entremêlés de frênes, de noyers et
de cornouillers. Pendant le printemps et l'été,
cette terre produit des herbages abondans. La
contrée arrosée par la rivière Rouge est extrêmement fertile ; mais elle est sujette à être
inondée, dans quelques parties, chaque année,
parce que les branches de cette rivière communiquent avec un grand nombre de lacs et
d'eaux courantes. Tout le pays, depuis la
jonction de la rivière Rouge avec le Mississipi
jusqu'aux Avoyelles, distance de soixante milles,
est entrecoupé par des canaux, qui, recevant
l'excédant des eaux de ces deux rivières, re-
couvrent toute la surface à la hauteur de plusieurs pieds, depuis le mois de février jusqu'au
mois de juin ; et, durant cet espace de temps,
les bateaux peuvent naviguer dans toutes les
directions, excepté dans les endroits où les arbres interceptent le passage. Entre les Avoyelles

et les Rapides, distans de quarante milles, la plus grande partie du pays est inondée pendant la saison des pluies. Depuis les Rapides jusqu'à Natchitoches, éloigné de cent dix milles, les bords de la rivière sont élevés au-dessus des plus fortes eaux, dans une largeur. de neuf à douze cents pieds, et sont extrêmement fertiles. Au-delà, sont des marais et des lacs d'un à deux milles de large, qui s'étendent jusqu'aux terres élevées. Entre la rivière Rouge et les Opelousas, il y a une étendue de terre d'environ quarante milles carrés, arrosée par le bayou Robert et le bayou au Bœuf, qui est d'une qualité excellente, bien boisée et très-salubre. Au-dessus du trente-deuxième parallèle jusqu'aux villages d'Ouachitta, près de l'angle nord-ouest de l'état, les bords de la rivière Rouge, qui a communication avec les deux immenses lacs Bistineau et Bodeau et avec un grand nombre d'autres plus petits, sont bas et fréquemment couverts d'eau. L'angle nord-ouest renferme une assez grande étendue de bonnes terres. Près des bords du lac Bistineau, la terre s'élève en collines, dont l'une a deux cents pieds d'élévation. Elles sont couvertes d'arbres, principalement de pins et de chênes. La vallée d'Ouachitta, longue de trois cent cinquante milles et large de soixante à quatre-

vingts, contient plus de vingt-cinq milles carrés, ou seize millions d'acres de terre labourable, dont la plus belle partie, d'environ
douze milles carrés, se trouve près des bayous
Siard, Barthélemy et Ouachitta, et consiste
en prairies hautes entrecoupées par des terrains
boisés. Sur les bords de ce dernier, au-dessous de
l'embouchure de la rivière aux Bœufs, la surface
est élevée de quarante ou cinquante pieds au-
dessus des eaux pendant un certain espace,
après lequel le terrain baisse jusqu'aux parties
submergées par la rivière de Tensaw, ce qui
forme une éminence isolée, large de cinq
milles, et connue sous le nom d'île de Sicile.
Le sol est un terreau noir extrêmement fertile,
et garni de pins dans quelques endroits. Il y a
sur les côtés des rivières de Maçon et de Tensaw des étendues considérables de terres suffisamment élevées, et propres à la culture. Les
bords de la rivière Noire sont très-fertiles ;
mais la partie susceptible d'être cultivée est
étroite, et, dans certains endroits, exposée à
être couverte d'eau. La péninsule, formée par
la rivière Rouge et la Noire, est entrecoupée
par de nombreux canaux, qui sont remplis
pendant le débordement du Mississipi. Quoique la terre y soit couverte d'une épaisse forêt,
on la dit productive.

On a calculé que près d'un cinquième de la surface de cet état consiste en eaux, marais, ou terrains sablonneux, appelés *Pine-Barrens*.

EAUX.

Rivières. Le *Mississipi* (1), qui forme la limite orientale depuis le 33° jusqu'au 31° de latitude, serpente ensuite dans une direction sud-est à travers le pays, jusqu'au golfe du Mexique, dans lequel il décharge ses eaux par plusieurs bouches. La longueur de son cours, dans l'état, est de plus de six cents milles. Dans son passage, à travers la contrée inférieure, ce fleuve sort de son lit ; les eaux qui s'épanchent du côté de l'ouest ne reviennent pas au lit commun ; mais celles qui s'échappent du côté de l'est le rejoignent, excepté entre Baton Rouge et Manchac, où elles trouvent un passage par le canal de l'Iberville et de l'Amité, jusqu'aux lacs Maurepas et Ponchartrain, qui communiquent avec l'Océan. La largeur moyenne du Mississipi est de deux mille six cent quarante pieds, quoique près des îles et des basfonds il ait bien plus d'étendue. Il est plus large

_____

(1) Nommé par les naturels du pays *Mechassipi*, ou *Mère des eaux.*

à mille milles de son embouchure qu'à son embouchure même. A Natchez, vis-à-vis le fort Rosalie, il a dix-huit cent soixante-dix pieds. Neuf milles au-dessous du confluent de la Fourche, sa profondeur, depuis le bord le plus élevé, a été trouvée de cent cinquante-trois pieds, et la différence entre les eaux les plus hautes et les plus basses étant de vingt-trois pieds, il s'ensuit qu'il a toujours une profondeur de cent trente. Les canaux par lesquels ce fleuve se décharge dans le golfe, n'ont pas plus de dix ou douze pieds d'eau (1). Un flux et reflux, de douze à dix-huit pouces, se fait sentir jusqu'à la Nouvelle-Orléans, à cent cinq milles de l'embouchure du fleuve. Par suite des pluies et de la fonte des neiges des contrées septentrionales, les eaux commencent à croître en janvier et à baisser en juin, quelquefois plus tôt. En 1812, elles s'élevèrent à leur plus grande hauteur pendant le mois de décembre, ce que les habitans les plus âgés n'avaient jamais vu. Entre l'embouchure de l'Ohio et Natchez, elles montent à la hauteur de cinquante pieds; à

---

(1) On a soutenu que sa profondeur diminue graduellement; mais cette opinion est contredite par le témoignage du pilote Kerlazio, qui, en 1772, n'avait trouvé que douze pieds d'eau sur la barre du lit principal.

Baton-Rouge, à celle de 25, et à la Nouvelle-
Orléans à celle de 12. La crue moyenne au-dessus de la Nouvelle-Orléans a été estimée à trente
pieds. Lorsque les eaux sont hautes, la rapidité
du courant est de six à sept milles par heure ;
mais quand elles sont basses, elle n'excède pas
deux milles (1).

Levées. Afin de protéger les terres susceptibles de culture contre les inondations annuelles,
on a formé une chaussée de chaque côté de la
rivière, depuis les plantations les plus basses
jusqu'à Baton-Rouge; et dans toute cette longueur, lorsque les eaux sont à leur plus grande

---

(1) *Tableau de la crue moyenne des eaux du Mississipi,
à Natchez, dressé par* W. Dunbar.

1er. Janvier	25 pieds.	1er. Juillet.	45 pieds.
15	30	16	40
1er. Février	35	1er. Août.	20
15	40	15	10
1er. Mars.	45	1er. Septembre. . .	7
15	47	15	5
1er. Avril.	48	1er. Octobre. . . .	0
15	48½	15	0
1er. Mai	49	1er. Novembre. . .	5
15	50	15	10
1er. Juin.	50	1er. Décembre. . .	15
15	48	15	20 (*)

(*) 6e. vol., *of the Phil. trans. of Philadelphia.*

élévation , elles dépassent seulement de quelques pieds leurs bords naturels. La principale
chaussée s'étend depuis la partie supérieure de
l'île de la Nouvelle-Orléans jusqu'au fort Plaquemine, à la distance de cent trente milles.
Quelques milles au-dessus de la Nouvelle-Orléans, où la force du courant est considérable,
cette chaussée a de vingt à trente pieds
d'épaisseur à sa base, six au sommet, et de
douze à quinze de hauteur. Lors de la crue
des eaux, la pression contre ces digues a quelquefois occasioné des ruptures. La dernière,
qui eut lieu six milles au-dessus de la Nouvelle-
Orléans, en mai 1818, étoit large de quatre
cent vingt pieds, et laissa échapper une masse
d'eau de six pieds de profondeur.

Les vaisseaux remontent jusqu'à la Nouvelle-
Orléans, et se déchargent sur les bords; les
goëlettes vont jusqu'à Natchez. Les bateaux font
communément cinq lieues par jour en remontant. Les vaisseaux périssent quelquefois en
heurtant contre des troncs d'arbres flottans,
qui s'élèvent ou s'abaissent selon le mouvement
des eaux, et qui tiennent par la racine sur un
fond fangeux (1).

_____

(1) Delà vient le nom de *sawyers* (scieurs), que leur
ont donné les mariniers.

La rivière *Rouge* (1) prend sa source au Mexique, au nord-est de Santa Fé, dans les Cordillières qui séparent ses eaux de celles du Rio-del-Norte. Elle reçoit plusieurs affluens de quatre-vingts à cent cinquante milles de longueur avant son entrée dans la Louisiane ; et, coulant ensuite dans la direction du sud-est, elle reçoit ceux de Bodeau, Dasheet, Lac-Noir et Saline dans sa course jusqu'au Mississipi, où elle se jette au-dessus du 31° de latitude. Cette rivière traverse une vallée qui a huit cents milles de long et quinze milles de large, et son cours est estimé à environ onze cents milles. Sa largeur générale est d'environ trois cents pieds ; à son embouchure, elle a de quatorze à quinze cents pieds ; puis elle se resserre graduellement à neuf cents et sept cent cinquante. Pendant les cinq premiers mois de l'année, elle est navigable pour les bateaux, jusqu'à la distance de huit cents milles de son embouchure, excepté dans quelques endroits où son courant est obstrué par des bas-fonds

---

(1) Cette rivière est connue sous divers noms : la *Marne*, l'*Oumas* ; sur la carte de Joutel, la *Sablonnière* ; le *Natchitoches*, a cause des Indiens qui vivaient autrefois sur ses bords ; le *Rio-Colorado*, et rivière *Rouge*, à cause de la couleur son sable.

et par des bois flottans. Son lit est sujet à de
fréquens changemens, à cause du grand nombre de lacs qu'elle traverse dans son cours.
Une chaîne de lacs s'étend depuis le 33° de
latitude, point vers lequel elle entre dans l'é-
tat, jusqu'au trente-deuxième degré. Le fond en
étant presque de niveau avec celui de la rivière,
leurs eaux, selon le degré différent d'élévation,
coulent de l'un dans l'autre. Le cours de la rivière, à cinquante milles de son embouchure,
se dirige à travers un pays plat et marécageux;
et, à vingt-sept milles, elle s'approche de trois
milles du Mississipi, puis elle coule, dans une
direction presque parallèle, jusqu'à sa jonction
avec ce fleuve. La surface environnante, pendant la crue des eaux au printemps, est com-
plétement inondée, à l'exception de quelques
points de peu d'étendue, jusqu'aux Avoyelles;
et même entre cet endroit et les Rapides, qui
sont à plus de cent milles de l'embouchure,
les eaux s'accumulent sur quelques points à la
hauteur de cinquante ou soixante pieds. La
navigation de cette rivière est interrompue en
deux endroits, 1°. par les Rapides, au 31° 21′,
qui sont formés par deux rangées de roches
tendres qui s'étendent en travers du canal, à
la distance de trois quarts de mille l'un de
l'autre. Les bateaux chargés ne peuvent pas

passer, lorsque l'eau est basse; mais, lorsqu'elle est haute, ces roches ne forment point empêchement; 2°. par les bois flottans (*rafts*), qui commencent à cent trente milles au-dessus de Natchitoches, et s'étendent dans la longueur d'environ cinquante milles. Ces espèces de radeaux sont formés par des amas d'arbres mêlés de terre végétale, et tellement compacts dans quelques endroits, que d'autres arbres y croissent, et que les hommes et les chevaux peuvent les traverser sans danger. Il y a un passage long de quatre-vingt-dix milles à travers les lacs et les bayous adjacens, pour les bateaux, qui montent à la distance de neuf cent cinquante milles de son embouchure (1).

Les eaux tributaires de la rivière Rouge sont le *Bodeau* et le *Dasheet*, qui coulent du nord dans les lacs Bodeau et Bistineau; la rivière du *Lac-Noir*, sa principale branche, qui prend sa source sur le côté oriental d'une chaîne de collines qui sépare ses eaux de celles du Dasheet, coule dans la direction du sud, et traverse le lac du même nom, au-dessous duquel elle reçoit la *Sabine*. Cette dernière est une belle rivière qui prend sa source à cinquante milles au nord du 32° de latitude, et se réunit à celle

***

(1) *Stoddards' sketches of Louisiana*, p. 379.

du Lac-Noir, à huit milles au nord-est de Natchitoches, formant la *rigole du Bon-Dieu*, qui
se décharge dans la rivière Rouge.

La *rivière Noire*, ou rivière des *Ouachittas*,
est formée de trois grandes branches qui viennent du territoire du Missouri dans la direction
du sud, l'Ouachitta, l'Ocatahoola et le Tensaw. La branche *Ouachitta*, qui prend sa source
au milieu des prairies hautes, près du 34°. de
latitude entre les rivières Rouge et d'Arkansas,
passe à travers la vallée d'Ouachitta, recevant,
un peu au-dessous de la limite septentrionale,
le Derbane, belle rivière, dont le cours est
d'environ soixante milles dans la direction de
l'est, à partir de sa principale source, qui est
au 32° 50' de latitude. Cette rivière, dont les
nombreuses branches sont principalement ali-
mentées par des sources, est navigable pour
les bateaux jusqu'à trente milles de son confluent. Le *Barthélemy*, autre affluent, qui
prend sa source près de l'Arkansas, se jette
dans la rivière Noire à trois milles au-dessous
du Derbane, du côté opposé, après une course
vers le sud de plus de cent milles, dont un
tiers dans le territoire de l'état. Ses bords sont
élevés, et ne sont pas sujets à être submergés.
Quelques milles au-dessus de son embouchure,
un canal, nommé le *bayou aux Bœufs*, tra-

verse des bois de pins vers le midi, dans une étendue de sept ou huit milles, jusqu'aux terres alluviales, et se réunit à un autre canal, le *bayou Bonne-Idée*, à seize milles à l'est du fort Miro. Ils coulent ensuite dans une direction presque parallèle à la rivière aux bœuf, à laquelle ils se joignent à l'ouest de la prairie de ce nom. Le dernier de ces bayous a plus de cent milles de longueur. Un autre ancien canal le *bayou Siard*, commence à quatre ou cinq milles au-dessous du confluent du bayou aux Bœufs, et s'étend depuis le Barthélemy jusqu'à l'Ouachitta, au 32° 35′ de latitude, après une course de vingt-cinq milles. La rivière aux *Bœufs*, dernière branche de l'Ouachitta, sort des lacs qui sont entre les rivières d'Arkansas et de Missouri; elle coule d'abord au sud-ouest, puis ensuite au sud pendant l'espace de soixante-dix ou quatre-vingts milles vers la frontière septentrionale de la Louisiane, après laquelle son cours redevient sud-ouest, puis sud dans une étendue de soixante milles, jusqu'à l'Onachitta, dans laquelle elle se jette au-dessus de la pointe occidentale de l'île de Sicile. Le cours de cette rivière est estimé à deux cent quarante milles, dont la moitié dans l'intérieur de l'état. Elle est navigable en remontant vers le nord jusqu'à la prairie Mer-Rouge. Durant les inondations qui couvrent les marais au printemps, les eaux de cette rivière restent stagnantes à une distance considérable au-dessus de son confluent. Quatorze milles au-dessus de la rivière aux Bœufs, l'Ouachitta se réunit au Tensaw et à l'Ocatahoola. Vers ce point son lit est toujours navigable, quoiqu'il soit bien moins large qu'il ne l'est à deux cents milles plus haut. La rangée de roches qui le traversent à l'île de Sicile est supposée être une partie de la chaîne qui forme les rapides de la rivière Rouge.

L'*Ocatahoola* est formée de plusieurs branches qui coupent le pays entre l'Ouachitta et la Saline ; et, après la réunion de ces diverses eaux, elle prend son cours vers l'est, et traverse le lac du même nom, qui, recevant dans la saison des pluies plusieurs eaux courantes du nord et du nord-ouest, a de dix à quinze pieds d'eau ; mais pendant l'été il est à sec et couvert d'herbes. Durant la crue du Mississipi, les eaux s'écoulent dans ce lac, et, lorsqu'il est plein, celles de la rivière restent stagnantes à la distance de plusieurs milles au-dessus. Les bords de la branche occidentale entre son confluent et le lac sont plus sujets à être submergés que ceux du Tensaw. Le *Tensaw*, qui se réunit à la rivière Noire, à l'opposé de sa jonction avec l'Ocatahoola, est formé de deux branches, dont la plus occidentale se nomme le Màçon, qui coulent dans la direction du sud, et se joignent à l'est de l'île de Sicile. L'une sort d'un petit lac, nommé Stack-Lake, près de l'angle nord-est de l'état; l'autre sort d'un grand lac situé un peu au-dessus de la frontière septentrionale. Après la réunion de ces trois branches, l'Ouachitta, le Tensaw et l'Ocatahoola, la rivière prend le nom de rivière Noire, qu'elle conserve jusqu'à sa jonction avec la rivière Rouge, pendant l'espace de trente milles. Le courant est paisible, et le canal assez profond pour la navigation des grands bateaux pendant toute l'année. Depuis l'embouchure de cette rivière jusqu'à la jonction de la rivière Rouge avec le Mississipi, la distance est de trente milles.

Pendant la crue des eaux de la rivière Rouge et du Mississipi, les eaux de la rivière Noire s'accumulent et préviennent les débordemens réguliers de celles de l'Ouachitta et du Tensaw, qui, en 1811, 1812 et 1813, submergèrent leurs bords, et inondèrent plusieurs endroits dans la paroisse de Concordia. Les eaux qui, pendant les inondations du printemps, s'échappent du Mississipi par de nombreux canaux au-dessous de l'Arkansas, y retournent par le lit du bayou Màçon et du Tensaw.

La *Sabine* (1), qui forme la limite occidentale jusqu'au 32° de latitude, prend sa source
dans de grandes plaines au nord-ouest de Natchitoches, et se décharge dans le golfe du
Mexique, à travers le lac du même nom, au
29° 23′ de latitude, à deux cent cinquante
milles de l'embouchure du Mississipi. La Sabine, qui a neuf cents pieds de large, à sa
jonction, se resserre, et n'en a que quatre
cent soixante à quinze ou vingt milles au-delà;
et au village d'Alabama, elle n'a que deux
cents à deux cent quarante pieds, largeur
qu'elle conserve jusqu'au 32° de latitude. Elle
prend en cet endroit une direction nord-ouest,
et cesse de former la ligne de frontière. A
trente-cinq milles de son embouchure, elle
reçoit le Natches, rivière considérable qui
vient de l'ouest. La Sabine passe pour être
navigable pendant l'espace de deux cent quatre-
vingts milles. Dans les marées ordinaires, il
n'y a que quatre pieds d'eau sur la barre à son
embouchure; et à quelques milles au-dessous
des villages indiens, la navigation est interrompue par un amas d'arbres mêlés de terre,
qui s'étend à un mille et demi en longueur.

_____

(1) Autrefois connue sous le nom de *Mexicano* ou
Adaize.

Les canots passent à travers un canal qui conduit de l'extrémité supérieure de cet amas jusqu'à un petit ruisseau qui se jette dans la rivière au-dessous.

La rivière *des Perles* (1), qui forme la limite orientale de l'état, depuis le trente-unième parallèle de latitude jusqu'à son embouchure, prend sa source dans la contrée des Indiens Choctaws, près du 33° de latitude, et se dirige vers le sud-ouest pendant cinquante ou soixante milles, puis au sud tirant un peu vers l'est, l'espace de cent cinquante milles, jusqu'à son embouchure dans le lac Borgne. Plusieurs petites rivières, la *Black-Creek*, la *Beaver-Creek*, la *Jones-Creek*, la *Fords-Creek*, viennent s'y jeter du côté de l'ouest. L'une d'elles, le *Bogue-Chitto*, prend sa source dans l'état de Mississipi, et, se dirigeant au sud-est pendant quatre-vingts milles environ, arrive à la rivière des Perles, à vingt milles des *Rigoles*, ou canaux par lesquels elle décharge ses eaux dans le lac Borgne, un peu à l'est du lac Ponchartrain. Cette rivière a sept pieds d'eau à son embouchure; mais elle est obstruée par des bas-fonds et par des troncs

_____

(1) Ainsi nommée, à cause d'une espèce de perle qui se trouve dans les moules qui abondent dans ses eaux.

d'arbre qui encombrent son lit près du lac. On pourrait aisément la rendre navigable, jusqu'à cent cinquante milles, pour des bateaux, et, pour les sloops, jusqu'à soixante-quinze milles, près de la *Fords-Creek*, où pendant les temps secs il n'y a qu'un pied d'eau.

Les parties orientales de l'état entre la rivière des Perles et le Mississipi sont arrosées par le Quéfoncté, le Tandgipao, le Tickfah, l'Amité et l'Iberville, ou Manchac.

1°. Le *Quéfoncté* (1) coule, vers le sud, environ l'espace de quarante milles, depuis sa source, près du 31° de latitude, jusqu'au lac Ponchartrain ; il est navigable pour les bateaux dans une étendue de trente milles. Près de son embouchure, il y a un beau havre d'une profondeur suffisante pour les vaisseaux qui peuvent passer les Rigoles.

2°. Le *Tandgipao* coule vers le sud presque parallèlement avec le précédent jusqu'au lac Ponchartrain, dans lequel il se jette à dix milles au nord-est du détroit de Manchac.

3°. Le *Tickfah* va dans la même direction, depuis la limite septentrionale jusqu'au lac Maurepas, dans lequel il se décharge, après

_____

(1) Ou des *Chataignes-glands* (du Pratz). *Chifuncté*, sur la carte de M. Darby.

avoir suivi pendant quelques milles une direction sud-est.

4°. L'*Amité* prend sa source dans l'état de
Mississipi vers le 31° de latitude, et coule pendant l'espace de cinquante milles vers le sud,
jusqu'à sa jonction avec l'Iberville, et de là,
l'espace de quarante milles à l'est, jusqu'au lac
Maurepas, dans lequel elle se jette. Elle a plusieurs branches considérables, dont l'une, le
Comite, prend sa source dans l'état de Mississipi,
et, après un cours de quarante milles, se joint à
quelques milles au-dessus de l'Iberville. Les
vaisseaux tirant six pieds d'eau remontent l'A-
mité jusqu'à la jonction de l'Iberville, et les
plus petits jusqu'à celle du Comite. Lorsque
les eaux sont hautes, elle est navigable pendant environ soixante-dix ou quatre-vingts
milles. Dans le mois de mars, on a trouvé que
ses eaux parcourent trois milles à l'heure, quoiqu'à son entrée dans le lac Maurepas, leur mouvement soit presque imperceptible (1).

5°. L'*Iberville* ou *Manchac*, qui sert de
débouché pour les grosses eaux du Mississipi,
coule depuis cette rivière, pendant quinze
milles, jusqu'à l'Amité. La marée se fait sentir

---

(1) *Pittman. State of the European settlements on the
Mississipi*, etc., *London*, 1770.

à neuf milles de l'embouchure de ce canal qui, lorsque les eaux sont hautes, donne passage aux vaisseaux qui prennent six pieds d'eau. Dans la saison de la sécheresse, le lit est très-peu profond près du Mississipi, parce qu'il n'en reçoit pas d'eau; et il n'est navigable que six lieues et demie plus loin, ce qui est à regretter, parce qu'il offrirait un canal de communication plus court et plus facile avec les parties orientales que par la Nouvelle-Orléans. Pendant trois mois de l'année il est navigable pour les bâtimens qui ne tirent que trois pieds d'eau. En 1764, le commandant anglais de la Floride occidentale prit la résolution de nettoyer le lit de cette rivière, et cinquante noirs furent employés à ce travail; mais on commença l'opération près du Mississipi, et les troncs d'arbres qui étaient dans la partie inférieure, y ayant été laissés, interceptèrent le passage aux arbres et aux terres que le courant entraînait, ce qui rendit la navigation encore plus difficile (1).

Les rivières qui se trouvent entre le Mississipi et la Sabine, et qui déchargent leurs eaux dans le golfe du Mexique, sont : 1°. la rivière,

_____

(1) Voyez Pittman, qui a donné un plan de ce canal, depuis le Mississipi jusqu'au lac Ponchartrain.

ou bayou *de la Fourche*(1), qui coule de la rive droite du Mississipi, au 30° 7′ de latitude. Sa longueur est de cent vingt milles en suivant le canal, et de quatre-vingt-dix en ligne droite. Son cours est sud-est tirant vers l'est. Près du point de connexion avec le Mississipi, cette rivière a environ deux cent quarante pieds de large; et, en approchant du golfe, elle en a trois cents. Non loin de son embouchure, il y a une barre qui n'a que neuf pieds d'eau, et de là, le canal est plus profond jusqu'à la distance de cinquante milles. Dans tout son cours, la Fourche n'en reçoit aucune autre; et, lorsqu'elle est haute, elle décharge ses eaux par différens bayous : l'un d'entre eux, qui est près de son origine, se dirige à l'est, et tombe dans le lac Verret; un autre, nommé *Cabanosi*, se trouve au côté opposé, et se jette dans un autre lac qui a communication avec le lac des Allemands, celui des Ouachas et d'autres qui s'étendent vers le golfe du Mexique;

2°. L'*Atchafayala*, ou le *Chaffalio*, autre issue du Mississipi, s'étend depuis un grand détour fait par ce fleuve sous le 31° de latitude

---

(1) Sur les anciennes cartes, elle est désignée sous le nom de rivière des *Chetimaches*.

et trois milles au-dessous de l'embouchure de
la rivière Rouge, jusqu'à la baie d'Atchafayala,
dans le golfe du Mexique. Son cours est de cent
quatre-vingt-treize milles en suivant le canal,
et de cent trente-trois en ligne droite. Près de
son embouchure, elle a six cents pieds de
large; à vingt-sept milles au-dessus, elle en a
près de six cent soixante; au-dessous des radeaux, de deux cent vingt-cinq à quatre cent
cinquante; à son entrée dans le grand lac, elle
a sept cent cinquante pieds, et à celle de la
baie de Berwick, à travers laquelle elle passe
pour se rendre dans la baie d'Atchafayala, elle
est large d'un demi-mille à deux milles. Près
du Mississipi, cette rivière est profonde de dix-
huit pieds dans les temps ordinaires, et de
trente-trois, lorsque les eaux sont hautes; au-
dessous des radeaux, dans les temps secs, elle
l'est de vingt à trente-cinq pieds; au grand lac,
de quarante, et à la baie d'Atchafayala, de
soixante à quatre-vingts. L'Atchafayala est très-
rapide, quand les eaux du Mississipi sont
hautes; et, son lit n'étant pas assez spacieux
pour recevoir régulièrement leur décharge, la
rive occidentale, depuis l'embouchure de la
Glaize jusqu'à celle du Courtableau, est sub-
mergée sur une largeur de six milles et une
hauteur de six pieds. A la distance de vingt-

sept milles au-dessus de l'embouchure, il y a
un amas immense de troncs d'arbres au travers de la rivière, qui va d'un bord à l'autre
pendant l'espace de vingt milles. Ce radeau
monte et baisse avec les eaux, gardant toujours la même élévation au-dessus de la surface, excepté pendant le temps des inondations
où les bateaux passent par-dessus. L'Atchafayala reçoit les eaux du Courtableau et du
Plaquemine. Le *Courtableau*, ou branche occidentale, est formé par deux petites rivières
le *bayou Bœuf* et le *bayou Crocodile*, ou
Thompson's Creek, dont les affluens s'étendent
au nord-ouest vers la rivière Rouge; ce dernier, vers le 31° de latitude, passe à travers
un lac qui porte son nom, et leurs eaux réunies se joignent à celles de l'Atchafayala, à
cinquante-trois milles de son origine. Lorsque
l'eau est haute, il y en a dix-huit à vingt
pieds, et même davantage dans quelques endroits. En juin 1811, il y avait vingt-cinq pieds
d'eau à l'opposé de l'embouchure du bayou
Waúksha. Pendant les inondations du printemps, les eaux du Mississipi s'étendent jusqu'à la jonction des deux grandes branches;
et comme il n'y a pas là de courant vers les
Opelousas, les bords sont submergés tous les
ans, depuis le bayou Derbane jusqu'à son em-

bouchure, pendant plusieurs mois, et à la distance de huit milles, jusqu'à l'île aux Vaches. Pendant ce temps, il est difficile de distinguer le lit de la rivière, parmi les lacs nombreux et les eaux courantes avec lesquels elle communique. Près de sa sortie du Mississipi, l'Atchafayala reçoit le bayou Glaize, qui communique avec quelques branches de la rivière Rouge, à travers le lac aux Portes, qui est situé au sud de la prairie des Avoyelles. L'affluent le plus proche en descendant, est le bayou Rouge, du côté de l'ouest, et ensuite le bayou Latánia, qui s'étend jusqu'au Mississipi. Le bayou *Fusilier*, qui porte le nom d'un riche colon, sert de communication entre les eaux du Courtableau et celles de l'Atchafayala. Sa plus grande largeur est de soixante à soixante-dix pieds. Le *Plaquemine*, ainsi nommé à cause des arbres qui couvraient autrefois ses bords, a sept milles de longueur, reçoit l'excédant des eaux du Mississipi, dont il se décharge dans l'Atchafayala. Il est large de deux cent dix pieds, et navigable pour les bateaux. En automne, la marée se fait sentir à deux milles, en remontant ce canal, qui se trouve à deux cents milles de la mer.

La *Grosse-Tête* est un bayou large qui vient des parties méridionales de la *Fausse-Rivière* jusqu'au Plaquemine, et qui parcourt environ trente milles, et la branche du bayou *Ferdoche* prend sa source dans le Détour Raccourci. La *Fausse-Rivière*, ancien canal du Mississipi, a une forme elliptique, et près de trente milles de longueur.

Le bayou *Bœuf* est un autre canal, formé par les eaux de plusieurs rivières, qui ont leur source à l'est du lac Palourdi, et qui, se réunissant avec une issue de ce lac, vont se jeter dans l'Atchafayala, près de son extrémité méridionale.

Au sud de ce bayou et à l'ouest de la Fourche, il y a un assez grand nombre de petites rivières qui vont à peu près dans la direction du sud, et qui se jettent dans le golfe du Mexique. Ce sont les bayous *Eau Bleue*, *Derbane*, *Petit-Caillou*, *Grand-Caillou*, *Dularge*, etc.

La *Teche* coule depuis le Courtableau, et poursuivant son cours tortueux à travers les contrées des Opelousas et des Attakapas, fait sa jonction avec l'Atchafayala près de l'extrémité méridionale du lac Chetimaches. Elle est navigable pour des bâtimens de soixante ou quatrevingts tonneaux jusqu'à la ville de la Nouvelle-Ibérie, et procure une communication facile avec les plantations du pays des Attakapas. Cette rivière a six cents pieds de large près de son embouchure. Dans aucune saison elle ne déborde. Son courant est faible dans la contrée des Opelousas, excepté après les grandes pluies; et en automne, il n'est point sensible au-dessus de la marée montante.

Les eaux de l'Atchafayala et de la Tèche communiquent avec celles du lac Chetimaches; et au sud de cette dernière naissent plusieurs petites rivières qui vont se jeter dans le golfe du Mexique, ce sont les bayous *Myrthe*, *Salé*, *Carline* et des *Cyprès morts*.

Le *Vermillon* prend sa source dans le pays des Opelousas, traverse les prairies du même nom, et celles des Attakapas, dans son passage pour se rendre au golfe du Mexique. A son entrée dans les Attakapas, à l'embouchure du Carrion-Crow, il coule seize milles au sud, tourne à l'ouest, et recevant le bayou Tortu du côté du midi, continue huit milles à l'ouest, traverse une chaîne de collines, va au sud, l'espace de vingt-cinq milles, et fait un détour de vingt milles au sud-sud-est. La longueur de son cours à travers les Attakapas, en suivant son lit, est de cent milles, et de soixante-dix milles en ligne droite. A son entrée dans la baie de Vermillon, il n'a que trois pieds d'eau, et six seulement au grand détroit qui aboutit au golfe. Son cours est lent. Le marée se fait sentir jusqu'à l'embouchure du Carrion-Crow.

Le bayou *Carrion-Crow*, branche du Vermillon, prend sa source dans les prairies des Opelousas, et forme une partie de la frontière entre cette contrée et les Attakapas. Ses bords sont couverts d'arbres à la distance de douze milles de son embouchure.

Le bayou *Queue-Tortue*, qui sépare ces contrées dans toute sa longueur, prend sa source dans la prairie des Opelousas, au 30° 15′ de latitude, coule au sud-ouest dans une étendue de trente-cinq milles, traverse le petit lac, et se jette dans celui de Mermenteau.

La rivière de *Mermenteau* s'étend dans la direction du sud-ouest, depuis le lac du même nom jusqu'au golfe du Mexique. Sa profondeur à l'embouchure est de quatre pieds d'eau, et elle n'en a que trois dans son passage à travers le lac. A l'extrémité septentrionale de ce lac, aboutit un courant d'eau considérable formé du bayou Nez Piqué, du bayou Mallet et du Plaquemine Brûlé, dont les branches coupent le pays dans diverses directions, et fournissent une navigation commode, leurs lits étant profonds et recevant l'influence de la marée au-dessus de la prairie Mamou.

Le bayou *Lacasine*, qui se jette dans l'extrémité septentrionale du lac Mermenteau,

traverse la prairie à laquelle il donne son nom ;
et son canal, à la distance de plusieurs milles
de son embouchure, est assez profond pour
porter de gros vaisseaux.

Le *Calcasu*, qui est proche de la Sabine,
provient de plusieurs sources situées près de la
rivière Rouge, et dans sa course vers le golfe
du Mexique, il passe à travers un grand lac
dont il prend le nom (1).

Baies et *lacs* (2). Le lac *Borgne*, qui est le
plus à l'est, s'étend sur le côté nord-ouest de
la péninsule, et s'ouvre à l'est dans le golfe du
Mexique. Il renferme plusieurs îles nommées
Saint-Joseph, *Malheureux*, *Marianne* et *Cat-
Island*. Ce lac reçoit les eaux de la rivière des
Perles et du lac Ponchartrain, et il a de neuf
à douze pieds de profondeur. Une de ses baies
s'approche du Mississipi à la distance d'un

---

(1) Il est à remarquer que plusieurs petites rivières
qui coulent dans la rivière Rouge, dans le Calcasu et
la Sabine, ne doivent leurs eaux qu'aux pluies de l'hiver, et se trouvent à sec pendant l'été. Dans les grandes
prairies des Opelousas et des Attakapas, les puits donnent
rarement de l'eau à moins de trente ou quarante pieds
de profondeur.

(2) La plupart des lacs étant situés, soit aux embouchures des rivières, soit près du rivage de l'Océan, nous
avons cru devoir les placer avec les baies.

mille, et communique avec ce fleuve par le moyen d'un canal nommé canal de Villères (1). Ce lac a trente-cinq milles environ de longueur sur douze de largeur.

Le lac *Ponchartrain*, long de trente-cinq milles, large de vingt-cinq et profond de dix à dix-huit pieds, est situé au nord du détour oriental du Mississipi, et communique avec la Nouvelle-Orléans par le canal Carondelet et le bayou Saint-Jean, qui prend sa source dans un marais de cyprès au sud-ouest de la ville, et coule dans la direction du nord-est; dans une étendue de six milles jusqu'au lac, avec lequel ses eaux montent ou baissent.

Le lac *Maurepas*, long de douze milles et large de huit, se trouve au nord-nord-ouest du précédent, avec lequel il communique par le détroit de Manchac, qui a six pieds d'eau.

Le lac *Ouachas* (2), long de douze milles et large de six, est situé à douze milles de distance de la Nouvelle-Orléans (3), sur la rive occidentale du Mississipi, avec lequel il a une communication.

_____

(1) C'est par ce canal que les Anglais pénétrèrent, en 1814, jusqu'à la Nouvelle-Orléans.

(2) Écrit *Quachas* sur les nouvelles cartes.

(3) A vingt-deux milles, selon le « *Western Gazet-tcer* », p. 120.

Le lac ou baie de *Barataria* a, vers le sud-ouest, un passage dans le golfe, de neuf pieds de profondeur, par la *Grande-Passe*, et il communique avec plusieurs lacs par le bayou Saint-Denis, au nord-ouest, et par le *détroit des Mendians*, au sud-ouest. Il communique avec la chaîne de lacs qui s'étend du nord au sud, entre la Fourche et le Mississipi ; savoir : le lac des Allemands, le lac Ouachas, le Petit-Lac, le lac Rond, et le lac des Ilets.

La baie d'*Atchafayala*, qui a une ouverture dans le golfe du Méxique, a cinquante pieds de profondeur, mais près de son embouchure ; il n'y a sur la barre que neuf pieds d'eau. Cette baie a communication avec le lac *Cheti-maches*, situé entre la *Teche* et l'*Atchafayala*, avec lesquelles elle communique aussi par des branches qui partent de l'extrémité du nord-ouest. Du côté de l'est elle communique avec la Fourche, à travers les deux petits lacs Palourdi et Verret.

La baie de *Berwick* est large d'un demi-mille à deux milles, et a soixante ou soixante-dix pieds de profondeur.

La baie de *Côte Blanche*, séparée de la baie d'Atchafayala par la pointe du Chevreuil, reçoit plusieurs courans d'eau, qui partent des bords de la Teche, et a douze pieds de profondeur.

La baie de *Vermillon*, entre la dernière et la rivière de Vermillon, reçoit plusieurs petites rivières du nord, et a douze pieds d'eau. Dans les endroits qui se trouvent entre les îles qui sont en travers de l'entrée de ces deux dernières baies, il n'y a que cinq ou six pieds de profondeur.

Le *Grand Lac* ou lac *Chetimaches*, dans lequel se jette l'Atchafayala, a quarante milles de long, et de trois à dix de large.

Le lac *Mermenteau*, dont les eaux se déchargent dans le golfe par le canal de la rivière de même nom, a une étendue considérable et trois pieds d'eau.

Le lac *Calcasu*, qui reçoit la rivière du même nom, a trois pieds de profondeur, s'étend du nord au sud, et passe pour avoir trente-cinq milles de circonférence. (*Western Gazetteer.*)

Le lac *Sabine*, à travers lequel passent les eaux de la rivière du même nom, situé à douze milles de distance du golfe, a vingt-cinq milles de long et douze de large.

Il a été remarqué par M. Darby, que la côte, depuis l'embouchure de la Sabine jusqu'à celle de l'Atchafayala, est tellement marécageuse, que dans aucun endroit une armée de quatre-vingt mille hommes, avec les équipages de guerre, ne pourrait débarquer, si ce n'est à l'embouchure des rivières et des bayous, où un corps de troupes défensives aurait un immense avantage contre les forces d'invasion.

Quelques-uns des lacs de la contrée supérieure, qui ont communication avec la rivière Rouge, ont de trente à cinquante milles de circonférence, et recevant leurs eaux de cette rivière, ils montent et baissent avec elle. Six milles au-dessus de l'embouchure de la rivière Rouge se trouve le *Long-Lac*, qui a quatorze milles de long et trois de large.

Le lac *Ocatahoola*, qui reçoit les eaux de la rivière du même nom, a une étendue de vingt milles. Au-dessus de Natchitoches se trouve le *Lac Espagnol*, et au-dessous de cette ville le lac *Cassi*. L'un et l'autre ont une communication avec la rivière Rouge. Vis-à-vis le Lac Espagnol, du côté opposé de cette rivière, est situé le *Lac-Noir*, qui reçoit la rigole du Bon-Dieu. Dans l'angle nord-ouest de l'état se trouvent les lacs Bistineau et Bodeau, qui ont une étendue très-considérable. La premier a plus de cinquante milles de long (1).

_____

(1) Les observations suivantes ont été faites par le général Collot, sur les courans du golfe de Mexique : « Ce qui rend, dit-il, la navigation du golfe du

Tableau des eaux navigables de l'état, d'après l'auteur du Western Gazetteer.

	milles.
Le Mississipi	712
L'Iberville et les lacs à l'est de la Nouvelle-Orléans.	250
L'Amité.	100
Le Tandgipao, le Quéfoncté, et les bayous Castain, Lacombe et Baucofuca.	300
La Perle et le Boguechitto.	100
Les bayous Atchafayala, Plaquemine, La Fourche, et autres.	300
La rivière Rouge	450
Les bayous et lacs de cette rivière.	500
L'Ouachitta et les lacs et rivières qui s'y déchargent.	1,500
La Teche, le Vermillon, la Sabine, etc.	550
La côte du golfe, les baies et les lacs.	1,000
En tout	5,762

Iles. Une chaîne d'îles s'étend le long de la côte depuis la baie de Barataria jusqu'à la rivière

---

Mexique difficile et périlleuse, ce sont les courans; mais il faut distinguer dans quelle partie du golfe ils sont réellement dangereux. Au-dessous du 27°. degré, les courans portent dans le golfe; au-dessus, ils portent hors du golfe. Plus l'on s'enfonce dans le golfe, après avoir dépassé le 27°. degré, plus les courans varient et changent de direction, quelquefois chaque vingt-quatre

de Vermillon ; mais la plupart sont sujettes à
être inondées. Celles qui sont situées à l'embouchure de la baie de Barataria présentent une
forte position militaire, et le hâvre est assez
grand pour contenir de petits vaisseaux de
guerre (1). Une autre près de la baie d'Atcha-

---

heures. Dans cette partie, la navigation est très-dange-
reuse, parce qu'il n'y a aucune pratique qui puisse
établir des règles certaines ; cela est si vrai, que lorsqu'un bâtiment, venant du golfe, a dépassé le 27°. degré,
le navigateur regarde le voyage comme fait (en termes
marins), et il se considère comme hors de tous dangers.
Au-dessus du 27°. degré, comme je viens de le dire,
les courans se portent dehors, mais avec cette différence, qu'ils ne varient jamais. Par le 29°. degré, en
sortant des bouches du fleuve, les courans portent à
l'est et à l'ouest, c'est-à-dire, que les eaux du fleuve se
partagent, moitié sur la baie Saint-Bernard, et moitié sur
Pensacola ; mais cela ne dure que le temps où l'on est
sous la sonde, après quoi les courans portent droit sur
le canal de Bahama. Mais comme l'on ne sort jamais du
fleuve qu'avec des vents faits, et que, quand bien même
on serait pris par un calme, on a la ressource de jeter
l'ancre partout sur un fond excellent, on ne court jamais le plus léger danger d'être jeté ni sur Pensacola
ni dans la baie de Saint-Bernard, et, encore une fois,
tous les accidens qui ont lieu n'arrivent qu'au dessous
du 27°. degré.

(1) En 1811, des pirates, sous le commandement de
Lafitte, en prirent possession et la fortifièrent.

fayala a trois milles de circonférence, et est
élevée à plus de deux cents pieds au-dessus du
niveau de la mer. A l'embouchure de la rivière
des Perles il y a une île de six à sept milles de
long et de quatre à cinq de large. Elle renferme
quelques marais salés ; mais la plus grande
partie consiste en terres favorables à la culture
des meilleures plantes. Il y a beaucoup d'îles
dans le fleuve du Mississipi.

MÉTÉOROLOGIE.

Température. Le climat de cette contrée varie dans différentes parties. Depuis la mer jusqu'à
le Pointe Coupée, il tombe rarement de la neige,
et il ne gèle jamais, si ce n'est dans les mois de
décembre et de janvier, lorsque le vent est nord
ou nord-ouest. Il paraît bien certain qu'il y a
moins de chaleur et plus d'humidité qu'à la
même latitude en Europe, et néanmoins le climat y est généralement très-doux. La température ordinaire de l'hiver est depuis le degré
de congélation jusqu'à sept ou huit au-dessus,
et le thermomètre tombe rarement à 2° au-dessous de glace. A Natchez, le plus grand froid
observé par M. Ellicot, fut de 17°. Dans le mois
de décembre 1800, le mercure tomba à 12°
près de la Nouvelle-Orléans, et on vit de la

nèige pour la première fois depuis vingt ans.
En janvier 1811, le thermomètre varia⬤ 78°
jusqu'à 10° au-dessous de zéro pendant quelques jours, et⬤surface du Mississipi fut com-
plétement gelée. Ce fait est cité comme un
phénomène remarquable. En hiver le thermomètre (*Fahr.*) varie de 45° à 56. Près des
sources chaudes, aux environs de la rivière
d'Ouachitta, au 34° 31', MM. Hunter et Dunbar
ont vu le mercure descendre à 9° le 30 décembre 1804, et à 16° le 2 janvier suivant (1).
A Natchitoches, au 31° 56' de latitude, il tombe
rarement de la neige, mais une petite gelée la
remplace quelquefois dans les mois d'avril et
de septembre, et fait grand tort au coton et
aux plantes qui sont tendres. Dans la Féliciana,
autrefois Floride occidentale, l'hiver commence
aux derniers jours de novembre, et il y a souvent des gelées le matin et le soir. Le thermo-

---

(1) La différence de température entre l'eau de la rivière et l'air, fut trouvée comme il suit :

11 Janvier, température de l'air.........		11°
Idem. de l'eau		89°
12 Janvier, *Idem.* de l'air.........		20°
Idem. de l'eau		40°

Cette différence occasionait une vapeur épaisse sur
la rivière.

mètre, qui varie de 65 à 70° pendant les mois
d'été, monte souvent au-dessus de 90°, et
quelquefois jusqu'à 96°: Cependant la chaleur,
dans toute l'étendue de l'état excède rarement
90°, et la température moyenne des sources est
de 65°, tandis qu'en Pensylvanie elle est de 51°;
ce qui donne une différence de 14° (1). Selon
les observations météorologiques faites par
M. Dunbar, pendant l'été de 1800, le thermomètre, au 31° 28' de latitude nord, et à quatre
milles à l'est de Mississipi, monta souvent à 96°
et 97°; et à l'ombre des arbres, à 91° (2).

---

(1). Voir le journal d'Ellicot. Selon M. Darby, la
température moyenne des sources est de 52°. (Descrip.
géogr., p. 233.)

(2) Cet observateur a formé un tableau des degrés
les plus hauts et les plus bas de la température pour
chaque mois de diverses années. Nous transcrivons celui
de l'année 1802.

	LA PLUS HAUTE.	LA PLUS BASSE.
Janvier.	79°	27°
Février.	78°	24°
Mars	82°	35°
Avril	88°	52°
Mai.	92° ½	47°
Juin.	93°	62°
Juillet.	93°	62°
Août	92°	61°
Septembre	98°	45°

Selon les observations de don Ulloa, « la température du mois de novembre est régulièrement de 17 ou 18° à six heures du matin, de 19 ou 20° à deux heures après midi, et de 17 à 18° à onze heures du soir. Plusieurs fois le thermomètre baissa en un jour de 7 à 8°, et remonta le jour suivant au même point où il était la veille. En 1768, le Mississipi fut gelé, du 17 au 18 janvier, dans une largeur de dix-huit ou vingt-quatre pieds de chaque côté. Le thermomètre, à six heures du matin, tomba à 2° et demi au-dessous de zéro dans l'intérieur des maisons. Le 23, il monta à 17° trois quarts, et don Ulloa observe que ce passage du froid au chaud fait une différence de 8 ou 10°; ce qui continue quelquefois jusqu'à la fin de mars, et même au commencement d'avril, avec des intervalles de chaleur semblables à celles de l'été. En 1766, du 8 au 22 mars, il y eut trois étés et deux hivers par suite des variations du vent, des brises de terre et de mer, et de l'influence

	LA PLUS HAUTE.	LA PLUS BASSE.
Octobre.	90°	32°
Novembre	80°	28°
Décembre	70°	26° (*)

(*) Voir le n°. 30 du 6°. vol. des Transactions de la société philosophique de Philadelphie.

des eaux et des bois. On n'éprouve pas dans cette contrée la chaleur accablante qu'on res-sent aux mêmes parallèles de latitude sur la côte septentrionale de Barbarie et d'Égypte. La plus grande chaleur se fait sentir dans le mois de juillet, qui est la saison des grandes pluies et des orages ; mais elle continue avec une diffé-rence peu sensible jusqu'à la fin de septembre, le thermomètre variant de 80 à 87°, et montant quelquefois au-dessus de 90°. »

Les mois les plus malsains sont ceux d'août et de septembre, à cause des miasmes produits par les substances végétales et animales en dé-composition, qui engendrent des maladies bi-lieuses, surtout dans les nouvelles plantations. Il y a dans la partie supérieure de l'état plusieurs situations salubres qui demeureront pendant quelque temps encore inhabitées, à cause de la médiocre qualité du sol, de la distance du marché et d'autres circonstances qui rendent les productions d'une bien moindre valeur pour les propriétaires que celles des terres fertiles qui sont sur les bords du Mississipi, et près de la grande place de commerce. Dans le pays haut, l'air est pur et sec, et très-semblable à celui qu'on respire en Espagne. On donnera une idée plus nette du climat de cette contrée, en faisant connaître le prompt développement

de ses productions. Vers le premier février,
les pêchers, les pruniers, les pois et les fraisiers sont en fleurs. Vers le premier mars, les
arbres sont généralement en feuilles ou en
fleurs. Les pois sont mûrs vers le 15 juin, et
les fruits les moins hâtifs le sont avant la fin de
juillet. Le printemps commence régulièrement
avec les brises du midi, dont la chaleur est si
favorable à la végétation, qu'elle est plus avancée dans cet état au mois d'avril, que dans
ceux du nord au mois de mai.

Ouragans. Ce fléau s'est fait ressentir d'une
manière remarquable en 1780 et 1794 pendant
le mois d'août. Le vent souffla avec violence
pendant douze heures, et refoula tellement le
courant du Mississipi, qu'il sortit de son lit, et sub-
mergea le pays à la hauteur de deux à dix pieds,
jusqu'à l'endroit nommé le Détour des Anglais.
Ces tempêtes furent accompagnées de tonnerre,
et de grêle d'une grosseur extraordinaire (1).

En 1802, l'ingénieur qui dirigeait les travaux
du fort Plaquemine, situé à la distance de douze
ou treize lieues de la mer, fut surpris dans sa
cabane par la crue subite des eaux ; les travailleurs et la garnison trouvèrent un refuge sur

_____

(1) Dupratz assure que quelques grêlons, qu'il vit en
1737, étaient aussi gros que des œufs de poule.

la partie la plus élevée du fort, et il ne s'en fallut que de deux ou trois pieds que l'eau ne les atteignît.

Vents. Le général Collot remarque que, « dans la basse Louisiane, au-dessous de 33° de latitude, à compter du mois de novembre jusqu'au mois de mars, ce sont les vents du nord, du nord-ouest et du nord-est qui dominent. Quelquefois ils passent dans la partie du sud, mais ils n'y tiennent jamais plus de vingt-quatre heures ; et, dans ce cas, on est certain qu'ils amènent toujours de la pluie, après laquelle ils passent constamment au nord-ouest. Avril, mai et juin sont remarquables pour les calmes et les grandes sécheresses : juillet, août et septembre sont, comme aux îles, la saison des vents et de la grêle ; pendant ce temps, les vents font le tour de la boussole : hors cela, ils sont toujours dans la partie du sud-ouest. C'est en août que les ouragans ont toujours lieu : ils commencent ordinairement par le nord-nord-est, soufflent d'abord avec force pendant quelques heures, après quoi succède un calme profond qui dure quelques minutes, puis les vents passent au sud-sud-ouest, soufflent avec furie, soulèvent la mer qui inonde les terres jusqu'à six pieds d'élévation au-dessus du rivage ; mais ces ouragans ne se font jamais

sentir (j'entends ceux de cette direction) dans
l'intérieur des terres, au-delà du 30°. degré.
Toutes les fois qu'il y a du tonnerre dans les
coups de vents, il n'y a jamais d'ouragan à
craindre (1). »

RÉGNE MINÉRAL.

Substances métalliques. On trouve des mines
de *fer* dans le pays montagneux où la rivière
Noire et la Sabine prennent leur source. On a découvert récemment, près de la rivière Rouge,
une masse de *fer natif* de trois pieds cinq
pouces de long et deux pieds quatre pouces de
large, pesant plus de trois milliers. On dit que
des *mines d'argent* existent au-dessus de Natchitoches, près de l'un des villages de Cado-
daquioux (2).

------

(1) Voyage en Amérique septentrionale, etc., par le
général Collot, etc., tom. 2, p. 188 et suiv.

(2) D'après les données de Jonathan Swift, il paraîtrait constant que, vers l'année 1778, il s'était formé
une compagnie dont il était l'agent, pour l'exploitation
de ces mines; qu'on avait frappé à diverses époques une
certaine quantité de dollars avec ce métal, et que dans
la crainte d'être découverts, les travailleurs abandonnèrent la place en 1791, et ne purent la retrouver ensuite (*).

(*) Voyez le Navigateur de l'Ohio, appendix, p. 253, et
Dupratz, 1 vol., p. 303.

*Substances terreuses, acidifères et combus-
tibles.* Près de la rivière Rouge on trouve de la
pierre calcaire et une *roche quartzeuse* qui sert
à faire des meules de moulin et des meules à
aiguiser. Il y a de l'*alun* près de la même rivière, au 33° de latitude, à cent quarante-six
milles environ à l'ouest du Mississipi; et de
la *terre à potier*, à la profondeur de trente
pieds, à un mille de distance de ce fleuve. Il
existe du *charbon de terre* près de l'Ouachitta,
de la Sabine et de la rivière Rouge, et sur les
bords d'un lac aux environs de Natchitoches.

Salines. Il y en a dans le voisinage de Natchitoches, près de l'Ouachitta, de la Sabine et
du lac Ocatahoola. On peut fabriquer beaucoup
de sel sur la côte.

RÈGNE VÉGÉTAL.

*Liste des principaux arbres et arbrisseaux de
la Louisiane, avec l'indication des usages
auxquels sont propres la plupart d'entre
eux (1).*

Acer *rubrum*, L., Érable rouge, ou *Red-maple*, ou
Swamp-maple.

---

(1) J'ai donné quelques développemens à cette liste, parce
que les arbres dont elle présente les noms sont, en général, très-
répandus dans les contrées du sud de l'Amérique septentrionale

Acer *negundo*, L., Érable à feuille de frêne, ou *ash-lea-ved Maple* ou *Box Elder*.

— *nigrum*, Mich. Arbr., Érable noir, ou *Black-maple*.

— *eriocarpon*, Mich. Fl., Érable à fruit cotonneux, ou *White*, ou *soft-maple*.

La première espèce s'élève jusqu'à cinquante ou soixante pieds.

La troisième, connue sous le nom d'*Érable à sucre*, se trouve sur les bords de la rivière Rouge; mais on la voit rarement au-dessous du trente-unième degré de latitude.

Il y a quelques-uns de ces arbres sur les bords du bayou Sara, des ruisseaux de Thompson et d'Alexandre.

Æsculus *Pavia*, L., Pavia à fleurs rouges, ou *Red-flowered*, *Horse Chesnut*, ou *Bucks' eye*.

Cet arbrisseau atteint à la hauteur de quinze à vingt pieds.

Amorpha *fruticosa*, L., Amorpha faux Indigo.

— *pumila*, Mich. Arbr.

La première a une tige de quatre à cinq pieds. Elle est employée pour les coupures.

La seconde est tomenteuse.

Andromeda *racemosa*, L., Andromeda en grappes, ou *Red-leaved Andromeda*.

Annona *triloba*, L., Annone à trois lobes, ou *Papaw*.

Vient en grand nombre dans les parties orientales des Opelousas. Ses fruits sont mûrs vers la fin de juillet.

Arbutus *obtusifolia*, Raf., Arbousier à feuilles obtuses, ou *Strawberry-tree*.

Arbrisseau de dix à douze pieds, à tige d'un pouce ou deux de diamètre.

_____

contiguës à la Louisiane, et notamment dans l'état du Missis-sipi et le territoire d'Alabama.

ARUNDO *gigantea*, WALTER (ARUNDINARIA *macrosperma*), MICH. FL.

Croît le long des bords élevés des rivières et des terres inondées : elle est en grande abondance sur les rivières Bœuf, Amité et Comite , et près des *bayous* , à l'ouest de l'Atchafayala, où elle pousse, dans les terres les plus légères , à la hauteur de dix-huit ou vingt pieds, et acquiert trois ou quatre pouces de diamètre. Après un certain nombre d'années , cette plante porte une grande quantité de grains semblables à ceux de l'avoine , mais trois fois plus gros ; et , lorsqu'ils sont parvenus à maturité , elle meurt.

— *tecta*, de WALTER.

Qui croît dans les terrains secs ; n'a pas la moitié de la taille de l'autre. Les racines, qui s'étendent à une grande distance , sont noueuses et luisantes comme le bambou du Japon, et étaient autrefois importées en France, et vendues comme des rotins.

La petite espèce est si dure , que les Indiens en faisaient des couteaux avant que la coutellerie fût introduite par les Français. Elle est employée à faire des chapeaux , des nattes, des criblets, des paniers , et d'autres ouvrages.

Le feu consume fréquemment ces roseaux , et détruit en même temps les arbres qui sont en contact avec eux.

BETULA *lenta* , L. , Bouleau mérisier, ou *Black birch.*

BIGNONIA *capreolata* , L. , Bignone à vrilles, ou *Chicasatea.*

— *crucigera* , L. , Bignone crucifère, ou *two leaved Trumpet Flower.*

La première est décrite par M. Robin , sous le nom de *Bignone toujours verte* : elle s'élève sur les plus grands arbres , et jette de grandes et de nombreuses fleurs qui se montrent en février : l'autre espèce, *la petite Bignone*, s'élève de dix ou douze pieds. La *Bignone à vrilles* monte jusqu'au haut des arbres les plus élevés. La graine est un poison pour les jeunes porcs.

Brunnichia *cirrhosa*, Mich. Fl., Brunnichia à vrilles. Anserine liane de M. Robin.

Grimpe au sommet des plus hauts arbres.

Callicarpa *americana*, L., Callicarpa d'Amérique, ou *American callicarpa*.

On voit cet arbrisseau sur les rives du Mississipi, dans les lisières de bois des Attakapas. Il s'élève de huit à douze pieds.

Carpinus *americana*, L., Charme d'Amérique, ou *Hornbeam*.

Cet arbre vient le long des rivières.

— *ostrya virginiana*, Willd., Charme de Virginie, ou (*ostrya virginica*, Mich.)

Ces deux arbres sont assez communs dans le pays des Opelousas.

Castanea *vesca americana*, Willd., Châtaignier commun, ou *American chesnut*.

— *pumila*, L.

Cet arbrisseau croît dans toute l'étendue de l'état sur les bords des terres submergées; il a quelquefois un pied de diamètre.

Celastrus *bullatus*, L., (C. *scandens*, Rob.), Célastre grimpant.

Il a une tige de deux pouces à deux pouces et demi de diamètre.

Cerasus *canadensis*, L., Le ragouminier du Canada.

Se trouve du côté d'Ouachitta : c'est un arbrisseau de huit à dix pieds, dont le fruit est noir et doux. M. Robin remarque que les espèces de pruniers sont très-diversifiées.

Cephalanthus *occidentalis*, L., Céphalante d'occident, ou *Arrow-wood*.

Il est connu sous le nom de *Bois de Marais*. Les feuilles et les fleurs sont employées comme fébrifuges.

CERCIS *canadensis*, L., Gaînier de Canada, ou *Judas tree*.

S'élève à vingt ou vingt-cinq pieds.

CHAMÆROPS *Palmetto*, MICH. FL., Sabal d'Adanson, ou *Palmetto*.

Ne vient que dans les endroits où l'eau ne s'élève pas plus haut que ses branches inférieures.

CONOCARPUS *rhizophora*, L., Manglier rouge.

Il vient sur le bord des eaux mortes, où il étend ses racines de manière à incommoder les bateliers et les pêcheurs.

CORNUS *florida*, L., Cornouiller à grandes fleurs, ou *Dog-wood*.

Il s'élève dans ce pays à la hauteur de trente pieds : il fleurit en février. D'après M. Rafinesque, cet arbre est décrit par M. Robin sous le nom de *Céphalanthe*, appelé dans le pays *Bois bouton* et *Bois de flèche*.

CRATÆGUS *coccinea*, L., Aubépine de M. Robin.

On se sert de ses feuilles en guise de thé contre les indigestions.

CELTIS *alba*, RAF., Micoucoulier blanc, ou *White nettle tree*.

Cet arbre, dit M. Robin, est un des plus remarquables de la Louisiane : il s'élève à environ quarante pieds, et jette de son tronc un grand nombre de branches horizontales très-longues et fermes.

CHRYSOPHYLLUM *glabrum*, L., Caïmitier glabre.

Arbrisseau qui s'élève à huit ou dix pieds.

CITRUS *aurantium*, L., VAR., *acida spinosa*, ROB.

— *chinensis*, PERS., Orange myrthe., ROB.

Le fruit aigre de la première espèce reste aux arbres tout

l'hiver, devient molasse, perd son jus ; et au printemps il
le repompe de nouveau.

Cornus *polygamus*, Raf.

Arbrisseau qui s'élève à la hauteur de quinze pieds : son
fruit est noir et bon à manger.

Colutea. Baguenaudier herbacé.

Fleurs jaunes ; tige d'environ un pied et demi.

Cupressus *disticha*, L. , Cyprès chauve, *Bald*, ou *De-
ciduous cypress*.

En plus grand nombre dans les endroits marécageux qui
reçoivent les eaux des pluies, et qui deviennent secs pendant
l'été. Cet arbre vient quelquefois à la hauteur de plus de
soixante-dix pieds, sur un diamètre de dix-huit à vingt-
quatre pouces. On l'emploie généralement pour la construction des maisons, des clôtures, et pour faire des canots. Un
canot fait de ce bois, et épais seulement d'un pouce, peut
porter une charge de trois à quatre mille livres. Quelques
arbres acquièrent une taille prodigieuse. Dupratz parle d'un
qu'il trouva à *Bâton rouge*, et qui avait douze brasses de
circonférence. Un charpentier proposa au propriétaire,
M. d'Artaguette d'Iron, de lui faire une pirogue, ou *pet-
tiaugre* de quatorze tonneaux, avec le tronc de ce seul
arbre, pourvu qu'il lui donnât le reste, avec quoi il espérait
construire une autre pirogue de seize tonneaux pour lui.
Ce bois est si incorruptible, qu'on a trouvé des arbres, près
de la Nouvelle-Orléans, dans un état très-sain, à vingt pieds
de profondeur dans la terre.

Diospyros *virginiana*, L. , Plaqueminier de Virginie,
ou *Persimmon*.

S'élève à vingt ou vingt-cinq pieds. Son fruit, de la grosseur d'une prune de reine-claude, coloré de même, mûrit
après avoir essuyé quelques froids, et devient doux et sucré.

Un boisseau de fruit rend environ un gallon d'esprit. Ce

fruit est un excellent astringent et un remède souverain contre la dyssenterie. Les graines, réduites en poudre, infusées pendant vingt-quatre heures dans de l'eau froide, donnent un breuvage qui, bu à jeun, est employé contre la gravelle. Le fruit mûr forme une espèce de pain, qu'on fait sécher au soleil, et que l'on garde pour les longs voyages, comme le biscuit de mer (1).

DIOSPYROS *pubescens*, PURSH., Plaqueminier pubescent.

Cet arbre croît près de Natchez, et dans d'autres endroits.

DIPLONIX *elegans*, RAF., décrit par M. Robin, sous le nom de *cytise*, *Vulg*, *liane blanche*.

Se trouve dans les îlots entre le Mississipi et les prairies des Attakapas, où il s'élève à plus de trente à quarante pieds, et suspend ses rameaux multipliés aux arbres en festons et draperies. Il fleurit à la fin d'avril.

FRAXINUS *sambucifolia*, LAM., Frêne à feuilles de sureau. *Black-ash*, ou *water ash*.

— *discolor*, RAF., nommé Frêne-gras, par M. Robin : *F. undulata*, RAF., et Frêne lacéré, RAF., (Voir M. Robin, p. 382).

La seconde espèce s'élève à cinquante ou soixante pieds, et la dernière à environ quarante pieds.

GLEDITSIA *triacanthos*, L., Févier à trois pointes, ou *Honey-locust*.

— *inermis*, VAR., PURSH.

— *heterophylla*, RAF., Févier de M. Robin.

Grand arbre qui s'élève de soixante à soixante-dix pieds, avec des branches horizontales, les inférieures se projetant

---

(1) Voyages de Bossu, 2°. vol., p. 153. Cet arbre est connu par les sauvages sous le nom de *Ougoufls*.

dans un rayon de quinze à vingt pieds. Elles sont armées, ainsi que le tronc, de longues épines de six ou sept pouces. On fait une boisson assez agréable de la pulpe que contient les gousses : le bétail en est très-avide. Les Indiens font leurs carquois avec ce bois.

HOPEA *tinctoria*, L., Hopea des teinturiers, ou *Sweet-leaf*.

Cet arbrisseau croît à la hauteur de huit à dix pieds. Ses feuilles, qui ont une saveur douce et agréable, donnent une belle couleur jaune.

ILEX *opaca*, AIT.

Ce bel arbre s'élève sur les bords de la Tèche et des autres rivières, à la hauteur de trente pieds, avec un tronc sans branches, ayant un pied et demi de diamètre : quelques-uns croissent jusqu'à quarante ou cinquante pieds.

ILEX *vomitoria*, AIT., *Cassine ramulosa*, RAF. Houx purgatif, ou apalachine, cassine yapon.

Cet arbrisseau s'élève à dix ou douze pieds : il croît dans les parties élevées des Opelousas, et sur les terres légères des côtes maritimes. Les Indiens, dans leurs assemblées publiques, boivent une décoction de ses feuilles et de ses baies, qu'ils appellent, à cause de sa qualité enivrante, *liqueur de courage*.

JUNIPERUS *virginiana*, L., Genévrier de Virginie, ou *Red Cedar*.

Se trouve en grande abondance et est d'une très-bonne qualité : le bois est d'un beau rouge, léger, compact, et très-durable.

JUGLANS *amara*, MICH. ARBR., Noyer amer, ou *Bitter nut*.

— *olivæformis*, H. K., Noyer Pacanier, *Pecan* ou *Illinois nut*.

Juglans *nigra*, L., Noyer noir, ou *Black walnut*.

La première espèce, nommée *Hicorius amara* par M. Rafinesque, et désignée par M. Robin sous la dénomination de *Juglans alba ovata*, s'élève à quatre-vingts ou cent pieds : l'amande est très-amère, et l'écorce est un émétique dont se servent les nègres mulâtres. Elle est rare dans ce pays. Une quatrième espèce, décrite par ce dernier voyageur sous le nom de *Noyer pacanier amer* (*Hicorius integrifolia*, Raf.), s'élève aussi à une très-grande hauteur. Il fleurit en avril : son bois a la fibre serrée et liante, et serait très-propre à des ouvrages de menuiserie, de charronnage et de charpente. (Robin). Le noyer à fruit noir est un arbre de soixante-dix à quatre-vingts pieds, et le tronc a trois ou quatre pieds de diamètre. L'amande est douce : son bois, d'une couleur brune, qui se fonce avec le temps, est surtout propre à fabriquer des meubles. Le pacanier abonde près de la rivière Rouge, au-dessus de Natchitoches.

Kalmia *latifolia*, L., Kalmia à larges feuilles, ou *Broad leaved Laurel*.

— *angustifolia*, L. K., à feuilles étroites, ou *Narrow leaved Laurel*.

Laurus *sassafras*, Laurier sassafras, ou *sassafras*.

— *Benzoin*, L., Laurier faux Benjoin, ou *Spice-wood*.

— *ludoviciana*? Raf., Laurier de M. Robin.

Le sassafras s'élève à vingt et trente pieds, et même à quarante pieds : il fleurit en février et mars. Ses feuilles, séchées, pulvérisées et bouillies, prennent la consistance d'une gelée, qui, préparée avec des viandes, est un des mets les plus recherchés : il est connu sous le nom de *Gombo sassafras*; son bois jette une odeur agréable en brûlant ; mais le feu s'éteint s'il n'est pas soutenu par d'autres bois. Le benjoin croît d'une manière si épaisse parmi les autres arbres, qu'il rend les bois impénétrables. Le laurier de la Louisiane est un arbre de trente à quarante pieds. Une quatrième espèce est décrite par M. Robin sous le nom de *Laurier amande* (*Chimanthus amygdalina*, RAF.), comme un arbre qui s'élève à environ trente pieds, et dont le tronc peut avoir dix à douze pouces de diamètre. Le *Laurus persea*, L. *Laurier avocat*, et *Laurus caroliniensis*, MICH. FL., laurier de Caroline (*Red-Bay*), croissent sur les bords du Mississipi. Le bois de la première espèce est presque aussi estimé que celui d'acajou.

LIQUIDAMBAR *styraciflua*, L., Copalme d'Amérique, *Sweet-gum*, ou *Copalm*.

Cet arbre vient dans une grande variété de terrains, sur les collines les plus élevées et dans les marais les plus profonds : sa hauteur est de trente ou quarante pieds. Le bois en est tendre et éclate facilement; il donne un baume ou substance aromatique résineuse d'une odeur agréable, et non moins utile que le baume du Pérou. On l'emploie à l'extérieur pour la guérison des plaies, et à l'intérieur pour les fièvres. Les animaux blessés à la chasse se guérissent, dit-on, en se frottant contre le baume qui exsude de cet arbre. A cause de l'agréable odeur qu'il exhale, on brûlait autrefois de ce baume dans les temples de Mexico. On se le procure au printemps au moyen d'une incision faite au tronc du côté du sud.

LIRIODENDRON *tulipifera*, L., Tulipier de Virginie.

Se trouve près de Natchez et sur la rivière Rouge.

MAGNOLIA *grandiflora*, L., Magnolia à grandes fleurs, ou *Large Laurel*.

— *glauca*, L., M. glauque, *Sweet* ou *Swamp Laurel*.

La première espèce quelquefois a cent pieds avec un tronc droit : la seconde en a trente ou quarante, et croît dans les parties sèches et élevées.

— *acuminata*, L., à feuilles aiguës, et le *Mag-*

TOME IV. 15

nolia macrophylla, MICH. FL., Magnolia à grandes feuilles.

Croissent sur les bords du Mississipi.

MIMOSA *eburnea*, L., espèce d'acacia à épine d'ivoire, connue comme originaire de l'Inde. (*Mimosa chiona-cantha*, RAF.)

Fleurit toute l'année. On pourrait en faire des haies bien plus redoutables qu'aucune de celles que nous avons en Europe. (Robin)

MORUS *rubra*, L., Mûrier rouge, *Red mulberry*.

Son fruit sert à faire du vinaigre.

— *tomentosa*, RAF., Mûrier à fruit blanc, ROBIN.

Cet auteur observe que ces arbres sont droits, élevés et d'un beau port, et qu'ils fleurissent en mars. Les fruits sont mûrs au mois de mai.

MYRICA *cerifera*, L., Myrica cirier de la Louisiane, ou *Wax-Tree*.

Ses branches ont douze à quinze pieds de long. La cire que fournissent ses baies était autrefois un des principaux articles d'exportation de la Nouvelle-Orléans.

Ces baies, qui ont la forme d'une grappe de raisin, contiennent une substance huileuse, qu'on extrait par l'eau bouillante, et qui, lorsqu'elle a été blanchie par un procédé chimique, sert à faire des chandelles, et à d'autres usages domestiques (1).

MYLOCARIUM *ligustrinum*, WILLD. ? RAF.

Arbrisseau de sept à huit pieds, à feuilles un peu odorantes, à petites fleurs blanches, aussi odorantes, et dont je n'ai pas vu le fruit. (ROBIN.)

---

(1) Dumont. Mém. hist. sur la Louisiane.

Nyssa *denticulata*, Willd., Tupélo aquatique, ou *Water Tupelo*.

— *villosa*, Mich. Fl., Tupélo velu, ou *Rough-Tupelo*.

Olea *americana*; L., Olivier d'Amérique, *american Olive-Tree*, ou *Devils-Wood*.

Platanus *occidentalis*, L., Platane d'Occident, *Plane-Tree*.

Un des plus grands arbres qui décorent les forêts de la Louisiane.

Pinus *tæda*, L., le Pin Téda, ou *Loblolly Pine*.

— *rigida*, Mich. Arbr., Pin épineux, ou *Pitch Pine*.

— *australis*, Mich. Arbr., Pin des marais, ou *long leaved Pine*.

M. Robin, remarque, que les pins, si multipliés dans les immenses plaines sablonneuses, sont de diverses espèces. Cet arbre croît sur le bord occidental du Mississipi, à partir de la rivière Rouge jusqu'à l'embouchure du Vaseux, où ses bords sont élevés et hors de l'atteinte des inondations. Il couvre la surface inégale du pays entre le Mississipi et la rivière des Perles : il acquiert une grande dimension sur les eaux du Millet et du Plaquemine Brûlé. La dernière espèce vient dans les terres élevées à l'ouest des terres inondées.

Populus *angulata*, H. K., Peuplier anguleux, ou *Cotton-tree*.

Cet arbre ressemble au peuplier de Lombardie : il est d'une crue très-prompte, ce qui rend le bois tendre, léger et poreux. On fait de son tronc des pirogues d'une seule pièce de plus de quarante pieds de long, larges de cinq à six pieds. Il est connu dans la Louisiane, sous le nom de *Peuplier liard*.

Prinos *glaber*, L., Prinos glabre, ou *Ink-Berries*.

15 *

Prunus *coccinea*, Raf., Prunier rouge.

> Croît sur l'île des Perles, à la hauteur de douze pieds, et produit de gros fruits écarlates.

— *virginiana*, L., Prunier de la Virginie.

> S'élève à la hauteur de soixante pieds.

— *stenophyllus*, Raf., (*Cerasus canadensis*, Raf.), Ragouminier du Canada.

> Arbrisseau de trois à dix pieds, fleurs blanches; fruit noir et doux : se trouve du côté d'Ouachitta.

Ptelea *tomentosa*, Raf., Ptélea, Orme de Samarie.

> M. Robin, qui a donné ce dernier nom, observe que cet arbrisseau, dont on se plaît à décorer les bosquets en France, est très-multiplié dans la Louisiane, où il s'élève à une vingtaine de pieds ; que ses feuilles ont une odeur forte et désagréable, ce qui le fait nommer le *bois puant*, mais que l'odeur de ses fleurs est des plus suaves.

Pyrus *malus coronaria*, Ait., Pommier odorant, ou *Sweet-Scented Crab-tree.*

Philostemon *radicans*, Raf., Thérébinthacée liane, Rob.

> Elle s'attache à un arbre, et s'élève jusqu'à vingt ou trente pieds.

Quercus *alba*, L., Chêne blanc, ou *White Oak.*

— *aquatica*, Catesb., Chêne aquatique, ou *Water Oak.*

— *falcata* Mich. Fl., Chêne velouté, ou *Spanish Oak.*

— *lyrata*, Walt., Chêne blanc aquatique, ou *water White Oak.*

— *macrocarpa*, Mich. Fl., Chêne à gros fruit, ou *Over cup White Oak.*

— *phellos*, L., Chêne-saule; ou *Willow Oak.*

Quercus *obtusiloba*, Mich. Fl., Chêne gris, ou *upland White Oak*.

— *rubra*, L., Chêne rouge, ou *Red Oak*.

— *tinctoria*, Bartr., Chêne quercitron, ou *Black Oak* ou *Quercitron*.

— *virens*, Ait., Chêne verdoyant, ou *Live Oak*.

— *laurifolia*, Mich. Fl., Chêne laurier, ou *Laurel Oak*.

Plusieurs de ces chênes s'élèvent à la hautéur de quarante à cinquante pieds. J'ai été surtout frappé, dit M. Robin, des formes étranges du grand chêne vert. Son vaste tronc ne s'élève pas, il est vrai, à une grande hauteur ; mais d'énormes loupes, entassées les unes sur les autres, le hérissent hideusement, et dans leurs nombreuses inégalités, élargissent son contour quelquefois de plus de vingt à vingt-cinq pieds. Le chêne vert abonde dans la contrée des Attakapas, près de la rivière et du lac Mermenteau, le long du bayou de la Queue Tortue, près de l'embouchure de l'Atchafayala. Son bois est employé pour les membrures principales des vaisseaux. M. Darby remarque que le chêne velouté indique la transition des inondations anciennes, à celles qui sont plus récentes, attendu que cet arbre ne peut vivre dans les endroits où l'inondation excède douze ou quinze pouces.

Rhus *typhinum*, L., Sumac de Virginie, ou *wooly Sumach*.

— *copallinum*, L., Sumac ailé, ou *Copal Sumach*.

Ils s'élèvent sur des tiges grêles, à vingt-cinq ou trente pieds.

Robinia *pseudo-acacia*, L., Robinia faux acacia.

— *pumila*. Robinia nain, ou *mosquito wood*.

— *Bistineau*, R. Bistineau, *Bistineau locust.*

La première espèce est commune sur l'Ouachitta, et sur la rivière Rouge, près de Natchitoches ; la seconde près de cette ville : la troisième a été nouvellement découverte par M. Darby, sur le lac du même nom : elle s'élève à la hauteur de vingt pieds ; elle n'a pas d'épines. Toutes ces espèces croissent dans les terres élevées, et d'une bonne qualité. M. Rafinesque propose le nom de *Robinia ludoviciana* pour la dernière.

Rubus. *Ronces.*

M. Robin observe que deux espèces se sont très-multipliées. La première a des tiges cylindriques garnies d'épines. La deuxième produit des tiges anguleuses. Ces deux espèces sont nommées par M. Rafinesque, *Rubus nitidus?* et *Rubus angulatus ?* Ses fruits ont peu de goût, et viennent en petite quantité.

Sambucus *canadensis*, L., Sureau de Canada, ou *Canadian Elder.*

Sur les bords du lac Maurepas, et sur le Tensaw.

Salix *denudata*, Raf.

Les espèces de saules que j'ai observées, dit M. Robin, s'élèvent à cinquante ou soixante pieds, parviennent à une extrême grosseur, jettent des longues branches, grosses, dégarnies inférieurement de rameaux et de feuilles, mais touffues à leur extrémité.

Smilax *Sarsaparilla*, Salsepareille, et plusieurs autres espèces.

M. Robin observe que les médecins du pays font venir à grands frais des salsepareilles desséchées, qui leur arrivent par l'Europe ; tandis qu'elles s'offrent partout sous leurs pas, dans ces contrées, et que souvent elles les embarrassent dans leurs courses.

Sideroxylum *tenax*, L., Sideroxylum satiné. *Iron-wood* ou *Silver Thorn*.

Il a vingt pieds de hauteur, et a des branches flexibles armées d'épines aiguës.

Styrax *americanum*, Lam., Styrax d'Amérique, ou *american Styrax*.

Se trouve près des cours d'eau, et croît à la hauteur de dix ou quinze pieds.

Tilia *heterophylla*, Vent., Tilleul à feuilles variables.

Se trouve sur le Mississipi. Son écorce est employée pour faire des cordes

— *stenopetala*, Raf., Tilleul de la Louisiane, Robin.

Est un arbre de soixante à soixante-dix pieds. Le tronc a plus de deux pieds de diamètre.

— *pubescens*, Vent., Tilleul pubescent, ou *Downy Linden Tree*.

Dans quelques endroits, il vient à la hauteur de soixante-dix pieds, avec un tronc de deux pieds de diamètre.

Tillandsia *usneoides*, L., Barbe espagnole, ou *Spanish moss* (1).

Elle s'étend sur tous les arbres, excepté sur les saules qui croissent le long des eaux courantes, les lacs et les marais, jusqu'au trente-troisième degré de latitude, et forme de longues et épaisses draperies, dont l'aspect a quelque chose de lugubre. Durant l'hiver, cette plante parasite est une des principales ressources des troupeaux, que le froid a fait fuir dans les bois. Elle est employée à garnir les matelas et les selles ; pour cet effet, on la bat, on la lave dans une solution

---

(1) Ainsi appelée par les natifs, qui imaginèrent y voir une ressemblance avec la barbe des Espagnols.

alcaline , puis on la fait sécher ; alors elle a l'apparence de longs fils noirs : elle est de telle durée , qu'on la considère comme incorruptible. On la mêle aussi avec de la vase pour bâtir.

ULMUS *alba*, RAF., *ulmus americana, var. pendula,* AIT.
— *pinguis*, RAF.

La première espèce s'élève de cinquante à soixante pieds ; son bois est blanc et liant : on l'emploie dans le charronnage. L'autre espèce , connue sous le nom d'*Orme gras*, est moins élevée. Son écorce bouillie rend un mucilage abondant, qu'on emploie dans les fabriques d'indigo (ROBIN). L'orme croît dans presque toutes les parties de la Louisiane ; son bois est employé pour les poulies, les pompes, les affûts , et toute espèce de charronnage (COLLOT).

VITIS *rotundifolia*, MICH. FL. , Vigne à feuilles rondes, ou *Muscadin grape.*

— *cordifolia*, MICH. FL. , Vigne à feuilles en cœur, ou *Winter-grape.*

— *æstivalis* , MICH. FL. , Vigne d'été, ou *Summer-grape.*

— *riparia*, MICH. FL, Vigne des battures , *River, or Sand grape.*

— *arborea*, L. (*ampelopsis bipinnata* , MICH. FL.) , Vigne à feuilles de persil, ou *Pepper tree.*

La vigne est si commune, dit Dupratz, que de quelque côté qu'on marche, à partir de la côte jusqu'à la distance de cinq cents lieues vers le nord, on ne peut faire cent pas sans en rencontrer.

Ulloa a observé, et cela a été certifié depuis par d'autres voyageurs, que la vigne croît naturellement, et arriverait à un grand point de perfection, dans le centre de la Louisiane , si elle était cultivée avec soin, et qu'on ne laissât pas dévorer le raisin avant sa maturité par plusieurs animaux, tels que le daim, l'ours, la chèvre, etc. Il y a sur les bords des prairies, une vigne qui ressemble à celle de Bourgogne, et dont on fait du vin assez bon, qu'il faut prendre soin de ne pas exposer à la chaleur pendant l'été, et au froid pendant l'hiver.

VACCINIUM *arboreum*, Myrtille en arbre, ou *Tree Whortle Berry*.

— *stamineum*, L., Myrtille à longues étamines, ou *Green-wooded Whortle Berry*.

— *macrocarpon*, H. K., M. à gros fruit, *american Cranberry*.

— *resinosum*, M. résineux, *Huckle berry*.

VIBURNUM *molle*, MICH. FL., Viorne.

ZANTHOXYLUM *fraxineum*, WILLD., Zanthoxylum à feuilles de frêne.

   Cet arbrisseau, connu sous le nom de *Bois d'amourette*, vient à la hauteur de dix à douze pieds : il est garni d'épines droites et courtes. On emploie les baies pour calmer les douleurs de dents.

Plantes en usage dans la médecine.

ALISMA *odorata*, RAF., Plantain d'eau.

   Vulgairement nommé herbe à malo, qui abonde dans les marais; il est en usage pour les plaies et beaucoup d'autres maux (ROBIN).

SOLIDAGO *odora*, AIT., Verge-d'or odorante, en anglais, *Golden rod*.

   Les fleurs séchées de cette plante sont employées en guise de thé, et sont maintenant exportées en Chine. C'est probablement la plante dont parle Dumont, qui croît près de

Biloxis, et dont les feuilles, en 1720, furent aussi estimées en France que celles du thé.

PANAX *quinquefolium*, L., Panax ginseng.

Il croît dans les bois à la hauteur de douze à quinze pouces, et ses fleurs paraissent en mars et avril. Cette plante était connue par les Français dès l'année 1768. Celle de Canada fut découverte antérieurement par le Père Lafiteau, qui la nomma *Aureliana Canadensis*.

PRENANTHES *serpentaria*, PURSH., Prenanthes serpentaire.

Elle est employée comme remède contre la morsure des serpens venimeux. Son jus, bouilli dans du lait, se prend intérieurement, et ses feuilles, infusées dans l'eau, s'appliquent sur les blessures.

Plantes qui servent pour la nourriture des bestiaux.

AGROSTIS *mexicana*, L., Agrostide du Mexique.

EQUISETUM *prealtum*, RAF., Prêle, ROBIN.

PANICUM *hirtellum*, L., Panic à trois barbes.

TRIFOLIUM *repens*, L., Trèfle rampant.

— *pensylvanicum*, L., Trèfle de Pensylvanie.

— *ludovicianum*, RAF.

La prêle croît le long des fleuves, et occupe en touffes de larges places; elle s'élève jusqu'à cinq à six pieds. Ses tiges sont de la grosseur du doigt. Elle est d'une grande utilité pour le bétail dans l'hiver. Les menuisiers l'emploient aussi pour polir le bois.

Le trèfle rampant fait périr les autres herbes, et conserve sa verdure pendant l'hiver: celui de Pensylvanie est

' assez rare. La dernière espèce, qui est la plus petite, a les
fleurs en tête et d'un blanc terne.

FRAGARIA. Fraisiers.

Plusieurs espèces croissent naturellement dans ce pays,
et sont aussi bonnes que celles qui viennent dans les jardins.

RÈGNE ANIMAL.

Mammifères. Le *bison*, nommé par les Espagnols *ciboro*, a presque disparu de cet état. On
en voit encore un petit nombre dans les parties occidentales, dans les prairies à l'ouest des
Opelousas, et au nord de la rivière Rouge. Ces
quadrupèdes étaient autrefois très-nombreux,
et faisaient la principale nourriture des Indiens,
et même des Français, long-temps après la formation de la colonie. On voit souvent des *chevaux* redevenus sauvages entre la rivière Rouge
et la Sabine. Le *daim* n'est plus commun, excepté dans la contrée des Opelousas. Les *ours*
sont aussi devenus rares, excepté dans la contrée
d'Ouachitta, où on leur fait la chasse par compagnies de vingt ou trente hommes, à cause du
profit qu'on en retire. Dumont dit que les plus
gras donnent jusqu'à cent vingt pots d'huile.
En hiver, cet animal se loge dans des troncs
d'arbre à la hauteur de vingt ou trente pieds.
Les *loups* sont encore nombreux dans les parties inhabitées; et, lorsqu'ils sont affamés, ils

s'approchent quelquefois des habitations. Le *couguar*, qu'on appelle *tigre*, paraît quelquefois dans les bois. Sa proie favorite est le daim, qu'il saisit comme le chat saisit la souris. Le *lynx*, appelé *chat tigre*, est assez rare. Il tue les bisons, en s'élançant d'un arbre sur le cou de ces animaux, et en déchirant les tendons et les vaisseaux sanguins l'un après l'autre. Le *chat sauvage* n'est pas rare ; il est de couleur gris-argenté, long de quinze pouces, et haut de huit ou dix. Il se nourrit d'oiseaux, de coquillages, et quelquefois de fruits et de végétaux. La chair en est agréable, et donne une nourriture saine. Les *castors* ne sont pas nombreux ; on en trouve quelques-uns dans les parties supérieures ; les Indiens disent que ce sont les paresseux qui ont été chassés des compagnies industrieuses du Canada. Le *putois* est, dans ce pays, à peu près de la taille du chat commun ; sa fourrure est douce et de couleur blanchâtre. Les *rats de bois* sont en grand nombre ; ils se nourrissent de noix, de glands, de maïs et de volatiles. Leur chair a le goût du cochon de lait, et a souvent servi de nourriture unique aux voyageurs dans la détresse. On voit le *porc-épic urson* dans les bois. Les *lièvres*, afin d'échapper à leurs nombreux ennemis et aux inondations annuelles, se logent dans le haut des troncs d'arbres décrépits. Il y a quatre espèces distinctes d'*écureuils*, dont l'une, qui n'est pas commune, est d'un noir brillant. L'*écureuil volant*, appelé par les Français *voltigeur*, est le même que dans les autres parties des États-Unis. Dans la prairie de Mamou, il y a une sorte de *taupe* qui élève des monticules de terre de douze à dix-huit pouces de haut, et de dix à douze de diamètre. A Pascagoula, on voit souvent une espèce de *souris blanche*, ayant les yeux rouges.

Oiseaux. Le *dindon sauvage*, le *coq de bruyère* et le *pigeon ramier* sont très-nombreux en hiver.

On a remarqué que la plus grande partie des oiseaux des lacs septentrionaux fréquentent ceux de la Louisiane pendant l'hiver. Les *cygnes*, les *oies* et les *canards* sont tellement nombreux sur les lacs de la rivière Rouge, qu'ils étourdissent souvent par leur bruit.

Reptiles. Les bois et les terrains bas sont infestés d'un grand nombre de *serpens*. Les *caïmans* se trouvent dans toutes les eaux jusqu'à la rivière d'Arkansas (1); mais ils sont en plus

---

(1) C'est dans la rivière des Arkansas que nous ayons vu les premiers caïmans, et il paraît qu'au-dessus de cette latitude on n'en trouve plus. *Voyage du général Collot.*

grand nombre dans les bayous et dans les eaux stagnantes. Les plus grands ont neuf à dix pieds de long. Dupratz en a vu un autrefois qui avait dix-neuf pieds ; cet animal n'est à craindre que lorsqu'il est attaqué ou blessé : les porcs et autres animaux domestiques deviennent souvent sa proie. Les Indiens et les nègres sont friands de la queue de ce monstre. L'infortuné De La Sale et ses compagnons furent obligés d'en manger, et, à leur grande surprise, ils ne trouvèrent pas cette nourriture désagréable. Il y a plusieurs espèces de *tortues*. L'une, qu'on a vue à Baton-Rouge, a été décrite par des voyageurs français, comme étant d'une taille monstrueuse et d'une force si considérable, qu'elle pouvait briser une petite barre de fer avec ses pates. Les *grenouilles* sont nombreuses.

Poissons. Le *poisson-chat*, qui se trouve dans le Mississipi, pèse de soixante à cent vingt livres. Il est mangeable, mais n'est pas délicat. Le poisson nommé *buffle* a de deux à quatre pieds de long. Les meilleurs habitent dans les lacs. Les *esturgeons* n'ont environ que trois pieds de long, et sont recouverts d'une écaille tendre, à peu près semblable à celle de la tortue de mer. On trouve aussi la *tête de mouton*, et un poisson appelé par les Français la *barre*, à l'embouchure de la Pascagoula, d'environ cinq pieds de long, et épais comme le corps d'un homme. Il y a deux espèces de *barbues*, dont la plus grande a de deux à quatre pieds de long; l'autre a environ la moitié de cette taille. La chair en est saine, mais sans goût. Le *mulet*, qui se trouve dans les lacs, est à peu près de la taille du hareng; quelques habitans le font sécher et le conservent. Le poisson, nommé *casse-burgo*, a plus d'un pied de long, est délicat, et se mange à déjeuner. La *vieille femme* se trouve dans les eaux qui sont près du Delta. Le *brochet* a environ un pied de long. On en prend rarement. Le *sprat sardine* (*clupea sprattus*), est long de six ou sept pouces, et est commun de même que le *mulet* d'eau douce et le *rouget*. On trouve de grandes *anguilles* dans les rivières et dans les lacs. La *raie bouclée* (*thornback* (*rajd clavata*), remonte jusqu'à la Nouvelle-Orléans. Le *poisson armé* se trouve seulement dans les lacs; il a environ trois pieds de long, est armé de longues dents, et d'écailles dont le tissu est semblable à celui de la pomme de pin, et dont la contexture est assez forte pour résister à un coup de hache. La *raie à aiguillon* habite les eaux les plus basses, près du golfe du Mexique. Les blessures qu'elle fait avec l'aiguillon de sa queue deviennent dangereuses si on les néglige. On trouve dans les lacs, près de Natchitoches, le *poisson-chat*, le *brochet*, le *rouget* et la *perche blanche* et *noire*; les Indiens en tuent une grande quantité à coups de flèches en peu d'heures.

Crustacés et coquillages. Il y a des *huîtres* partout en grande abondance. Les *écrevisses de mer* sont aussi communes; celles *d'eau douce* abondent dans presque tous les petits étangs, et les *chevrettes* dans le Mississipi, en remontant jusqu'à Natchez. On les prend au moyen d'un morceau de viande dans un sac de toile, qu'on attache au bord de l'eau, de manière à le laisser flotter à la surface, ou bien au moyen de résidus d'indigo qu'on jette dans l'eau. On trouve des *moules* près de l'embouchure du Mississipi, le long de la côte, dans les lacs et dans la rivière des Perles.

Insectes. La *mouche à feu* (*lampyris*) se trouve en grande quantité, de même que les *mousquites*, qui sont très-incommodes les matins et les soirs près des lacs et des marais. Le *poux de bois*, *chigo* ou *bête rouge* (*acarus sanguisugus*), quoiqu'il soit presque imperceptible par sa petitesse, est également très-incommode, surtout pour les noirs qui vont pieds nus. L'insecte ailé, nommé *cerf-*

volant, vient souvent sur la fin du jour se heur-
ter contre le visage. Le *ravet* (*Blatta*, Linn.),
nommé par les Espagnols *cuirachas*, dévore
le papier et les étoffes. Le *machacat*, *ver*
palmiste, est, dans ce pays, long d'un pouce,
blanchâtre, transparent, et a la tête brunâtre (1). Il y a une sorte d'*araignée* venimeuse, très-grosse, de couleur gris clair, avec
de petits points blancs sur les pattes. On y rencontre aussi une araignée d'eau, qui est également venimeuse, et qu'on voit sur le sable
des lacs. Les seuls insectes utiles sont les *vers*
à soie et *l'abeille*. Parmi ceux qui sont nuisibles à l'agriculture, sont les *vers à tabac* et les
cigales. Quelques-unes de ces dernières sont
longues de deux ou trois pouces, et ont de
grandes ailes rouges.

POPULATION.

En 1712, lorsque la colonie fut accordée à
Crozat, la population consistait en quatre cents
blancs et vingt esclaves noirs. Un grand nombre de ces derniers fut ensuite importé des
côtes de Guinée, et distribué entre les habi-

(1) Cet insecte servit de nourriture à M. de Belle-
Isle, dans la baie de Saint-Bernard.

tàns par la compagnie, au prix de 1,000 livres chacun, payables en trois ans sur les produits du pays. En 1810, la population, d'après le recensement, montait à quatre-vingt-six mille cinq cent cinquante-six habitans, dont vingt-quatre mille cinq cent cinquante-deux étaient compris dans la paroisse de la Nouvelle-Orléans.

Tableau de la population des paroisses, en 1810.

PAROISSES.	MILLES CARRÉS.	POPULATION.
Plaquemine	1,500	1,549
Orléans	1,300	24,552
Saint-Tammany. . . .	2,000	
Sainte-Hélène.	1,300	10,000
East-Bâton-Rouge. . . .	500	
New-Féliciana.	1,050	
Saint-Bernard.	400	1,020
Saint-Charles.	300	3,291
Saint-Jean-Baptiste. . .	150	2,990
Saint-James.	170	3,955
Ascension.	350	2,219
Assomption.	500	2,472
Intérieur de la Fourche.	2,500	1,995
Iberville.	350	2,679
West-Bâton-Rouge . . .	850	1,463
Pointe-Coupée	600	4,539
Sainte-Marie	5,100	7,369
Saint-Martin.		
Saint-Landri.	7,600	5,048
Avoyelles	700	1,109
Concordia.	2,100	2,875
Rapides	2,300	2,300
Ocatahoola.	2,000	1,164
Ouachitta.	4,000	1,077
Natchitoches	10,600	2,870
TOTAUX	48,220	86,556

16 *

L'estimation suivante de la population a été
faite en 1814, l'état étant divisé en trois
grandes sections.

1°. Le nord-ouest, renfermant la ri-
vière Rouge et la contrée d'Ouachitta,   habitans.
21,649 milles carrés 12,700

2°. Le sud-est, renfermant les Opelousas, et les Attakapas, 12,000 carrés. . 13,860

3°. Le sud-est, renfermant la Nouvelle-Orléans et la Floride occidentale,
12,120 milles carrés 75,200

TOTAL 101,700 (1)

_____

(1) Gazetier de l'ouest, p. 147.

Division de la population de la ville de la Nouvelle-Orléans et de ses faubourgs, par sexes, par âges et par conditions.

DIVISION PAR SEXES, PAR AGES ET PAR CONDITIONS.	NOMBRE EN 1810.
Mâles blancs libres au-dessous de dix ans.	697
Femelles, *idem.*	726
Mâles de dix à seize ans.	347
Femelles, *idem.*	416
Mâles de seize à vingt-six ans	477
Femelles, *idem.*	517
Mâles de vingt-six à quarante-cinq ans	1,315
Femelles, *idem.*	709
Mâles de quarante-cinq et au-delà.	750
Femelles, *idem.*	377
Toutes autres personnes libres que des Indiens non taxés.	4,950
Esclaves.	5,961
TOTAL.	17,242

Indiens. Lorsque les Français prirent possession de ce pays, il était habité par les nations

indiennes des Chitimachas, ou Chekmachas(1),
des Houmas, des Colapissas, des Tonicas, des
Avoyelles, des Natchitoches, des Attakapas,
des Opelousas, etc. Les premiers, auxquels
les Français firent la guerre pour venger la
mort d'un de leurs missionnaires, habitaient
entre le Mississipi et les lacs. Les *Houmas* résidaient dans l'île de la Nouvelle-Orléans. Les
Colapissas étaient établis au-dessus et au-dessous de cette île, et avaient environ vingt cabanes. Au-dessus de Pointe-Coupée se trouvait
le village des *Tonicas*, qui se joignirent aux
Français dans leurs guerres (2). Les *Attakapas*,
qui demeuraient près de la côte, étaient dé-
peints comme des anthropophages. Les *Avoyelles*, qui vivaient sur les bords de la rivière
Rouge, fournirent aux Français du bétail et
des chevaux.

Les Indiens, qui vivent actuellement dans
les limites de l'état, résident principalement

(1) Ce mot signifie la nation qui peut voir et entendre.
Voyage de Bossu.

(2) Leur chef fut élevé au rang de général des hommes
rouges, et en signe d'amitié, le roi de France lui envoya
une canne à pomme d'or, et le décora du cordon bleu,
avec une médaille d'argent au bout, représentant d'un
côté l'alliance, et de l'autre une vue de la ville de Paris.

près de la rivière Rouge. Les *Houmas*, réunis avec les *Attakapas*, sont à peu près au nombre de deux cents. Les derniers sont plus nombreux sur le Vermillon. Ils n'ont point d'habitation fixe, et on les voit souvent près des villes et des villages, cherchant à se procurer des liqueurs spiritueuses, pour lesquelles ils ont beaucoup de goût. Les *Opelousas*, au nombre de cent cinquante, résident près de l'église de ce nom. Les *Tonicas*, réduits à cent quarante, résident principalement à Avoyelles. Les *Choctaws* vivent surtout près des affluens du bayou Bœuf, d'où l'on dit qu'ils sont originaires. Ils sont dispersés jusqu'à Natchitoches sur l'Ouachitta et la rivière Rouge. Leur nombre est réduit à quatre ou cinq cents familles. Les *Biloxis* sont presque éteints. Leurs guerriers n'excèdent pas le nombre de 40. Les *Alibamas*, formant environ soixante-dix familles, résident à Opelousas et près de la ville de Caddo. Les *Tensaws* sont en petit nombre et vivent sur le bayou Bœuf. Quelques individus, reste des *Vachas*, sont domestiques dans les familles françaises. Les *Conchates*, qui sont environ trois cent cinquante, habitent près des bords de la Sabine. Les *Chitimachas* vivent près de la partie inférieure du bayou Teche, dans deux villages d'environ cent personnes. Les *Natchitoches*,

réduits à trente individus, résident à environ
vingt-cinq milles au-dessus de la ville de même
nom, sur le lac de Misère.

De l'état des principales plantations en 1815.

Dans la Nouvelle-Féliciana, les plantations
sont sur les bords du Mississipi, ou près de ce
fleuve, près du Thompson, du bayou Sara,
de l'Amité et de la Tickfah, où il y a de
belles plantations de coton. Un petit nombre
de familles vivent près du Tandgipao et du
Quéfoncté. Sur le côté droit de cette dernière,
deux milles au-dessus de son entrée dans le
lac Ponchartrain et vingt-six milles au sud-est
de la Nouvelle-Orléans, est situé Madisonville. Les plantations, le long de la rivière des
Perles et de ses eaux tributaires, ont été in-
quiétées pendant les dernières guerres, par les
Indiens des environs. De nombreuses bandes
de bétail errent sur les bords du bayou Chitto,
qui traverse de belles prairies. Près de la jonction de l'Amité et de l'Iberville, est situé
Galveston, village consistant en quarante ou
cinquante maisons. Les premières plantations,
sur le Mississipi, commencent à quinze milles
au-dessous de la Nouvelle-Orléans : de là jusqu'à la mer, tout le pays est sujet à être inon-

dé, à l'exception de divers points où quelques cultivateurs de riz ont élevé des cabanes. Les plantations au-dessus de la Nouvelle-Orléans s'étendent jusqu'à Pointe-Coupée et à la fausse rivière, dans une étendue de cent soixante-douze milles le long du Mississipi, et à une distance considérable de ses bords dans la direction de l'est. Celles du bayou Lafourche en sont à environ cinquante milles. Sur les deux rives, depuis son embouchure jusqu'à la Nouvelle-Orléans, les bords du Mississipi sont propres à la culture dans la largeur d'environ un mille. Quinze milles au-dessous de la ville se trouve la plantation de Saint-Bernard ou de Terre-aux-Bœufs. Dans la contrée des Opelousas, les meilleures plantations sont à cinquante-milles au sud-ouest de l'embouchure de l'Atchafayala. L'établissement de la Concorde, à l'opposé de Nátchez, entre le Mississipi et le Tensaw, contient environ quatre cents familles. Les plantations sur la rivière Rouge commencent près de son embouchure, et s'étendent à la distance de plusieurs centaines de milles.

Les établissemens sur la rivière Rouge s'étendent à quelques milles de son confluent. Les principaux sont ceux des Avoyelles, des rapides d'Alexandrie et des Cannes.

Sur le bayou Pierre, il y a une population

considérable. Cette colonie a été fondée par les
Français en 1730. A Natchitoches il y a environ
cent maisons, établies le long du côté droit de
la rivière. Les premières furent construites
par des familles françaises en 1714. Trente
milles plus haut, à l'endroit nommé *Comti*,
et près des postes espagnols du Mexique,
qu'on dit être dans les limites de cet état, il y
a quelques familles établies. Les plantations
sur l'Ouachitta, commencées par les Français
en 1727, s'étendent à trente milles au-dessus
du fort Miro, à 32° 30′ de latitude. Il y a de
belles plantations sur le bayou Siard; et sur
les affluens orientaux de la Sabine se sont établies plusieurs familles, dont quelques-unes
viennent de San-Antonio et de Nacogdoches.

Maladies. Dans les parties basses de la Louisiane, les fièvres bilieuses règnent souvent,
particulièrement en automne; alors elles prennent les symptômes et le caractère de la fièvre
jaune. Les autres maladies communes sont les
maux de gorge, le tétanos et la dyssenterie.
La consomption, les rhumatismes et les maladies cutanées sont rares : une maladie d'un caractère nouveau, une pneumonie maligne,
s'est déclarée à la Nouvelle-Orléans et au fort
Saint-Philippe, en avril et mai 1814. Le pays
arrosé par la rivière Rouge est aussi salubre

qu'aucune partie de l'état, quoique les six
dixièmes des terres près des nouvelles plantations soient couverts d'eau, et qu'aucune brise
de mer ne vienne tempérer la chaleur de l'atmosphère pendant l'été. A l'ouest de la rivière
Rouge, le pays est élevé, bien arrosé et salubre (1). A la Nouvelle-Orléans, la plus mauvaise
saison pour la santé est au mois d'août, lorsque
l'eau qui séjourne sur les terres adjacentes,
évaporée par la grande chaleur, laisse chaque
jour s'élever de son sein des nuages de vapeurs
pestilentielles. Cela n'arrive pas pendant la
saison des pluies, qui a ordinairement un effet
contraire dans d'autres parties de ce pays (2).

Il est certain que le climat est malsain pendant l'automne dans les contrées basses; mais
beaucoup de maladies proviennent de causes
locales ou personnelles (3).

___

(1) *Stoddard*, *Sketches of Louisiana.*
(2) *Heustis' physical observations on Louisiana*, p.
39, *New-York*, 1817.
(3) Dans la Nouvelle-Orléans, le nombre des naissances
et celui des décès, depuis mars 1807 jusqu'à mars 1808,
était ainsi qu'il suit : naissances, quatre cent cinquante-
six; décès, sept cent soixante-neuf. Des premiers, cent
trente-sept enfans étaient blancs, et trois cent dix-neuf
de couleur. Des derniers, trois cent dix-huit blancs ar-

Pendant plusieurs années antérieures à 1817,
la fièvre jaune ne s'était pas manifestée à la
Nouvelle-Orléans, quoique l'accroissement de
la population eût augmenté les causes de son
développement et facilité sa propagation. Une
fièvre éminemment bilieuse parut pendant le
mois d'août 1817. Du 17 au 25 de ce mois, qua-
rante-une personnes furent inhumées dans les
cimetières protestans; et du premier au vingt-
cinq, il y en eut, dans les cimetières catholiques, cent vingt-sept, y compris les morts de
l'hôpital de charité (1). Les décès dans la ville

---

rivés à l'âge mûr, cinquante-six enfans; deux cent quatre-
vingt-six gens de couleur et cent neuf enfans (*).

D'après le rapport du major Stoddard, plusieurs
créoles de la Nouvelle-Orléans, au temps de la cession
de ce pays aux États-Unis, étaient âgés de soixante-dix
à quatre-vingts ans, et trois d'entre eux avaient près de
cent ans.

M. Bartram parle d'un Français, propriétaire d'une
habitation dans une île près de l'embouchure de la rivière des Perles, qui avait quatre-vingts ans, dont la
mère en avait cent cinq, et qui étaient tous deux actifs
et gais.

(1) Le nombre moyen des personnes inhumées chaque
année dans le dernier de ces cimetières, depuis 1813
jusqu'en 1816 inclusivement, fut de quatre-vingt-quatorze.

(*) Annuaire de la Louisiane, par B. Lafon.

et ses arrondissemens, depuis le 25 août jusqu'au 3 septembre suivant, montèrent à cent, dont quatre-vingt-quatre blancs et seize individus de couleur. Les troupes américaines cantonnées à Chickasaw-Bluff, au fort Adams et dans d'autres endroits sur les bords du Mississipi inférieur, souffrirent beaucoup, tandis que celles qui étaient à Natchitoches et dans les Opelousas, jouissaient d'une bonne santé. La maladie connue sous le nom de coup de soleil, frappe seulement ceux qui restent pendant quelque temps à la même place exposés aux rayons de cet astre. Le docteur Heustis, dans sa notice sur le scorbut pestilentiel qui régna dans l'armée au camp de Terre-aux-Bœufs pendant les mois de juin, juillet et août 1809, observe que tels étaient le commencement et les progrès de cette terrible maladie (1), « que de deux mille hommes qui étaient campés à Terre-aux-Bœufs (2), mille furent les victimes de ses ravages. Le lieu de leur premier campement ne fut cependant pas le seul théâtre de leur

---

(1) Voir le deuxième chapitre de ses observations médicales.

(2) Cet endroit est à environ quinze mille au-dessous de la Nouvelle-Orléans, et à un quart de mille du bord occidental du Mississipi.

destruction, quoique la mortalité y eût pris naissance ; cent cinquante moururent à Terre-aux-
Bœufs, deux cent cinquante dans leur passage
à Washington sur le Mississipi, et six cents après
leur arrivée dans cette ville. Ils furent transportés sur la rivière dans des bateaux découverts, et mirent quarante jours à remonter.
Pendant cet intervalle, ils furent enveloppés
d'une atmosphère de miasmes engendrés par la
putréfaction de leurs propres corps. » Les causes
que les médecins assignèrent à cette affligeante
maladie, furent l'usage de provisions malsaines,
le manque de légumes, et l'emploi immodéré
du mercure comme moyen curatif. D'autres
circonstances accrurent encore la mortalité :
le détachement consistait en nouvelles levées ;
la saison était plus insalubre que d'ordinaire ;
le pays était marécageux ; il n'y avait point
d'hôpital, et point de préservatif contre les
morsures des mousquites, et les troupes, excé-
dées de fatigue par les travaux nécessaires pour
dessécher leur camp, ne pouvaient trouver le
repos même pendant la nuit (1).

Caractère politique. Les Louisianais, guidés

---

(1) Rapport du comité de la chambre des représentans, désigné pour examiner les causes de cette cala-
mité.

par le brave général Jackson, se sont couverts de gloire dans la brillante défense de la Nouvelle-Orléans, en 1814, par l'ardeur qu'ils ont montré à repousser l'ennemi. Les dames du premier rang préparaient de leurs mains la nourriture et les vêtemens des soldats de la milice ; les religieuses Ursulines reçurent les malades dans leur couvent ; les mères excitaient leurs enfans au combat, et regrettaient de n'en avoir pas d'autres à offrir à la patrie (1). Les pirates même de Barataria, partageant l'enthousiasme des habitans, servirent l'artillerie, et furent amnistiés par le congrès pour leur belle conduite ; et les esclaves, si formidables par leur nombre, ne montrèrent point le moindre signe de révolte.

Ces traits de patriotisme sont d'autant plus

_____

(1) Madame Bienvenu, veuve âgée et riche propriétaire du pays des Attakapas, envoya ses quatre fils pour prendre part à la défense de la Nouvelle-Orléans ; et l'un d'eux était porteur d'une lettre au gouverneur, dans laquelle elle témoignait ses regrets de n'avoir que ceux-là à lui offrir. Elle ajoutait que, si elle pouvait lui être de la moindre utilité en prenant soin des malades et des blessés, elle se rendrait immédiatement au quartier général (*).

(*) Historical memoir of the war in West Florida and Louisiane, by major Lacarrière Latour, p. 229.

remarquables, qu'il n'y a peut-être pas de ville
au monde dont la population soit composée
d'individus plus étrangers les uns aux autres
par les lieux éloignés qui les ont vus naître, par
leurs occupations journalières, par leur caractère moral, et ils prouvent du moins que l'a-
mour de la patrie n'agit pas plus fortement sur
les personnes nées dans le pays que sur ses citoyens adoptifs.

HISTOIRE ET ADMINISTRATION.

Vers l'an 1660, quelques commerçans du
Canada furent informés par les Indiens, avec
lesquels ils trafiquaient, qu'une grande rivière
à l'ouest de ce pays allait se jeter dans le golfe
du Mexique. En 1663, M. de Frontenac, gouverneur du Canada, envoya Joliet, marchand
de Québec, et le père Marquette, jésuite missionnaire, avec un petit détachement pour
examiner cette contrée. Remontant l'Outaga-
mis, ou rivière du Renard, jusque vers sa
source, ils traversèrent de là à l'Ouisconsing,
qu'ils descendirent jusqu'à sa jonction avec le
Mississipi, et trouvèrent juste le rapport des
géographes indiens. Ces voyageurs retournèrent
au Canada par la rivière des Illinois. En 1680,
le comte Robert De La Sale, dans l'espoir de

trouver une route facile jusqu'à l'Océan méridional, par le canal de ce grand fleuve, y arriva par la rivière des Illinois, et descendit avec
quelques personnes jusqu'au golfe du Mexique,
tandis que le père Hennepin, franciscain, Da-
can et d'autres, remontèrent à trois cents lieues
jusqu'aux chutes de Saint-Antoine. Après avoir
construit, sur la rivière des Illinois, deux forts
nommés *Prud'homme* et *Crève-Cœur* (1), et
avoir tracé une communication naturelle et facile entre le Canada et la Louisiane, par le
canal de cette rivière et de l'Ohio, le comte
Robert prit possession du pays au nom de son
roi, et, retournant à Mont-Réal, il alla en France
pour solliciter les moyens d'entrer dans le
Mississipi par la mer. Encouragé dans son entreprise, il mit à la voile pour le golfe du
Mexique; mais par suite du peu d'élévation de
la côte et de la force du courant, il fut porté à
une certaine distance à l'ouest de cette rivière,
et débarqua à l'embouchure de la Guadeloupe,
dans la baie de Saint-Bernard, en 1684. Ayant
planté l'étendard de France sur le bord de la
rivière de Colorado, ou rivière aux Cannes, à
sa jonction avec la petite rivière qui porte le
même nom, il traversa la rivière Maline, la

---

(1) Nommé ensuite Saint-Louis.

source du Douro et l'affluent de la Trinité, près
duquel il devint la victime de la perfidie de
quelques-uns des siens (1). Avec le secours des
Cénésiens et des Nasoniens, nations indiennes,
onze personnes de l'expédition, traversant la
rivière Rouge et la branche nommée Ouachitta
jusqu'à la jonction de l'Arkansas avec le Mississipi, parvinrent à retourner au Canada. Dans ce
nombre se trouvaient Cavelier, frère de De La
Sale, le père Anastase et Joutel. Le dernier a
laissé un journal de l'expédition, dans lequel
il rapporte que lui et ses compagnons éprouvè-
rent une grande consolation en apercevant une
croix élevée dans l'endroit où le poste d'Arkansas
fut ensuite établi. En 1696, les Espagnols, alar-
més des découvertes que les Français avaient
faites dans la Louisiane, fondèrent Pensacola,
à l'est du Perdido, dans le dessein, comme on
le disait, de protéger les mines du pays des Indiens Assenis, que le vice-roi du Mexique se
proposait d'ouvrir. Lemoine d'Iberville, officier de marine de grande réputation, fut le
premier qui entra dans le Mississipi par la mer,
en 1699 (2). Après avoir fondé la première co-

_____

(1) Voyez la relation de Joutel, et les cartes de Delisle
et autres géographes, sur lesquelles sa route est tracée.

(2) Jeffery, dans son histoire de la découverte et des

lonie sous le nom de Biloxi, sur la baie du
même nom, il remonta le Mississipi jusqu'à
Natchez, lieu qu'il choisit pour la métropole,
et qu'il nomma Rosalie, en l'honneur de l'é-
pouse du chancelier Ponchartrain. Pour peupler
ce pays, on y transporta de France un certain
nombre de jeunes femmes, et des soldats bien
portans, qui furent mariés avec elles, et dis-
pensés du service militaire ; on leur donna
quelques acres de terre, une vache, un veau,
un coq et des poules, une petite quantité de
grain pour semer, un fusil, une demi-livre de
poudre et deux livres de plomb qui leur furent
délivrés chaque mois, et des provisions pour
l'espace de trois ans (1).

Sept missionnaires du séminaire de Québec
furent employés à la conversion des Indiens
du Mississipi. Le plus distingué d'entre eux était
Montigny, grand-vicaire de De La Sale, le premier évêque de la Nouvelle-France qui visita le

---

établissemens de ce pays dit, qu'en 1564, le Mississipi
fut découvert par le colonel Wood, qui demeura dix ans
pour déterminer son cours ; qu'il le fut aussi en 1670,
par le capitaine Bolt, et en 1698, par le docteur Coxe
de New-Jersey, qui remonta à cent lieues, et prit possession du pays sous le nom de *Carolana*.

(1) Bossu, nouveaux voyages aux Indes occidentales,
1 vol., p. 23, Paris, 1768.

fort De La Sale, pendant la guerre des Natchez avec les Indiens du nord. La situation de l'ancien Biloxi fut trouvée défavorable au progrès de la colonie, qui, en 1702, fut reculée jusqu'à l'île Dauphine, située près de l'embouchure de la baie de Mobile. Plusieurs circonstances malheureuses, particulièrement la stérilité du sol, s'opposèrent encore à son accroissement, et en 1705, le nombre des colons n'excédait pas cent cinquante. Le port, à cause duquel on avait choisi cette place, fut tellement rempli de sable à la suite d'une tempête, qu'il n'y resta que neuf pieds d'eau. En 1700, Bienville, frère d'Iberville, troisième gouverneur de la Louisiane, remonta jusqu'au bayou Pierre, affluent de la rivière Rouge, dans la contrée des Indiens Yatasée, ou Yatachez, et deux ans après, Lesueur, un de ses parens, natif du Canada, remonta depuis l'embouchure de la Mobile jusque près des sources, en suivant le côté occidental de cette rivière, et en passant par les villages des Chattas ou Têtes-Plates, jusqu'à ceux des Chickasaws. Il pénétra ensuite, en cherchant une mine de cuivre, dans la contrée de Sioux, par le canal du Mississipi, à sept cents lieues au-dessus de son embouchure. En 1708, de nouveaux colons furent envoyés de France sous la direction du commissaire d'Artaguette, et deux

ans après, l'île Dauphine fut saccagée par les
Anglais. En 1712, Antoine Crozat, qui, par
son commerce dans les Indes, avait amassé une
fortune de quarante millions, acheta la concession de cette contrée, avec le droit exclusif de
faire le commerce pendant seize ans. Dans ses
lettres-patentes furent comprises toutes les rivières qui se jettent dans le Mississipi, et toutes
les terres, côtes et îles situées sur le golfe du
Mexique, entre la Caroline à l'est, et l'ancien
et le nouveau Mexique à l'ouest. Toute la colonie à cette époque, en raison de la stérilité
et de l'insalubrité de sa situation, ne consistait
qu'en quatre cents blancs, vingt nègres esclaves,
et trois cents têtes de bétail. En 1713, divers
établissemens furent faits sur la Wabash, dans
le territoire des Illinois, et on construisit, pour
protéger les colons français du côté de l'est, le
fort Toulouse, sur le bord de l'Alabama, et avec
l'aide des Indiens du même nom qui y habitaient. Vers cette époque, toutes les nations
indiennes, excepté les Chickasaws, firent alliance avec les Français, et se mirent sous leur
protection. En 1713, Saint-Denis, dans la vue
de commercer avec les provinces du Mexique,
remonta la rivière Rouge avec trente hommes,
éleva le fort de Natchitoches, puis traversa la
nation Cenis jusqu'à l'établissement espagnol,

sur le del Norte, et revint en 1716, année dans
laquelle le gouvernement espagnol établit la mission de Texas. En 1717, Crozat, déçu dans ses
espérances au sujet de cette contrée, renonça à
la concession qui lui avait été faite, et en obtint une autre pour l'espace de vingt-cinq ans,
en faveur de la compagnie commerciale du Mississipi, dont le célèbre Law était le créateur.
Dans le dessein d'encourager des aventuriers,
on représenta le pays comme riche en mines
d'or et d'argent, et produisant tout en abondance; aussi l'agriculture, véritable source des
richesses, qui aurait pu leur procurer le moyen
de satisfaire à leurs besoins et à leurs plaisirs,
fut entièrement négligée.

Le nouveau gouvernement consistait en un
gouverneur, un intendant, un conseil royal,
qui avaient chacun des fonctions distinctes. Le
gouverneur avait la direction des affaires militaires, des traités, et du commerce avec les naturels. L'intendant, ou commissaire ordonna-
teur, était chargé des affaires de police, de
justice, de finance, et était aussi président et
premier juge du conseil supérieur. Aucune dépense n'était valide sans sa signature. Les titres
de concessions étaient signés par lui, conjointement avec le gouverneur. Le conseil royal,
créé par un édit du 8 septembre 1719, con-

sistait en un premier juge, l'intendant, le procureur du roi, six des principaux habitans, et le greffier de la province. Ce conseil jugeait tous les cas civils et criminels. Toute personne avait le droit de plaider sa propre cause, verbalement ou par écrit. Tous les différens en matière de commerce, étaient décidés d'une manière sommaire par l'intendant, qui était commissaire de la marine et juge de l'amirauté. Il n'y avait point d'appel de sa décision ou de celle du conseil au parlement de Paris. Au moyen de cette forme d'administration, le pouvoir du gouverneur était contre-balancé par celui de l'intendant, et chacun de ces pouvoirs avait un contre-poids dans le conseil royal. Après le troisième renouvellement de la colonie du nouveau Biloxi, les propriétaires prirent la résolution de se disperser et d'établir des postes militaires dans le pays (1).

---

(1) La concession qui avait été faite à M. de Chaumont, était à Pascagoulas, à huit lieues du vieux Biloxi; celle de Pâris de Vernay, à Bayagoulas, à cinquante-neuf lieues de l'embouchure du Mississipi; celle de Meuse, à Pointe-Coupée, à quatre-vingt lieues du même point; celle d'Artaguette, à Bâton-Rouge, à quatre-vingt-quinze lieues; celles de Coly et de Cleras, à Natchez, à cent trente lieues; celle de Leblanc aux Yazoos, à cent

En 1718, la Nouvelle-Orléans, qui consistait en quelques cabanes construites par des
marchands du pays des Illinois, fut établie sous
la direction du gouverneur général M. de Bienville, et selon le plan de l'ingénieur Delatour,
pendant la régence du duc d'Orléans dont le
nom fut donné à cette ville. En 1719, un poste
militaire fut construit dans la baie de Saint-
Bernard, au 27° 45' de latitude, à trois cent
quatre-vingt-dix milles à l'ouest du Mississipi,
mais il fut ensuite détruit par les Indiens. Dans
la même année, Bernard de La Harpe, avec un
corps de troupes remonta la Rivière-Rouge jusqu'aux villages Cadoques, au 32° 55' de latitude, à 400 milles au-dessus de Natchitoches,
et construisit le fort Saint-Louis de Carlouette.
Un autre fort fut aussi élevé dans le pays des
Padoucas, par Diron; et un autre, par Dumont,
sur le Missouri; ce qui intimida tellement les
Indiens, qu'ils recherchèrent la protection des
Français; mais ensuite ils surprirent et détruisirent la garnison. La compagnie des Indes, à
qui la Louisiane appartenait alors, envoya
plusieurs personnes à Natchez en 1720, pour y
cultiver le tabac, y construire un fort et un ma-

---

quarante lieues; et celle de Law, à Arkansas, à deux
cent trente-huit lieues.

gasin. Chaque individu qui alla s'y établir pour exercer sa profession, fut mis en possession de cent vingt acres de terre. Une compagnie de mineurs fut aussi envoyée pour exploiter les mines d'argent et de plomb, près du fort Saint-Louis, ou Illinois. Un espace de terre de quatre lieues carrées, dans les dépendances d'un Indien Arkansas, fut érigé en duché, et prit ensuite le nom de comté Indien. Les Allemands qui s'y étaient établis, reculèrent dix lieues au-dessus de la Nouvelle-Orléans, où ils formèrent deux villages sous le commandement du capitaine suédois d'Arensbourg, qui avait combattu en 1709, avec Charles XII, à la bataille de Pultawa. Le commandant du fort de Missouri, détermina onze Indiens de son voisinage à aller visiter Paris, où, après avoir été présentés à la cour par l'abbé Piquet, ils fournirent pendant quelque temps un amusement aux Parisiens, en dansant à l'opéra italien, et en chassant le cerf avec l'arc et les flèches dans le bois de Boulogne. Les Espagnols formèrent, en 1720, un établissement à l'Adaize, situé à quinze milles à l'ouest de Natchitoches, d'où ils furent chassés par les Français. On amena de France des criminels et des femmes de mauvaise vie; mais la compagnie de l'ouest ayant représenté que cela était contraire moralement et physiquement à la prospérité de la colonie, le gouvernement, prenant en considération ses remontrances, cette importation fut interdite par un ordre de la cour. En 1721, de La Harpe fut envoyé en qualité de capitaine commandant, avec un détachement de vingt-deux hommes, à la découverte d'une roche d'émeraude, qu'on supposait exister dans la rivière d'Arkansas ; mais il ne put la trouver, quoiqu'il eut remonté à plus de deux cent cinquante lieues. En 1722, de Paugé, second ingénieur de la colonie, établit une balise, à l'embouchure du Mississipi, pour guider les vaisseaux qui remontaient cette rivière. La même année, deux commissaires du roi et d'autres officiers du conseil arrivèrent à la Nouvelle-Orléans, capitale de la Louisiane; et l'année suivante, 1723, quelques frères capucins y vinrent en qualité de missionnaires; ceux-ci furent suivis par des jésuites et des religieuses ursulines. Ces dernières furent chargées de l'éducation des filles orphelines, et de la surveillance de l'hôpital militaire, et recevaient, pour ces services, une pension annuelle de cinquante écus. En 1724, il parut un édit royal pour l'expulsion des Juifs, comme ennemis déclarés du nom chrétien, et il leur fut ordonné de disparaître dans l'espace de trois mois, sous peine de prison et de confiscation

de biens. En 1729, les Indiens de Natchez, in-
fluencés par les Chickasaws, qui étaient alors
amis et alliés de la Grande-Bretagne, manifes-
tèrent des dispositions hostiles; et La Pomme,
chef indien du village voisin, reçut l'ordre de se
retirer de sa résidence, et, sans l'attachement
de plusieurs femmes indiennes pour quelques-uns
des officiers français, toute la garnison aurait
été détruite; ce qui aurait causé la ruine totale
de la colonie. Les Indiens furent bientôt après
réduits à l'obéissance par un corps de troupes
régulières, sous le commandement du lieutenant général de Perrier de Salvert, qui succéda
à d'Iberville en qualité de commandant général. Par suite de ces hostilités de la part des
Indiens, et des changemens fréquens de situation, qui firent perdre aux colons leur temps
et le fruit de leurs travaux, la compagnie, dé-
çue dans son espoir de gain, abandonna ce pays,
qui, en 1731, rentra dans les domaines du roi,
et Bienville y fut envoyé comme commandant
de la province. En 1739, un détachement de
troupes du Canada, transporté par l'Ohio, obli-
gea les Chickasaws à demander la paix. En 1742,
Jean Howard, Sallé et d'autres personnes furent
envoyées par le gouvernement de Virginie,
pour examiner les parties occidentales de cette
province; et ils s'avancèrent jusqu'à la Nou-

velle-Orléans par l'Ohio et le Mississipi. Dans
le rapport qu'ils présentèrent à la chambre de
commerce, ils certifièrent qu'ils avaient vu plus
de bonne terre sur les bords du Mississipi et de
plusieurs de ses grands affluens, qu'il n'y en
avait dans toutes les colonies anglaises, aussi
loin qu'elles fussent habitées. En 1745, les
Français construisirent un fort sur la rivière
Rouge, à trente-six lieues de son embouchure.
En 1752, leurs forces, dans la Louisiane, consistaient en trente-sept compagnies de cinquante hommes chacune, et en deux compagnies suisses de soixante-quinze hommes (1).

En 1759, les affaires de finance de la colonie
se trouvèrent dans un grand désordre, par suite
de la cessation de paiement des traites affectées
aux dépenses publiques, pour lesquelles on n'a-
vait reçu aucune ordonnance. Ces traites mon-

---

(1) Ces forces étaient distribuées ainsi qu'il suit : garnison de la Nouvelle Orléans, neuf cents cinquante-
sept hommes; de la Mobile, quatre cent soixante-quinze;
des Illinois, trois cents; d'Arkansas, cinquante; de
Natchez, cinquante; de Natchitoches, cinquante; de la
Pointe-Coupée, cinquante; de la plantation des Allemands, cinquante. En tout, deux mille (*).

(*) Lettre de Vaudreuil, gouverneur du Canada, à la cour
de France.

tant à sept millions de livres, avaient été tirées
par le gouverneur Kerlerec. La même année,
le plan de la côte, près de l'île de Barataria,
fut levé par Marigny de Mandeville. En 1762,
le cabinet de Versailles, craignant que la perte
de ses possessions dans le nord du Canada,
n'entraînât celle de la Louisiane, la colonie
fut, par un traité secret, cédée à l'Espagne
comme une indemnité pour les dépenses qu'elle
avait supportées pendant la guerre, et en même
temps, les Florides furent données à l'Angleterre.
Par la paix de Paris, signée le 10 février de l'année suivante, les limites entre les possessions
de France et celles d'Angleterre furent irrévoca-
blement fixées par une ligne suivant le milieu
du Mississipi, depuis sa source jusqu'à l'Iberville; et de là, à travers les lacs Maurepas et
Ponchartrain, jusqu'à la mer. Tout ce qui est
sur la rive gauche, y compris la rivière et le
port de la Mobile, excepté l'île et la ville de
la Nouvelle-Orléans, fut donné à l'Angleterre,
ainsi que la contrée à l'est et au sud du Mississipi, dont la navigation devait rester commune
aux deux nations (art. 7). La cession de ce
pays fut rendue publique par une lettre du 21
avril 1764, adressée par Louis XV à d'Abadie,
qui fut envoyé pour effectuer la cession; mais,
étant mort avant que sa mission fût achevée,

En 1780, le fort anglais de la Mobile se rendit au gouverneur espagnol, ce qui conduisit à la reddition de Pensacola, et fit tomber la Floride occidentale sous le pouvoir de l'Espagne. L'année suivante, don Estevan Miro devint gouverneur propriétaire de la province, réunissant en cette qualité les pouvoirs civils et militaires. En 1795, il y eut un traité entre les États-Unis et l'Espagne, en vertu duquel une nouvelle ligne de frontière fut déterminée, et la libre navigation du Missisipi assurée. Le baron Carondelet, qui s'était conduit comme un bon officier pendant cinq ans, fut remplacé en 1797, par don Manuel Gayosso, qui avait occupé quelque emploi militaire dans la colonie. En 1798, tous les ports espagnols, au-dessus de 31° de latitude, furent évacués; et l'année suivante, la ligne de démarcation entre les possessions espagnoles et les États-Unis, fut déterminée par des commissaires (1) de chaque côté des parties contractantes, excepté sur les bords de la Floride orientale, où il était impossible d'opérer, à cause des hostilités commises par les Indiens. Malgré ces traités, les armateurs espagnols et les équipages des vaisseaux de guerre se ren-

(1) Andrew Ellicot, pour les États-Unis, et William Dunbar, puis ensuite le major Minor, pour l'Espagne.

dirent coupables de spoliations envers le commerce des États-Unis; la liberté de naviguer sur le Mississipi, et de débarquer à la Nouvelle-Orléans fut refusée aux Américains; ce qui détermina le président, M. Adams, à préparer des forces sur Ohio, pour s'emparer ensuite de cette ville. Douze régimens furent levés pour cette entreprise; mais, par suite de changemens dans les circonstances politiques, ils furent licenciés pendant l'été de 1800. L'année suivante, M. Jefferson, qui fut appelé à la présidence, demanda à l'Espagne l'exécution du traité; mais cette puissance n'y voulant pas consentir, et craignant une rupture, vendit la colonie à la république française, le 21 mars 1801. L'expédition française, préparée dans les ports de la Hollande pour aller prendre possession du pays, y fut retenue par une escadre anglaise, et le directoire la vendit le 3 avril 1803, aux États-Unis, pour la somme de 15,000,000 dollars. 3,750,000 dollars furent employés à payer les négocians américains dont les réclamations étaient bien fondées, et les 11,250,000 restans, furent soldés au moyen d'un emprunt à six pour cent. Les termes de ce traité, qui donnaient à la colonie la même étendue que lorsqu'elle était au pouvoir de la France ou de l'Espagne, et telle qu'elle pourrait devenir par les traités subséquens, occasionèrent une contestation qui n'est pas encore terminée (1).

L'état de révolution où se trouvaient les possessions espagnoles adjacentes donna lieu, en 1816, à un nouveau sujet de discussions. Le 22 février, le ministre plénipotentiaire d'Espagne, chevalier don Onis, dans une communication adressée au secrétaire d'état des États-Unis, se plaiguit de ce qu'on avait levé des troupes dans la Louisiane, dans le dessein de contribuer à l'insurrection du royaume de la Nouvelle-Espagne. Le secrétaire d'état, dans sa réponse du 10 juin, donna l'assurance qu'aucune troupe n'avait été levée, armée, ou enrégimentée dans ce dessein dans le territoire de la Louisiane; que les aventuriers qui, en 1811 et 1812, s'étaient établis entre Rio-Hondo et la Sabine, et y avaient bâti des cabanes, bien que ce territoire fût neutre, avaient été dispersés par la garnison de Natchitoches; que la troupe qui, pendant l'été de l'année précédente, avait passé sur ce point pour se rendre à Nacogdoches et à San-Antonio, dans la province du Texas, n'avait aucune apparence militaire, point de but déterminé, et qu'elle n'était pas de nature à fixer l'attention des autorités civiles ou militaires; que les trou-

_____

(1) Voir le chapitre 1er. du livre 1er., tome 1er.

pes qui marchèrent ensuite contre la dernière
place, avaient été rassemblées à l'ouest de la
Sabine, et que, bien que cette entreprise fût
connue de l'officier militaire et des autorités
civiles de Natchitoches, la neutralité avait été
observée; qu'après sa défaite, dans l'automne
de 1814, Toledo vint à la Nouvelle-Orléans où
il fut arrêté, et qu'aucun témoignage ne s'élevant contre lui, pendant l'espace de six mois,
l'acte par lequel il était mis en jugement fut
annulé; que, lorsqu'on fut informé qu'un nouveau parti se formait, pendant l'été de 1815,
sur la côte occidentale de la Louisiane, où des
armes étaient rassemblées pour l'usage des insurgés, le commodore Patterson, commandant
maritime de cette station, envoya quelques-
uns de ses officiers à Belle-Ile, près de l'embouchure du bayou Tèche, lieu qu'on soupçonnait
être le rendez-vous, et qu'après avoir examiné
la côte jusqu'à la Sabine, on ne découvrit aucune trace de rassemblement; que Perry et
Humbert, les chefs de ce parti, ainsi que leurs
adhérens, avaient passé séparément à travers
les Attakapas, et s'étaient rassemblés à environ
deux lieues à l'ouest de la Sabine, où ils s'étaient
embarqués pour la côte du Mexique, sur laquelle
ils firent naufrage, et furent dispersés; que les
armes avaient été exportées de la Nouvelle-Or-

18*

léans, par mer, comme objet de commerce,
et avaient été probablement vendues aux révo-
lutionnaires de la Nouvelle-Espagne; que cette
espèce de commerce, n'étant défendue ni par
les lois, ni par les traités, chaque nation belli-
gérante était libre de s'y livrer; enfin, que tous
les vaisseaux dont la liste avait été donnée, et
qui avaient violé la neutralité que devaient
garder les États-Unis, ou qui avaient aidé les
provinces unies de la Nouvelle-Grenade et du
Mexique, avaient été saisis, jugés conformément à l'acte du 5 juin 1794, et que les objets
spoliés avaient été restitués aux propriétaires
espagnols. La demande faite par le ministre
espagnol, pour qu'on mît l'Espagne en possession de la Floride occidentale, pour que les
insurgés espagnols qui se trouveraient dans le
territoire des États-Unis, fussent livrés aux officiers ou agens de leur nation, et que les vaisseaux espagnols de Carthagène, du Mexique et
de Buenos-Ayres fussent exclus des ports d'A-
mérique, fut rejetée formellement par le gouvernement américain, par la réponse du secrétaire d'état, du 16 janvier 1816.

L'importance de cette contrée pour les États-
Unis, qui, quelques années après l'acquisition,
était encore incertaine et douteuse, est maintenant universellement reconnue. La garantie

contre l'agression des Indiens se trouve assurée ;
les puissances étrangères n'ont plus la possibi-
lité de venir troubler les États-Unis, par le canal du Mississipi , et le fleuve ouvre une communication commerciale avec les provinces du
Mexique. Le pays lui-même , par la fertilité du
sol , par la nature et la variété de ses productions , par la douceur du climat, par la proxi-
mité du Mexique et des Indes occidentales., est
extrêmement avantageux aux États-Unis; et, sans
toucher une matière aussi délicate que la vente ou
l'achat d'une colonie , indépendamment du consentement des habitans et des propriétaires du
sol, nous ne pouvons qu'exprimer notre plaisir,
de voir un changement si favorable à la civilisation, et au moyen duquel la population la plus
mélangée qui ait peut-être jamais existé, se
trouve consolidée en corps de nation. En résultat, le commerce libre a été trouvé plus
avantageux que le monopole. Le jugement par
jury est reconnu préférable à la législation militaire, et le mode d'élection bien plus désira-
ble que le pouvoir absolu.

CONSTITUTION.

En janvier 1812, une assemblée des représentans du peuple réunis à la Nouvelle-Orléans,
rédigea et signa une constitution qui fut ensuite soumise au congrès des États-Unis, dont
elle obtint la sanction. Cette organisation ressemble à celle des autres états de l'Union,
quoique paraissant contenir plus de précaution
pour prévenir la corruption et les abus de pouvoir.

L'*autorité législative* réside dans deux corps
distincts, la chambre des représentans et le
sénat.

Électeurs. Le droit d'élection appartient à
tout homme blanc libre et citoyen, âgé de
vingt et un ans, résidant dans le pays où il
veut voter depuis un an avant l'élection, et
payant une contribution foncière depuis les six
derniers mois de cette année. Tout homme
blanc libre et citoyen qui a obtenu des concessions de terres des États-Unis, a le droit de
voter s'il réunit les conditions de l'âge et de la
résidence prescrites ci-dessus.

Représentans. Les conditions sont, 1°. d'être
homme blanc libre et citoyen, et âgé de vingt
et un ans; 2°. d'être propriétaire foncier d'une

valeur de 5oo dollars; 3°. d'avoir résidé dans
l'état pendant deux ans immédiatement avant
l'élection, et d'avoir passé la dernière année
dans le comté qu'on veut représenter.

Les représentans sont élus tous les deux ans
le premier lundi de juillet, et se réunissent le
premier lundi de janvier. Pour conserver une
représentation égale et uniforme, le nombre
des électeurs remplissant les fonctions exigées
doit être vérifié tous les quatre ans.

Sénateurs. Les sénateurs sont élus pour le
terme de quatre ans, et la moitié de leur nombre
est renouvelée tous les deux ans. Les conditions
requises sont, 1°. d'être citoyen des États-Unis
à l'époque de l'élection; 2°. d'avoir résidé dans
l'état quatre ans immédiatement avant l'élection, et d'avoir passé un an dans le district où
l'on est élu; 3°. d'avoir une propriété foncière
de la valeur de 1,000 dollars, d'après le rôle
des contributions.

L'état est partagé en quatorze districts de sé-
natoreries, qui doivent rester indivisibles. Les
membres de l'assemblée générale reçoivent
4 dollars par jour pendant la session, et la loi
peut augmenter ou diminuer cette rétribution.
Le clergé, les prêtres, les membres de l'instruction publique sont exclus de l'assemblée
générale, aussi-bien que de tous les emplois

lucratifs ou de confiance que donne le gouvernement (1).

Le pouvoir exécutif est confié à un *gouverneur* élu par les citoyens tous les ans, et qui

---

(1) Le *Cabildo*, ou conseil héréditaire du gouvernement espagnol, était composé de douze membres choisis, dans l'origine, dans les familles les plus riches et les plus respectables. Leur assemblée était présidée par le gouverneur, et leurs charges, quoique honorables, se vendaient : ils avaient le droit de faire des représentations et des remontrances au gouverneur relativement à l'administration intérieure de la province, outre celui de diriger et de contrôler la police de la ville, d'autoriser les médecins et chirurgiens dans l'exercice de leurs fonctions, et, au moyen de deux de leurs membres qu'ils choisissaient tous les mois, d'inspecter les marchés, les rues, les ponts et la police générale de la ville. Ils pouvaient nommer à plusieurs des places les plus importantes de l'administration, telles que celles de grand schérif (*Alguacil-mayor*), de procureur général (*Alcade provincial*), etc. Ce dernier était le procureur du roi, et spécialement chargé des affaires civiles. Après la preuve d'un crime, il indiquait les formalités de la loi et les adoucissemens que la cour pouvait y apporter. Comme le chancelier d'Angleterre, il était le défenseur et le protecteur des orphelins ; enfin, il était l'interprète des lois, le défenseur des privilèges de la ville et de la colonie, et l'accusateur de tout officier public qui les enfreignait.

est inéligible pour les quatre années suivantes (1).

Les conditions requises pour remplir les fonc tions de gouverneur sont, 1°. d'être au moins âgé de vingt-cinq ans ; 2°. d'être citoyen des États-Unis depuis six années antérieures à l'élection, et propriétaire foncier d'une valeur de 6,000 dollars. Aucun membre du congrès des États-Unis, aucun fonctionnaire ou ministre d'une société religieuse n'est éligible à cet emploi. Le gouverneur est commandant en chef de l'armée, de la marine et de la milice de l'état, excepté quand elles sont appelées au service des États-Unis, et il ne peut commander en personne à la guerre, à moins que ce ne soit

_____

(1) Sous le gouvernement espagnol, il était commandant de l'armée, de la milice, chef de l'autorité civile, et président du *Cabildo*. Il avait la nomination des commandans des districts, des officiers de milice, qui pourtant étaient commissionnés par le roi, et proposait les promotions pour les officiers de l'armée. Il était surintendant des affaires avec les Indiens, et publiait des ordonnances pour la bonne administration et l'amélioration du pays ; mais il ne pouvait lever de taxes sur le peuple que de son consentement. Jusqu'à l'année 1798 seulement, il avait le droit de concéder des terres; cette prérogative rentra ensuite dans les attributions de l'intendant.

en vertu d'une décision de l'assemblée générale. Le gouverneur, de l'avis et du consentement du sénat, nomme les juges, les schérifs
et tous les autres officiers dont les charges sont
établies par la constitution, et pourvoit aussi
aux emplois qui ne sont point déterminés par
la loi : il a aussi le droit de pourvoir aux vacances pendant l'intervalle des sessions ; de
remettre les amendes et les confiscations, et,
avec l'approbation du sénat, d'accorder des
sursis et des grâces, excepté dans les cas où
l'accusation est portée par l'une des chambres.

En cas d'accusation, de démission, d'absence ou de mort, ses fonctions sont dévolues
au président du sénat.

Le droit d'accusation est entre les mains de
la chambre des représentans, et personne ne
peut être condamné sans le concours des deux
tiers des membres présens. Le gouverneur et
les principaux officiers sont sujets à accusation
pour mauvaise administration dans leurs fonctions ; mais, en pareil cas, la condamnation
ne peut s'étendre qu'à les éloigner de leurs
places, et à les déclarer incapables de remplir
aucune charge dans l'état.

La trahison consiste à porter les armes contre
l'état, à se joindre à ses ennemis, et à leur
donner des secours. Personne ne peut être con-

vaincu de trahison, si ce n'est par un acte manifeste sur la déclaration de deux témoins, ou par le propre aveu de l'accusé en audience publique.

Toute personne convaincue d'avoir donné ou offert des présens à des fonctionnaires, est déclarée incapable de servir comme gouverneur, sénateur ou représentant. On doit proposer des lois, dont le but sera d'exclure des places et de priver de suffrages toute personne qui sera à l'avenir convaincue de corruption, de parjure, de faux et d'autres grands crimes et délits.

Les principes généraux de la constitution sont ainsi arrêtés.

Aucune somme d'argent ne peut sortir du trésor que pour la destination qui en a été faite par la loi. Les fonds pour l'entretien de l'armée ne doivent pas être faits pour un terme plus long que l'année, et un état régulier de recettes et de dépenses doit être publié tous les ans. Un prompt jugement par jurés. La liberté sous caution, excepté dans les crimes capitaux. On ne peut donner à la loi un effet rétroactif. Aucune loi ne peut détruire les stipulations particulières. Chaque citoyen peut écrire et imprimer ses pensées sur toute matière, sous la responsabilité cependant des abus de cette liberté. La libre émigration de l'état est autorisée. Toutes lois contraires à la constitution sont nulles et de nul effet. La constitution est susceptible de révision, suivant un mode prescrit (1).

Organisation religieuse.

Le clergé, avant la dernière cession de la Louisiane, était composé d'un évêque, qui

---

(1) Sous la domination espagnole, les officiers du pouvoir exécutif étaient nommés par le gouverneur pour chaque division de province, et appelé *commandant*. On les prenait généralement dans l'armée ou dans la milice : leurs fonctions étaient de maintenir la paix et la tranquillité dans les provinces, de contre-signer les passe-ports des voyageurs, d'empêcher qu'aucun étranger ne s'établît dans les limites de leur juridiction sans la permission ou l'autorisation du gouverneur, de prévenir la contrebande, de donner des certificats relatifs aux terres; d'en enregistrer la vente ainsi que celle des esclaves, de remplir les fonctions de shérif, de tenir registre des personnes mortes *ab intestat*, etc.

Par ordonnance du baron Carondelet, des syndics furent établis dans chaque district de trois lieues d'étendue, sous les ordres des commandans, pour juger les petites causes, inspecter la police des routes, surveiller les voyageurs et les noirs (*)

(*) Documens publiés par le gouvernement des États-Unis, p. 115.

ne résidait pas dans la province, donf le traitement était de 4,000 dollars prélevés sur le revenu de certains évêchés du Mexique et de l'île
de Cuba; de deux chanoines, avec un revenu
de 600 dollars; de vingt-cinq curés, dont cinq
pour la Nouvelle-Orléans et vingt pour les différentes paroisses de la province, recevant
chacun de 360 à 480 dollars par an : le tout,
excepté l'évêque et les dépenses de la chapelle,
était payé par le trésor de la Nouvelle-Orléans,
et montait annuellement à une somme de
13,000 dollars (1).

Le couvent des Ursulines, établi en 1725
par la compagnie de l'Ouest, pour l'éducation
des orphelines, contenait vingt-huit nonnes il
y a peu d'années. Cet établissement est sous la
direction de treize religieuses.

Dans les mêmes bâtimens, on a fondé une
école publique pour l'instruction des externes,
à un dollar par an, et qui en comptait, il y
a peu de temps, quatre-vingts environ.

---

(1) Voyez les documens publiés par le gouvernement
des États-Unis.

Organisation judiciaire.

Le pouvoir judiciaire réside dans deux cours;
l'une suprême, l'autre inférieure. La juridiction de la première s'étend à toutes les causes
civiles dans lesquelles la valeur de l'objet en
litige excède 500 dollars. Les membres de
chaque cour exercent leur charge tant qu'ils
s'en acquittent honorablement; mais ils sont
révocables pour toute espèce de forfaiture, sur
la décision des trois quarts de l'assemblée générale. La *cour suprême* est composée au moins
de trois juges, et au plus de cinq; la majorité
fait loi (1). Le salaire de chacun est fixé à

---

(1) Sous le gouvernement espagnol, il y avait à la
Nouvelle-Orléans, et dans un rayon de cinq lieues, deux
alcades qui jugeaient toutes les affaires en litige, et
auxquels toutes les personnes étaient subordonnées,
excepté celles qui jouissaient des priviléges militaires
(*fueros militares*), dont les causes étaient portées devant
le gouverneur. Le tribunal provincial de l'alcade était
chargé des affaires criminelles, lorsque le fait avait eu
lieu dans l'étendue de sa juridiction, ou lorsque le pré-
venu y était saisi, ainsi que des autres cas particuliers.
Les commandans avaient aussi une sorte de pouvoir judiciaire dans les affaires d'intérêt qui n'excédaient pas
1,000 dollars. Au-dessus d'une certaine somme, l'appel
pouvait être porté au tribunal de la Havane et de là au.

5,000 dollars. L'état est divisé en deux districts de juridiction d'appel, celui de l'Est et celui de l'Ouest.

Organisation financière.

Lorsque la colonie appartenait à l'Espagne, le roi en tirait annuellement la somme de 191,000 dollars. Les dépenses montaient à 378,000 dollars ; d'où il résulte que la perte annuelle, causée par les priviléges exclusifs et le monopole, était de 187,000 dollars. La principale branche de revenu était un droit de 6 pour cent sur l'achat ou le transfert des marchandises embarquées. Un impôt de 2 pour cent était établi sur les legs et héritages des collatéraux qui s'élevaient au-dessus de 2,000 dollars, et de 4 pour cent sur les legs du testateur aux personnes qui n'étaient pas de la ligne de parenté, de même sur les emplois civils dont les émolumens excédaient 500 dollars par

---

conseil des Indes, en Espagne. Les affaires fiscales et maritimes ressortissaient du tribunal de l'intendant. La cour ecclésiastique prenait connaissance de toutes les affaires religieuses. Le procès verbal (*escritos*) pouvait être dressé par les parties elles-mêmes, mais ne pouvait être présenté que par le notaire public ou clerc de la cour de justice (*escribano*).

an, en retenant la moitié de la première année, sous le nom de *Media annáta*.

Les vaisseaux qui entraient dans le Mississipi
ou qui en sortaient, payaient un droit de 20
dollars. On achetait la permission de vendre
des liqueurs 40 dollars par an : un droit était
aussi établi sur la vente de certains offices, tels
que ceux de régidors, de notaires et de procureurs, etc.

Les émolumens et les profits casuels des
principales charges consistaient en ce qui suit :

	ANNUEL.	CASUEL.
Gouverneur.	6,000	2,000 doll.
Intendant.	4,000	»
Auditeur	2,000	2,000
Contador.	2,000	»
Assesseur.	1,200	1,000
Trésorier	1,200	»
Administrateur	1,200	»
Secrétaire du gouvernement.	600	2,000

Le commandant d'un district recevait du roi
100 dollars par an, à moins qu'il n'eût une
pension ou un emploi militaires.

Prix de divers articles à la Nouvelle-Orléans,
en avril 1819.

	dollars.	cents.
Coton, la livre.	» 22	à 24
Tabac, la livre.	» 7½	à 8
Sucre, la livre	» 10	à 12
Farine, le baril	5	5o
Porc, le baril . . . . 12 à 14		»
Eau-de-vie de grains, le gall.	» 55	à 6o

Prix des pensions. A la Nouvelle-Orléans,
le prix est d'un dollar par jour : dans quelques-
unes des meilleures maisons, il est le double
de cette somme. Le prix commun, par mois,
sans souper et sans vin, est de 45 dollars.

Prix des esclaves. Un noir nouvellement importé d'Afrique (1), vaut de 4oo à 5oo dollars;
et un noir créole actif et intelligent, 1,ooo doll.
Les nègres artisans sont loués ou engagés pour
20 ou 3o dollars par mois : les négresses, pour
12 ou 15 dollars; le produit du travail d'un
bon esclave est estimé 2oo dollars par an.

---

(1) Appelé *Nègre brut* dans le pays.

Organisation militaire.

La milice se compose de tous les hommes libres blancs de l'état, armés et disciplinés pour sa défense, de la manière que le corps législatif juge la meilleure. En 1815, selon le message du président, du 11 mars 1816, elle s'élevait à 8,768 hommes.

AGRICULTURE.

Le *maïs*, qu'on cultive dans tout l'état, se sème en mars, avril et mai, quelquefois même en juin, et il mûrit selon le temps auquel il a été semé, depuis le mois d'août jusqu'au mois de novembre. Le produit, dans les terres inondées annuellement, est de cinquante à soixante boisseaux par acre. Dans quelques endroits, il s'élève à plus de cent; mais en remontant vers le nord, à quelque distance des rivières, dans un terrain médiocre, et lorsque la saison n'est pas intempestive, quinze à vingt boisseaux sont regardés comme une bonne récolte. Le prix courant est d'un dollar par boisseau. Ce grain réussit mieux dans une terre légère et noirâtre, et pousse bien dans tous les terrains où se trouve les cornouillers; et on a acquis la certitude que le temps le plus convenable pour le semer, est celui pendant lequel ces arbres sont en fleurs. A la hauteur du 35° de latitude, le maïs est bien plus productif que dans la Louisiane, et les fermiers préfèrent maintenant recevoir cet article des contrées arrosées par l'Ohio, en échange de denrées plus précieuses, telles que le sucre, le coton et le riz. Les Indiens de cette contrée cultivaient le maïs, pour leur subsistance, pendant une partie de l'année; et, lorsque les Français s'y furent établis, il devint un article d'exportation aux îles à sucre. Voici comment ils le cultivaient dans les terres neuves : ils coupaient les roseaux, et dépouillaient les arbres de leur écorce à la hauteur de deux pieds de terre au commencement de mars, lorsque la séve était en mouvement. Quinze jours après, ils y mettaient le feu, et le jour suivant, ils semaient le maïs par carrés de quatre pieds; et le seul soin qu'ils prenaient ensuite était d'arracher les rejetons tendres qui poussaient des racines des roseaux que le feu n'avait pas détruites.

On cultive le *riz* au-dessous de la Nouvelle-Orléans, et dans les parties qu'on peut aisément inonder. Dans les temps ordinaires, le produit par acre est estimé à quinze barils, pesant chacun deux cents livres. La valeur nette provenant de cent acres, cultivés par cinquante ouvriers, est estimée à sept cents barils, qui, à

6 dollars chacun, donnent 4,200 dollars, ou 84
par chaque homme. On a calculé que deux cent
cinquante mille acres de terre sont propres à
la culture de cette plante, et que chaque acre
produisant sept barils, à 6 dollars pièce, ils rap-
porteront un revenu annuel de 10,500,000 dollars. On le sème dans les lieux impropres à
toute autre culture, et la récolte y est plus certaine.

Le *froment*, le *seigle*, l'*orgé* et l'*avoine*, sont
peu cultivés, leur produit étant inférieur à celui des contrées plus septentrionales, et leur
valeur étant moindre que celle des autres productions, surtout près de la côte. Dans les terres
grasses, le froment monte en paille et en feuilles, et donne peu de grains, inconvénient
auquel on peut remédier en mêlant du sable
avec la terre. Une maladie qui attaque le blé
est la nielle, qui est occasionée par le manque
d'air près des lisières des bois.

La *folle avoine* (*zizania aquatica*, L.) croît
dans les marais des parties orientales.

La *canne à sucre*, introduite pour la première fois vers l'année 1762, et dont la culture
fut encouragée par les malheureux émigrés de
Saint-Domingue, est maintenant répandue depuis l'extrémité méridionale, le long des lacs
Ponchartrain et Maurepas, sur les bords de

l'Amité et de l'Iberville, jusqu'au Mississipi ; le long de cette rivière jusqu'à la Pointe-Coupée et à la Fausse-Rivière; de là, à l'ouest, jusqu'aux Opelousas ; le long de la Tèche et de l'Atcha-fayala jusqu'à leur embouchure, et le long de la côte jusqu'à la pointe déjà mentionnée ; ce qui comprend dix mille milles carrés , ou six millions quatre cents mille acres de terres allu-viales , dont un dixième est propre à la culture, sans compter les terres près du Vermillon et du Mermenteau, où cette plante réussit à mer-veille. M. Darby, à qui nous devons ce rensei-gnement, a estimé l'étendue des terres à sucre à un million d'acres, ou un trentième environ de toute la surface ; en déduisant trois quarts pour d'autres objets de culture, il resterait pour celle de la canne deux cent cinquante mille acres. Depuis la date de ce calcul, fait en 1814, la canne à sucre a été plantée sur les bords de la rivière Rouge, où elle vient aussi bien que sur ceux du Mississipi ; et par suite de la plus haute température des eaux de la première , sa végétation est plus rapide pendant les mois de mai et de juin (1).

(1) Trois milles au—dessous de la ville de Natchi-toches , au 31° 46' de latitude , les terres de M. Bos-sier produisent , ainsi qu'il l'atteste , deux mille cinq

Le seul mal qui soit à craindre dans cette culture, sont les fortes gelées, qui, détruisant les tiges, forcent d'en planter de nouvelles chaque année ; mais comme un cinquième de la surface suffira pour faire toutes les plantations, le produit sera encore plus considérable que celui qu'on tirerait du coton. La culture en est plus aisée, et la récolte plus certaine, parce que la canne n'est pas attaquée des maladies qui détruisent quelquefois l'indigo, ni infestée des insectes qui, assez souvent, dévorent le coton. On a calculé que si toutes les terres propres à la culture de cette plante étaient cultivées, et en estimant leur produit à huit cents

———————————

cents livres de sucre d'une bonne qualité, et il pense que par une culture plus soignée, la première récolte pourrait monter à trois mille livres ; un autre colon, M. Davenport, a certifié qu'en 1814, il planta cinq acres avec des plants du produit de trois quarts d'acre, situés près de la côte, laissant quatre pieds de distance entre les sillons, et qu'en résultat, trois quarts d'un acre, donnèrent mille livres de sucre. Sur vingt acres plantés avec les plants qui restaient, huit dont le produit fut travaillé dans une fabrique, donnèrent neuf mille livres de sucre, et de plus, de la mélasse, quoique par l'imperfection des machines, il y eût perte de jus et de sirop ; en allouant cette perte, le produit est estimé à mille livres par acre.

livres par acre, on en retirerait annuellement
huit cents millions de livres, qui, au prix de
8 *cents* la livre, monteraient à une valeur
de 64,000,000 de dollars. Le produit de cent
cinquante acres cultivés par cinquante ouvriers,
est estimé à 150,000 livres, qui, à 8 *cents* la
livre, donneraient 12,000 dollars, ou 240 dollars par chaque ouvrier. M. Robin estime la
quantité par acre à 2,000 livres de sucre et deux
barils de sirop. En 1801 et 1802, le produit
des soixante-quinze plantations de cannes de la
colonie, fut estimé à cinq millions de livres de
sucre brut, et une quantité proportionnelle de
sirop, dont la valeur fut ainsi calculée par M. Du-
vallon : cent acres cultivés par des noirs des
deux sexes, doivent produire cent vingt mille
livres de sucre brut, et la même quantité de
sirop ; le premier à 8 dollars le quintal, et le
dernier à 15 dollars le baril ; ce qui donnera
un revenu de 11,400 dollars, ou 285 par esclave, ou 114 par acre. Déduction faite de
toutes les dépenses, qui ne passent jamais
1,500 dollars, il y a un produit net de 10,000
dollars ; et, en supposant les prix réduits à 5
dollars et demi le quintal de sucre, et à 10 le
baril de sirop, il restera un profit de 5,850
dollars par an, équivalant à 146 et demi par
noir, ou 58 par acre.

Coton. On a calculé que deux millions quatre
cent mille acres de terre dans la Louisiane sont
propres à la culture. Cette plante qui, au taux
de deux cent quarante livres de coton épluché,
par acre, produirait cinq cent soixante-seize
millions de livres dont le prix, estimé à 13 *cents*
par livre, s'élèverait à 86,400,000 dollars. Le
produit de deux cent cinquante acres, cultivés
par cinquante ouvriers, est estimé à 60,000
livres, qui, à 15 *cents* par livre, donnent
9,000 dollars, ou 180 par chaque ouvrier. La
quantité moyenne de coton que produit un
acre, est estimé, par les auteurs français qui
ont traité ce sujet, à quinze cents livres, dont
la quantité nette est de quatre cents livres.
A 25 dollars le quintal, on aurait un résultat
de 100 dollars par acre ; mais les avaries que
font éprouver à cette plante les chenilles, la
pluie, etc., réduisent le produit d'un tiers (1).

---

(1) M. Schultz a établi un autre calcul. Il estime
le produit moyen du coton de Palmire (*) et du pays
au-dessous, à 2,000 livres par acre, évaluées à 14 ou 15
dollars lorsqu'il est épluché. Un esclave peut cultiver
trois acres, qui, au calcul le plus bas, donneront un
profit de 240 dollars : le profit net par an a été estimé
à 200 dollars.

(*) Située sur le bord du Mississipi, dépendant actuellement
de l'état de Mississipi.

On sème le cotou dans les derniers jours de mars; il fleurit vers le milieu de juin, et on le recueille vers le 1ᵉʳ. septembre. Il était autrefois cultivé avec beaucoup de succès par les colons français, qui préférèrent ensuite l'espèce connue sous le nom de siam blanc, qui vient bien dans les terres légères, élevées et sèches. Les graines se sèment à environ trois pieds de distance.

L'*indigo* croît naturellement dans les terres élevées, où le climat et le sol lui sont si favorables, que la quantité qu'on retire de trois récoltes est plus considérable que celle qu'on obtient de quatre dans les îles; mais sa qualité est inférieure à celle de l'indigo de Cuba. Le sol fertile sur lequel on peut le cultiver, embrasse une étendue de deux millions d'acres. Le produit de cent cinquante acres, cultivés par cinquante ouvriers, est d'environ sept mille livres, qui, à un dollar la livre, donneraient 7,000 dollars, ou 140 par chaque ouvrier. Cette plante exige un terreau riche, profond et noir. On lui a sub-

---

M. Robertson, membre du congrès de cet état, dit, dans une lettre à l'auteur du « *Western Gazetteer* » (*), que les terres à coton de la Louisiane donnent de cinq cents à deux mille livres de coton en graine par acre, et qu'un seul homme peut en cultiver dix acres.

(*) Pag. 48.

stitué la culture du coton, qui est plus profi-
table. Cependant on la récolte encore dans les
Opelousas.

Le *tabac* peut être cultivé dans diverses parties de l'etat, dans une étendue d'un million
cinq cent mille acres. Le produit du travail
de cinquante ouvriers est estimé à soixante
mille livres, qui, à 10 dollars par quintal,
donneraient 5,357 dollars, ou 107 par chaque
ouvrier. Le tabac des terres basses de la rivière
Rouge et de Natchitoches est d'une excellente
qualité. Selon le calcul de M. Sibley, les terres
basses de Natchitoches ont produit des récoltes
abondantes de tabac et de maïs, sans engrais,
pendant cent ans.

Le tabac était autrefois cultivé avec un grand
succès par les colons français, et il y en eut
dans la contrée supérieure qui se vendit 5 schellings la livre; mais il fut bientôt taxé si haut
par le gouvernement, que la culture en fut
négligée, quoiqu'on trouvât dans la Louisiane
un avantage qu'on n'avait pas dans la Virginie
et dans le Maryland, celui de faire deux récoltes
par an. Lorsque la première est coupée, la seconde lève et mûrit par suite de la plus grande
durée de l'été.

Soie. Les terres élevées sont particulièrement
propres à la culture de la soie. Le mûrier y

croît naturellement en abondance, et le ver
peut y être nourri et soigné par les enfans ou
les jeunes noirs, sans interrompre pour cela
leurs autres travaux, comme Dupratz l'a observé avec raison.

Plantes potagères. Elles croissent partout
sans engrais, et donnent un plus grand produit
que dans la plupart des autres pays où l'on engraisse les terres. *Melons* : les *melons d'eau*
ont surtout un goût excellent. *Artichauts* : on
dit qu'ils viennent sur le bord de la rivière
Rouge, à la hauteur de dix ou douze pieds. La
patate douce est cultivée en grande abondance.
Il y en a diverses espèces, la blanche, la rouge,
la jaune, qui ont à peu près le goût des meilleures châtaignes d'Italie ou de France, et qui
donnent une nourriture saine et de digestion
facile. La *pomme-de-terre* est moins farineuse
que dans les états situés plus au nord, et, par
cette raison, on l'importe de ceux de Kentucky
et de Tennessée. Les parties septentrionales de
l'état seront sans doute trouvées plus favorables
à la végétation de la pomme-de-terre et des
autres plantes potagères, que les parties inférieures.

Arbres fruitiers. On cultive trois ou quatre
espèces de *figuiers.* La figue la plus délicate est
grosse et de couleur pourpre ; on la vend dans

les marchés ; mais malheureusement elle ne
mûrit pas au-dessus du 30° de latitude.

Le figuier jaune de France est cultivé dans le
nord jusqu'aux limites septentrionales de l'état.
Le fruit mûrit au mois de juillet, mais souvent
est endommagé par les fortes pluies qui tombent pendant ce mois. L'*olivier* est commun, et
les Provençaux qui ont fait des plantations dans
la Louisiane, ont assuré que l'olive y donnait
une huile aussi bonne que celle de leur pays
natal. Sur les terres élevées et sèches, cet arbre
n'est pas sujet à périr, comme sur la côte, dans
la Caroline du sud (1). Les *pêchers* croissent
partout dans cet état avec une grande vigueur,
et ils ont été long-temps cultivés par les Indiens. Quelques voyageurs ont vu récemment
des bouquets d'arbres de cette espèce dans les
villages de la nation de Yatassé, près de la Sabine. Ils viennent bien au-dessous du 33° de
latitude ; mais ils sont sujets à souffrir des fortes
pluies qui tombent le long du Mississipi pendant les mois de juillet et d'août, et la fleur est
quelquefois détruite par les gelées du matin.
Le fruit mûrit du 15 juillet à la fin d'août. Les
colons français plantent le noyau vers la fin de
février, et récoltent la troisième année au moins

(1) *American husbandry*, p. 86, 2°. vol.

deux cents pêches, et le double de ce nombre pendant six ou sept ans, jusqu'à ce que l'arbre meure. Le *pommier* et le *poirier* souffrent de la trop grande chaleur, et le fruit n'arrive pas à sa maturité. Les *grenades* sont excellentes. L'*orange douce* est cultivée partout au-dessous du 30° de latitude; et plus haut elle est exposée aux avaries de la gelée.

Bétail. On élève une immense quantité de bétail de toute espèce dans les prairies naturelles d'Opelousas et d'Attakapas(1). La chair des moutons de ce pays est supérieure à celle des moutons des états septentrionaux, mais la chair de tous les autres animaux y est inférieure (2).

Porcs. Les *porcs sauvages*, nommés *cochons-marrons*, se trouvent dans les bois. Ils furent importés par les Français dans l'île à Corne, d'où ils s'échappèrent.

―――――――――――――――

(1) On dit qu'il n'est pas rare de voir un planteur recueillir de mille à trois mille veaux en une année, et posséder de dix à vingt mille têtes de ménu bétail. Il y en a dont le revenu annuel s'élève à 20,000 dollars.

(2) Heustis, p. 43.

Prix des chevaux et du bétail.

	dollars.
Un bon cheval de selle, à la Nouvelle-Orléans et à Natchez.	8o
Un bœuf pour la charrue	15
Un bœuf gras des prairies d'Opelousas et d'Attakapas.	6 à 10
Une vache.	15
Le gros bétail, à Natchitoches, en 1816, valait, par tête	6
Les chevaux, par tête	15 à 20

Terres publiques. En vertu de l'acte de cession de la Louisiane, toutes les terres qui ne sont pas la propriété de particuliers, appartiennent de droit au gouvernement des États-Unis (1).

_____

(1) Quelques portions de ces terres ont été déjà accordées à titre de récompense à plusieurs officiers, pour les services qu'ils ont rendus pendant la guerre de l'indépendance, et entre autres au général La Fayette. La grande fortune dont ce général jouissait durant la guerre de la révolution, ne lui permit pas, lorsque elle fut finie, d'accepter, ni le traitement de son grade, ni sa part des terres que le congrès avait assignées à chacun des officiers de l'armée continentale. Diminuée pour la cause de l'indépendance, cette fortune fut bientôt après totalement anéantie par suite de la révolution française. M. de La Fayette, frappé par la proscription, plongé

Prix des terres. Depuis la Nouvelle-Orléans jusqu'à Pointe - Coupée, les plantations se vendent de 4o à 5o dollars par acre, non compris la valeur des améliorations excédant souvent 5o,ooo dollars, et le prix des esclaves, qui s'élève de 5o à 1oo,ooo dollars et au-dessus (1).

---

pendant cinq années dans les cachots d'Olinutz, se trouva réduit à recevoir les secours que lui firent parvenir des personnes généreuses, mais qu'il ne sollicita jamais; particulièrement d'un anglaise nommée madame Edwards, qui lui légua la somme de 1,ooo livres sterling. A cette époque, le congrès, de son propre mouvement, prit la résolution (vivement appuyée par M. Jefferson) d'accorder à celui qui avait rendu de si grands services aux États-Unis, les onze mille cinq cents acres de terres auxquels lui donnaient droit le grade de major général, qu'il avait occupé. Peu après les avoir reçues, il vendit ces terres situées auprès de Pointe-Coupée, dans la partie la plus fertile de la Louisiane, en en réservant seulement trois cents ou quatre cents acres, pour son fils George Washington La Fayette, et c'est sur leurs produits, qu'il paya les dettes qu'il avait contractées, et qu'il fonda l'honnête aisance dont il jouit aujourd'hui.

Nous avons souvent entendu M. La Fayette prendre plaisir à rapporter ce dernier fait, et à témoigner des sentimens d'une vive reconnaissance envers le gouvernement américain.

(1) *Schultz travels*, vol. 2, p. 181.

INDUSTRIE.

Substances minérales. On fabrique du *sel* sur la rivière de Saline , et dans la partie méridionale des prairies d'Attakapas. De la *chaux* très-blanche et d'une excellente qualité , se fait avec les coquillages que l'on trouve en grande abondance sur les bords du Mississipi.

Produits des substances minérales du territoire d'Orléans, en 1810.

dollars.

Serruriers, 87 boutiques . . .   Valeur   244,000 (1)
Poudre à tirer, 15,000 livres   11,250
Sel, 3 salines, 10,200 boisseaux. 6,110 (2)

Produits des substances végétales du territoire d'Orléans, en 1810.

Cotonnades fabriquées dans différentes
   familles , 133,180 verges. . .   Val.   106,544 doll.
Toiles de chanvre pour emballer le co-
   ton, 9,463 verges.   5,032

---

(1) M. le rapporteur remarque que la valeur du fer travaillé n'est donnée que pour vingt-cinq boutiques.

(2) Il est aussi question , dans le rapport, de dix armuriers , de vingt horlogers , de quarante orfévres et joailliers , de trente fabricans d'instrumens de cuivre et d'étain , et de six cents pièces de fayence.

Toiles mélangées, et toiles de lin pour
la plupart mélangées, 10,512 verges. 7,138
Câbles et cordages, 2 corderies, 89
tonneaux et un tiers. 21,429
Ésprits extraits de mélasse, 17 distille-
ries, 227,925 gallons. 157,025
Sucre, 1 raffinerie, 50,000 livres. . . . 13,000
Tabac manufacturé, 51,625 livres . . . 9,034 (1)

Produits des substances animales du territoire d'Orléans, en 1810.

Chandelles, 4 fabriques, 9,902 liv. Val. 1,980 doll.
Savon blanc, 166,294 livres 19,955
Tanneries (16), 13,570 peaux tannées.⎱
                7,390 peaux de veaux⎰ 65,270
Cordonniers (162), 61,264 paires de
souliers, bottes et pantoufles. 122,528
Chapeliers (15), 4,560 chapeaux. . . . 36,480 (2)

D'après le rapport du maréchal, le montant
total des produits des manufactures, en 1810,

---

(1) Il est fait mention dans le rapport du maréchal,
de cinq cent dix-huit rouets pour filer le coton, le
lin, etc.; de neuf cent quatre-vingt-treize métiers
pour le coton, le lin, etc.; de cinquante-deux ébé-
nistes, de seize carrossiers, et de quatre cents fabricans de cigares.

(2) Il est aussi question dans le rapport, de trois
cents paires de bas, estimées 300 dollars.

s'élevait à 814,9o5 dollars, non compris les articles dits incertains; mais, considérant que beaucoup d'objets étaient ou imparfaitement connus, ou omis, le rapporteur a cru devoir porter cette somme à 1,222,357 dollars. Le produit des articles incertains s'éleva à 1,293,684 dollars, savoir :

Coton pressé, 14 presses . . . Valeur.		6,456 doll.
Moulins à scies (34), 6,790,000 pieds sciés		339,5oo
Sucre de canne, 91 fabriques de planteurs, 9,671 barriques		712,373
Mélasse, 3,590 barriques (1).		59,235
Indigo, 40 indigoteries, 45,800 livres.		45,8oo
Briques, 29 fours, 14,010,000 briques.		126,090
Tuiles, 100,000.		4,23o
TOTAL.		1,293,684 (2)

COMMERCE.

L'auteur du *Western Gazetteer* dit que les exportations annuelles de la Louisiane excèdent de plus de 150,000 dollars, celles de tous les états de la Nouvelle-Angleterre. Elles consistent

---

(1) De cinquante gallons chacune.

(2) Au lieu de 1,293,704 dollars, comme l'indique le rapport du maréchal.

principalement en riz, indigo, coton, tabac,
poix, goudron, bois de charpente, planches,
cire du cirier de la Louisiane, bison salé,
jambons, suif, graisse, peaux, fourrures,
etc. (1) Près de trois ou quatre cents bâtimens
de mer arrivent dans cet état, et en partent
tous les ans ; et neuf cent trente-sept navires de
toute espèce firent voile en 1816 du bayou

---

(1) Les directeurs de la compagnie de l'ouest, en
1721, fixèrent le prix des marchandises que les habitans
apportaient et déposaient dans les magasins, savoir : le
tabac à vingt-cinq livres le quintal ; le riz, à douze. Les
marchandises françaises étaient vendues à Biloxi, et à la
Nouvelle-Orléans, à 5o pour cent de bénéfice sur la fac-
ture, à Natches et à Yazoos, à 7o pour cent ; et 8o à
Natchitoches. Le tabac, qui coûtait quatre sous en marchandises du pays, et deux sous en argent, était vendu
en France cinquante sous par les agens de la compagnie. Il y avait un traité de commerce avec la compagnie royale de la Havane, par lequel le prix de la poix
était fixé à 2 piastres le baril, celui du goudron à 3,
et celui des planches à 2 réaux chacune (*).

« Malgré l'état d'anéantissement, dit M. de Vergennes, où cette colonie était réduite par tous les malheurs
qui l'avaient assiégée depuis son établissement, elle était
parvenue cependant à établir le commerce dont je vais
donner un aperçu. »

(*) Lettre de M. de Vaudreuil, 1768.

20 *

Saint-Jean seulement (1). Le tonnage de ces
derniers montait à près de seize mille tonneaux ; ils étaient pour la plupart destinés à
transporter les produits de la partie des Florides
dépendante des États-Unis, qui consistaient
en charbon de terre, sable, coquillages,
chaux, maïs, coton, écorces, résine, goudron,
térébenthine, bois coupés, fourrures, peaux
tannées, etc. La quantité des productions du
pays supérieur, expédiées pour la Nouvelle-

Des objets de commerce en général.

38 indigoteries, fabriquant ensemble, année commune, 100 milliers, à 5 livres, ci	500,000 liv.
200,000 peaux de chevreuil, à 40 sols, ci	400,000
400 milliers de tabac en manoc, à 4 sols, ci . . .	80,000
Bois de charpente, merrain, bardeaux	250,000
Riz, pois, fèves	50,000
Cuirs salés, peaux d'ours, de bœufs sauvages . .	20,000
Brais et goudrons	60,000
Suifs de chasse, 40 milliers, à 10 sols, ci . . .	20,000
Le commerce extérieur en piastres, gourdes . . .	300,000
	1,680,000
Dépense du roi et lettres de change . . .	1,800,000
TOTAL	3,480,000 (*)

(1) Petit port situé sur le lac Ponchartrain.

(*) Mémoire historique sur la Louisiane, par M. de Vergennes, p. 78.

Orléans, est immense; et plus de cinq cent
quatre-vingt-quatorze bateaux plats, et trois
cents barques y arrivèrent des états et des territoires de l'ouest, pendant l'année 1815. La
quantité du tabac exporté de la Nouvelle-Orléans, depuis le premier janvier jusqu'au premier septembre 1818, fut de vingt-huit mille
cent vingt-six barriques; et celle du coton embarqué au même port pendant cet intervalle,
de quatre-vingt mille quatre cent neuf balles.

État des exportations.

ANNÉES.	PRODUCTIONS		TOTAUX.
	INDIGÈNES.	ÉTRANGÈRES.	
	dollars.	dollars.	dollars.
1813 (1)	1,013,667	31,486	1,045,153
1814	383,709	3,482	387,191
1815	5,055,858	46,752	5,102,610
1816	5,251,833	351,115	5,602,948
1817	8,241,254	783,558	9,024,812

(1) Les rapports datent du premier octobre 1812, la Louisiane n'ayant été admise dans l'union qu'en 1812.

État du tonnage.

ANNÉES.	ÉTAT DU TONNAGE.	TONNEAUX.
	BATIMENS.	
1803 1816	Enregistrés pour le commerce étran- ger	5,708 8,348
1803 1816	Payant un droit annuel pour le ca- botage.	2,510 3,963
1803 1816	Pour les pêcheries.	» »
	BARQUES.	
1803 1816	Au-dessous de vingt tonneaux, payant un droit annuel pour le cabotage. . .	739 987

Au 31 décembre 1815, le montant du tonnage appartenant au port de la Nouvelle-Orléans, s'élevait à 17,404 tonneaux.

TRAVAUX PUBLICS.

Édifices publics. Parmi ceux qui embellissent la Nouvelle-Orléans, on doit remarquer le palais du corps législatif, la cour de justice et la maison d'assurance.

Maisons. Les maisons sont généralement construites en bois, à un étage, et badigeonnées en blanc. Sur les bords du Mississipi, depuis la Nouvelle-Orléans jusqu'à Bâton-Rouge, elles sont toutes bâties sur pilotis.

Forts. Le fort de la *Balise* est bâti à l'embouchure du Mississipi.

Le fort *Plaquemine*, aujourd'hui *Saint-Philippe*, à trente milles au-dessus de celui de la Balise, contient une petite garnison, dont l'emploi consiste à examiner tous les vaisseaux qui entrent dans le Mississipi ; le fort *Darby* est situé au point de communication, entre la petite rivière Terre-aux-Bœufs et le lac Lery ; le fort *des petites coquilles* se trouve à la jonction des *rigolets* avec le lac Ponchartrain ; 4°. le fort *Saint-Jean*, construit à l'entrée du bayou Saint-Jean, dans le lac Ponchartrain, est destiné à protéger la ville contre l'approche de l'ennemi (1) ; 5°. le fort *Saint-Léon* est situé à l'extrémité inférieure du Détour aux

---

(1) Dans l'attaque contre la Nouvelle-Orléans, en 1814, l'armée anglaise, sous les ordres du général Packenham, approcha du Mississipi à travers la surface marécageuse qui se trouve entre la petite rivière Saint-Jean et celle de Terre-aux-Bœufs, près du canal Villères.

Anglais; 6°. le fort *Miro* est sur la rivière d'Ouachitta, au trente-deuxième degré et demi.

Routes. On n'a encore ouvert aucune route, excepté le long de la levée du Mississipi; les communications ont principalement lieu par eau. Il y a une espèce de route qui va de Natchitoches, par la rivière de Sabine, jusqu'à Nacogdoches et San-Antonio.

Canaux de navigation. La navigation du Mississipi et des lacs et rivières dont le pays est entrecoupé, procure de grands avantages à son commerce et à son industrie.

Tableau des distances par le Mississipi.

	milles.
De son embouchure à la Nouvelle-Orléans.	105
De cette ville au chenal de la Fourche (1).	83
Du chenal de la Fourche à celui de Plaquemine.	36
Du chenal de Plaquemine à l'Iberville.	8
De l'Iberville à Bâton-Rouge	13
De Bâton-Rouge à l'église de Pointe-Coupée.	33
De cette église au bayou Tunica.	31
	309

(1) *Chenal* est le nom donné par les premiers voyageurs français aux divers canaux par lesquels le Mississipi décharge ses eaux dans le golfe du Mexique.

	milles.
Ci-contre	3o9
Du bayou Tunica au confluent de l'Atcha-fayala.	37
De l'Atchafayala au confluent de la rivière Rouge	3
De la rivière Rouge à Natchez	8o
De Natchez au confluent de la grande ri-vière Noire.	6o
De la grande rivière Noire au confluent de l'Yazoo. . . . . ;	7ı
De l'Yazoo au 33e de latitude	85
	645

Distances, par eau, de la Nouvelle-Orléans aux Opelousas.

	milles.
De la Nouvelle-Orléans au chenal Plaque-quemine, par le Mississipi.	117
Du chenal Plaquemine à son confluent avec l'Atchafayala	15
De ce point par l'Atchafalaya jusqu'au lac Chetimaches	11
De là à l'embouchure du Tensaw	3
De l'embouchure du Tensaw à l'extrémité supérieure de l'île aux Vaches.	10
De cette île au Radeau inférieur.	25
De ce Radeau à la jonction du Courtableau. .	1
	182

	milles.
Report	182
Du Courtableau au bayou Derbane	14
Du Derbane à la prairie de Barré	9
De cette prairie à la ville d'Opelousas. . . .	15
	220

De la Nouvelle-Orléans à la Nouvelle-Ibérie, par l'Atchafayala et la Tèche.

	milles.
De la Nouvelle-Orléans au confluent du Plaquemine et de l'Atchafayala.	132
Du confluent de Plaquemine au lac Natchez.	12
De là, par l'Atchafalaya, au lac Chetimaches.	31
De ce lac à l'embouchure de la Tèche. . . .	5
De l'embouchure de la Tèche à la Nouvelle-Ibérie. . . . . :	82
	262

Distances, par eau, de la Nouvelle-Orléans à Natchitoches.

	milles.
De la Nouvelle-Orléans au confluent de la rivière Noire et de la rivière Rouge.	271
De ce point au bayou Long.	14
Du bayou Long au bayou Saline.	15
Du bayou Saline aux Avoyelles.	6
Des Avoyelles à Écorre-à-Chêne.	16
	322

$$\overline{\qquad\qquad}$$

406½

Trajet de la Nouvelle-Orléans à Natchitoches, par terre et par eau.

$$\overline{\qquad\qquad}$$

356 (1)

$$\rule{6cm}{0.4pt}$$

(1) De Natchitoches à la Sabine, la distance est de quarante-cinq milles; de cette rivière à Nacogdoches, elle est de trente-six : de cette ville à San-Antonio du Behar, on compte trois cent sept milles, et de San-Antonio à Mexico, huit cent cinq.

Canaux. Ceux de *Villères*, de *Lacoste* et de *La Ronde*, forment une communication entre les eaux du Mississipi et celles du lac Borgne, par le bayou Mazant. Le canal de *Carondelet*, qui a vingt pieds de large, va d'un bassin, situé derrière l'hôpital de la charité de la Nouvelle-Orléans, au ruisseau Saint-Jean, éloigné de deux milles. C'est par ce canal que passent toutes les productions expédiées des pays au-delà du lac Ponchartrain, pour la Nouvelle-Orléans. Il serait d'une grande importance de continuer ce canal et de l'étendre jusqu'à la ville. Le canal la *Fourche* s'étend depuis le bayou gauche du chenal de ce nom, à seize milles de Donaldsonville, jusqu'à un ruisseau qui communique avec le lac Verret. M. Darby observe qu'au moyen d'une digue et d'une tranchée au-dessous de l'embouchure du courant, la rivière pourrait être dirigée à travers les Attakapas, ou forcée de couler dans son ancien canal; et qu'en employant le même moyen à l'embouchure du Fusilier occidental, la Tèche pourrait être réunie avec le Vermillon, en profitant des eaux du bayou de Bourbe; et que, par une troisième coupure, ces eaux pourraient être réunies à celles du Mermenteau et du Mississipi.

Constructions maritimes. Au-dessous de Madisonville, sur l'affluent droit du Quéfonçté, à

deux milles de son embouchure dans le lac
Ponchartrain, il y a un bon havre pour bâtir
et radouber des vaisseaux. En 1812, on y construisit une légère frégate pour la défense des
lacs (1).

Bateaux à vapeur. Il y en a déjà plus de
vingt, du port de cent à six cents tonneaux,
établis sur le Mississipi et ses tributaires:
quelques-uns servent de paquebots entre la
Nouvelle-Orléans et la ville de Natchez, qui en
est éloignée de plus de trois cents milles. Leur
marche contre le courant est de quatre milles
environ par heure, ou deux fois plus rapide
que celles des bateaux à rames ou à voiles (2).

---

(1) Il est à vingt-six milles au sud-est de la Nouvelle-
Orléans, et les personnes qui vont de cette ville à Natchez, par le lac, prennent terre en cet endroit.

(2) Un bâtiment ordinaire parcourt communément
cinq lieues par jour en remontant le fleuve, et le temps
qu'il met à faire le trajet depuis l'embouchure du Mississipi jusqu'à la Nouvelle Orléans, varie de 5 à 30 jours.
On cite même un exemple d'un navire hambourgeois, qui,
venu d'Europe, en soixante-cinq jours, en passa soixante-
seize à monter jusqu'à cette ville.

Ouvrages qui traitent de l'histoire et des productions de cet état.

Année 1681. Découverte de quelques pays et nations de l'Amérique septentrionale, par le père Marquette, jésuite, et le sieur Joliet, insérée dans le « Recueil de voyages, de Thévenot », Paris.

— 1683. Hennepin (R. P. Louis, de Douay), Description de la Louisiane nouvellement découverte au sud de la Nouvelle-France, in-8°.

— 1691. Le Clercq. Premier établissement de la foi, dans la Nouvelle-France, 2 vol. in-12, Paris.

— 1697. Hennepin (R. P. Louis), Nouvelle description d'un très-grand pays, situé dans l'Amérique, entre le Nouveau-Mexique et la mer Glaciale, Paris.

— 1705. La Hontan. Voyage dans l'Amérique septentrionale, 3 vol. in-12.

— 1713. Joutel. Journal historique du dernier voyage de M. De la Sale, rédigé et mis en ordre par M. De Michel. 1 vol. in-12. Paris, avec une carte nouvelle de la Louisiane et du Mississipi, etc.

— 1715. Delile (géographe français). Lettre à M. Cassini, sur l'embouchure de la rivière du Mississipi, contenu dans le « Recueil des voyages au nord », Amsterdam, 3 vol.

— 1720. Relation de la Louisiane, ou Mississipi, écrite à une dame par un officier de marine, Amsterdam, in-8°., p. p. 34.

— 1722. *Coxe (Daniel). Description of the English*

*province of Carolana , by the Spaniards called Florida ,
and by the French , la Louisiane , as also of the great
and famous river Meschacebe , or Mississipi , etc. ,
in-8°. , London.* Description de la province anglaise de
Caroline , appelée par les Espagnols , la *Floride*, et par
les Français , la *Louisiane*, etc.

— 1730. Le Petit (Le père), missionnaire. Description du Natchez, au père d'Avagour, procureur des missions de l'Amérique septentrionale à la Nouvelle-Orléans,
contenu dans le 7°. vol. des « Lettres édifiantes et curieuses » , écrites par des missionnaires de la compagnie
de Jésus.

— 1743. Histoire générale et particulière du visa
fait en France : on y a joint un état des actionnaires et
des Mississipiens , etc., 2 tom. in-12 , La Haye.

— 1744. Charlevoix. Histoire et description générale
de la Nouvelle-France , Paris , 3 vol. in-4°.

— 1753. (Dumont). Mémoires historiques sur la Louisiane , composés sur ceux de Dumont , par L. L. M.,
2 vol. in-8°. Paris , ornées d'une carte du pays.

— 1754. Du Haye. Essai sur les intérêts du commerce maritime. Art. Louisiane.

— 1758. Du Pratz (Le Page). Histoire de la Louisiane , 3 vol. in-8°. Paris.

— 1759. De Marigny de Mandeville. Mémoires sur
la Louisiane , Paris. Cet officier, qui a fait connaître le
pays vers l'île de Barataria , avait travaillé à une carte
générale de la colonie. (Bossu.)

— 1760. *Jeffery (J.)*, géographe du prince de Galles.
Natural and civil history of the french dominions in

Nord and South America, *London*, *in fol.* — Histoire
naturelle et civile des possessions françaises dans l'Amérique du nord et du sud. Voir depuis la p. 141 jusqu'à
la p. 168.

— 1762. *An impartial enquiry into the right of the
French king to the territory west of the great river
Mississipi. London.* — Recherches impartiales sur les
droits du roi de France, sur le pays situé à l'ouest de la
grande rivière de Mississipi.

— 1764. Lettre d'un officier de la Louisiane, à M. le
commissaire de la marine à la Nouvelle-Orléans.

— 1767. Bossu. (capitaine dans les troupes de la
marine). Nouveaux voyages aux Indes occidentales,
contenant une relation des différens peuples qui habitent
les environs du grand fleuve Saint-Louis, appelé vulgairement le *Mississipi*, Paris, 2 vol. in-12. Une traduction anglaise de cet ouvrage a été publié à Londres,
en 1771, par M. Forster, avec beaucoup de notes ; il y
a ajouté aussi une Flore de l'Amérique septentrionale,
et une analyse des voyages de Loefling.

— 1769. Recueil des lois promulguées par le gouverneur O'Reilly, extrait de la collection des lois qui ré-
gissent les colonies espagnoles.

— 1770. *Pittman (capt. Philip.). Present state of
the European settlements on the Mississipi, illustrated
by plans and draughts, London,* in-4°. — État actuel
des établissemens européens sur le Mississipi, orné de
plans et de gravures.

— 1774. *Present state of Louisiana, London.* —
État présent de la Louisiane.

— 177ß. Champagny. État présent de la Louisiane,
à La Haye.

— 1778. *Bartram (William)*. *Travels through North
and South Carolina, Georgia, East and West Florida,
in the years* 1773, 1778. —Voyages dans les Carolines
du nord et du sud, la Géorgie et les Florides pendant les
années 1773—1778.

— 1778. Raynal (G. S.). Histoire philosophique et
politique des établissemens et du commerce des Européens dans les Indes, Genève, 5 vol. in-4°. y compris
l'Atlas. Voir l'art. Louisiane.

— 1782. De Pagès. Voyages autour du monde pendant les années 1767, 1776. Voir le tom. 1er. et le
tom. 2, du « nouveau Voyage autour du monde, en
1788, 1790. Paris. » Ces deux ouvrages font 5 vol.
in-8°. Le premier renferme une « carte d'une partie de
l'Amérique septentrionale, y compris une partie de la
Nouvelle-Espagne et de la Louisiane. »

— 1787. Ulloa. Mémoires philosophiques historiques
et physiques, 2 vol. in-8°., avec des observations et
additions, par Schneider.

— 1795. Carondelet (gouverneur). Règlemens de
police.

— 1801. *Pintard* (*John*). *Observations respecting
Louisiana, and the western countries adjoining the
Mississipi.* —Observations sur la Louisiane, et les pays
à l'ouest qui avoisinent le Mississipi, insérées dans le 4°.
vol. du *medical Repository* de New-York, p. 499.

— 1802. Dubroca. Itinéraire des Français dans la
Louisiane, 1 vol. in-12. Paris, p. 102.

Tome IV.   21

— 1802. De Vergennes (ministre sous Louis XVI). Mémoire politique et historique sur la Louisiane, Paris.

— 1802. Milfort (général). Mémoire ou coup d'œil rapide sur mes voyages dans la Louisiane, et mon sé-jour dans la nation Creek. Paris, in-8°.

— 1803. (Baudry de Lozière). Second voyage à la Louisiane, et sur le continent de l'Amérique septen-trionale, fait dans les années 1794 à 1798, contenant un tableau historique de la Louisiane, etc. Paris, 2 vol. in-8°.

— 1803. Volney C. F. (membre du sénat, etc.). Tableau du climat et du sol des États-Unis d'Améri-que, etc., 2 vol. in-8°. Paris.

— 1803. Du Vallon (N.). Vues de la colonie espa-gnole du Mississipi, ou des provinces de la Louisiane et de la Floride occidentale, en l'année 1802, Paris, in-8°.

— 1803. *Duane (William). Mississipi question. Report of a debate in the senate of the United States, in february, 1803, on certain resolutions concerning the violation of the right of deposit in the island of New-Orleans, Philadelphia, p. p. 198.*—Rapport d'un débat qui s'est élevé dans le sénat des États-Unis, en février 1803, au sujet de la violation du droit de dépôt dans l'île de la Nouvelle-Orléans.

— 1804. (*Jefferson*). *Account of Louisiana, being an abstract of documents in the offices of the depart-ments of state and of the treasury, in-8°.*, p. p. 112. — Description de la Louisiane, extraite de pièces déposées dans les bureaux des départemens de l'état et du trésor.

— 1804. *Dunbar* (*William*). }
     et *Hunter* (*Doctor*). } *Account of a journey up the Washita.* — Description d'un voyage fait le long de l'Ouachitta, insérée dans les Transact. de la soc. philos. de Philadelphie.

— 1804. Mémoires sur la Louisiane et la Nouvelle-Orléans, etc., par M***., suivies d'une traduction de diverses notes sur cette colonie, publiées aux États-Unis, Paris, in-8°., p. p. 176.

— 1804. Victor Collot (général), ex-gouverneur de la Guadeloupe). Voyage en Amérique septentrionale, ou description des pays arrosés par le Misssissipi, etc., avec cartes, plans, vues et figures, 2 vol. in-8°. Paris.

— 1805. Du Lac (Perrin). Voyage dans les deux Louisianes, Paris, in-8°.

— 1807. Robin (C. C.): Voyages dans l'intérieur de la Louisiane, de la Floride occidentale, et dans les îles de la Martinique et de Saint-Domingue, pendant les années 1802, 1806, suivis de la Flore Louisianaise, avec une carte nouvelle, 3 vol. in-8°. Paris.

— 1810. *Schultz* (*Christian*). *Travels on an inland voyage through the states of New-York, etc., and the territories of Indiana, Louisiana, Mississipi and New-Orleans, in the years 1807, 1808, with maps and plates, 2 vols. in 8°. New-York.* — Voyage dans l'intérieur des états de New-York, etc., dans les territoires d'Indiana, de la Louisiane, du Mississipi et de la Nouvelle-Orléans, en 1807 et 1808.

— 1812. *Stoddard* (*major Amos*). *Sketches historical and descriptive of Louisiana,* Philadelphia, in-8°.,

p. p. 488. — Aperçu historique et descriptif de la Louisiane (1).

— 1816. *La Tour (La Carrière). Historical memoir of the war in West Florida and Louisiana*, *in
1814 and 1815. With an atlas*, *in–8°.*, *Philadelphia.*
Mémoire historique sur la dernière guerre dans la Floride occidentale et la Louisiane, en 1814 et 1815.

— 1816. *Darby (William). Geographical description of the state of Louisiana*, *being an accompaniment
to the map of the same country* , in–8°. , p. p. 270. Description géographique de l'état de la Louisiane, etc.

— 1817. *Florula Ludoviciana, Flora of Louisiana by
Robin and C. S. Rafinesque* , *New-York.* 1 vol. M.
small–8°. p. p. 178.

— 1817. *Heustis (Jabez W. D. D.) Physical observations and medical tracts and researches on the topography and diseases of Louisiana; in–8°.* , p p 195 ,
New-York. —Observations physiques et médicales , et
recherches sur la topographie et les maladies de la
Louisiane.

— 1817. *Brown (Samuel R.). Western Gazetteer*,
art. *Louisiana.* Le Gazettier de l'ouest, art. *Louisiana.*

— 1818 *Darby (William). The emigrants' guide
to the western , and south western states and territories*

_____

(1) Cet auteur dit qu'il a puisé des renseignemens précieux
dans le manuscrit de Bernard La Harpe, qui comprend en
grande partie l'histoire de la Louisiane, depuis sa découverte
jusqu'en 1722.

accompanied by a map of the United States. 1 vol.
in-8°. New-York.

Cartes.

— 1712. *Amplissimæ regionis Mississipi, seu pro-*
vinciæ ludovicianæ, à R. P. Ludovico Hennepin, Fran-
ciso mis. in America septentrionali, anno 1687 *detectæ,*
nunc Gallorum coloniis et actionum negotiis toto orbe
cel·berrimæ, nova tabula; edita à Jo. Bapt. Homann
S. C. M. geographo, Norimbergæ.

— 1728. On trouve dans l'ouvrage astronomique de
Laval une carte de la côte de la Louisiane, depuis
l'embouchure du Mississipi jusqu'à celle du Saint-Martin.

— 1758. La carte qui accompagne l'ouvrage de Dupratz comprend toute la Floride occidentale et le golfe,
jusqu'à l'embouchure du Rio-Bravo, et en remontant
cette rivière, tout le pays, depuis le 29° 25' de latitude
nord, ou l'extrémité méridionale des montagnes du
Mexique, et le long de ces montagnes jusqu'au 46°. de
latitude.

— 1775. *The coast of West Florida and Louisiana,*
by Thos. Jefferys, geographer to his majesty. — La
côte de la Floride occidentale et de la Louisiane, par
Thomas Jefferys. Cette carte se trouve dans l'*American*
atlas du même géographe, Londres, 1776.

— 1775. *Course of the river Mississipi from the*
Balise to fort Chartres; taken on an expédition to the
Illinois, in the latter end of the year 1765, *by lieut.*
Ross, improved from the surveys of that river made by
the French, London. — Carte du cours du Mississipi,

depuis la Balise jusqu'au fort Chartres, etc. Dans le
même ouvrage ci-dessus mentionné.

— 1778. Cartes d'une partie des côtes de la Floride
et de la Louisiane, contenant le cours du Mississipi depuis
son embouchure jusqu'à la rivière Rouge, l'entrée de
la Mobile, et les baies de Pensacola, de Sainte-Rose et
de Saint-Joseph, par ordre de M. Sartines, ministre
et secrétaire d'état (1).

— 1782. Delisle (Guill.), membre de l'académie
royale des sciences. Carte de la Louisiane et du cours
du Mississipi, avec les colonies anglaises, revue et cor-
rigée, et considérablement augmentée en 1782. Paris.

— 1799. Une carte comprenant toute l'étendue de
la côte située entre le 18° de latitude nord, et la rivière de
Sainte-Marie, en Géorgie, et le 12° de longitude, et
indiquant toutes les sondes et les îles, fut dressée en
1799, par ordre du roi d'Espagne.

— 1803. Poirson (J. B.), ingénieur géographe.
Cours du Mississipi, comprenant la Louisiane, les deux
Florides, et une partie des États-Unis et pays adjacens.

Dans le tome 2 de l'*Hydrographie française*, se
trouvent deux cartes de la Louisiane; 1°. Carte réduite
des côtes de la Louisiane et de la Floride, dressée au
dépôt des cartes, plans et journaux de la marine, pour
le service des vaisseaux français, par ordre de M. le
duc de Choiseul, ministre de la guerre et de la marine, par M. Bellin, ingénieur de la marine et du

(1) Le Tensaw est désigné sur cette carte comme la limite
orientale de la Louisiane.

dépôt des cartes, 1764; 2°. Carte des côtes du golfe de Mexique, comprises entre la pointe sud de la presqu'île de la Floride et la pointe nord de la presqu'île d'Yucatan, dressée d'après les observations et les plans des Espagnols, et publiée par ordre du ministre de la marine et des colonies, au dépôt général de la marine, an IX.

— 1806. Carte du territoire d'Orléans avec la Floride occidentale, et une partie du territoire du Mississipi, par Lafon, Nouvelle-Orléans.

— 1806. Carte du golfe du Mexique, en une feuille, par Tardieu, Paris.

— 1816. *Darby* (*William*). *Map of the state of Louisiana in four sheets.* — Carte de l'état de la Louisiane, en quatre feuilles.

— 1809. Carte générale du royaume de la Nouvelle-Espagne, dressée sur les observations astronomiques et sur l'ensemble des matériaux qui existaient à Mexico au commencement de l'année 1804, par Alexandre de Humboldt. Dessinée à Mexico par l'auteur, en 1804, perfectionnée par le même, par MM. Friesen, Oltmanns et Thuilier, en 1809.

—Carte de la Louisiane et du Mexique, en deux feuilles colombier, par P. Tardieu, géographe, à Paris. Elle doit paraître au commencement de 1820. Cette carte comprend tout le cours des rivières Mississipi, Missouri et Columbia, et tout le Mexique. Elle s'étend à l'ouest jusqu'à l'océan Pacifique, et au nord, jusqu'aux possessions anglaises. Elle est fondée sur les Observations astronomiques de M. le baron de Humboldt, et de don Jose Joaquin de Ferrez. Les matériaux qui ont servi à sa construction sont, pour la Louisiane, la carte de

M. Darby, les Voyages de Pike, et de Clark et Lewis;
et pour è Mexique, la carte de la Nouvelle-Espagne de
M. le baron de Humboldt, celle d'Arowsmith et d'autres. En outre, l'auteur a placé sur sa carte tous les renseignemens nouveaux qu'il a puisés dans les publications
récentes qui ont eu lieu aux États-Unis sur ce vaste
pays; l'exécution en est très-soignée.

CHAPITRE XIX.

ÉTAT DU MISSISSIPI (1).

TOPOGRAPHIE.

SITUATION ET ÉTENDUE. Cet état est situé entre le 30° et le 35° de latitude nord, et entre le 11° 20′ et le 14° 45′ de longitude ouest de Washington. Il est borné au nord par le parallèle du 35° qui le sépare du Tennessée; au sud, par le golfe du Mexique et le lac Borgne jusqu'à la rivière des Perles, et par le 31° de latitude, depuis cette rivière jusqu'au Mississipi; à l'est, par une ligne qui commence au 35° de latitude, suit le canal de la rivière de Tennessée jusqu'à la jonction de Bear Creek, de là se rend à l'angle nord-ouest du comté de Washington, et prend ensuite une direction sud jusqu'à l'embouchure de la Pascagoula dans le golfe du Mexique; et à l'ouest, par la rivière des Perles, depuis son embouchure jusqu'au 31° de lati-

---

(1) L'état prend son nom du fleuve, qui forme la plus grande partie de sa limite occidentale.

tude; et depuis ce parallèle jusqu'au 35° par le Mississipi, qui le sépare d'abord de la Louisiane, et ensuite du territoire du Missouri.

La ligne des limites septentrionales a près de quatre-vingt-cinq milles de longueur. Celle du sud, qui s'étend le long de la côte, en a quatre-vingts environ; et celle qui est tirée sous le 31° de latitude, depuis la rivière des Perles jusqu'au Mississipi, en a cent six. La frontière orientale est d'abord formée par le Tennessée pendant douze milles, et ensuite par une ligne qui a plus de trois cent vingt milles d'étendue. La ligne des limites occidentales suit d'abord la rivière des Perles pendant près de soixante-seize milles jusqu'au 31° de latitude, et le Mississipi lui sert ensuite de frontière au-delà de cinq cent vingt milles (1).

Superficie. L'état contient environ quarante-cinq mille cinq cents milles carrés.

Aspect du pays et nature du sol. Une chaîne d'îles s'étend le long de la côte, qui est découpée par des baies et par des rivières et ruisseaux qui se jettent dans la mer. Les bords de la baie de Saint-Louis sont sablonneux ou marécageux, et couverts de pins et de cyprès. A deux milles à l'est de cette baie, où se trouve

---

(1) *Ohio navigator.*

le détroit de Christian, la côte est élevée et
salubre. De là jusqu'à la baie de Biloxi, distance
de vingt-quatre milles, le rivage est également
sain et sec. Entre les bouches de la Pascagoula,
le pays est bas et marécageux dans une étendue
de quatre milles de largeur. En général, le
sol et l'aspect du pays, à une certaine distance
de la mer, sont peu engageans, et ils ont été
représentés par les écrivains français (1) avec
les couleurs les plus défavorables. Il est bien
reconnu que ces descriptions conviennent seulement à la côte, où les bords des rivières,
jusqu'à la distance de vingt ou vingt-cinq
milles, sont presque de niveau avec leurs eaux,
et où la terre est sablonneuse, marécageuse,
et sujette à être inondée, ce qui fait qu'elle
n'est nullement propre à l'agriculture; mais
au-dessus du 31° de latitude, le territoire qui
borde les rivières des Perles et de Pascagoula,
dans la largeur d'un à trois milles, connu dans
le pays sous le nom de *swamp* (marais), est
riche et productif. Il est couvert, dans son état
naturel, de diverses espèces d'arbres, tels que
le cotonnier, le copalme, le chêne, le laurier et le magnolier; entremêlés de grands ro-

_____

(1) Dumont, Dupratz et Charlevoix.

seaux dans les parties élevées, et de cyprès dans les parties basses.

Entre ces bandes de terre fertile, le sol, jusqu'à la distance de cent milles, est généralement sablonneux et couvert de pins à longues feuilles; au-dessus, la surface s'élève graduellement, et est couverte d'une couche épaisse de terreau végétal, qui nourrit de beaux peupliers, des chênes, des noyers, des érables, des pavias, des ormes, etc. Vers la frontière du nord, la surface est plus inégale et la terre plus fertile. Elle est couleur de cendre, et susceptible de donner plusieurs récoltes sans engrais. Au-dessus de la région des pins à longues feuilles, il y a des prairies vastes et fertiles.

EAUX.

Rivières. Le cours du *Mississipi*, le long de la frontière occidentale, est environ de cinq cent vingt milles, et ceux de ses affluens qui arrosent l'état sont, l'Yazoo, le Big Black, le bayou Pierre et l'Homochitto, que nous décrirons ci-après. Le *Tennessée* forme la limite nord-est jusqu'à la jonction de la Bear Creek, pendant plus de douze milles. La *Pascagoula* a sa source près du 33° de latitude, et coule vers le midi dans une étendue de deux

cent cinquante milles à travers les parties centrales jusqu'au golfe du Mexique, où elle forme
une large baie. Ses branches occidentales sont
la *Hatcha - Leecha*, qu'elle reçoit à vingt
milles au-dessus du golfe, et la *Chickasaw-*
hay qui se trouve à quinze milles au nord de
la frontière de l'ancienne Floride, et qui a
elle-même plusieurs branches. Du côté du nord-
est, la Pascagoula reçoit les ruisseaux de Cedar,
de Pine-Barren et de Red-Bank. Elle est navigable pour les bateaux jusqu'à cent cinquante
milles de son embouchure ; mais quoiqu'elle
soit large près du golfe, elle est si peu profonde, qu'elle ne peut donner passage aux
vaisseaux tirant plus de quatre pieds d'eau (1).

L'*Yazoo* provient de plusieurs sources près
de la frontière septentrionale de cet état, et

_____

(1) La rivière des Perles, qui sépare cet état de celui
de la Louisiane, au-dessous du 31°. de latitude, a été
décrite dans l'article sur la Louisiane. C'est la rivière
la plus considérable qui soit entre le Mississipi et la
Mobile. Elle est navigable jusqu'à cent cinquante milles
au-dessus de son embouchure; mais son entrée est obstruée par des troncs d'arbres, et n'a que sept pieds
d'eau. Si cette entrée était débarrassée, les petites goëlettes pourraient remonter jusqu'au-dessus le 31° de latitude. Un peu plus haut, cette rivière est guéable dans
les temps secs.

coule au sud-ouest jusqu'au Mississipi, dans lequel elle se jette presqu'à angle droit, à la latitude de 32° 28', à cent douze milles au-dessus de la ville de Natchez : elle a, près de son embouchure, huit cent quarante pieds de large. Pendant le printemps, les gros bateaux peuvent remonter jusqu'à cinquante milles de son embouchure, à la jonction de ses deux grandes branches qui sont praticables pour les petits bateaux jusqu'à une distance considérable, excepté dans un endroit de l'affluent occidental, à vingt milles de son confluent, où la navigation est interrompue par une chute.

Lorsque les eaux du Mississipi sont hautes, celles de l'Yazoo s'enflent tellement, qu'elles débordent, et vont rejoindre ce grand fleuve par divers canaux. La rivière de *Big-Black* provient de plusieurs sources situées au-dessus du 33° de latitude, dans le pays des Chickasaws, et coule dans la direction du sud-ouest jusqu'au Mississipi, auquel elle se réunit un peu au-dessus du 32° de latitude (1). Dans la saison des pluies, elle est navigable pendant l'espace de soixante-dix milles; mais les contre-courans du Mississipi se font quelquefois sentir vingt milles plus haut, et causent des inonda-

_____

(1) A cinquante milles environ au-dessus de Natchez.

tions. Le bayou *Pierre* se jette dans le Mississipi à quarante milles au-dessus de Natchez.
L'*Homochitto* prend sa source près de la rivière
des Perles, au sud-est de Natchez, et tombe
dans un ancien canal du Mississipi, au-dessus
des hauteurs de Loftus, au 31° 12′ de latitude.
C'est une belle rivière, large d'environ cent
quatre-vingts pieds. La petite rivière de *Buffalo*, qui se trouve à quelques milles au-dessous de l'Homochitto, est large d'environ cent
vingt pieds. Dans les temps secs, ses eaux sont
guéables. Elle coule à l'ouest l'espace de trente
milles, prenant sa source près des branches
de l'Amité, et elle se réunit au Mississipi un peu
au-dessus des hauteurs de Loftus. A quelque
distance de son embouchure, elle a communication avec ce fleuve. La *Coles' Creek* a une
belle eau sur un lit de sable. A quinze milles
de son embouchure, elle se divise en deux branches. Après les grosses pluies, elle coule comme
un torrent, et on ne peut alors la traverser
facilement. La *Catherine Creek*, au-dessous
de Natchez, a cent vingt pieds de large, et,
pendant les grandes eaux, elle est navigable
pour les bateaux, plusieurs milles au-dessus de
son embouchure.

Deux rivières se jettent dans la baie de Saint-
Louis, à l'est de la rivière des Perles; on les

nomme la *Wolf* et la *Nassouba-Atcha*. La rivière de *Biloxi* se jette dans la baie du même nom.

Les parties méridionales de cet état, depuis le Mississipi jusqu'à la rivière des Perles, sont arrosées par la partie supérieure des affluens des rivières de la Louisiane, le bayou Sara, la Thompsons' Creek, l'Amité, le Tickfah, le Tandgipao, le Quéfoncté et le Bogue Chitto. Les parties du nord-est sont arrosées par l'affluent occidental de la Tombekbé (1).

Étendue des eaux navigables, d'après l'auteur du « Western Gazetteer. »

	milles.
Le Mississipi est navigable	572
Le Tennessée.	250 (2)
L'Yazoo et ses affluens . . :	270
La Grande-Rivière-Noire.	150
L'Homochitto et l'Amitié.	170
La rivière des Perles et ses affluens . . .	220
La Pascagoula et ses affluens.	250
Les bayous ou canaux de Saint-Louis, Biloxi, etc.	100

(1) Voir l'article Alabama.

(2) Cette rivière coule tout au plus douze milles le long de cet état, et il est à présumer que l'auteur a voulu donner l'étendue de ses eaux navigables dans l'ancien territoire du Mississipi.

	milles.
La côte du golfe	120
La Tombekbé et *ses* tributaires occi- dentaux	600 (1

2,702

Baies. Les baies de cet état sont celles de Saint-Louis, de Biloxi et de Pascagoula ; la première est longue de dix milles et large de quatre ; et la dernière promet de grands avantages sous le rapport du commerce.

Iles. Les principales îles qui se trouvent le long de la côte, sont celles des Malheureux, de Marianne (2), qui sont situées dans le lac Borgne ; l'île *aux daims*, à l'embouchure de la baie de Biloxi ; les îles *aux chats* (3), *aux vaisseaux*, *aux chiens* et *aux cornes*, qui s'étendent le long de la côte, depuis le lac Borgne

---

(1) L'état n'est arrosé que par l'affluent le plus occidental de la Tombekbé. Cette rivière et ses autres tributaires coulent entièrement dans le territoire d'Alabama.

(2) Ces deux îles sont comprises dans les limites de la Louisiane, ainsi que dans celles de l'état de Mississipi.

(3) Ainsi nommée, à cause de la quantité de chats sauvages qu'on y trouva en débarquant. On y avait mis quelques couples de porcs, qui multiplièrent si prodigieusement, qu'en 1722 ils avaient déjà détruit tous les chats et se dévoraient les uns les autres.

jusqu'à l'embouchure de la Pascagoula. L'île
aux vaisseaux (nommée premièrement île
Surgere) fut ainsi appelée.à cause d'une assez
bonne rade foraine, qui avait fourni un mouillage pour les vaisseaux français en 1717, après
que le port de l'île Dauphine fut bouché par un
amas prodigieux de sable qu'un ouragan y ras-
sembla (1). Entre cette chaîne d'îles et la côte,
il y a un canal de navigation par lequel les bâtimens tirant huit pieds d'eau peuvent se rendre en toute sûreté de la Nouvelle-Orléans à
Mobile.

MÉTÉOROLOGIE.

Température. Dans un pays qui s'étend d'un
rivage bas, gisant au 30e. degré de latitude,
jusqu'à une surface élevée, située à cinq degrés plus au nord, il doit y avoir nécessairement
de grandes différences dans la température.
Près du golfe du Mexique, le climat ressemble
à celui des parties inférieures de la Louisiane.
L'hiver y est doux; l'été chaud, mais tempéré
par les brises de mer. Les habitans de la Nouvelle-Orléans, pendant que la fièvre bilieuse
règne en automne, trouvent une résidence

---

(1) Bossu, vol. 2, p. 119.

saine et aérée sur les rivages élevés, à deux milles à l'est de la baie de Saint-Louis.

Le long de la grande rivière Noire, du bayou Pierre et des autres rivières du Mississipi, les inondations occasionées par les contre-courans de ce fleuve, amènent en automne des fièvres bilieuses ; mais le climat des parties inférieures de l'état est doux et sain.

RÈGNE MINÉRAL.

On trouve du *charbon de terre* près les rivières de Tennessée, Tombekbé et autres.

RÈGNE VÉGÉTAL.

Arbres forestiers. Les plus communs sont le frène, le laurier, le cerisier, le cyprès, le cotonnier, le copalme, le mûrier, le magnolier, le chêne, le peuplier, le prunier, le noyer noir et le pin. Les pins qui croissent le long de la rivière des Perles, sont très-propres à faire des mâts, des vergues et des planches pour les vaisseaux. Environ la moitié de la surface est couverte de ces arbres, qui passent pour être de la meilleure qualité ; ils acquièrent un grand accroissement, et ont quelquefois une hauteur de soixante, de quatre-vingts, ou même de cent pieds au-dessous des branches. On trouve des

22 *

troncs renversés de soixante-dix à quatre-vingts pieds de long, qui servent à la construction des cabanes. Les pins à longues feuilles sont les plus nombreux, depuis la côte jusqu'à la limite septentrionale du territoire des Choctaws. Les rivières sont bordées des arbres les plus utiles; tels que le chêne blanc et vert, le pin, le cyprès, le cédre, le noyer de plusieurs espèces, le robinier, le magnolier, etc. Le cyprès prend un accroissement considérable dans les marais. Il y a, près des eaux courantes, une grande quantité de chênes verts, et de cédres rouges qui sont très-estimés pour la construction des vaisseaux. Les terrains les plus fertiles sont couverts de grands roseaux, et les prairies d'herbes à bison et d'autres espèces de graminées (1).

RÈGNE ANIMAL.

Mammifères. Ceux que l'on trouve dans cet état sont les mêmes qu'en Géorgie. Les *couguars*, les *loups* et les *chats sauvages* y sont nombreux, et détruisent quelquefois les animaux domestiques. Les *ours*, qui y sont aussi très-nombreux, commettent souvent de grands ravages dans les plantations de blé.

------

(1) Voir le *règne végétal*, dans le chapitre de la Louisiane.

Oiseaux. On voit des *perroquets* jusqu'au •bayou Pierre. Les *dindons sauvages* et les *pigeons* se trouvent en grand nombre dans toute l'étendue de l'état, et il y a pendant l'hiver une quantité prodigieuse d'oiseaux aquatiques.

Reptiles. On trouve les *caymans* dans toutes les eaux où il y a un faible courant, au sud du 32° de latitude; et on en voit quelquefois dans le Mississipi, à deux degrés plus haut, vers le confluent de l'Arkansas. Quelques-uns des plus grands ont quinze pieds de long. Ils dévorent les porcs, les chèvres et les chiens lorsqu'ils approchent de leur retraite (1).

Crustacés et *coquillages.* Il y a sur la côte une grande quantité d'huîtres, de homars et d'écrevisses.

---

(1) Le petit rongeur, connu sous le nom de *salamandre*, la sirène et la grande tortue, que nous avons décrits dans le chapitre de la Géorgie, se trouvent également dans cet état.

POPULATION.

Division civile ou administrative de l'état du Mississipi, avec la population de chaque comté, en 1810 et en 1816.

COMTÉS.	NOMBRE de MILLES CARRÉS.	POPULATION.		CHEFS-LIEUX.
		1810.	1816.	
Adams. . .	414	10,002	10,000	Natchez.
Amité . . .	972	4,750	5,060	Liberté.
Claiborne .	396	3,102	3,500	Gibsonport.
Franklin . .	378	2,016	2,700	Liberté.
Green *. . .	1,856	»	»	
Hancock *.	2,100	»	1,000	
Jackson *. .	1,050	»	»	
Jefferson. .	540	4,001	4,900	Greenville.
Lawrence*.	1,000	»	1,780	Monticello.
Marion *. .	828	»	1,700	
Pike *. . .	720	»	2,620	Jacksonville.
Warren. .	414	1,114	1,570	Warren.
Wayne. . .	1,800	1,253	2,080	Winchester.
Wilkinson.	612	5,068	7,270	Woodville.
Totaux.	13,080	31,306 (1)	44,180	

* Les comtés marqués par une astérique ont été formés depuis 1810.

(1) La population du territoire du Mississipi, qui comprenait l'état du même nom et le territoire d'Alabama, montait, en 1800, à 8850 individus; et en 1810, elle était de 40,352; ce qui donne un accroissement de 31,502, ou près de 18 pour cent.

Selon M. Brown, il y avait dans l'état, au mois de décembre 1816, vingt-trois mille six cent quarante-quatre blancs, vingt mille cinq cent quarante-sept esclaves, et cent quatre-vingt-onze gens de couleur libres. (1).

Indiens (2). Les *Choctaws*, les *Cherokees*, et les *Chickasaws* habitent encore cet état. Les premiers se sont fixés près de la Pascagoula, de la rivière des Pérles, de Chickasaw et de l'Yazoo, et réclament les terres situées entre cette dernière et la Tombekbé, et entre les 31° et 32° de latitude. Selon le rapport de M. Meigs, qui a demeuré dans cette contrée comme agent des affaires relatives aux Indiens, ils avaient, il y a quelques années, quarante-trois villes et villages, contenant douze mille cent vingt-trois individus, dont quatre mille quarante-un guerriers. Quelques-uns possédent de grandes fermes, et s'occupent de travaux d'agriculture. D'autres ont établi, pour les voyageurs, des hôtelleries qu'on dit être supérieures à la plupart de celles des blancs. Une grande partie de leur territoire consiste en terres à pins ; mais ils ont des cantons de terres

---

(1) Western Gazetteer, p. 245.

(2) Les Indiens de cet état sont aussi communs au territoire d'Alabama.

très-bonnes et couvertes de chênes, de noyers
et de peupliers. Ils ont, depuis long-temps,
témoigné de l'amitié aux citoyens des États-
Unis.

Les *Cherokees* réclament la possession d'un
district étendu, principalement sur le bord
méridional du Tennessée, depuis les sources
de la Tombekbé jusque au-dessus du Highwas-
sée, à l'est; et jusqu'à l'Estenaury, au sud. En
1809, leur nombre, d'après l'énumération
faite par M. Meigs, montait à douze mille trois
cent cinquante-neuf, et celui des mâles était
à peu près égal à celui des femelles. Depuis
cette époque, il s'est considérablement accru;
et, en y comprenant une colonie qui s'est re-
tirée sur l'Arkansas, il est maintenant estimé
à quatorze mille cinq cents, dont quatre mille
guerriers. Par suite des mariages avec les
blancs, environ la moitié de ces Indiens est de
sang mêlé. Nombre d'entre eux sont fermiers,
et possèdent beaucoup de chevaux, de vaches,
de moutons, de porcs et de volailles. Ils cultivent le coton et l'indigo. Ils avaient, il y a
quelques années, cinq cents charrues, et autant
de métiers de tisserand. Beaucoup savent lire
et écrire, et se vêtissent comme les blancs.
Les *Chickasaws*, qui ont fait aussi quelques
progrès dans la civilisation, vivent à l'ouest

des Cherokees, entre le Mississipi et le Tennessée, et entre le 34° et le 36° de latitude. Ils ont huit villes, et comptent environ quatre mille femmes et enfans, et mille huit cents guerriers. Quelques-uns de leurs chefs ont beaucoup d'esclaves, et des troupeaux de bétail. L'un d'entre eux, nommé *Georges Colbert*, possède une belle étendue de terre de quatre milles carrés. Il est propriétaire du passage du bac, à l'endroit où la route de Nashville, à Natchez, traverse la rivière de Tennessée, et l'on dit qu'il en retire 2000 dollars par an. Un homme à pied paie un demi-dollar, et le double s'il a un cheval. Les bateliers qui descendent le Mississipi jusqu'à la Nouvelle-Orléans retournent chez eux par cette route. Les dépenses de ce passage de bac, pendant la guerre, sont supposées avoir monté à 75,000 dollars pour la milice du Tennessée. Les *Yazoos* et les *Natchez*, qui vivaient sur la rivière du même nom, sont entièrement éteints. En 1730, les derniers furent réduits de soixante villages à six, et de huit cents soleils, ou princes, à onze seulement (1). Dix ans avant ils comptaient mille deux cents guerriers. On dit qu'ils avaient

---

(1) Lettres du père Le Petit, missionnaire; 7°. vol. des Lettres édifiantes.

formé le projet de détruire les Français, qui ont exercé contre eux une cruelle vengeance (1).

---

(1) Le capitaine Bossu, qui a voyagé parmi ces Indiens avant qu'ils ne fussent dispersés, donne sur eux les détails suivans : « Les Natchez, dit-il, qui demeuraient autrefois au poste de ce nom, formaient un peuple considérable. Ils composaient plusieurs villages soumis à des chefs particuliers, qui obéissaient eux-mêmes à un grand chef, qui était celui de la nation. Tous ces princes portaient le nom de *Soleil;* ils étaient au nombre de cinq cents, tous alliés au Grand-Soleil, leur commun souverain. Celui-ci portait sur sa poitrine l'image de cet astre, dont il prétendait descendre, et qui était adoré sous le nom d'*Ouachil*, qui signifie : *le feu très-grand*, ou *le feu suprême*. Le culte que lui rendaient les Natchez avait quelque chose d'auguste. Le grand prêtre devançait le lever du soleil, et marchait à la tête du peuple d'un pas grave, ayant le calumet de paix à la main ; il fumait en son honneur, et lui soufflait la première bouffée de tabac. Aussitôt que cet astre commençait à paraître, les assistans hurlaient successivement après le grand prêtre, en le contemplant, les bras élevés vers le ciel. Ils se prosternaient ensuite contre la terre. Les femmes amenaient leurs enfans, et les faisaient tenir dans une posture religieuse. Au temps de leur récolte, ils célébraient une très-grande fête. Ils avaient un temple, dans lequel on conservait un feu éternel (*). »

(*) Bossu, 1er. vol., lettre 3e.

Plantations. « Il y a dans ce territoire trois principales plantations qui, d'après leur position respective, ont une forme triangulaire, savoir : l'une, immédiatement au-dessous du 35°. degré de latitude, sur la rivière de Tennessée ; l'autre, immédiatement au-dessus du 31°, sur le Mississipi ; et la troisième, immédiatement au-dessus du même degré, sur la Mobile. De l'établissement sur la rivière de Tennessée, à celui qui est sur le Mississipi, la distance est d'environ quatre cents milles, qui consistent tout en déserts, excepté les endroits cultivés par les Indiens Chickasaws et Choctaws, qui réclament ces immenses contrées. De l'établissement sur le Mississipi à celui qui est sur la Mobile, la distance est de trois cents milles. Les réclamations des Indiens sur cette portion du territoire sont éteintes ; mais les plantations intermédiaires, en tirant vers l'est, depuis la rivière des Perles, sont éparses, et d'une étendue peu considérable. De l'établissement sur la Mobile à celui qui est sur la rivière de Tennessée, la distance est également de trois cents milles. Les Indiens ont cessé leurs réclamations sur cette vaste et intéressante étendue de pays, qui deviendra sans doute bientôt un établissement florissant, depuis la rivière de Tennessée jusqu'au golfe du Mexique. Il n'existe

point de communication commerciale entre
les établissemens du Tennessée et du Mississipi ; et entre ces derniers et ceux de la Mobile,
il est même probable qu'il n'en existera jamais.
Mais il ne pourra manquer de se former des
relations de commerce entre les établissemens
de la Mobile et du Tennessée, lorsque la contrée intermédiaire sera cultivée, et que ses
belles rivières auront été explorées et leurs
cours améliorés (1). »

Plusieurs familles françaises se sont établies
sur la baie de Saint-Louis, à vingt-cinq milles
à l'est de l'embouchure de la rivière des Perles.
Les points élevés de la côte, à deux milles plus
loin vers l'est, servent de refuge aux habitans
de la Nouvelle-Orléans pendant la saison des
maladies. Un nombre assez considérable de
familles, d'origine française, s'est fixé près de la
baie de Biloxi, à vingt-quatre milles plus loin,
près du détroit de Christiana et le long de la
Pascagoula, à quelques milles de la mer. Il y a
une population peu nombreuse le long de la rivière des Perles, depuis son embouchure jus-

---

(1) Extrait du rapport du comité auquel a été adressé,
pour la neuvième fois, le mémoire de l'assemblée législative du territoire du Mississipi, pour l'admission de ce
territoire dans l'union comme état indépendant.

qu'au 31° de latitude. De cette rivière jusqu'au
Mississipi, le long de la ligne de démarcation
entre les deux états, il existe quelques établissemens écartés les uns des autres, sur les branches de la rivière d'Amité, entre lesquelles on a
tracé le plan de la ville de la Liberté. Quelques-
uns sont très-florissans, par la culture du sucre
et du coton. Au milieu de l'un de ces établissemens, à un mille et demi de la frontière, et à
dix milles de la rivière, est situé le village de
Pinckneyville, consistant en trente ou quarante
maisons. Le fort Adams, construit sur les hauteurs de Loftus, à cent cinquante pieds au-dessus
du niveau du Mississipi, est entouré d'un petit
hameau de vingt maisons. La population sur
les deux rives de l'Homochitto s'étend à peu
près jusqu'aux frontières des Choctaws. La
canne à sucre et les plantes des tropiques fleurissent jusqu'à la hauteur de cette rivière. A la
distance d'un mille au-dessus des rochers de
White-Cliffs, se trouve le ruisseau de Sainte-
Catherine, sur lequel est située la ville de Washington, siége actuel du gouvernement, à
vingt milles de son embouchure. Cette ville se
compose d'environ cent cinquante maisons.
Celle de Natchez, sur le bord du Mississipi, au
31° 33' de latit., et environ à trois cents milles au-dessus de la Nouvelle-Orléans, compte à

peu près le même nombre de maisons appartenant à des personnes qui cultivent le coton ,
et dont quelques-unes retirent de cette culture
un revenu de 5,000 à 30,000 doll. par an. Les
plantations s'étendent à vingt milles à l'est de
cette ville, et près des possessions des Indiens
Choctaws. Les progrès de la civilisation sont
prouvés par la publication de deux papiers
publics, qui paraissent chaque semaine. Au
nord-est de Natchez, sur les affluens supérieurs
de la Sainte-Catherine-Creek, se trouve Seltsers-
town, ou Ellicotville, consistant en quinze
ou vingt maisons. Entre les deux principales
branches de la Coles-Creek qui se réunissent à
quinze milles de son embouchure dans le Mississipi, est située Greenville, capitale du comté
de Jefferson, consistant en soixante ou soixante-
dix bâtimens, y compris la maison de justice,
l'église et la poste. A quelques milles vers le
sud-ouest, est le village d'Union-Town, qui
est encore peu considérable. Deux milles au-
dessous de l'embouchure du bayou Pierre, on
trouve Bruensburg, où s'est rassemblé un petit nombre de familles; et à trente milles de
sa jonction avec le Mississipi, est Gibsonport,
la principale ville du comté de Claiborne,
contenant environ soixante maisons, avec une
académie. Sur la rivière de Bigblack, qui se

trouve douze milles au-dessus de la précédente,
les plantations s'étendent à la distance de quarante milles le long de ses branches. Vingt-sept
milles au-dessus de l'embouchure de cette rivière, sur le bord septentrional du grand détour que fait le Mississipi à l'ouest, on trouve
le village de Palmyre, bâti par les émigrés de
la Nouvelle-Angleterre. Vingt-cinq milles plus
haut, il y a de belles plantations de cotonniers,
sur la surface fertile des collines de noyers. Les
plantations sur les bords de l'Yazoo s'étendent
à une distance considérable, et elles continuent
depuis la jonction de cette rivière avec le
Mississipi, jusqu'à la frontière du nord. Le
bord méridional du Mississipi, qui est le
plus élevé, et appelé le 4ᵉ *Chickasaw-Bluff*,
s'étendant à dix milles le long du fleuve, se
trouve dans les limites de cet état. Il y a plusieurs
plantations de maïs et de coton. Cette partie,
élevée de soixante à cent pieds au-dessus du Mississipi, est dans une situation très-saine; et,
comme le terrain y est productif, et que l'emplacement offrirait un marché près de la rivière, pour la vente ou l'échange des productions, on pense que ce point pourrait devenir
le siége d'une ville considérable, si toutefois les
Chickasaws, qui en ont une à cinq milles de
là, dans la direction de l'est, consentaient à

céder leurs droits sur les terres qui sont dans le voisinage. Dans la partie orientale de l'état, la population n'occupe qu'un petit nombre de villages.

Précis historique (1).

« Le poste des Natchez, ou le fort Rosalie, fut établi, dès l'année 1717, par les sieurs Hubert et Le Page : ce dernier avait formé une habitation, qu'il avait nommée Sainte-Catherine. Comme le terrain des Natchez est excellent, plusieurs soldats et ouvriers français, après avoir obtenu leur congé, étaient allés s'y établir, et il s'y formait de temps en temps de nouvelles habitations. La plupart achetaient leurs terrains des sauvages de ce canton, qui étaient établis à cinq grands quarts de lieue du bord du fleuve, où ils avaient cinq villages éloignés l'un de l'autre d'une demi-lieue. Celui qu'on appelait le grand village, où demeurait le chef principal de cette nation, était bâti le long d'une petite rivière, appelée la rivière Blanche. A l'ouest de ce village, les Français construisirent un fort élevé sur une colline, et

(1) Voir le chapitre de la Louisiane, article *histoire et administration.*

le nommèrent le fort Rosalie. La compagnie
de l'Ouest entretenait dans ce poste une centaine de soldats. Au sud de ce port, il y avait
une autre petite nation sauvage nommée Tioux,
qui traitait volontiers avec les Français ; mais
quelques années après elle abandonna son village pour aller s'établir ailleurs (1). »

« Le poste du vieux Biloxi, situé sur une petite colline, fut établi en 1719 ». « Il servit autrefois de village aux Indiens qui portaient ce
nom. Pendant qu'on était occupé à former ce
nouvel établissement, arrivèrent trois vaisseaux
du roi et un navire de la compagnie d'occident.
Ce dernier, outre sa cargaison de vivres et de
marchandises, portait une troupe de filles toutes
envoyées de force, excepté une seule qu'on appelait la demoiselle de bonne volonté. La plupart furent mariées ; et M. de Bienville, voyant
l'établissement fort avancé, y fit transporter
sur des bateaux tout ce qu'il y avait de vivres,
marchandises, munitions dans l'île Dauphine.
Alors on vit tout l'état-major, les soldats, ouvriers, officiers et habitans qui avaient été le
berceau de la colonie, se rendre à ce nouveau

---

(1) Dumont, part. 2, chap. 12. Cet ouvrage renferme un plan du fort Rosalie-des-Natchez, avec ses
environs.

poste, et aller prendre possession du continent :
tout y fut réglé sur le même pied de ce qui se
pratiquait à l'île Dauphine. Tout le monde y
était nourri, de même aux dépens et sur le
compte de la compagnie, et ils y faisaient les
mêmes distributions (1). »

CONSTITUTION.

L'assemblée, réunie pour former une constitution et donner un gouvernement à l'état, a
été composée de représentans de chaque comté,
nommés par tous les citoyens blancs et libres
des États-Unis, âgés d'au moins vingt-un ans,
qui avaient résidé dans le territoire du Mississipi un an avant l'élection, et qui payaient un
impôt territorial. Cette assemblée, consistant
en quarante-huit membres, nommés par les
quatorze comtés, se réunit dans la ville de
Washington le premier lundi de juillet 1817. Il
fut décidé à la majorité qu'il convenait d'établir une constitution et un gouvernement, qui,
selon la quatrième section de l'acte d'admission au nombre des États-Unis, fussent répu-
blicains, et qui ne fussent pas en contradiction
avec les principes de la convention du 13 juil-

---

(1) Dumont, part. 2, chap. 6 et 7.

let 1787, faite entre les habitans et les états du territoire au nord-ouest de l'Ohio.

Selon la constitution établie par cette assemblée, le pouvoir législatif réside dans une chambre de représentans et dans un sénat, élus par les citoyens blancs et libres, âgés de plus de vingt-un ans, qui ont résidé un an dans l'état. Les membres des deux chambres doivent être propriétaires d'un bien-fonds, et être âgés, les premiers de vingt-cinq ans au moins, et les seconds de trente. Le premier corps législatif était composé de vingt-quatre représentans et de sept sénateurs, qui, avec le gouverneur et le sous-gouverneur, furent élus les premiers lundi et mardi de septembre, et se réunirent en octobre à Monticello, siége actuel du gouvernement dans le comté de Lawrence. Le pouvoir exécutif réside dans un gouverneur élu, ainsi que le sous-gouverneur, tous les deux ans. Ce fonctionnaire doit être âgé au moins de trente ans, être possesseur de biens-fonds, et avoir 1,000 dollars de propriété personnelle, libres de toute dette. Il a le pouvoir de suspendre l'exécution des jugemens jusqu'à la prochaine session du corps législatif, qui décide le cas; de signer les commissions; d'approuver les bills avant qu'ils deviennent lois; et en cas de refus de sa part, s'ils passent de nouveau à

a3 *

la majorité , ils sont adoptés sans être revêtus
de sa sanction : il nomme aux vacances temporaires ; il préside le sénat , et a droit de voter,
pendant les sessions , comme membre du conseil. Il peut assembler ce corps dans les occasions extraordinaires. En cas de démission ou
de mort , sa place est remplie par le sous-
gouverneur jusqu'à l'élection suivante.

La constitution défend au corps législatif de
régler l'intérêt de l'argent.

Organisation judiciaire.

Le pouvoir judiciaire réside dans une cour
suprême composée de trois juges au moins, et
de cinq au plus, et dans des cours d'arrondissement, consistant en un juge pour chacune,
dont la juridiction s'étend à trois comtés au
moins et à six au plus. Il doit être établi dans
chaque comté une justice de paix , qui con-
naîtra de tous les cas dans lequels la valeur de
l'objet qui fait le sujet de la contestation ,
n'excède pas 5o dollars.

Organisation militaire.

La milice qui, en vertu des lois , est sujette
aux devoirs militaires, a le droit de nommer

les officiers des compagnies et ceux de l'état-major, qui ensuite élisent les brigadiers et les majors-généraux.

La milice du territoire du Mississipi (y compris celui d'Alabama) s'élevait, en 1812, à cinq mille deux cent quatre-vingt-onze hommes, savoir :

État-major.	43
Infanterie	4,940
Cavalerie.	308
TOTAL.	5,291

AGRICULTURE.

Les deux principaux articles de culture sont le coton et le maïs. On sème le coton à la fin de février et au commencement de mars ; le produit moyen par acre est de mille livres avec la graine. On sème le *maïs* du premier mars au premier juillet. Ce grain est d'une belle qualité, et le boisseau, dans plusieurs endroits, pèse soixante-dix livres. On cultive le *riz* dans les parties méridionales. Le *froment*, l'*orge* et l'*avoine* ne viennent pas si bien que dans les états du nord, et on n'en sème que pour l'usage des établissemens. La *canne à sucre* est d'un produit avantageux le long du Mississipi jusqu'à Pointe - Coupée ; mais elle ne vient pas bien à Natchez. On présume que l'*indigo* serait cultivé avec succès dans cet état.

Toutes les *plantes potagères* qu'on cultive dans les états du centre, viennent bien dans celui-ci, principalement dans la contrée des Natchez.

Parmi les *arbres fruitiers*, les pruniers, les pêchers et les figuiers produisent des fruits excellens. On trouve des limons doux et aigres jusqu'à Natchéz. Le cafeyer réussirait probablement près de la baie de Mobile.

Les *bêtes à corne* sont si nombreuses, que quelques fermiers en possèdent de cinq cents à mille têtes. On ne les renferme jamais. En automne, on les conduit à une distance considérable de l'établissement, et on les ramène au printemps pour les parquer. Quelquefois les Indiens s'en emparent. Ces bestiaux, à cause de la chaleur du climat, et des tourmens que leur font éprouver des essaims de mouches, donnent moins de lait que ceux des états du nord, et généralement ils ne produisent qu'une fois en deux ans. Le prix commun d'une vache et d'un veau est de 12 dollars. Les *chevaux* ne sont pas en grand nombre. La race en est petite, mais robuste, et rend de plus grands services que celle des états septentrionaux, qui, dans ce climat, est sujette à diverses maladies. Les *moutons* sont aussi peu nombreux. La chair en est bonne, mais la laine est grossière et crépue. Les *veaux* et les *porcs* sont fréquemment dévorés par les loups et les couguars. Les *cochons de lait* le sont par les chats sauvages et par les caymans.

Prix des esclaves. Les travaux du labourage sont faits généralement par cette race malheureuse. Le meilleur esclave, de vingt à trente ans, coûte de 800 à 1,200 dollars. Un seul peut cultiver trois acres de coton, qui donnent un produit net de 230 à 260 dollars. Le gain annuel que procure un esclave mâle dans la force de l'âge, est de 200 dollars environ.

Prix des terres. Le long du Mississipi, depuis l'Yazoo jusqu'à la frontière septentrionale, l'acre de terre vaut de 40 à 50 dollars.

Cession des terres par les Indiens. En 1801, les Choctaws cédèrent aux États-Unis tout le pays entre l'ancienne limite anglaise et le Mississipi, borné au sud par le 31° de latitude, et au nord par l'Yazoo (1).

Vente des terres. Une grande étendue de terres, située dans le district à l'est de la rivière des Perles, entre la Chickasaway à l'ouest,

_____

(1) Voy. l'article *Indiens* dans le dernier volume.

la Mobile et la Tombekbé à l'est, le 31° de laditude au sud, le. Santa-Bogue et le Bogue-Homo, branches des deux rivières précédentes, au nord, a été vendue publiquement à Saint-Stephens, sur la Tombekbé, en juillet 1817.

En vertu de l'acte du congrès, du 24 avril 1814, toute personne qui, depuis le premier avril 1811, et avant le 18 juin 1812, a acheté une ou plusieurs parties de terre appartenant au gouvernement, dans le territoire du Mississipi, n'excédant pas en tout six cent quarante acres (lesquelles terres n'ayant pas encore été vendues en seconde main, ou n'étant pas retournées aux États-Unis, pour non paiement d'une partie du prix d'achat), a obtenu deux ans et huit mois après le délai donné par la loi pour compléter le paiement, pourvu que les intérêts fussent payés dans ce délai. Autrement, la terre doit être vendue de la manière et aux termes prescrits en pareille circonstance, et les premiers acquéreurs des terres non vendues, et qui retournent aux États-Unis, peuvent, à compter du premier octobre 1813, en reprendre possession, moyennant l'ancien prix d'achat. En vertu de l'acte du congrès, du 20 avril 1816, toute personne réclamant des terres publiques dans le territoire du Mississipi, par suite de l'acte ou prétendu acte de l'état de

Géorgie, du 7 janvier 1795, et qui n'a pas adressé ses réclamations aux États-Unis, de manière à établir ses titres à l'indemnité assignée par l'acte du congrès, du 31 mars 1814, et autres actes supplémentaires, a obtenu un délai ultérieur pour faire des réclamations légales et admissibles à des commissaires revêtus du pouvoir de décider sur ce sujet et sur les indemnités dues. Ces commissaires sont autorisés à faire toutes les poursuites pour les recouvremens de fonds détournés frauduleusement du trésor de Géorgie, et à transmettre au conseil ou au procureur les papiers originaux et les documens établissant les preuves des faits. Chacun d'eux, ainsi que le secrétaire, reçoit 1,000 dollars pour prix de ses services.

L'assemblée, par une ordonnance irrévocable, relative aux habitans de ce territoire, a désavoué tout droit sur les terres incultes et non possédées, lesquelles doivent rester à la seule et entière disposition des États-Unis; et toute partie vendue par le congrès est exempte d'impôts pendant cinq ans, à dater de l'époque de la vente. Les terres appartenant aux États-Unis sont entièrement libres d'impôts.

INDUSTRIE.

Produits des manufactures du territoire du Mississipi (1), en 1810.

Instrumens en fer blanc, un fabri-
cant. . . . . Valeur ● 7,200 doll.
Cotonnades fabriquées par différentes
familles, 342,472 verges. 256,854
Toiles de lin, 450 verges. 394
Étoffes de laine fabriquées par diffé-
rentes familles, 7,898 verges. 10,267
Tanneries (10) 39,590
_____
Total. 314,305

Le rapporteur, considérant que ce montant était trop faible, attendu que plusieurs articles avaient été omis ou imparfaitement connus, a cru devoir le porter à 419,073 dollars (2).

_____

(1) Comprenant alors l'état du même nom et le territoire actuel d'Alabama.

(2) Il est question, dans le rapport, de mille trois cent trente métiers pour le coton, de vingt-deux manufactures de coton, d'une machine à carder, de huit cent sept fuseaux, et de six distilleries.

COMMERCE.

Natchez est la seule place considérable de commerce. On envoie des bœufs, des porcs et du blé des parties orientales à Pensacola et à Mobile par le canal de la Tombekbé. Le surplus des productions des parties occidentales passe à travers de celui du Mississipi. Les exportations des productions indigènes, pendant l'année 1817, eurent une valeur de 43,887 dollars.

TRAVAUX PUBLICS.

Routes et canaux. Sur le produit de la vente des terres par le congrès, et à dater du premier décembre 1817, cinq pour cent sont réservés pour l'établissement et les réparations des routes et des canaux; trois cinquièmes sont appliqués à ces objets d'utilité dans l'intérieur, et deux cinquièmes sous la direction du congrès, pour les routes qui aboutissent à cet état (1).

_____

(1) Cette somme ne doit pas être réduite jusqu'à l'entier paiement à l'état de Géorgie de 1,250,000 dollars, pour les cessions de territoire faites aux États-Unis, et après ce paiement, ces fonds seront convertis en rentes, pour servir à indemniser plusieurs individus qui réclament des terres publiques dans le territoire du Mississipi.

Table des distances de la rivière des Perles à l'embouchure de la Pascagoula.

	milles.
De la rivière des Perles aux îles des Malheureux.	9
De ces îles à celle de Saint-Joseph	7
De cette dernière à celle de Sainte-Marie, à l'embouchure de la baie de Saint-Louis	5
De la Sainte-Marie à la passe de Christian, vis-à-vis l'île des Chats.	4
De cette île à Mid-Channel, entre la baie de Biloxi et l'île aux Vaisseaux.	20
De ce point à l'extrémité occidentale de l'île des Chiens	28
De cette île à l'embouchure de la Pascagoula. .	10

83 (1)

Table des distances de Madisonville, située près l'embouchure de la Quéfoncté sur le lac Ponchartrain, à Natchez sur le Mississipi.

	milles.
De Madisonville (2) à Springfield, sur le Notalbany	29
De cette petite rivière à la maison de Justice, près de Sainte-Hélène.	10
De cette endroit à Spiller.	15

(1) *Emigrants' guide by W. Darby*, p. 18.
(2) De la Nouvelle-Orléans à cette ville, la distance par le lac Ponchartrain est de vingt-neuf milles.

	milles.
De Spiller à l'Amité.	14
De cette rivière au 31° de latitude	4
De cette ligne à l'Homochitto.	35
De là à Natchez	20
	127 (1)

Forts. Le fort *Adams* domine les hauteurs de Loftus, sur le bord du Mississipi, à six milles au-dessus du 31° de latitude.

Bateaux à vapeur. Des bateaux de cette espèce naviguent entre Natchez et la Nouvelle-Orléans. Le voyage, en suivant le courant, est très-rapide ; mais, pour remonter, il faut six à sept jours.

Ouvrages qui traitent de l'histoire et des productions de cet état.

Années. 1745. De Charlevoix (le père). Journal d'un voyage fait par ordre du roi, dans l'Amérique septentrionale , 3 vol. in-4°.

— 1753. Dumont. Mémoires historiques sur la Louisiane , en 2 vol in-12. Ouvrage enrichi de cartes et de figures.

---

(1) Voyez le tableau des distances , donné pour le territoire d'Alabama, où se trouvent indiquées d'autres routes.

— 1768. Bossu. Nouveaux voyages aux Indes occidentales , etc. , en 2 vol. in-12.

— 1817. *Brown. Western Gazetteer* , art. Mississipi.

— 1818. *Darby. Emigrants' guide* , article Mississipi.

CHAPITRE XX.

ÉTAT D'INDIANA.

TOPOGRAPHIE.

SITUATION ET ÉTENDUE. Cet état est situé entre le 37°45° et le 41° 52' de lat. nord, et entre le 7° 40' et le 10° 47' de long. ouest de Washington. Il est borné au nord par le parallèle du 41° 52' de latitude, qui traverse l'extrémité méridionale du lac Michigan; au sud et au sud-est, par l'Ohio, depuis la jonction du grand Miami jusqu'à celle de la Wabash; à l'est, par le méridien qui le sépare de l'état de l'Ohio; et à l'ouest, par la Wabash jusqu'à Vincennes, au 38° 43' de latitude, et de là par une ligne qui va directement au nord. Sa figure représente celle d'un parallélograme, au-dessus du 39° de latitude; mais, au-dessous de ce point, les sinuosités de l'Ohio et de la Wabash lui donnent une forme très-irrégulière. L'Ohio et la Wabash lui servent de limite, l'un pendant quatre cent cinquante-deux milles (1), et l'autre durant

_____

(1) *Ohio navigator.*

près de cent cinquante; la ligne méridienne
de l'ouest a deux cent vingt milles de longueur,
et celle de l'est cent cinquante. Sa largeur,
entre ces deux dernières lignes, est de cent
trente-huit milles.

Superficie. Selon M. Melish, l'état a trente-
quatre mille milles carrés; M. Darby lui en
donne trente-six mille milles, ou vingt-trois
millions quatre cent quarante-neuf mille six
cents acres.

Aspect du pays et nature du sol. La surface
du pays, depuis les chutes de l'Ohio jusqu'à la
Wabash, est coupée et inégale, étant traversée
par une chaîne de collines appelées les *Knobs,*
qui s'élèvent de quatre ou cinq cents pieds au-
dessus de leur base. Après cette chaîne on
trouve une surface unie, appelée les *flat woods*
(*bois plats*), large de soixante-dix milles, et
qui s'étend jusqu'au pays d'Ouitanon. Le
long des principaux courans, excepté l'Ohio,
il y a une étendue de très-bonne terre allu-
viale, sans bois, qui se termine en prairies
élevées de trente à cent pieds au-dessus du terrain primordial, ornées de taillis et de jolis
arbrisseaux, et bornées par de superbes forêts.
En été, ces plaines sont couvertes d'une herbe
magnifique, de six à huit pieds de haut. Le sol
a communément deux à trois pieds de profon-

deur; mais, sur les bords de la Wabash, en
creusant des puits, on a trouvé vingt-deux
pieds de terre d'alluvion, et dessous une
couche de très-beau sable. blanc, etc. Sur les
bords de la rivière Blanche, le terrain est montagneux, coupé et rocailleux en quelques endroits; mais il est extrêmement bien arrosé.
De l'embouchure du grand Miami à la rivière
Bleue, une ligne de collines, coupées par
des ruisseaux, s'étend dans une direction parallèle à l'Ohio, et à peu de distance de son
lit. Au-dessous de cette rivière, le pays est
uni et couvert de grands arbres. Entre la Wabash et le lac Michigan est un pays plat, offrant
de vastes prairies, coupées par de belles
forêts pleines de marécages et de lacs, où plusieurs rivières prennent leur source. Près de la
rive méridionale du Saint-Joseph du Michigan
s'étendent de riches prairies d'un à dix milles
de large et d'une longueur fort inégale, dont le
sol sec est situé au moins à cent pieds au-dessus
des plus hautes eaux. Vers les sources de l'Eel,
de la petite rivière de la Panthère et du
Saint-Joseph du Miami, et entre les deux
affluens supérieurs de la Wabash, le terrain est
en général uni et marécageux, mais entremêlé d'étendues de terres d'une bonne qualité.
L'alluvion de cette rivière est considérable, et

plusieurs autres ont un cours si irrégulier, qu'elles arrosent moitié plus de pays que si elles suivaient une ligne droite. Le général Harrison, qui a parcouru cette contrée dans tous les sens, observe que le plus beau pays dans tout l'hémisphère occidental est celui qui est borné à l'est par les comtés de Wayne, de Franklin, et par une partie de ceux de Dearborn, de Switzerland et Jefferson ; à l'ouest, par le canton appelé la Nouvelle-Acquisition (*New purchase*) ; que vers l'occident, un peu au-delà de la Wabash, ce canton contenant peut-être dix millions d'acres, appartient principalement aux Indiens ; une partie dépend des Miamis et des Delawares. Il renferme toutes les sources de la rivière Blanche, les différens affluens de la Wabash qui coule du sud et du sud-est (1).

Cavernes. On voit dans une montagne, haute de quatre cents pieds, l'entrée d'une caverne, formée dans des bancs de pierre calcaire, que l'on dit avoir une étendue de plus de six milles. Lorsqu'on la découvrit, il y a environ douze ans, le fond était recouvert de couches de sels, de nitre et de sulfate de magnésie, de six à neuf pouces d'épaisseur. Les côtés étaient si incrustés de ces substances, qu'ils paraissaient

_____

(1) *Appendix to the Western gazetteer*, p. 358.

couverts de neige. La terre la plus saturée donnait jusqu'à vingt ou vingt-cinq livres par boisseau; et celle qui l'était le moins, environ quatre livres. M. Adams trouva des morceaux de sulfate de magnésie, qui pesaient de un à dix livres, jusqu'à trois pieds de profondeur. Cette matière se formait si rapidement, que de petits cristaux s'apercevaient déjà dans un endroit, où l'on n'avait pas laissé le moindre vestige de sel, quatre ou cinq jours auparavant.

EAUX.

Lacs (1). La partie supérieure de cet état est entrecoupée de pièces d'eau, dont trente-huit, tracées sur les dernières cartes, ont de deux à dix milles de long. Elles occupent en tout une longueur de plus de cent milles. Quelques-unes ont une communication d'un côté avec le Mississipi, et de l'autre avec le lac Michigan. La plupart de ces pièces d'eau sont comprises entre les sources des deux Saint-Joseph, de la rivière Noire, du Raisin, du Tippecanoe et de l'Eel.

Rivières. Cet état est arrosé par l'Ohio et la Wabash, et leurs nombreux affluens. Les frontières méridionales le sont par le premier,

---

(1) Voir la description du lac Michigan, tom. 1ᵉʳ., chap. III, p. 108 et suiv.

depuis la jonction du grand Miami jusqu'à celle
de la Wabash. Les principaux affluens de l'Ohio
sont : 1°. la *Tanners Creek*, qui a sa source
dans les pays plats et boisés , au sud de Brookeville, et qui , après un cours de trente milles,
s'y jette au-dessous de Lawrenceburg, où elle a
quatre-vingt-dix pieds de largeur; 2°. la *Loug-
hery's Creek*, qui a quarante milles de long ,
et cent cinquante pieds de large à son confluent,
à onze milles au-dessous du grand Miami ;
3°. l'*Indian Creek*, appelée aussi *Indian Kentucky*, et par les Suisses *Venoge* (1), qui sort des
collines voisines de l'affluent méridional de la
rivière Blanche, à quarante-cinq milles au nord-
est de Vevay, et se décharge dans l'Ohio , huit
milles au-dessous de l'embouchure de la rivière
de Kentucky. Elle forme la limite méridionale
de l'établissement des Suisses; 4°. la *Wyandot
Creek*, qui sort des collines qui s'étendent dans
une direction transversale, depuis un endroit
voisin de l'embouchure de la rivière Bleue jusqu'au Muddyfork de la rivière Blanche, et joint
l'Ohio à une distance à peu près égale entre les
chutes de ce fleuve et la rivière Bleue; 5°. la
grande rivière Bleue, qui est ainsi nommée de

_____

(1) Nom d'une petite rivière du canton de Vaud, en
Suisse.

la couleur de ses eaux : elle a sa source plus au nord, près de l'affluent méridiohal de la rivière Blanche, coule pendant cinquante milles au sud-ouest, et, se dirigeant alors vers le sud, tombe dans l'Ohio, à trente-deux milles au-dessous du confluent de la Salt. Elle a environ cent cinquante pieds de large, et est navigable pendant quarante milles jusqu'au banc de rochers, qui, s'il était enlevé, étendrait la navigation à dix ou douze milles plus loin (1); 6°. la *petite rivière Bleue*, large de cent vingt pieds, qui a sa jonction à treize milles au-dessous de la précédente; 7°. l'*Anderson*, qui joint l'Ohio à soixante milles plus bas. C'est la plus considérable au-dessous de la rivière Bleue et de la Wabash. (*Western Gazetteer.*)

Le courant de toutes ces rivières est très-rapide, et leurs eaux sont fort salutaires.

Les parties sud-est de l'état sont arrosées par l'*Eau-Blanche* (2), affluent du grand Miami, qui traverse l'état de l'Ohio. A son embouchure, elle a plus de trois cents pieds de large. Son affluent occidental communique avec ceux de la rivière Blanche.

_____

(1) Schultz, 1 vol., p. 196.

(2) Ainsi nommé, à cause de la transparence de ses eaux.

La *Wabash* (1), qui arrose le milieu et les parties occidentales de l'Indiana, sort de deux sources près de la frontière orientale, et traverse l'état en coulant à l'ouest et au sud pendant l'espace d'environ cinq cents milles (2), et se décharge dans l'Ohio sous le 37° 21' de latitude. Les principaux affluens qui lui arrivent du sud-est et de l'est, sont : la Petite-Rivière, la Massasinway, l'Anguille, la Panne, la Rocky, la Sainte-Marie, la Dèche, la rivière Blanche et la Potoka. La Petite-Rivière a sa source sept milles au sud du fort Wayne, et se jette dans la Wabash à environ quatre-vingts milles au-dessous du portage Sainte-Marie. La *Massasinway* arrive de l'état de l'Ohio, et a sa jonction à cinq milles plus bas. L'*Anguille* (*Eel*) sort de plusieurs lacs et étangs, situés dix-huit milles à l'ouest du fort Wayne, et se joint à la Wabash à huit milles au-dessous de la précédente.

La *Panne* vient du sud-est, et s'y jette à vingt milles au-dessous de la Massasinway. Une autre *Petite-Rivière* se décharge dans la Wabash à quelques milles plus bas. La *Rocky*, formée de plusieurs affluens qui viennent du nord-est, a trois cents pieds de large à son confluent.

_____

(1) Écrit *Ouabache*, par les Français.
(2) *Western gazetteer.*

La *Sainte-Marie*, venant dans la même direction, a cinquante milles de long, et se décharge
à dix-huit milles au-dessus de Vincennes. La
Dèche, petit ruisseau tortueux qui vient du
nord-est, tombe dans la Wabash à peu près à
moitié chemin entre Vincennes et la rivière
Blanche.

La *rivière Blanche*, qui arrose la plus belle
partie de l'état, est formée de deux grands affluens, nommés *affluens du nord* et *du sud*,
qui se réunissent à quarante milles de la Wabash. Le premier, qui a près de cent quatre-
vingts milles de longueur, a un cours presque
sud-ouest; et le dernier, dont l'étendue est de
cent cinquante milles, suit une direction sud-
ouest-par-ouest jusqu'à sa jonction. L'un et
l'autre sont navigables pour des bateaux dans
une étendue de cent trente milles, lorsque leurs
eaux sont hautes.

La *Potoka* a sa source auprès de celle de l'affluent méridional de la rivière Blanche, dont
elle suit exactement la direction à dix ou douze
milles de distance; et, après un cours de soixante-
quinze milles, elle se jette dans la Wabash, à
quelques milles au-dessous de la rivière Blanche.

Les affluens de la Wabash qui viennent du
nord et du nord-ouest, sont : la Richards' Creek,
la rivière aux Roches, le Tippacanoe, les petites

rivières de Pine, et Redwood, le Rejoicing, ou le Vermillon-Jaune, le Petit-Vermillon, l'Érablière, le Duchat, la Brouette, la Tortue, le Saint-Germain, le Mousquite, etc.

La *Richards' Creek* se jette dans la Wabash à dix milles au-dessous de la rivière de Panne. La rivière *aux Roches*, qui vient du nord-ouest à travers un pays très-inégal, y tombe environ à la même distance vers le sud. Le *Tippacanoe* a son origine à vingt milles à l'ouest du fort Wayne, dans des lacs et des marais, qui forment une communication avec le Saint-Joseph du Miami-des-Lacs : les autres rivières qui viennent du nord-ouest et de l'ouest, coulent à la distance de dix à quinze milles l'une de l'autre.

Les parties nord-est de l'état sont arrosées par la Sainte-Marie et le Saint-Joseph, affluens du Miami, qui se jette dans le lac Érié (1).

Les frontières qui touchent au territoire du Michigan sont arrosées par plusieurs rivières qui aboutissent au lac, le Saint-Joseph, le Chicago, la Grande et la Petite-Kennomic, etc., et par les premiers affluens de la rivière des Illinois, qui traverse l'état du même nom.

Le *Chicago*, qui se décharge à l'extrémité sud-ouest du lac Michigan, se divise en deux

_____

(1) Voir le chapitre de l'Ohio.

branches à seize milles de son embouchure, où il forme un port qui peut recevoir des sloops de cinquante tonneaux.

La *Grande-Kennomic*, qui se jette également dans le lac Michigan, à trente milles à l'est du Chicago, prend sa source à vingt ou trente milles au sud de ce lac, et coulant au nord-ouest, en approche de quelques milles. A la distance de huit à neuf milles, elle suit une direction parallèle à celle des bords du lac; puis elle se dirige vers l'est, et enfin au nord jusqu'à son embouchure, où elle forme une baie spacieuse.

Étendue des eaux navigables, d'après l'auteur du Western Gazetteer.

	milles.
L'Ohio.	472
La Wabash.	470 (1)

(1) Cette rivière, qui a neuf cents pieds de large à son embouchure, est navigable depuis ce point jusqu'aux Rapides, à Ouitanon, pour les gabarres ou barques tirant trois pieds d'eau, pendant quatre cent douze milles. Au-dessus de ce village, les petits bateaux remontent à cent quatre-vingt-dix-sept milles plus haut, jusqu'à six milles de la rivière Sainte-Marie, à dix du fort Wayne, et huit du Saint-Joseph du Miami-des-Lacs (*). Au-dessus de Vincennes, le courant est très-doux; dix milles au-dessous de cette ville il y a quelques rapides, qui cependant n'ob-

(*) Hutchins.

	milles.
La rivière Blanche et ses tributaires. . . .	160
La Potoka	30
La rivière Bleue	40
L'Eau-Blanche.	40
La Rocky	45
Le Panne	30
La Massisinway	45
L'Éel et la Petite-Rivière.	60

struent pas la navigation. Les bords sont élevés, et moins sujets aux inondations que ceux des autres rivières de cette contrée, excepté ceux de l'Ohio; cependant, quand les eaux s'élèvent, au mois de mars, ces bords sont couverts en partie, depuis le fort Harrison jusqu'à Vincennes, distans l'un de l'autre de cent vingt milles par eau et de cinquante-cinq par terre. Vis-à-vis cette dernière ville, la largeur de la Wabash, pendant cette époque, est de quatre en cinq milles, ce qui oblige les fermiers d'éloigner leurs bestiaux et leurs cochons. Les bateaux ne peuvent passer les rapides à Ouitanon, mais les barques de trente tonneaux naviguent entre cette ville et Vincennes.

Dans la partie septentrionale de l'état, la Wabash et l'Illinois communiquent avec le lac Érié et le lac Michigan par un grand nombre de rivières, dont les sources sont peu éloignées les unes des autres. De vingt portages près de la frontière du Michigan, deux seulement ont été traversés par les blancs. L'un, qui a neuf milles d'étendue, à commencer du fort Wayne, sur la Sainte-Marie, jusqu'à la Petite-Rivière; est une assez bonne route dans les temps secs. C'est par-là que les Français passèrent des lacs à leur poste, sur la Wabash. L'autre portage, beaucoup plus court, s'étend entre le Chicago, et le Kickapoo, affluent de l'Illinois, et le terrain est si plat, que, dans les grandes eaux, les bateaux passent entre le lac Michigan et l'Illinois (*).

(*) Voyez ce que dit Volney, de la communication par eau qui existe entre le lac Michigan et le Mississipi.

	milles.
Affluens occidentaux de la Wabash	330
Le Saint-Joseph du Miami, et la Panthers'-Creek.	75
L'Elkhart et une partie du Saint-Joseph du lac Michigan	100
La Grande et la Petite Kennomic.	120
Le Chemin.	40
Le Chicago et le Kickapoo	80
Le Theakiki, et une partie du Fox, du Plein, et de la rivière des Illinois	300
La côte méridionale du lac Michigan.	50

TOTAL. 2,487

MÉTÉOROLOGIE.

Température. Dans tout le pays élevé, le climat est très-favorable à la santé ; mais dans les lieux bas des terres d'alluvion, formées par la décomposition des substances végétales, l'air est malsain. L'hiver est tempéré, et beaucoup plus court que dans les autres états. Le beau temps dure ordinairement jusqu'à Noël, et le printemps commence vers la mi-février. Le pêcher fleurit vers le premier mars, et les arbres sont en feuilles le 10 avril ; mais il y a des hivers beaucoup plus froids. Pendant celui de 1815, la gelée dura deux ou trois semaines ; la neige avait de six à neuf pieds d'épaisseur, et l'on passa la Wabash sur la glace. Les pommiers, les cerisiers et les pêchers viennent bien dans ce pays. Le tabac réussit aussi-bien que dans la Virginie. On cultive la vigne et les patates douces dans la Nouvelle-Suisse et le Vevay. Au-dessous d'Ouitanon, au 40° 21′ de latitude, le climat est tempéré. Au-dessus des sources de la Wabash, où dominent les vents du nord et du nord-ouest, l'hiver est beaucoup plus rigoureux. Les grands roseaux y viennent jusqu'à l'embouchure du Grand-Miami. Le cotonnier croît près de Vincennes, Princeton, Harmony, et dans les établissemens au-dessous du confluent de l'Anderson; cependant il ne réussit pas bien au-dessus du 31° de latitude.

RÈGNE MINÉRAL.

Substances métalliques. On dit qu'il a été découvert une mine d'*argent* dans un lieu situé à vingt-huit milles environ, au-dessus d'Ouitanon, sur le bord septentrional de la Wabash (1); et des mines de *fer* sur la rivière Blanche et en d'autres endroits. Il existe du *sulfate de cuivre* sur le bord de la Silver-Creek, à deux milles environ de son confluent (2).

(1) Hutchins, p. 28.

(2) Entre la rivière Blanche et New-Lexington, les

Substances terreuses, acidifères et combustibles. Hutchins dit « qu'il y a une grande quantité de *grès*, *de chaux carbonatée fétide* ; des *argiles blanche*, *jaune* et *bleue*, pour faire de la poterie, et du *charbon de terre* excellent, dans les montagnes. » Il y a une mine de ce dernier un peu au-dessous des affluens de la rivière Blanche.

Salines. On a découvert quelques salines sur la Wabash et sur les bords de la Salina-Creek, que le gouvernement des États-Unis afferme à des entrepreneurs qui sont tenus de vendre le sel à un demi-dollar par boisseau, aux salines ; mais par l'agence d'associés particuliers, ils font en sorte de ne pas le donner au magasin à moins de 2 dollars (1). Auprès de New-Lexington, cent gallons d'eau salée puisée à la profondeur de cinq cent vingt pieds, donnent de trois à quatre boisseaux de sel. Ces salines appartiennent au général Mac Farland.

On a trouvé dernièrement du *sel de glauber*, ou *sulfate de potasse*, dans une caverne située à douze milles de l'Ohio, et à peu près à la

---

eaux de puits sont tellement imprégnées de sulfate de cuivre qu'elles noircissent le linge, et quelques habitans, les regardant comme malsaines, abandonnèrent leur demeure pour cette raison.

(1) Schultz, vol. 1er., p. 199.

même distance à l'ouest de New-Albany. Il y en a en si grande quantité, qu'il ne paraît pas qu'on puisse jamais l'épuiser. Du sel d'Epsom (*sulfate de magnésie*) existe dans une caverne située à trente-cinq lieues environ de Louisville. On trouve aussi du *nitre* dans les cavernes voisines.

Sources médicinales. Une *source ferrugineuse* tenant du fer et du soufre en dissolution ou en suspension, située près de Jeffersonville, est très-fréquentée (1).

RÈGNE VÉGÉTAL.

Hutchins remarque que, sur les bords de la Wabash, « les bois sont grands et élevés, et si variés, que presque toutes les différentes espèces qui croissent près de l'Ohio et ses affluens, s'y trouvent également; mais qu'il y a un plus grand nombre de mûriers noirs et blancs. » Les prairies naturelles sont coupées de petits bois composés de chênes, de frênes, d'érables, de robiniers, de peupliers, de pruniers et de pommiers sauvages. Sur les bords de ces prairies, le chêne vient en abondance et arrive à

---

(1) Une étendue de terre de cent-soixante acres qui renferme cette source précieuse, a été achetée par le docteur Adams, 2 dollars l'acre.

une très-grande hauteur. Les principaux arbres
qui croissent sur les affluens de la rivière Blanche, sont le chêne blanc et le noyer noir. Les
montagnes, près de l'Eau-Blanche, se terminent en un pays uni et très-riche, couvert de
chênes, de noyers, de frênes, d'ormes, d'érables à sucre, etc. Le chêne et le noyer abondent sur les bords de la Silver-Creek, du Cane-
Run, et autres tributaires de l'Ohio, ainsi que
sur l'affluent méridional de la rivière Blanche.
Les bords de la rivière Bleue sont aussi garnis
de chênes et de robiniers; les collines voisines
sont couvertes de noyers noirs, de chênes, de
frênes, d'érables, etc. Les terres basses qui sont
entre les collines, offrent des tilleuls, des aza-
leas, des lauriers, des pavias, etc., des vignes
sauvages et une grande variété d'arbrisseaux.
Sur les bords de l'Eau-Blanche, le ginseng atteint à une grosseur extraordinaire. La racine de
Columbo abonde dans le sol maigre des arêtes
des collines. Les grands roseaux croissent au
sud de la chaîne de montagnes qui s'étend depuis les chutes de l'Ohio jusqu'à celles de la
Wabash, au-dessus du confluent de la rivière
Blanche, et en d'autres endroits jusqu'à celui
du grand Miami (1).

_____

(1) Un phénomène extraordinaire de cette contrée,

RÈGNE ANIMAL.

Mammifères. Les forêts sont remplies de bêtes fauves; il y a aussi beaucoup d'ours et de loups.

Oiseaux. Les oiseaux les plus utiles sont les dindons sauvages; les canards et les pigeons abondent dans les bois et sur les eaux de la partie septentrionale.

Reptiles. Les serpens à sonnette et les serpens à tête cuivrée infestent le pays boisé; mais on les voit rarement dans les lieux bas et découverts.

Poissons. Nous ne trouvons aucune particularité sur les poissons qui habitent les rivières de cet état. La grande Kennomic du lac Michigan en fournit, dit-on, aux Indiens une quantité prodigieuse (1). On prétend que l'esturgeon abonde dans ses eaux.

---

dans les forêts le long de la rivière Blanche, consiste dans les sources naturelles de dix à quinze pieds de profondeur formées par la décomposition des troncs et des racines d'immenses platanes.

(1) *Western Gazetteer*, p. 77.

POPULATION.

Mouvement de la population.

En 1800, elle était de   5,641 (1), y compris les gens
de couleur.

1810. . . . . . .   24,520 . . $\left\{ \begin{array}{l} \text{237 esclaves.} \\ \text{393 noirs lib.} \end{array} \right.$

1815.   67,784

L'accroissement *pour cent*, pendant les dix dernières années, fut de 16 environ.

D'après le recensement de 1810, le nombre des

Mâles au-dessous de seize ans était de	6,845	
Femelles, *idem*.		6,418
Mâles de seize à quarante-cinq ans	4,600	
Femelles, *idem*.		4,108
Mâles de quarante-cinq ans et au-delà	1,125	
Femelles, *idem*.		794
	12,570	11,320

Population blanche.	23,890
Gens de couleur libres	393
Esclaves	237
TOTAL.	24,520

(1) Cette population est commune à l'état des Illinois, qui

Indiens. Les tribus qui habitent encore dans'
cet état, sont, 1°. les *Musquitons* et les *Piankashaws*, environ au nombre de mille, qui
vivent sur les affluens de la Wabash, entre Vincennes et Tippecanoe. Ils venaient vendre autrefois des peaux et des fourrures à Ouitanon (1),
petit fort palissadé, bâti sur la rive occidentale
de la Wabash ; et ils étaient si nombreux, que,
suivant le rapport de Hutchins, ils pouvaient
mettre sur pied mille guerriers ; 2°. les *Kickapoos*, qui vivent dans des villages, vers les
sources de la rivière des Illinois, et sur la rive
occidentale de la Wabash, au-dessus du Tippacanoe ; ils ont environ quatre cents guerriers ;
3°. les *Delawares*, qui habitent un village situé au milieu d'une prairie ouverte de tous
côtés, vers les sources de la rivière Blanche : ils
sont peu nombreux ; 4°. les *Miamis*, qui résident
vers la partie supérieure de la Wabash, sur les
bords de la Massisinway, de la Miami des Lacs et
du petit Saint-Joseph, dans un beau pays où
ils cultivent le maïs et des plantes potagères.
Ils sont réduits à peu près à onze cents individus. Les hostilités qu'ils exercèrent contre
les Américains, dans la dernière guerre, furent

forma, avec celui d'Indiana, un seul territoire, jusqu'au 3 février 1809.

(1) C'était le nom d'une tribu indienne du voisinage.

cause de la destruction de quatre des villes qu'ils avaient sur les affluens de la Wabash, et qui furent brûlées par le général Harrison, en septembre 1813 ; 5°. les *Shawanèses*, qui habitent sur les bords du Tippecanoe et dans les environs, sur la Ponce-Passu-Creek et la Wabash, où ils cultivent le maïs et les plantes potagères. Ce peuple, autrefois puissant et belliqueux, n'a plus maintenant que quatre cents guerriers. Leur principale ville, appelée Kathippe-ca-munk, composée de cent vingt maisons, et située près de l'embouchure du Tippecanoe, au-dessus du vieux fort français d'Ouitanon, fut détruite par le général Wilkinson en 1791 ; 6°. les *Hurons*, qui vivent dans un petit village, à dix ou douze lieues au sud-est d'Ouitanon, au nombre de dix ou douze familles ; 7°. les *Eel rivers* et les Weaws de la tribu des Miamis, qui résident sur les rivières d'Eel et de Wabash, ayant à peu près cent guerriers. Quelques Indiens de la nation *Winnebago* habitent dans un petit village sur la baie de Ponce-Passu-Creek, à sept milles à l'est de la ville du *Célèbre prophète*, consistant en quarante ou cinquante maisons ; les autres demeurent sur les rivières de Plein, du Renard, et vont souvent à Chicago. La tribu la plus considérable de l'état, est celle des *Puttawatamies,*

25 *

qui vivent sur les bords du Saint-Joseph, du Chicago, de la Kennomic, du Theakiki et de l'Elk-Hart; ils ont cinq villages, dont l'un est situé dans une vaste prairie, à soixante milles à l'ouest du fort Wayne (1).

Établissemens. Dans une lettre sur l'émigration à l'ouest, écrite par David Thomas, de la société des quakers, datée de Scipion, comté de Cayuga, état de New-York, et adressée à M. Brown, éditeur du *Western Gazetteer*, on rapporte « qu'il existe maintenant à Vincennes quatre Français qui étaient à la défaite du général Braddock, et qui ont vécu dans cette ville pendant cinquante ou soixante ans. Il y a aussi deux femmes françaises, âgées de quatre-vingts à quatre-vingt-dix ans; et une personne, appelée *Mills*, est morte dernièrement à l'âge de cent quinze ans. Ces exemples servent à prouver qu'il n'y a rien dans ce pays qui soit particulièrement contraire à l'existence humaine; et il faut se rappeler qu'ils ne sont pas puisés dans une grande ville, mais bien dans une ville frontière dont la population est peu considérable. » Les établissemens s'étendent principalement le long de l'Ohio et des tributaires du grand Miami;

(1) *Western Gazetteer*, p. 72.

sur les bords de la Wabash et de l'Eau-Blanche.
La partie la plus anciennement et la mieux peu-
plée de l'état, est le comté de Knox, borné par la
Wabash à l'ouest, et arrosé par un grand nombre de ses affluens ; la Dèche, la rivière Blanche,
la petite rivière de Sainte-Marie, le Busseron,
le Racoon et l'Ambush. Il contient deux cent
mille acres de très-bonnes prairies et de terres
alluviales. Vincennes, autrefois le poste Saint-
Vincent, situé sous le 38° 51′ de latitude nord,
dans une plaine charmante, sur la rive orientale de la Wabash, à deux cents milles de sa
jonction avec l'Ohio, en suivant son cours, et
seulement à cent en droite ligne, contenait,
en 1816, à peu près cent maisons. Voici la
description qu'en donna M. Hutchins (1), vers
l'an 1770 : « Cette ville, dit-il, qui se trouve
à cent cinquante milles du confluent de ces
deux rivières, est composée de soixante colons, avec leurs familles qui cultivent du
maïs, du froment et du tabac d'une si bonne
qualité, qu'on le dit supérieur à celui que
produit la Virginie. Ils ont une race de chevaux superbes, introduite originairement par
les Indiens, des établissemens espagnols, situés
à l'ouest du Mississipi; et une grande quantité

---

(1) *Topographical description*, etc.

de cochons et de bestiaux. Les habitans font
avec les naturels du pays un commerce de fourrures et de pelleteries, qui monte à 5,000 livres
sterling chaque année. Ouitanon, petit fort
palissadé sur le bord occidental de la Wabash,
contenait à la même époque environ une douzaine de familles, dont le trafic en fourrures
et en pelleteries avec les Indiens du voisinage,
montait à peu près à 8,000 livres sterling par
année (1). » Lawrenceburg, situé sur l'Ohio,
à deux milles au-dessous de l'embouchure du
grand Miami, n'a pas réussi comme on l'espérait, à cause du débordement annuel de la rivière. Un demi-mille au-dessus, il a été bâti,
sur une éminence, une nouvelle ville appelée
Édimbourg. Un endroit appelé le *Soleil levant*
(*Rising-Sun*), dans le comté de Dearborn, situé sur une hauteur au bord de l'Ohio, entre
Vevay et Lawrenceburg, contient trente ou
quarante maisons. Son accroissement a été rapide, et il deviendra probablement une ville
d'un commerce considérable.

Brookeville, dans le comté de Franklin, situé
entre les affluens de la rivière Blanche, à trente
milles au nord de Lawrenceburg, fut fondé
en 1811; mais n'étant qu'à quinze milles de la

_____

(1) Pag. 28 et 31.

ligue indienne qui sert de démarcation, cette
ville n'a pu augmenter durant la dernière
guerre. Depuis cette époque, son accroissement a été très-prompt; car, en 1816, elle
contenait déjà quatre-vingts maisons habitées
et un grand nombre d'ateliers. Sa position,
élevée de soixante-dix à quatre-vingts pieds
au-dessus du niveau de la rivière, n'est pas
exposée à l'humidité; elle est très-agréable,
et les sites avantageux qu'offrent les affluens de
la rivière Blanche pour établir des machines
mises en mouvement par l'eau, font croire
que cette ville sera un jour très-manufacturière.
Le village de Harrison, dans le même comté,
à huit milles de l'embouchure de la rivière
Blanche, sur le bord septentrional, et à dix-huit
milles au nord-est de Brookeville, fut commencé vers l'an 1800, et comptait, en 1816,
trente-cinq maisons. Salisbury, dans le comté
de Wayne, à trente milles au nord du précédent, était composé de trente-cinq maisons en
1816; à cette époque, un nouveau village,
appelé Centreville, parce qu'il est plus au
centre, renfermait déjà quelques habitations.

Le canton de New-Switzerland, situé sur
l'Ohio, dans le comté de Switzerland, et s'é-
tendant de la petite rivière Indienne, à trois
quarts de mille au-dessus du confluent de la

rivière aux Prunes, environ l'espace de quatre milles et demi, commença à se peupler en 1805. Des émigrans du pays de Vaud s'y établirent pour cultiver la vigne; et ce village est aujourd'hui dans un grand état de prospérité. Les habitans augmentent tous les ans leurs vignobles; ils cultivent aussi du maïs, du froment, des pommes-de-terre, du lin et du chanvre pour leur usage. L'industrie des femmes s'exerce à la fabrication d'une grande quantité de chapeaux de paille.

Vevay, dans le même comté, situé sur le bord de l'Ohio, à vingt-cinq pieds au-dessus des grandes eaux, et à un demi-mille environ des vignobles élevés de l'établissement précédent, fut tracé en 1813. La première maison fut bâtie en février 1814; et, avant la fin de la guerre, il y en avait quarante-quatre, avec quatre magasins et deux tavernes. En 1816, le nombre des ménages était monté à quatre-vingt-quatre; celui des ateliers de mécanique à trente-quatre; celui des magasins à quatre-vingt-un; et il existait trois tavernes. On construisit cette année-là une cour de justice en briques, une prison et une école. Vevay est à soixante-dix milles par eau, et quarante-cinq par terre, au-dessus de Cincinnati.

New-Lexington, dans le comté de Jefferson,

à cinq milles à l'est de la grande chaîne des
Knobs, contenait, en 1816, une quarantaine
de maisons.

Le village de Madison, situé sur la rive la
plus élevée de l'Ohio, à seize milles à l'est du
précédent, et à trente milles au-dessous de
Vevay, renfermait soixante ou soixante-dix
maisons en 1814.

Charleston, dans le comté de Clark, situé
à deux milles de l'Ohio, et à quatorze milles des
chutes, est un village florissant.

Jeffersonville, dans le même comté, bâti
sur le bord de l'Ohio, un peu au-dessus des
chutes, et presque vis-à-vis de Louisville,
comptait, en 1816, à peu près cent trente
maisons.

Clarkville, construit à l'extrémité inférieure
des chutes de cette rivière, contenait, la même
année, quarante familles. Ce village s'est accru
moins rapidement que les autres, puisque son
commencement remonte à 1783. A peu de distance de là, se trouve New-Albany.

Corydon, dans le comté d'Harrison, à dix
milles de l'Ohio, et à vingt-cinq milles à l'ouest
de Jeffersonville, a commencé en 1809.

Salem, à trente-quatre milles au nord de Corydon, sur la route de Vincennes, est le seul village
important du côté de Washington : il est ar-

rosé par l'affluént méridional de la rivière Blanche.

Bruenston, à vingt-cinq milles au nord-est de Salem, dans le comté de Jackson, est situé au nord du précédent. Ce comté, baigné par la rivière Blanche, et par les petites rivières dont elle reçoit les eaux, fut formé en 1815.

Le village de Paoli, à quarante milles à l'est de Vincennes, et à trente au nord-ouest de Salem, est situé près des limites du comté d'O-range, et arrosé par la rivière Blanche et la Potoka.

Princeton, à trente-cinq milles au sud de Vincennes, se trouve dans le comté de Gibson, qui est borné à l'est par la Wabash, et arrosé par quelques-uns des tributaires de cette rivière.

Le village d'Harmony, ainsi appelé des Harmonistes de la Pensylvanie qui l'ont fondé, est environ à une demi-journée de cheval, au-dessous du précédent, et dans le même comté. Cette société religieuse a acheté 17,000 acres de terres situées sur les bords de la Wabash, à à trente milles au-dessus de sa jonction avec l'Ohio.

Les comtés de Posey, de Warwick et de Perry ont peu d'habitans. Le premier est borné au sud, et à l'ouest par l'Ohio et la Wabash, qui

sont sujets l'un et l'autre à déborder. Le second, situé à l'est du précédent, est un pays
plat, coupé par les petites rivières du Castor,
du Pigeon, et autres branches de l'Ohio, qui
sont à sec durant l'été. Le comté de Perry s'é-
tend vers le sud jusqu'à l'Ohio ; il est arrosé par
l'Anderson et par d'autres rivières moins considérables.

Les prétentions de différentes tribus indiennes sur une grande partie de cet état, et le
caractère hostile qu'elles ont montré pendant
la dernière guerre, ont retardé dans ce pays
l'accroissement de la population. Quoique le sol
soit aussi fertile, et le climat aussi doux que
ceux de l'état de l'Ohio, ce dernier a présenté
jusqu'ici plus d'avantages aux fermiers qui s'y
sont établis.

Précis historique.

Quand les Français descendirent la Wabash et
établirent des postes sur ses rives, elles étaient
habitées par les nations indiennes des Kickapoos, des Piankashaws, des Musquitons, des
Ouitanons et autres dont les guerriers montaient à plus de mille deux cents. Si l'on en croit
la tradition française, elles devaient être anciennement bien plus nombreuses ; car on prétend que le pays situé entre la Wabash et le

Mississipi, étant devenu l'objet des prétentions des Indiens qui résidaient le long de ces deux rivières, ils convinrent ensemble qu'il serait le partage des vainqueurs; et qu'en conséquence mille guerriers de part et d'autre devaient décider la dispute. Le combat dura depuis le lever jusqu'au coucher du soleil, et les premiers furent enfin déclarés victorieux, n'y ayant plus que sept hommes vivans de leur côté, et cinq de celui des vaincus. Le terrain où est bâti le fort Harrison fut le théâtre de cette scène sanglante. Les corps de ceux qui avaient péri furent enterrés dans les collines du voisinage. Les colons français, long-temps après avoir formé leurs premiers établissemens dans cette contrée, vivaient en bonne intelligence avec les Indiens à qui le sol appartenait; ils prenaient des femmes parmi eux, se joignaient à leurs parties de chasse, et se contentaient de ce qu'ils tuaient et du produit de leurs troupeaux et de leurs jardins. Mais, pendant la guerre de 1782, des soldats du Kentucky ayant pénétré jusque dans leurs villages, ils les dévastèrent et leur enlevèrent une grande partie de leurs troupeaux. La paix fut conclue l'année suivante, et ils passèrent sous la protection des États-Unis. Pendant la guerre avec les Indiens, qui commença en 1788, ils souffrirent bien des vexa-

tions, et furent obligés de faire un service militaire d'un genre très-dur.

Par rapport aux Indiens, il y a deux choses
dignes de remarque : la vente de leurs terres,
et leur conduite hostile avec les États-Unis. Par
le traité de Greenville, du 3 août 1795, les
États-Unis obtinrent six milles carrés à l'embouchure du Chicago ; autant au confluent du Saint-
Joseph et de la rivière Sainte-Marie ; trois milles carrés à la source de la Petite rivière, un
des affluens de la Wabash, à huit milles au sud-
ouest du fort Wayne ; et six milles à Ouitanon,
sur la Wabash. Les Puttawatamies devaient recevoir pour leur compte 1,000 dollars en marchandises ; et les Kickapoos, les Piankahasws,
les Weaws et les Eel-rivers cinq cents pour
chaque tribu. En 1804, les Delawares et les
Piankashaws vendirent une grande étendue
de terres confinant à l'Ohio ; et en 1805, un
autre grand espace fut cédé par les Miamis,
les Eel-rivers et les Weaws, lequel, y compris
une autre cession de terres dans les environs
de Vincennes, faite en 1794, renfermait une
étendue de cent trente milles de long, sur
cinquante milles de large, bornée d'un côté par
l'Ohio, et de l'autre par les limites occidentales.
Les Delawares, les Puttawatamies, les Miamis
et les Eel-rivers cédèrent, en 1809, les parties

du sud–ouest de l'état jusqu'au-dessus du 40° de latitude.

Malgré toutes ces cessions, les Indiens commettaient toujours des hostilités. En 1791, ils furent attaqués par le général Wilkinson qui détruisit la principale ville des Shawansées, appelée Kathippe-ca-munk, près de l'embouchure du Tippecanoe, contenant cent vingt maisons.

Un combat sanglant eut lieu le 7 septembre 1811, sur le Tippecanaoe, entre les troupes américaines, commandées par le gouverneur Harrison; et les Indiens guidés par leur chef Técumseh. Le général Harrison avait avec lui huit cents hommes, et les Indiens étaient au nombre de sept cents. La veille du combat ils avaient envoyé un parlementaire pour demander la paix; et les Américains, jouissant d'une sécurité profonde, ne se doutaient pas qu'ils seraient attaqués le lendemain avant le jour. Cent quatre-vingt-huit des leurs furent tués ou blessés. La perte des Indiens ne s'éleva qu'à cent vingt tués. En septembre 1813, quatre de leurs villes, situées sur les affluens de la Wabash, furent brûlées par ce même général.

Division civile ou administrative de l'état d'In-
diana, avec la population de chaque comté
en 1810 et 1815, et de son chef-lieu, en
1810. (Western Gazetteer.)

COMTÉS (1).	POPULATION.		CHEFS-LIEUX	HABITANS.
	1810.	1815.		
Clark.	5,670	7,000	Jeffersonville .	239
Dearborn. . .	7,310	4.426	Lawrenceville.	165
Franklin. . .	»	7.970		
Gibson	»	5,330		
Harrison . . .	3,595	6,769	Corydon. . . .	»
Jefferson . . .	»	4,093		
Knox.	7,945	6,800	Vincennes . . .	670
Perry.	»	3,000		
Posey.	»	3,000		
Switzerland .	»	3,500	Vevay	»
Warwick . .	»	3,000		
Washington .	»	6,606		
Wayne. . . .	»	6.290		
Totaux. .	24,520	67,784		

(1) En établissant de nouveaux comtés , les anciens dont
ils sont formés ne doivent pas être réduits à une étendue
moindre de quatre cents milles carrés.

CONSTITUTION.

Le peuple du territoire de l'Indiana, en vertu de l'acte du congrès du 16 avril 1816, ayant été admis à faire partie de l'union, une constitution fut rédigée et signée par ses représentans, assemblés à Corydon (1) au nombre de quarante-un, le 29 juin 1816, et de la quarantième année de l'indépendance des États-Unis.

Par le premier article, il est déclaré que tout pouvoir est inhérent au peuple; que tous les gouvernemens libres étant fondés sur son autorité et institués pour sa tranquillité, sa sûreté et son bonheur, pour arriver à ces fins, il aura, dans tous les temps, un droit inaliénable et irrévocable de changer ou de réformer son gouvernement, ainsi qu'il le jugera convenable; que tous les hommes auront le droit d'adorer Dieu suivant les suggestions de leurs consciences; que personne ne sera forcé de fréquenter, ériger ou entretenir aucun lieu de culte, ou de pourvoir aux besoins d'aucun ministre des autels; que la loi ne donnera de préférence à aucune société religieuse, ou mode

---

(1) Le siège du gouvernement est établi dans cette ville, jusqu'en 1825.

de culte ; qu'aucun serment ne sera exigé pour
être nommé à un emploi lucratif ou de confiance ; que les élections seront libres ; que le
droit de jugement par jury sera inviolable dans
tous les cas civils où la valeur en litige excé-
dera la somme de vingt dollars, et dans tous
les cas criminels (excepté dans ceux de scan-
dale public), qui seront punissables seulement par une amende n'excédant pas 3 dollars ;
que le domicile de tout individu, ses papiers
et effets seront à l'abri de toutes recherches
arbitraires et saisies ; et qu'aucun mandat
d'amener ne sera délivré que sur des causes
probables, attestées par serment ou affirma-
tion, et désignant particulièrement le lieu où
l'on doit faire des recherches, et les personnes
ou les choses qui doivent être saisies ; que la
liberté de la presse sera garantie, et qu'on ne
pourra jamais proposer de lois pour la res-
treindre ; que, dans toutes les accusations pour
libelles, le jury aura droit de juger les faits et
d'appliquer la loi ; que nulle personne arrêtée
ou retenue en prison ne sera traitée avec une
rigueur inutile ; que, dans toutes les poursuites criminelles, l'accusé aura droit d'être
entendu par lui-même ou par l'organe de son
conseil ; qu'il pourra s'enquérir de la nature
et de la cause de l'accusation portée contre

lui, et d'exiger copie de l'acte dressé à cet effet; qu'il aura le droit de se faire confronter avec les témoins; d'employer des moyens obligatoires pour obtenir des témoins à décharge; que, dans toutes poursuites, il devra être jugé promptement et publiquement par un jury impartial du comté ou district dans lequel l'offense aura été commise; que tout accusé pourra fournir un cautionnement, si ce n'est dans les cas de crimes capitaux, quand la preuve est évidente ou la présomption grande; que le privilége de l'*habeas corpus* ne sera suspendu que dans les cas de rébellion ou d'invasion, et alors seulement que la sûreté publique pourra le requérir; qu'à moins qu'il n'y ait de fortes présomptions de fraude, on ne retiendra pas un débiteur en prison après qu'il aura livré son bien à ses créanciers, de telle manière que la loi le prescrira; qu'aucune loi rétroactive, ou qui aurait pour but d'empêcher la validité des contrats, ne sera jamais rendue, et que nulle conviction n'opérera *la corruption du sang* et n'entraînera la confiscation des biens; que le peuple aura le droit de tenir des assemblées paisibles, de se consulter pour le bien public, d'instruire ses représentans, et de s'adresser au corps législatif pour obtenir justice des abus dont il aurait à

se plaindre; qu'il aura droit de porter des armes
pour sa défense et pour celle de l'état; que le
pouvoir militaire sera strictement subordonné
à l'autorité civile; qu'en temps de paix, le sol-
dat ne sera logé dans aucune maison sans le
consentement de celui qui l'occupe, ni en temps
de guerre que de la manière prescrite par la
loi; que le pouvoir législatif n'accordera aucun
titre de noblesse ou distinctions héréditaires,
et ne créera aucun emploi dont la commission
soit de plus longue durée que le temps de la
bonne conduite de celui qui l'occupe, et qu'on
ne pourra prohiber l'émigration de l'état. Ces
droits doivent rester pour jamais inviolables;
et afin de les garantir de tout empiétement, ils
ne se trouveront pas compris dans le pouvoir
général du gouvernement.

L'autorité législative réside dans une assemblée générale, composée d'un sénat et d'une
chambre des représentans nommés par le peuple. Le nombre des représentans est propor-
tionné à celui des habitans mâles blancs, âgés
de plus de vingt-un ans, dans chaque comté,
et ne doit être jamais moindre de vingt-cinq,
ni dépasser trente-six, à moins que le nombre des habitans mâles blancs de l'état, âgés
de plus de vingt-un ans, ne soit de vingt-
deux mille; et en ce cas, il doit être arrêté de

26 *

telle sorte, que le nombre des représentans ne
soit jamais moindre de trente-six et n'excède
pas cent. Le dénombrement des habitans mâles
blancs, prenant part aux élections, doit être
fait dans l'année 1820, et ensuite tous les cinq
ans. Les représentans sont choisis annuellement
par les électeurs de chaque comté, le premier
lundi d'août. Les conditions, pour être nommé,
sont d'avoir atteint l'âge de vingt-un ans, d'être
citoyen des États-Unis et habitant de l'état ;
d'avoir résidé dans les limites du comté par
lequel on est choisi un an auparavant son élection, et d'avoir payé des taxes à l'état.

Les *sénateurs* sont élus le premier lundi
d'août pour trois années, par ceux qui ont
droit de vote pour les représentans : ils sont
divisés en trois séries, dont l'une est renouvelée tous les ans. Le nombre des sénateurs ne
doit jamais être moindre du tiers ni de plus de
la moitié de celui des représentans. Les conditions pour être élu, sont : 1°. d'avoir atteint
l'âge de vingt-cinq ans, d'être citoyen des
États-Unis, et d'avoir résidé dans l'état deux
années avant l'élection, et la dernière dans le
comté ou district par lequel on est élu, à moins
d'en être absent pour affaires publiques, et d'a-
voir payé des taxes à l'état. Il est nécessaire que
les deux tiers des membres de chaque chambre

soient présens pour délibérer ; mais un nombre
moins grand peut s'ajourner d'un jour à
l'autre, et obliger les membres absens à assister
aux séances. Les membres de l'une et de l'autre
chambre ne peuvent être arrêtés durant la session de l'assemblée générale que pour trahison ,
félonie ou violation de la paix. Les séances sont
publiques, si ce n'est dans les cas extraordinaires. L'une ou l'autre chambre peut émettre
des lois sujettes à être changées, amendées ou
rejetées par l'autre, excepté celles pour la levée
des impôts qui sont proposées par la chambre
des représentans. Le gouverneur et tous les officiers civils de l'état sont susceptibles de perdre
leurs places, s'ils sont accusés et convaincus de
trahison , de subornation ou d'autres grands
crimes, et d'être punis suivant la loi. Nul rece-
veur ou conservateur des fonds publics ne peut
siéger dans l'une ou l'autre chambre de l'assemblée générale, jusqu'à ce qu'il ait rendu ses
comptes et versé au trésor tous les fonds dont
il est comptable. L'assemblée générale se réunit le premier lundi de décembre.

Le *gouverneur* est choisi par les électeurs (le
premier lundi d'août, aux lieux où ils votent
respectivement pour les représentans) pour
l'espace de trois ans, et ne peut conserver cette
place plus de six ans sur neuf. Les conditions

sont d'être âgé de trente ans ; d'avoir été dix
ans citoyen des États-Unis, et d'avoir fait sa
résidence dans l'état cinq ans avant son élection, à moins d'absence pour affaires de l'état
ou des États-Unis. Le gouverneur reçoit pour
ses services un traitement qui ne doit être ni
augmenté ni diminué pendant le temps pour
lequel il est élu. Il est commandant en chef de
l'armée, de la marine et de la milice, excepté
quand elles sont appelées au service des États-
Unis ; mais il ne doit pas commander en personne, à moins qu'il ne soit autorisé à le faire
par une résolution de l'assemblée générale.
Avec le consentement du sénat, il peut désigner et commissionner tous les officiers dont
la nomination n'est pas autrement ordonnée
par la constitution. Il a le pouvoir de nommer
aux emplois vacans ; de remettre les amendes
et les confiscations ; d'accorder des sursis et
des pardons, excepté dans le cas où l'accusation
serait portée par les chambres ; de convoquer
l'assemblée générale dans des occasions extraordinaires ; d'approuver et signer tout acte, ou
de le renvoyer à la chambre avec ses objections,
pour qu'il soit revu. Dans les cas d'absence, de
démission ou de mort, le lieutenant-gouver-
neur exerce tout le pouvoir et l'autorité appartenant au gouverneur. Cet officier est élu à la

même époque que ce dernier, pour le même
espace de temps, et de la même manière. Il est
président du sénat en vertu de ses fonctions;
quand il ne peut les exercer, le sénat désigne
un de ses membres pour le représider.

Le secrétaire d'état est choisi par les membres
réunis des deux chambres de l'assemblée générale pour l'espace de quatre ans, et est com-
missionné par le gouverneur. Le trésorier et
l'auditeur le sont pour trois ans. Un schérif et
un *coroner* sont élus dans chaque comté par
les électeurs; ils occupent cet emploi deux
ans, et ils ne peuvent être élus pour plus de
quatre ans sur six.

Esclaves. L'esclavage et la servitude involontaire ne peuvent jamais être introduits,
excepté pour la punition des crimes; et tout
contrat relatif à des noirs ou mulâtres qui serait
passé hors des limites de l'état, est considéré
comme nul.

Organisation religieuse.

Nous n'avons pu nous procurer de renseignemens sur d'autre secte religieuse que sur celle
des *baptistes*, qui, selon le rapport de l'assemblée tenue à Philadelphie en 1817, comptait
deux mille quatre cent soixante-quatorze indi-

vidus. Le nombre de leurs églises était, à la
même époque, de soixante - sept. La secte
des *harmonistes* est établie au village d'Harmony (1).

Organisation judiciaire.

Le pouvoir judiciaire est confié à une cour
suprême, à des cours d'arrondissement et à d'autres cours inférieures, que l'assemblée générale peut, en temps nécessaire, créer et établir.
La cour suprême, composée de trois juges,
dont deux suffisent pour délibérer, a une
juridiction appellative qui s'étend sur tout
l'état. L'assemblée générale peut donner à cette
cour la juridiction originale dans les cas capitaux
et dans ceux de chancellerie, où le président de
la cour d'arrondissement pourrait être intéressé
ou préjudicié. Chaque cour d'état consiste en
un président et deux juges adjoints. L'état est
divisé en trois districts, et un président est
nommé pour résider dans chacun. Ce dernier
et les trois juges associés, dans leurs comtés

_____

(1) Ils cultivent la vigne, exercent différens arts mécaniques, et possèdent une grande manufacture d'étoffes
de laine, dont les draps mérinos sont d'une qualité
excellente.

respectifs, ont juridiction dans toutes les affaires de loi et d'équité, ainsi que dans tous
les cas prescrits par la loi. Les juges occupent
leur place pendant sept ans. Ceux de la cour
suprême sont nommés par le gouverneur,
d'après l'avis du sénat; les présidens des cours
d'arrondissement le sont par les suffrages réunis des deux chambres et les juges adjoints de
cette cour sont choisis par les électeurs dans
les comtés respectifs. Le clerc de la cour suprême est nommé par elle; ceux des cours
d'arrondissement le sont par les électeurs dans
les différens comtés; et les juges de paix, qui
occupent leur place pendant cinq ans, par les
mêmes électeurs, dans chaque district.

Organisation financière.

Les traitemens des employés du gouvernement devaient rester tels qu'ils sont désignés
ci-dessous, jusqu'en 1819.

	dollars.
Le gouverneur	1,000
Le secrétaire d'état	400
L'auditeur des comptes publics . . .	400
Le trésorier.	400
Les juges de la cour suprême	800 chacun.
Les présidens des cours d'arrondisse-ment	800

Les membres de l'assemblée générale ne reçoivent pas plus de 2 dollars par jour pendant leur réunion ; et la même somme leur est payée individuellement pour chaque vingt-cinq milles qu'ils parcourent pour se rendre à l'assemblée et en revenir. Après l'année précitée, leur traitement doit être fixé par la loi.

Prix de divers articles de consommation en 1816.

Sur les bords de la rivière Blanche,	doll.	cents.	cents.
le froment	»	»	à 75 le boiss. de 68 liv.
Le maïs et l'avoine. .	»	»	à 25
Le seigle.	»	»	à 40
Le bœuf.	»	»	à 3½ la livre.
Le porc	»	»	à 4
Le beurre et le fromage, de	»	12½	à 25
Le miel	»	»	à 50 le gallon.
Le sucre d'érable. . .	»	»	à 25 la livre.
Le sel, à Vincennes. .	2	»	à » le boisseau (1).

Organisation militaire.

La milice se compose de tous les hommes libres et sans infirmités (les noirs, les mulâtres

---

(1) *Western Gazetteer.*

et les Indiens exceptés), résidant dans l'état, âgés de dix-huit à quarante-cinq ans. Ceux qui se font un scrupule de conscience de porter les armes, paient une somme à l'état. Les capitaines et les officiers subalternes sont nommés par les compagnies; les officiers non commissionnés le sont par les capitaines; et les majors et les colonels par les officiers non commissionnés. Les brigadiers généraux le sont par les officiers commissionnés dans les limites de leurs brigades respectives, et les majors généraux dans les limites de leurs divisions respectives. Les adjudans généraux et les quartier-maîtres généraux sont nommés par le gouverneur, ainsi que ses aides-de-camp. Les majors généraux choisissent leurs aides-de-camp et tous les autres officiers d'état-major de la division : les brigadiers généraux, leurs brigadiers majors, etc., et les colonels nomment les officiers d'état-major du régiment. Tous les officiers de la milice ont leur commission du gouverneur, et la conservent tant qu'ils se conduisent honorablement jusqu'à l'âge de soixante ans.

En 1814, la milice du territoire d'Indiana s'élevait à cinq mille dix hommes; savoir :

État-major. . , ... 43

Infanterie 4,967

TOTAL. 5,010

Organisation administrative.

Instruction publique. Au mois de novembre 1806, le corps législatif rendit un arrêté pour l'établissement d'une université. Par le neuvième article de la constitution de l'état, l'assemblée générale peut accorder des terres pour l'entretien de collèges et des écoles publiques; et aussitôt que les circonstances le permettront, elle est tenue d'établir par une loi un système général d'éducation. Les sommes payées par les individus pour s'exempter du service de la milice, doivent être exclusivement et également appliquées au soutien des écoles de comté. Il en est de même des amendes pour toute violation des lois pénales (1).

_____

(1) Un grand nombre des premiers habitans de Vincennes étaient des Français du Bas-Canada; ils prenaient des femmes ou des *amies* parmi les Indiens des environs, ce qui les lia de la plus étroite amitié. Leur genre de vie rendait l'éducation peu importante, et à peine le tiers savait lire et écrire, avant qu'il y fut ouvert une école par un généreux et respectable missionnaire, l'abbé R..., qui s'était retiré parmi eux.

Sociétés. Une *société littéraire* est établie à Vevay. On avait formé autrefois à New-Lexington une *compagnie manufacturière d'Indiana;* mais elle a cessé d'exister.

Bibliothèques. En établissant un nouveau comté, l'assemblée générale doit réserver au moins dix pour cent des produits de la vente des lots de terre dépendant des villes où l'on tient les assises, pour l'usage de la bibliothèque publique qui s'y trouve ; et, pendant la même session, elle doit former une compagnie bibliothécaire avec des règlemens propres à assurer sa durée et à étendre ses bienfaits. Il y a à Vevay une bibliothèque contenant trois cents volumes.

Imprimeries. Il y en a à Vevay, à New-Lexington, à Corydon et à Vincennes.

Journaux. Il paraît à Brookville un journal hebdomadaire intitulé, *The Plain Dealer,* un autre journal nommé le « Registre de l'Indiana» (*Indiana Register*), qui s'imprime toutes les semaines à Vevay. Il y a New-Lexington une gazette appelée l'Aigle de l'Ouest (*Western Eagle*); à Corydon, un journal nommé la Gazette de l'Indiana; à Vincennes, un autre intitulé le Soleil de l'Ouest (*Western Sun.*)

Antiquités. Il existe beaucoup de tertres (*mounds*) depuis la rivière Blanche jusqu'à la

Wabash. Autour du fort Harrison, ils sont très-
nombreux : il y en a de toutes grandeurs et
formés évidemment à des époques différentes
et fort éloignées. Sur les plus grands, qui ont
dix à trente pieds de hauteur, on voit croître
des arbres aussi élevés, et qui paraissent aussi
anciens que ceux des forêts voisines. Les tertres
les moins considérables n'ont pas plus de deux
à quatre pieds d'élévation au-dessus de la surface du sol, et les arbres qui y viennent sont
aussi très-petits, et indiquent que leur origine
ne remonte pas à plus d'un siècle. Les os qu'ils
renferment sont encore capables de soutenir
leur propre poids, et susceptibles d'être transportés ; tandis que ceux que renferment les
grands tertres se décomposent si aisément,
qu'au moindre contact ils tombent en pous-
sière. M. Brown (1) rapporte que, sur les bords
de la rivière Blanche, il examina la structure
intérieure de quinze à vingt tertres, élevés de
dix à quinze pieds, et qu'il n'y trouva que
quatre corps seulement : quelques-uns n'en
contenaient aucun ; mais d'autres en étaient si
pleins, qu'ils renfermaient probablement les
restes de cent squelettes. On voit encore sur les
bords de la rivière Blanche les vestiges des ca-

_____

(1) *Western gazetteer*, p. 57.

banes des Indiens et les emplacemens où ils cultivaient le maïs.

AGRICULTURE.

Le sol convient bien à la culture du maïs,
du froment, du seigle, de l'avoine, du
tabac et du chanvre. Dans les meilleures terres, on dit que le produit commun du maïs
est de cinquante à soixante boisseaux par arpent; et celui du froment d'environ cinquante
boisseaux de cinquante-huit livres pesant. On
en a récolté sur les bords de la rivière Blanche
qui pesait de soixante-cinq à soixante-huit.
Dans bien des endroits, le terrain est trop gras
pour ce dernier, qui, bien qu'inférieur à celui
de l'état de New-York, n'est cependant pas
très-mauvais. Il n'est exposé à souffrir que du
froid pendant l'hiver.

Vignes. La culture de la vigne a été introduite par une colonie de Suisses émigrés, établis à New-Switzerland (la Nouvelle-Suisse).
En 1811, ils ont retiré de vingt acres de vignes
deux mille sept cents gallons de vin, que l'on
dit être d'une bonne qualité. Les plants qui ont
le mieux réussi sont ceux du cap de Bonne-
Espérance et de l'île de Madère. La vigne
sauvage du pays donne du vin d'une qualité

passable. Hutchins a remarqué que les raisins
viennent en très-grande abondance. Ils ont une
peau noire très-fine, et les habitans en font en
automne du vin rouge fort agréable, et en
quantité suffisante pour leur consommation. On
trouve en beaucoup d'endroits du *houblon* très-
fort et très-bon, et les terres conviennent particulièrement à la culture du riz.

Arbres fruitiers. Tous les fruits d'Europe,
tels que les pommes, les pêches, les poires,
les cerises, les groseilles de toute espèce, les
melons, etc., y réussissent fort bien. Les pommiers rapportent tous les ans, et les pêchers
produisent de beaux fruits pendant certaines
années. On cultive le *coton* et les *patates douces*
dans la partie du sud.

Bestiaux. Le pays est très-favorable pour y
élever des bestiaux, ainsi que des cochons, à
cause de la grande abondance de glands et de
racines dont ils se nourrissent.

Animaux nuisibles à l'agriculture. Les animaux les plus funestes à l'agriculture dans cette
contrée fertile, sont les écureuils, les taupes et
les mulots. Les taupes font du tort particulièrement dans les prés et dans les champs,
lorsque le grain commence à sortir de terre.

Prix des terres. En 1792, les habitans français de Vincennes donnaient leurs terres pour

des marchandises, à raison de 3o *cents* l'acre.
Elles se vendaient 2 dollars en 1796. L'étendue
appelée l'acquisition de Harrison, située entre
la rivière Blanche, la Wabash et la Rocky, contenant 3,000,000 d'acres, fut vendue à raison
de 4 à 3o dollars l'acre, après qu'on eut mis à
part les parties les plus fertiles, dont on gratifia
les officiers qui avaient servi sur la frontière
du Niagara. Après la clôture de la vente, les
terres se vendaient, comme dans les autres
endroits, 2 dollars l'acre ; et ceux qui payaient
comptant avaient droit à une réduction de 8
pour 100. Les terres de l'établissement de
New-Switzerland furent achetées 2 dollars en
1805. Le sol près du village d'Harrison, situé
sur le bord septentrional de l'Eau-Blanche,
est estimé de 40 à 60 dollars l'acre. Dans la
ville de Vincennes, les emplacemens pour bâtir
se vendent depuis 5o jusqu'à 1,000 dollars
chacun. En général, le prix des terres en bon
rapport, ou des fermes de quinze ou vingt
acres, avec une maison en bois, peut être
évalué à 8 ou 10 dollars par acre.

Les bureaux des terres sont l'un à Vincennes
sur la Wabash, et l'autre à Jeffersonville sur
l'Ohio (1).

_____

(1) Une ordonnance publique déclare que tous les

INDUSTRIE.

Déjà un grand nombre de moulins sont en activité sur l'Eau-Blanche et sur les autres rivières où se trouvent des établissemens ; et dans les lieux qui ne présentent pas de site avantageux pour leur construction, on se sert, pour faire tourner les meules, de chevaux fournis par les cultivateurs, qui paient un huitième du grain pour droit de moulage. Sur l'Ohio, dans le village du Soleil-Levant, il y a un moulin flottant ; dans celui de Brookville, il existe un moulin à farine et deux à foulon, deux moulins à scies et des machines à carder.

Produits des manufactures du territoire d'Indiana, en 1810.

Clouterie (1), 20,000 livres. . Valeur	4,000 doll.
Poudre à tirer, 3 moulins , 3,600 livres..	1,800
Esprits distillés de fruits et de grains (28 distilleries), 35,950 gallons.	16,230
Vin , 96 barrils.	6,000
Cotonnades fabriquées par différentes familles, 54,977 verges.	34,307

lots de terre vendus par les États-Unis, doivent être exemptés de taxes pendant cinq ans.

Étoffes mélangées et étoffes de coton pour
la plupart mélangées, 15,668 verges. . 9,505 doll.
Toiles de lin fabriquées par différentes
familles, 92,740 verges. . ; 39,425
Étoffes et toiles de diverses espèces, 61,503
verges 46,748
Étoffes de laine fabriquées par différentes
familles, 19,378 verges. 29,067
Tanneries (18). 9,300 (1)

D'après le rapport du maréchal, le montant
total du produit des manufactures, en 1810,
s'éleva à 196,532 dollars, non compris les articles dits incertains; mais, considérant que
plusieurs étaient imparfaitement connus ou
omis, le rapporteur a cru devoir porter cette
somme à 300,000 dollars. La valeur des articles incertains s'est élevée à 61,108 dollars;
savoir :

Farine de froment et de maïs, 32 moulins (2), 40,900 boisseaux, 1,500 ba-
rils . . . . Valeur 52,208 doll.
Bois scié, 14 moulins à scies, 390,000 pieds 3,900
Sucre d'érable, 50,000 livres. 5,000

_____

(1) Il est fait mention, dans le rapport d'une filature de coton,
de laine et de coton filés pour la valeur de 150 dollars; de 1,380
rouets pour le coton, la laine, etc., etc.; de 1,256 métiers pour
le coton, la laine, etc.

(2) Trois moulins mis en mouvement par des chevaux ont
moulu 7,000 boisseaux de farine.

27 *

COMMERCE.

Le commerce extérieur de cet état, qui est encore peu considérable, se fait principalement avec la Nouvelle-Orléans et Natchez, et consiste en bœuf, porc, jambon, saindoux, beurre, cuir, eau-de-vie de grains et de pêches, etc. Les marchandises qu'on tire du Canada descendent la Wabash ; celles que l'on importe de la Nouvelle-Orléans arrivent par le Mississipi et l'Ohio, et les productions des états de l'est arrivent par le canal de l'Ohio et de la Wabash (1).

Banques. Par le dixième article de la constitution, la législature n'a droit d'autoriser d'autre banque que celle de l'état. Le papier de cette banque, qui est établie à Vincennes, a une circulation très-étendue. Au village de Madison, il y en a une nommée *Banque des fermiers et des artisans*.

_____

(1) On a découvert qu'un affluent de cette rivière formait une communication avec le Saint-Joseph, et qu'un autre se rapprochait de la rivière qui entre le plus à l'est dans le Miami des lacs. Ce dernier offre un passage jusqu'au lac Érié, interrompu seulement par un très-petit portage.

TRAVAUX PUBLICS.

Quelques maisons de Jeffersonville sont en briques; les autres sont en bois et construites très-proprement. A Vincennes, il y a de jolies habitations. La taverne, la prison et l'académie sont bâties en briques.

Routes. Deux routes conduisent de Vincennes à l'Ohio; une troisième, au fort Harrison; une quatrième, à Princeton, et une cinquième, à Kaskaskia.

Tableau des distances.

Du confluent de la Wabash, par la rivière, jusqu'à Vincennes	150 milles.
De cette ville à Ouitanon.	262 (1)
au confluent de la Wabash, en ligne droite.	100
aux chutes de l'Ohio, en ligne droite	120
au fort Wayne, près la source de la Petite-Rivière.	260
au fort Harrison, par la Wabash	120
au fort Harrison, par terre	65 (2)

(1) Hutchins.
(2) *Ohio navigator,* appendix.

Forts. Celui de *Vincennes* est bâti sur la Wabash près de la ville du même nom. Le fort *Harrison*, situé sur la même rivière à soixante milles plus haut, fut construit par le général Harrison, lors de son expédition contre les Indiens en 1811.

Le général Collot a remarqué (militairement parlant), « une belle position à la tête de la rivière Wabash, au point où les eaux se divisent. Cette position est la clef de tout le pays arrosé par la Wabash, et la première qui doit être fortifiée, si les états du nord-ouest faisaient jamais une scission. »

Canaux. Une compagnie, avec un capital de 1,000,000 de dollars, a été autorisée par le corps législatif à ouvrir un canal le long des rapides de l'Ohio : cette entreprise, quand elle sera exécutée, encouragera la construction des bâtimens au-dessus de ce point. Les ouvrages furent commencés le 3 mai 1819.

Ouvrages qui traitent de l'histoire et des productions de l'état.

Année 1744. Charlevoix (le père de). Histoire et description générale de la Nouvelle-France, 3 vol. in-4°.

— 1778. Hutchins (*Thomas*). *Topographical description*, etc., *London*, p. p. 64. — Description topographique, etc.

— 1803. Volney (C. F.), membre du sénat, etc. Tableau du climat et du sol des États-Unis d'Amérique, 2 vol. in-8°., Paris. Voir l'article IV; De la colonie du poste Vincennes, sur Ouabache, tom. II, p. 394.

— 1817. *Brown (Samuel). Western Gazetteer*, in-8°., *Auburn.* — Gazetier de l'Ouest.

— 1818. *Darby (William). Emigrants' guide*, in-8°., *New-York.* — Guide des émigrans.

CHAPITRE XXI.

ÉTAT DES ILLINOIS (1).

TOPOGRAPHIE.

Situation et étendue. Cet état est situé entre le 36° 57' et le 42° 30' de latitude nord, et entre le 10° 15' et le 14° 15' de longitude ouest de Washington. Il est borné au nord par le parallèle du 42° 30' qui le sépare du territoire de Michigan; au sud et au sud-est, par l'Ohio et la Wabash qui forment en même temps la démarcation des états de Kentucky et de l'Indiana; à l'est, par le méridien qui sert de limite occidentale à ce dernier jusqu'au 41° 52', et ensuite par le lac Michigan jusqu'à la ligne des frontières du nord; à l'ouest, au sud-ouest et au nord-ouest par le Mississipi. La figure de

---

(1) Ce nom, dans la langue indienne, signifie *homme dans la force de l'âge*. Les Français donnaient ce nom particulièrement à la contrée à l'est du Mississipi, entre les rivières d'Ohio et des Illinois, jusqu'à la distance de près de cent milles du Mississipi.

cet état représente un triangle dont la base est
au nord. Il est baigné par le lac Michigan, dans
une étendue d'environ cinquante milles ; par
la Wabash, pendant cent cinquante ; par
l'Ohio, depuis le confluent de la Wabash jusqu'au Mississipi, pendant cent trente milles ;
et par le Mississipi durant plus de six cents
milles. La ligne des limites du nord, qui passe
entre le lac Michigan et le Mississipi, a deux
cent soixante-dix milles de longueur, et celle
qui sépare cet état de celui d'Indiana en a cent
quatre-vingt-quinze.

Superficie. L'ancienne superficie était de
cinquante mille milles carrés : l'acquisition
nouvelle, entre le 41° 45′ et le 42° 30′ de latitude, est de six mille cent vingt-deux, ce qui
donne à l'état une étendue de cinquante-six
mille cent vingt-deux milles carrés.

Aspect du pays et nature du sol. Cet état,
ayant le Mississipi à l'ouest, et l'Ohio au sud,
est très-uni entre ces deux rivières, et sujet
dans quelques parties à être inondé, ce qui
augmente l'épaisseur de la couche végétale et
sa fertilité, et rend même la terre trop riche
pour diverses espèces de culture. Une étendue
de pays, située sur les bords de la Wabash,
qui a quatre-vingts milles de longueur et cinq
de largeur, est très-insalubre à cause de la

nature du sol. Le reste du pays ressemble
beaucoup à celui de l'Indiana, mais il est plus
pittoresque particulièrement entre Vincennes
et Saint-Louis, où de riches prairies et de
belles forêts réjouissent alternativement la vue
du voyageur (1). Le long de la petite Wabash,
le sol des prairies se compose d'un terreau noir
très-riche, et mêlé de sable, de trois à quatre
pieds d'épaisseur, qui repose sur un lit d'ar-

---

(1) Je suis assuré, dit Charlevoix, qu'il n'est pas pos-
sible de voir une contrée plus belle et meilleure que
celles qui sont arrosées par la rivière des Illinois. Avant
d'arriver au lac Piteouy, nous traversâmes un pays charmant, et à la fin de ce lac nous arrivâmes à un village
des Illinois, dont la position ne peut être plus délicieuse.
Devant ce village, la vue s'étendait sur une belle forêt,
ornée d'une grande variété de couleurs, et derrière on
voyait une plaine immense parsemée de bois. Le lac et
la rivière sont remplis de poissons, et les bords abondent
en gibier. Le même auteur nous fait connaître que, près
des anciennes plantations françaises du fort de Chartres,
le pays consiste, dans l'espace de vingt-cinq lieues, en
riches prairies, entrecoupées de bouquets de bois, et
que, jusqu'à Kaskaskias, le sol est fertile, convenable à
la culture du froment, et à tout ce qui est nécessaire à
la vie. Le climat étant très-tempéré, les bœufs et les
moutons s'y multiplieraient prodigieusement; les bisons
sauvages pourraient être apprivoisés, et on retirerait de
grands avantages du commerce des laines et des cuirs.

gile ou de pierre sablonneuse (1). Entre les
rivières de Kaskaskias et des Illinois, éloignées
l'une de l'autre de quatre-vingt-quatre milles,
la surface est unie jusqu'à quinze milles de cette
dernière, et se termine par une chaîne de
hautes collines.

« La terre, dit Hutchins, au confluent de
l'Ohio et du Mississipi, est élevée de vingt
pieds au-dessus du niveau ordinaire de ces rivières; mais les crues sont encore si considérables, que généralement cette terre est inondée pendant une semaine, de même que les
terres de l'intérieur, dans l'espace de plusieurs
milles. Le sol, composé de vase, de terre et
de sable, est extrêmement fertile, et, dans son
état naturel, il produit du chanvre, des herbages et une grande variété d'arbres, particulièrement des trembles, qui acquièrent une
hauteur et une épaisseur peu communes. Pendant vingt-cinq milles, le pays est riche, uni
et bien boisé. Des éminences de terre s'élèvent
çà et là, et diminuent graduellement à la distance de quatre ou cinq milles à l'ouest de la
rivière. De là jusqu'à Kaskaskias, distant de
soixante-cinq milles, le pays est varié par des
collines et des vallées; quelques-unes des pre-

_____

(1) *Birkbecks' Letters from Illinois*, p. 17.

mières sont formées de rochers très-escarpés,
et toutes sont ombragées de beaux chênes, de
noyers, de frênes, de mûriers, etc. Quelques-unes
des éminences offrent les positions les plus agréables pour y établir des plantations. Leur situation élevée et sèche, la grande fertilité du
sol, qui donne partout en abondance des herbages et des plantes utiles, promettent la
santé et une ample récompense aux colons industrieux (1). »

Les terres élevées s'étendent à une petite
distance le long du bord oriental de la Kaskaskias pendant cinq milles et demi jusqu'au village du même nom. Là, les terres baissent vers
la rivière, et suivent une direction parallèle
avec le bord oriental du Mississipi, à trois ou
quatre milles de distance, s'élevant de cent à
cent trente pieds, et divisées dans plusieurs endroits par de profondes ravines, à travers lesquelles de petits ruisseaux vont gagner le Mississipi. Les côtés de quelques-unes de ces
collines qui regardent la rivière, sont perpendiculaires dans plusieurs endroits, et ressemblent à des masses de pierres ou de maçonne-
rie de diverses tailles, figures et couleurs.
Les terres basses entre les collines et le Missis-

_____

(1) Page 34.

sipi commencent au bord occidental de la
Kaskaskias, et continuent jusqu'à trois milles
au-dessus du Missouri, où elles sont terminées
par une chaîne de collines élevées. Cet espace
de terre est uni ; le sol est riche et produit les
arbrisseaux et les fleurs les plus variés, ce
qui, joint au grand nombre et à l'étendue des
prairies et des étangs dont cette charmante
vallée est parsemée, le rend extrêmement
agréable. Les terres entre le Mississipi et la
rivière des Illinois sont d'une fertilité étonnante et couvertes de grands chênes, de
noyers, etc. On n'y aperçoit pas une pierre,
si ce n'est sur le bord des rivières. Au-dessus
du Macopin, à dix-huit milles du Mississipi,
la terre est bien boisée et couverte de beaux
pâturages, et de belles prairies qui s'étendent
à quelque distance de ce fleuve, depuis la rivière des Illinois. Au-dessus de la rivière de
Lamarche, le terrain s'élève graduellement
du côté de l'ouest; et, au-dessus de la rivière
Michillimakinac, de grandes plaines s'étendent aussi loin que la vue peut porter. Du côté
de l'est, la terre est élevée. Au-dessus du lac
des Illinois, des deux côtés, dans un espace
de vingt-cinq à trente milles, la terre est généralement basse et remplie de marais, dont
quelques-uns ont un mille de large et sont bor-

dés de belles prairies. Dans quelques endroits, les
terres élevées approchent de la rivière en forme
de promontoires. Au-dessus de l'endroit, où
commence la navigation, le sol est pierreux ;
et entre les branches septentrionales et orientales de la rivière, il y a des portions de terres
fertiles, quoique entrecoupées par des marais et
des étangs. Dans les grandes prairies se trouvent de larges excavations qui ressemblent à
celles de la contrée du Missouri, et dont quelques-unes ont cent cinquante pieds de diamètre ; quelquefois on aperçoit un ruisseau qui
coule dans leur fond. Les terres alluviales des
rivières, dont l'étendue est généralement en
proportion avec celle des eaux, varient de neuf
cents à douze cents pieds la largeur, et en ont
quelquefois deux mille ; elles sont si fertiles,
qu'elles ont produit cinq récoltes par an sans
engrais, pendant plus d'un siècle. Au-delà, les
prairies sèches, sans arbres, élevées de trente
à cent pieds au-dessus des précédentes, s'é-
tendent à la distance d'un à dix milles. On
suppose que les prairies des Illinois contiennent un million deux cent mille acres. Les parties du nord-ouest sont montueuses, inégales
et remplies de marais et d'étangs, nommés
prés humides ; mais elles sont arrosées, bien

boisées, et contiennent des portions de terre fertile (1).

Cavernes. Il y a une caverne assez remarquable, à la distance de dix-neuf milles au-dessous de la saline nommée *la Cave dans le Roc;* son entrée, du côté de la rivière, est d'une forme semi-circulaire, a vingt-sept pas de large, et vingt-trois ou vingt-quatre pieds de haut; elle est en partie cachée par le feuillage épais des arbres et des plantes rampantes; le terrain, à son entrée, était élevé de vingt ou vingt-cinq pieds au-dessus de la rivière, le 6 octobre 1807, et on conjecture que, pendant les grandes eaux, on peut y entrer en canot. A une petite distance de l'entrée, elle s'élargit, et a soixante-deux pas de largeur; et sa voûte, d'une forme elliptique, a trente pieds de hauteur. Au centre de cette caverne se trouve une ouverture qui conduit, dit-on, à une autre. Cette demeure souterraine servait de retraite à une bande de voleurs, qui, il y a quelques années, sous la conduite de leur chef, nommé Mason, attaquaient et pillaient les bateaux qui descendaient l'Ohio.

A sept milles au-dessus de cet endroit se trouvent *les rochers de Battery,* ainsi nommés

---

(1) *Western Gazetteer,* p. 25.

à cause de leur ressemblance avec des batteries
ou forts. A quinze milles au-dessous de la rivière
de Vase, on rencontre une autre curiosité,
nommée *le Four du Diable*, situé sur un pro-
montoire de rocher qui s'avance dans le Mis--
sissipi (1).

EAUX.

Lacs. Outre ceux dont nous parlerons en
décrivant les rivières., il s'en trouve d'autres où
quelques-unes prennent leurs sources, et qui
déchargent leurs eaux dans le Mississipi. Parmi
ceux-ci, nous citerons le lac *Marrodizua*,
situé à vingt-milles au-dessous du confluent de
la Wood-Creek, et qui a cinq milles de longueur. A trois milles plus bas se trouve le lac
Bond.

Rivières. Les pricipales rivières sont celles
des Illinois, de Kaskaskias et Stony, qui sont
toutes navigables pour les bateaux.

La rivière des *Illinois* prend sa source près
de l'extrémité méridionale du lac Michigan, et
est formée par les eaux du Théakiki et du Plein
qui se réunissent au 41° 48' de latitude nord ;
de là elle prend son cours au sud-ouest pendant
environ deux cent cinquante milles jusqu'à sa

(1) *Ohio navigator*, p. 134.

jonction avec le Mississipi, à dix-huit milles
au-dessus de celle du Missouri. A la distance de
deux cent dix milles de son embouchure, elle
traverse une étendue d'eau considérable, nommée le lac des Illinois, longue de dix-neuf
milles et demi et large de trois, sans roches,
sans bas-fonds et sans courans visibles ; et au-
dessus de l'ancien fort Pioria, elle reçoit aussi
les eaux du lac Demiquian, par un petit canal
de quatre pieds de profondeur. Ce lac, qui
n'a pas moins de six milles de diamètre, est
situé à six cents pieds à l'ouest de la rivière du
même nom, et à cent soixante-dix milles de
l'embouchure de la rivière des Illinois. D'autres
petits lacs, placés dans une grande prairie près
du camp Pioria, à quarante-huit milles de
l'embouchure, ayant aussi communication avec
elle et entre eux, donnent passage aux bateaux
et aux canots. La largeur commune de la rivière des Illinois, à la distance de vingt milles
de son confluent, est de douze cents pieds, et
elle est navigable pendant l'espace de deux
cent soixante-dix milles (1).

_____

(1) En 1773, Patrice Kennedy, accompagné de plusieurs *coureurs de bois*, remonta à cette hauteur pour
chercher une mine de cuivre. A la distance de deux cent
cinquante-cinq milles de son embouchure, l'eau était si

Les affluens de la rivière des Illinois sont :
1°. Le *Theakiki*, qui prend sa source environ
à huit milles au sud du fort Saint-Joseph, et
joint le Plein dans l'état d'Indiana, après un
cours d'environ cent douze milles. 2°. Le *Plein*,
qui est la source le plus au nord, et qui a un
cours d'environ soixante-dix milles jusqu'à sa
jonction avec la précédente, au 41° 48′ de lat.
nord : ses branches communiquent avec celles
de la rivière Chicago du lac Michigan ; à la
distance de quelques milles de son confluent,
cette rivière traverse le lac Dupage. 3°. La rivière du *Renard*, qui a sa source près de la
Rocky du Mississipi, prend son cours au nord-
est pendant l'espace de cinquante milles, et
tourne ensuite vers le sud jusqu'à son con-

---

basse que le bateau, quoiqu'il ne prît que trois pieds d'eau,
n'avançait qu'avec difficulté. Les bords de cette rivière
sont couverts d'arbrisseaux et d'herbes qui embarrassent
la navigation, et obligent les mariniers, lorsque l'eau est
basse, pendant les mois de juillet et août, à ramer même
au milieu du courant. Kennedy éprouva cet inconvénient, près de l'embouchure, le 23 juillet.

Par le canal de la rivière de Chicago, ou Calumet, la
rivière des Illinois a une communication avec le lac
Michigan, au moyen de deux portages, dont le plus long
n'a pas quatre milles (*).

(*) *Hutchins. Topographical description*, p. 42.

fluent, dans l'état d'Indiana. 4°. Le *Vermillon*, qui court au nord-ouest et vient se réunir à la rivière des Illinois, à deux cent soixante-six milles du Mississipi (1). 5°. La *Pluie*, qui fait sa jonction du côté du sud-est à onze milles plus bas : son cours est nord-ouest; elle a quarante-cinq pieds de large, près de son embouchure ; mais, à la distance de neuf milles, sa navigation est obstruée par des rochers. 6°. La rivière *Prairie-aux-Corbeaux*, qui prend sa source près celle du Vermillon, coule dans la direction du nord-ouest, et fait sa jonction à l'opposé de la prairie du même nom, à deux cent quarante milles du Mississipi, et environ à trente au-dessus du lac des Illinois. Près de son embouchure, elle a soixante pieds de large, et est navigable pendant quinze ou dix-huit milles. 7°. Le *Michillimakinac*, qui fait sa jonction du côté de l'est, à cent quatre-vingt-quinze milles du Mississipi, est large de cent cinquante pieds, et est navigable l'espace de quatre-vingt-dix milles. A son embouchure se trouvent trente ou quarante petites îles. 8°. La rivière *Dela-marche*, qui fait sa jonction du côté de l'ouest, a quatre-vingt-dix pieds de largeur près de son

_____

(1) Cent soixante milles d'après l'auteur du « *Western Gazetteer.* »

28 *

confluent, d'où elle est navigable pendant huit
où neuf milles. 9°. Le *Sesemequian*, qui fait
aussi sa jonction du même côté, à cent quatre-
vingt milles du Mississipi, a cent vingt pieds
de large, et est navigable pendant soixante
milles. 10°. Le *Demiquian*, qui se jette du
même côté, à trente milles plus bas, a un cours
sud sud-est : il a cent cinquante pieds de large
à son confluent, et est navigable dans une
étendue de cent vingt milles. 11°. Le *Saga-
mond*, qui, coulant dans la direction du sud,
fait sa jonction à cent trente-cinq milles du
Mississipi : il a trois cents pieds de large à
son embouchure, d'où il est navigable, pour
les petits bateaux, à plus de cent quatre-vingt
milles. 12°. La *Mine*, qui vient du nord-ouest,
à cent vingt (1) milles du Mississipi, a cent
cinquante pieds de large, et est très-rapide. Il
semble qu'elle perd ses eaux pendant l'été :
M. Kennedy la remonta pendant six milles dans
un canot, et la trouva ensuite tout-à-fait à sec
le 16 août, quoiqu'on dise que son cours a
soixante-dix milles. 13°. Le *Macopin*, qui se
jette dans la rivière des Illinois, à dix-huit
milles au-dessus de l'embouchure de celle-ci,

---

(1) Environ soixante-quinze milles selon l'auteur du
« *Western Gazetteer.* »

du côté de l'est, a soixante-douze pieds de large, et est navigable, pour les bateaux, dans une étendue de neuf milles, jusqu'aux collines d'où il descend.

La rivière de *Kaskaskias* sort des prairies situées au sud de la rivière des Illinois, et se jette dans le Mississipi, à quatre-vingt-quatre milles au-dessous de cette rivière, après un cours sud-sud-ouest de deux cents milles : elle est navigable, pour les bateaux, jusqu'à cent trente milles de son embouchure : elle traverse une riche contrée renfermant plusieurs prairies couvertes de beaux pâturages. La Kaskaskias reçoit deux petites rivières de l'ouest et du nord-ouest, nommées *Walter-Cross* et *Lalande-Creek*; et du côté de l'est viennent y aboutir celles de *Blind*, *Hill-Creek*, *Castor*, *Yellow-Creek* et *Copper-Mine-Creek*.

La rivière de *Vase* coule presque dans la même direction que la Kaskaskias, à travers plus de quatre-vingts milles dans un pays riche et uni, et se jette dans le Mississipi, à environ cinquante-cinq milles au-dessus de l'embouchure de l'Ohio. Elle est navigable, pour les bateaux, pendant environ soixante milles (1).

La *Saline* se décharge dans l'Ohio, à vingt-

(1) *Hutchins*, p. 35.

six milles au-dessous de la Wabash : elle est large de quatre cents cinquante pieds à sa jonction, et navigable jusqu'à trente milles de ce point (1).

Les rivières qui se jettent dans la Wabash, et qui arrosent la partie orientale de l'état, sont, l'*Embarras*, la rivière du *Renard* et la *petite Wabash*. La première débouche au-dessus de Vincennes : son cours est sud-est. Le *Renard*, fait sa jonction à cinquante milles au-dessous de cette ville; la *Petite-Wabash*, coule dans une direction sud-sud-est : elle a cent quarante pieds de large', près de son embouchure, qui est à dix milles au-dessus du confluent de l'Ohio.

L'angle nord-ouest de l'état est arrosé par la rivière *Stony*, ou *Rocky*, qui prend sa source dans le territoire de Michigan, et coule vers le sud-ouest durant cent vingt milles jusqu'au Mississipi. A son embouchure sa largeur est d'environ neuf cents pieds.

---

(1) *Western Gazetteer*, p. 21. L'auteur, en décrivant plusieurs de ces rivières, leur donne une étendue et une largeur différentes de celles que l'on trouve dans l'ouvrage de Hutchins et d'autres.

Étendue des eaux navigables, d'après l'auteur
du Western Gazetteer.

Le Mississipi	620 milles.
L'Ohio	164
La Wabash.	240
La rivière des Illinois.	320
Les tributaires qui s'y jettent du N. O.	550
Idem. du S. E. . . .	200
La Kaskaskias et ses affluens.	300
Les tributaires de la Wabash.	500
La Vase, la Marie, la Cash, etc. . . .	200
TOTAL	3,094

Iles. Il y en a plusieurs dans la rivière des
Illinois jusqu'à la distance de vingt milles de son
confluent, dont quelques-unes ont neuf ou dix
milles de long sur trois de large. A la jonction
du Michillimakinac, à cent quatre-vingt-quinze
milles du Mississipi, il y a trente ou quarante
petites îles qui, vues d'une certaine distance,
ont l'apparence d'un village.

MÉTÉOROLOGIE.

Température. Charlevoix a donné la description suivante du climat sous le 38° 39' de
latit. : « l'air y est bon; on éprouve quelquefois des gelées très-fortes, et le fleuve, pendant

l'hiver de 1721, fut glacé de manière qu'on a couru dessus en charette. Il a cependant en cet endroit une bonne demi-lieue de large, et il y est plus rapide encore que le Rhône. Cela est d'autant plus surprenant, que pour l'ordinaire, à l'exception de quelques gelées passagères, causées par les vents du nord et du nord-ouest, l'hiver, en ce pays, n'est presque pas sensible. Les feuilles tombent plutôt qu'en France, et les arbres n'en reprennent de nouvelles qu'à la fin de mai; il y neige néanmoins fort rarement. Quelle peut donc être la raison de ce retardement? Pour moi, je n'en vois pas d'autre que l'épaisseur des forêts, qui empêche la terre de s'échauffer assez tôt pour faire monter la sève.»

« L'hiver, dit M. Birkbeck, est une saison très-agréable. Les grands froids n'ont lieu que lorsque le vent, soufflant du nord, fait tomber le mercure à 7° ou 8° au-dessous de zéro. Pour peu qu'il change de direction, le temps devient doux, le soleil luit, et le thermomètre monte souvent à 50° à l'ombre (1). ❧

_____

(1) *Letters from Illinois*, p. 37.

RÈGNE MINÉRAL.

Substances métalliques. On dit qu'on a découvert une mine de *cuivre* près de la rivière Mine (1). Il existe du *plomb* près du confluent de la Wabash et de l'Ohio.

Substances terreuses, acidifères et combustibles. Une roche, qui forme un courant dans la rivière des Illinois, à deux cent soixante-dix milles de son confluent, a servi autrefois aux Français pour faire des *meules de moulins.* On a trouvé de l'*alun* sur une colline près la rivière de Mine, selon le rapport de M. Janiste qui y monta avec Patrice Kennedy. Des *pierres à fusil*, dont les Indiens font les pointes de leurs flèches, sont fabriquées par eux avec des pierres qu'ils trouvent sur une haute colline, à cent milles du confluent de la rivière des Illinois. Hutchins assure qu'on a découvert plusieurs carrières de *pierre calcaire*, de *grès* et de *marbre* le long du Mississipi, depuis la jonction de l'Ohio jusqu'à celle de la Kaskaskias. On trouve

----

(1) C'était pour chercher une mine de cuivre que Patrice Kennedy, accompagné de plusieurs coureurs de bois, remonta, en 1773, jusqu'aux sources de la rivière des Illinois.

du *spath fluor*, ou du *fluate de chaux*, d'un brun foncé ou de couleur violette, à quelques milles au-dessous du confluent de la Wabash et de l'Ohio, où il forme la gangue de la veine de plomb dont nous avons déjà parlé (1). Une mine de *charbon de terre* s'étend à un demi-mille, le long du bord occidental de la rivière des Illinois, à cinquante milles au-dessus du lac Pioria. Cette substance combustible se trouve aussi à cinq milles environ à l'est de Saint-Louis (2).

Il y a deux *étangs salés* dans la partie de l'est, un demi-mille au-dessous de la mine de charbon, et environ à la même distance du bord de la rivière : ils ont trois cents pieds de circonférence, plusieurs pieds de profondeur, et fournissent du sel de bonne qualité aux naturels du pays; leurs eaux sont stagnantes et d'une couleur jaunâtre. Il y a des salines sur la rivière Saline, vingt-six milles au-dessous de l'embouchure de la Wabash. La quantité de sel qui s'y

---

(1) Voir le Journal Américain des Sciences, rédigé par M. Silliman, n°. 1er. New-York, 1818.

(2) La prairie nommée *Américan Bottom*, fut ravagée par le feu, qui fut communiqué à une mine de charbon de terre par les racines d'un arbre. L'incendie dura plusieurs mois, et ne fut éteint que par l'éboulement des bords.

fabrique annuellement, est de deux à trois cent
mille boisseaux : il se vend, à la fabrique, de
5o à 75 *cents* le boisseau.

RÈGNE VÉGÉTAL.

Les arbres forestiers sont : le cèdre rouge et
le blanc, le noyer, l'érable, le frêne, le pin, le
cerisier, le bouleau, le prunier, le pacanier, le
mûrier blanc, l'acacia, l'orme, le tilleul,
le hêtre, le pavia, le micoucoulier, le platane,
le gymnocladus de Canada, le sassafras, le
pommier et le prunier sauvages, le magnolier
à feuilles aiguës, l'annone glabre, le févier à
trois pointes, l'aube-épine noire et la blanche, etc. Il y a plusieurs espèces de chênes, dont
quelques-unes s'élèvent à la hauteur de quatre-
vingts pieds. Le noyer noir vient sur les terres
alluviales et sur les collines fertiles, où il s'élève
quelquefois à soixante-dix pieds de haut. Le
noyer et le pacanier croissent dans les mêmes
terres; le mûrier et le prunier sur les bords de
la rivière des Illinois, et le pin blanc sur ses
affluens supérieurs. Entre cette rivière et le
Mississipi, la terre est couverte de grands chênes
et de noyers. Les bords du Michillimakinac
sont garnis de cèdres rouges, de cèdres blancs,
d'érables, de noyers, de pins, etc. Sur ceux de

la rivière de la Pluie, les arbres principaux sont généralement le bouleau, le platane d'occident et le pacanier. La vigne se trouve dans les forêts et sur le bord des rivières.

RÈGNE ANIMAL.

Mammifères. Les *bisons*, qui étaient autrefois si nombreux lorsque les Français prirent possession du pays, se sont retirés dans le territoire de Missouri. L'*élan* et le *daim* sont encore en assez grand nombre dans les bois et dans les prairies. Il y a dans les forêts une grande quantité d'ours, de loups, de renards, d'opossums, de ratons laveurs, et d'autres animaux.

Oiseaux. Les principaux oiseaux sont les dindons, les cygnes, les oies, les canards, les sarcelles, les faisans, les perdrix, les pigeons, les perroquets, les buses, les pélicans, les grues, les faucons, les merles, et généralement tous les oiseaux qui se trouvent dans les contrées de l'ouest. Les sources de la rivière des Illinois et les petits lacs près de celui de Michigan, fourmillent d'oiseaux aquatiques qui se nourrissent de la folle avoine, qui y croit en abondance.

Reptiles. Les serpens venimeux sont : le serpent à tête cuivrée, le serpent de prairie, et le serpent à sonnette.

Poissons. Ceux que l'on trouve en plus grande quantité sont le poisson chat, la carpe, l'esturgeon, et la perche, qui acquiert une taille considérable.

POPULATION.

●

Mouvement de la population.

En 1810, elle était estimée à 12,282 y compris 200 esc[l].
1816. . . . . 20,000 (1)
1818. 35,000

L'accroissement pour cent, pendant les six premières années, fut de 36 pour cent par an.

Indiens. Les *Sacs* vivent dans trois villages, situés dans les parties septentrionales de l'état sur les bords de la Sandy-Creek et de la Rocky, près desquelles ils se sont retirés des limites méridionales. Les *Kaskaskias*, les *Cahokias* et les

---

(1) « Comme il y a peu de mauvaises terres, dit l'auteur du *Western Gazetteer*, le territoire pourra nourrir une population d'un million d'habitans, en calculant vingt personnes par mille carré; et si l'on porte ce nombre à cinquante-quatre, qui est celui des individus par mille carré dans le Connecticut, il serait susceptible de contenir deux millions six cent mille âmes. »

Piorias, réduits, par leurs guerres avec les *Sacs*
et les *Renards,* à deux cent cinquante guerriers,
résident entre les rivières de Kaskaskias et des
Illinois. Les *Delawares* et les *Shawanèses* passent l'été en un endroit situé à quatre milles
au-dessous de la Vase ; les *Piankashaws* et les
Mascontins, au nombre de six cents, habitent
sur quelques-uns des affluens de la Wabash. Les
établissemens agricoles des États-Unis, formés
à quatre milles de Sandy-Creek, n'atteignirent
pas le but qu'on s'était proposé, celui de leur
faire abandonner leurs habitudes sauvages (1).

Établissemens. Les plantations sont principalement établies sur les bords du Mississipi,
de la Kaskaskias et sur leurs affluens. Celles que
l'on a formées récemment le sont sur la Wa-

_____

(1) Vers l'an 1770, il y avait un village d'Indiens Illinois de la tribu de Kaskaskias, à trois milles environ
au nord du village de même nom, qui contenait
deux cent dix habitans, et soixante guerriers. Un mille
au-dessus du fort de Chartres, il y avait un autre village fondé par cent soixante-dix guerriers des Piorias
et des Michigamias, deux autres tribus illinoises, autrefois très-braves et très-belliqueuses, et qui maintenant
sont dégénérées, abruties et si indolentes, qu'elles peuvent à peine se procurer des peaux et des fourrures pour
se vêtir (*).

(*) Hutchins.

bash et l'Ohio. Entre ce dernier et la Wood-
Creek se trouvent les plantations Américaine et
de Turkey-Hill, composées d'émigrés du Kentucky et des états méridionaux. Elles sont très-
florissantes.

Le village de Kaskaskias, fondé par des émigrés français du Canada, contient actuellement
plus de cent soixante familles, qui élèvent des
bœufs, des chevaux, des porcs et de la volaille.
Il y a un bureau de poste, un bureau pour la
vente des terres, et une imprimerie : on y
publie un journal qui paraît chaque semaine,
nommé le *Hérault Illinois*. Le village de
Chartres, situé un peu au sud du fort du même
nom, sur le bord du Mississipi, contenait dans
l'origine un petit nombre d'habitans ; mais ce
fort, dont sa prospérité dépendait, ayant été
trouvé intenable à cause des constantes inondations de la rivière, fut abandonné en 1772.
Cahokia, situé sur une petite rivière à environ
un mille du Mississipi presqu'à l'opposé de Saint-
Louis, a été fondé également par des Français,
et se compose de cent soixante maisons environ.
Sa situation est trop basse pour être salubre : la
première occupation de ses habitans fut le commerce de fourrures, et la seconde l'agriculture. Cet endroit est le siége de la justice pour
le comté de Saint-Clair ; il y a aussi un bureau

de poste et une chapelle pour les catholiques. Saint-Philippe, à quarante-cinq milles au-dessous, fut aussi établi par des Français. Douze milles plus bas que ce village, se trouve celui qu'on appelle la Prairie-du-Rocher, renfermant soixante à soixante-dix familles françaises, et quatre-vingts noirs : il y a aussi une chapelle catholique. Des plantations se forment sur les deux rives de l'Ohio, sur la Wabash, à la distance de trente milles de son embouchure, ainsi que sur la Kaskaskias et le Mississipi, et ces établissemens sont séparés par une étendue de pays désert de cent milles. Shawaneetown, où se trouvait autrefois un village indien du même nom, est situé sur les bords de l'Ohio, au-dessous du confluent de la Wabash, et a été établi sous l'autorité et aux frais des États-Unis. Il a été très-endommagé par une inondation pendant le printemps de 1813. Il contient maintenant trente ou quarante familles qui habitent dans des cabanes formées de troncs d'arbres, et qui vivent de leur travail dans les salines. Le territoire, jusqu'à la rivière Saline, distance de neuf milles, appartient aux États-Unis. Wilkinsonville, petit village situé dans une belle prairie, élevée de soixante ou soixante-dix pieds au-dessus du niveau de la rivière, est à peu près à moitié chemin entre le fort Massac et l'embouchure de l'Ohio. Il y a encore d'autres petits villages, nommés Belle-Fonte, l'Aigle et Edmondville.

L'établissement d'English-Prairie, où M. Birkbeck, fermier intelligent et entreprenant d'Angleterre, s'est retiré pendant l'automne de 1817, se trouve dans la partie sud-est de l'état, entre la Grande et la Petite-Wabash. Il a donné, dans ses « Notes sur l'Amérique » et ses « Lettres du pays des Illinois », une description frappante du pays et de la nature du sol ; une notice sur ses productions, et sur le mode de culture et les améliorations dont la terre est susceptible. Il fait remarquer les avantages que le pays offre à tous les planteurs, mais surtout aux laboureurs et aux fermiers possesseurs de petits capitaux. La publicité que ces ouvrages ont eue ont attiré l'attention générale sur cet établissement ; et la description favorable qu'il en a donnée, et le cas que tous ceux qui le connaissent, ou qui lisent ses notes, semblent faire de son jugement et de ses connaissances dans l'agriculture, y ont attiré un grand nombre d'Anglais et d'Américains. Si l'on doit s'en rapporter aux détails que nous fournissent les journaux des États-Unis, il paraîtrait que la population y fait des progrès très-rapides.

Histoire: Les premiers établissemens furent

faits par les Français à Kaskaskias, Cahokia, au
fort Massac, et dans d'autres endroits, qui sont
encore habités par leurs descendans, bien que
ce pays soit resté sous la domination anglaise
depuis 1756 jusqu'à la paix conclue avec les
États-Unis en 1783.

Entre 1755 et 1764, lorsque Hutchins explora
ce pays, le village de Kaskaskias contenait cinq
cents esclaves. Les fermiers avaient déjà de
grands troupeaux de bœufs et des porcs, et plusieurs d'entre eux avaient des maisons bien bâties, avec des jardins et de grands lots de terres
adjacentes (1).

_____

(1) Hutchins, p. 36.

Division civile ou administrative du territoire
des Illinois, en 1810.

COMTÉS.	POPULATION.	CHEFS-LIEUX.
Edward	»	
Gallatin	»	
Johnson	»	
Madison..	»	
Randolph.	7,275	Kaskaskias.
Saint-Clair.	5,007	
	12,282	

CONSTITUTION.

Par un acte du congrès de 1809, le territoire
des Illinois ayant été détaché de celui d'Indiana,
ils furent tous les deux autorisés à se donner un
gouvernement distinct. Par un autre acte,
rendu le 18 avril 1818, il fut décrété que le
peuple de ce territoire établirait une constitution par l'organe de ses représentans. Cette

29 *

constitution fut acceptée le 26 août de la même
année, par le gouvernement des États-Unis.

Le pouvoir législatif réside en une assemblée
générale, composée d'un sénat et d'une chambre de représentans. Les sénateurs, qui doivent
être âgés de vingt-cinq ans, sont élus tous les
quatre ans, et les représentans tous les deux
ans, pourvu que les candidats aient atteint l'âge
de vingt et un ans. La cour suprême consiste
en quatre juges, nommés par la législature,
qui conserveront leur emploi jusqu'en 1824.
Ils forment le conseil du gouverneur. Tout
individu libre, âgé de vingt et un ans, qui a
résidé dans l'état pendant six mois, a droit de
suffrage dans les élections.

`L'esclavage est aboli : aucun contrat passé
entre un blanc et un noir ne pourra se prolon-
ger au-delà d'un an. Les enfans des esclaves,
nés après l'adoption de la constitution, seront
libres : les femelles à dix-huit ans, et les mâles
à vingt et un ans.

Traitemens des officiers civils.

	dollars.
Le gouverneur doit recevoir, jus-qu'en 1824	1,000 par an.
Les juges, chacun.	1,000
L'arpenteur du gouvernement. . . .	1,000

AGRICULTURE.

Le sol produit de belles récoltes de céréales, de lin et de chanvre, et toute espèce de légumes y réussit très-bien. Le houblon croît naturellement, et le cotonnier est cultivé dans les parties méridionales.

Les arbres à fruits, tels que pommiers, poiriers, pêchers, ont une végétation très-abondante. Les mûriers sont grands et nombreux ; et, comme le climat est favorable à la multiplication des vers à soie, cette production pourrait fixer l'attention des habitans et exercer leur industrie. On fait annuellement une grande quantité de sucre avec le suc de l'érable ; et la vigne sauvage même donne un vin d'un goût agréable (1).

Le maïs est la production dont on fait approvisionnement : souvent il est cultivé en commun, comme au temps des patriarches, par les habitans d'un village ou d'un hameau ; et, de cette manière, ils évitent les frais de clôture, qui, dans de grandes prairies sans bois, seraient très-considérables. On cultive le coton pour l'usage domestique.

(1) En 1769, les colons français en firent cent dix barriques. (Hutchins.)

« Le sol, dit M. Birkbeck, est si facile à
ouvrir, qu'il nécessiterait moins de dépense de
culture que dans quelques parties de l'Angleterre que ce soit, malgré le prix élevé des travaux de labour. Le soc des charrues s'use si peu
qu'il est nécessaire de l'aiguiser une fois seulement pour toute l'année. Le bétail et les porcs
qui vivent sur ce terrain, donnent un grand
profit, même en les vendant quatre sous la
livre. Les débouchés pour les vendre sont as-
surés; et les marchands, après qu'ils ont reçu
leur argent, ne sont pas assujettis à en payer
une partie pour leur loyer, une autre pour les
dîmes, un tiers pour les pauvres et un quart
pour les impôts. Ces derniers sont si peu de
chose qu'ils peuvent à peine entrer dans le plus
mince calcul. En outre, l'argent a une si grande
valeur que le moindre profit doit suffire. Le
fait est que le produit des capitaux employés de
quelque manière que ce soit dans ce pays, est
vraiment surprenant; et, si l'on spécule sur les
bestiaux, les avances sont si peu considérables,
que les recettes sont presque un profit net. L'i-
dée d'épuiser le sol par les récoltes, et de rendre
ainsi les engrais nécessaires, n'est pas encore
entrée dans le calcul des cultivateurs de l'ouest.
Les engrais s'accumulent quelquefois à tel
point, que les fermiers sont obligés d'éloigner

leurs basses cours, afin que l'air ne soit pas
vicié autour d'eux. Ils n'ont pas encore senti
la nécessité de les rendre à la terre qui semble
ne pas mettre de bornes à sa fertilité. Avec
environ la moitié des capitaux indispensables
pour la seule culture des terres épuisées en
Angleterre, un homme peut s'établir et devenir propriétaire dans ce pays, avec toutes
les commodités d'un genre de vie simple, et
il a la certitude d'établir ses enfans aussi bien
ou mieux que lui. La probabilité de ce calcul
est telle, que l'inquiétude à cet égard serait
presque ridicule. »

Frais d'établissement commode d'une famille.

M. Birkbeck a fait l'estimation suivante pour
son établissement à la *Prairie anglaise*, dont
le premier paiement fut fait en 1818. La ferme
consiste en sept cent vingt-acres environ de
terre à bois, et sept cent vingt de prairie (1).

	dollars.
Premier prix d'installation	720
Second paiement, en août 1819.	720
	1,440

(1) *Letters from Illinois*, p. 17 and 18.

	dollars.
Report	1,440
Troisième, *idem.*, en août 1820	720
Quatrième, *idem.*, en août 1821	720.
Maison d'habitation et dépendances . . .	4,500
Autres bâtimens.	1,500
4,680 verges de clôture, dont 3,400 dans la prairie, et 1,280 autour de la terre à bois.	1,170
Plusieurs puits.	200
Portes.	100
Cabanes.	200
Cent têtes de bétail	900
20 truies, etc.	100
Moutons	1,000
Charrue, charriots, outils et instrumens.	270
Dépenses du ménage jusqu'à ce que la terre puisse fournir aux besoins du planteur . . .	1,000
Gages d'une année pour un berger, un bouvier et autres gens de ferme.	1,000
Un ébéniste et un charron pour faire les meubles et les instrumens, pendant un an, à 300 dollars chacun.	600
Articles de quincaillerie, de poterie, de verrerie	500
Arbres à fruits, etc.	100
Cinq bons chevaux.	300
Frais de transport du linge de corps et de lit, des vêtemens, des livres, etc., etc. . .	1,000
	17,320

dollars.

Ci-contre. 17,320

Articles tirés d'Angleterre. 4,500
Frais du voyage. 2,000

23,820

ou 127,040 francs.

En ajoutant 600 dollars pour les
graines et semailles. 3,200

Total. 130,240

Prix des provisions, chevaux, gages d'ouvriers,
instrumens, etc., etc.

Un cultivateur seul peut faire faire son travail par portions à des prix très-modérés et à
moins de frais qu'en Angleterre; mais si plusieurs familles s'établissent ensemble, elles auront toutes besoin de laboureurs, et devront se
les procurer ailleurs. Elles feront bien d'en
amener avec elles d'Europe, ou de proposer
des conditions avantageuses à ceux qui arrivent continuellement dans les ports de l'est.

Les provisions sont à bon marché. Le blé
vaut trois ou quatre *pence* le boisseau; le bœuf
et le porc deux *pence* la livre. Les épiceries et
les vêtemens sont chers. Les matériaux pour
bâtir sont à un prix modéré, soit le bois ou la

brique. Les briques se vendent 8 dollars et même moins, le millier, y compris la chaux.

Les chevaux valent de 60 à 100 dollars et au-dessus. Les vaches de 10 à 20; les truies de 3 à 5. Les achats de terres sont à meilleur compte aux bureaux de vente. Le paiement se fait au comptant, ou dans cinq ans; dans le premier cas, on obtient une remise de 8 pour cent.

Le salaire des ouvriers est de 1 dollar à 1 dollar et demi. Les charpentiers, les tailleurs, les cordonniers, les tuiliers et les maçons, sont les premiers à mettre en réquisition pour un nouvel établissement : les autres viennent ensuite.

Les instrumens sont à bon marché tant qu'on n'emploie pas le fer. Un chariot coûte 35 à 40 dollars, sans compter les cercles des roues. Un fort chariot de voyage, complet, revient à 160 dollars au moins. Le labour, en comptant l'emploi des chevaux, est à un prix un peu plus bas qu'en Angleterre. Le salaire d'un laboureur qui se nourrit lui-même, est d'environ 60 *cents*, 3 schellings et 4 *pence* et demi sterling par jour; mais un homme et deux chevaux de charrue se paient 1 dollar (1).

_____

(1) Lettres, p. 58.

Fermes. Une ferme se compose de six cent quarante acres de terre. La maison d'habitation, les écuries, les granges, le jardin, le verger et les autres enclos, doivent être renfermés dans l'espace de deux cent quarante acres. Ordinairement on projette de défricher cent acres par an; après quoi on y laisse croître l'herbe, ou on continue de les labourer en tout ou en partie pour y faire venir ce qu'on juge le plus convenable. Les cent acres doivent être plantés en maïs au mois de mai, et en blé au mois d'octobre, après que la récolte du maïs sera faite. De cette manière, les quatre cents acres seront mis en état de culture en quatre ans.

Un capital de 8,889 dollars peut être employé de la manière suivante dans une section de terre de cette étendue.

	dollars.
Achat de la terre, 640 acres, à 2 doll l'acre	1,280
Maison d'habitation, bonne et commode, et autres bâtimens de construction	1,500
Clôture autour des bois, 1,000 verges, à 25 *cents* par verge.	250
Fossés pour diviser la surface en 10 champs	600
Plantation de 1,800 verges de haie vive . .	150
Arbres à fruit pour le verger, etc.	100
Chevaux et bétail.	1,500
	5,380

dollars.

Report. 5,380

Meubles et outils 1,000

Provision pour un an, et autres dépenses
accidentelles 1,000

Articles importés d'Europe, tels que linge,
livres, instrumens, etc. 1,000

Frais de transport de 2,000 livres pesant
de ces articles, à 10 dollars par quintal . . . 200

Frais de voyage pour une seule personne. . 309

TOTAL 8,889

Nota. Le premier prix d'installation est de 320 doll.
Il reste donc entre les mains de l'acquéreur 960 doll. sur
le prix de l'achat, qu'il doit appliquer aux dépenses de
culture, et ajouter aux sommes ci-dessus détaillées.

Dépenses de la première année.

Défrichement de cent acres, à deux dollars
par acre. 200

Maïs pour les semailles, cinq barils, de cinq
boisseaux chacun. 10

Semailles 25

Travail de la houe, 1 doll. par acre. 100

Récolte, 1 doll. $\frac{1}{2}$ par acre. 150

Labour de la même terre pour le blé, 1 doll.
par acre. 100

Frais de semences, semailles, et pour herser
la terre 175

Dépenses accidentelles 240

1,000

Produits de la première année.

Cent acres de maïs, donnant 50 boisseaux. dollars.
ou 10 barils par acre, à 2 doll. par baril . . . 2,000

Produit net. 1,000

Dépenses de la seconde année.

Défrichement de 100 acres, pour le maïs,
avec les dépenses de semailles et de récolte . . 485
Récolte et battage du blé, pour 100 acres. . 350
Labour de 100 acres pour les nouvelles se—
mailles de blé 275
Dépenses accidentelles. 290

1,400

Produits de la seconde année.

100 acres de maïs, donnant 10 barils par
acre, à 2 dollars par baril. 2,000
100 acres de blé, donnant 20 boisseaux par
acre, à 75 dollars le baril. 1,500

3,500
Les dépenses sont de. 1,400

Produit net. 2,100

Dépenses de la troisième année.

Défrichement de 100 acres, et frais de ré—
colte du maïs 485

485

Labour de 100 acres pour le blé, après le   dollars.

maïs . . . .   100.

Travail de la houe, et autres, pour le blé.   285

Récolte et autres travaux de 100 acres de

blé   350

Fumage de 100 acres, pour le blé, après la

deuxième récolte de maïs   200

Labour de 200 acres pour le blé, semail-

les, etc.   550

Dépenses accidentelles.   330

           Total. 2,300

Produits de la troisième année.

200 acres de maïs, donnant 10 barils par

acre, à 2 dollars par baril. 4,000

100 acres de blé, donnant 20 boisseaux par

acre, à 75 dollars le baril 1,500

                                   5,500

Les dépenses sont de 2,300

        Produit net. 3,200

Dépenses de la quatrième année.

Comme la troisième. 2,300

De plus, récolte et autres travaux pour 100

acres de blé. 350

Dépenses accidentelles. 50

                                   2,700

Produits de la quatrième année.

	dollars.
200 acres de maïs, comme ci-dessus. . . .	4,000
200 acres de blé	3,000
	7,000
Les dépenses sont de	2,700
Produit net.	4,300

Résumé.

	DÉPENSES.	PRODUITS.
	dollars.	dollars.
Première année	1,000	2,000
Deuxième	1,400	3,500
Troisième	2,300	5,500
Quatrième.	2,700	7,000
		18,000

Réparations de bâtimens et autres dépenses pendant quatre ans.	4,000	
	11,400	11,400
Produit net		6,600

Le produit net, pour chaque année, est donc. . . . . , ... 1,650

En y ajoutant l'accroissement de la valeur des terres par suite de la culture et les plantations, à un demi-dollar par acre et par an, pour les 640 acres 320

Produit net annuel. 1,970

Prix des terres. Les terres publiques ont rarement été vendues plus de 5 dollars par acre : le prix moyen en octobre 1816, était de quatre à Edwardville.

INDUSTRIE.

Il y a des manufactures pour tous les objets d'utilité domestique, et le nombre augmente en proportion de l'accroissement de la population.

En 1810, les objets suivans avaient été fabriqués selon le rapport du maréchal,

	dollars.
Bateaux. . . . . Valeur	1,260
19 distilleries, 10,200 gallons extraits de fruits et de grains . . . . , . . .	8,670
Peaux, 1,300, valeur de tannerie. . . .	7,750
Draps et étoffes de toute espèce, 90,839 verges.	54,023 (1)

D'après le rapport du maréchal, le produit total des manufactures, en 1810, non compris les articles dits incertains,

| S'éleva à . . . . | 71,703 doll. |
| Et celui de ces derniers à . . . . . . | 46,150 |

(1) Le nombre des rouets à filer était de 630
Et celui des métiers à tisserand. 460

Savoir :

dollars.

Barils de farine (6,440) 32,200
Moulins à scie (480,000). 12,000
Érable à sucre (15,600 livres). 1,950 (1)

Total. 46,150

COMMERCE.

En 1746, cinquante tonneaux de farine furent envoyés à la Nouvelle-Orléans. Deux ans après, M. de Vaudreuil donna la notice suivante des produits et exportations : farine, blé, coton, tabac, cire de myrthe, bœuf sauvage, porc salé, jambons d'ours et de porcs, venaison, volailles, peaux, huile, graisse d'ours, suif, fourrures, laine de bison, fourrures grossières, cuivre et plomb.

Maintenant on élève beaucoup de bétail, et des chevaux de race espagnole, destinés pour les marchés de Baltimore et de Philadelphie.

Antiquités. On trouve dans cet état des tertres et des restes de fortifications, semblables à ceux du Kentucky, de l'Ohio et de l'Indiana, mais en plus grand nombre. Dans l'espace de

---

(1) Il y avait 78 manufactures, ou endroits (*camps*) pour faire du sucre d'érable.

vingt milles au-dessus et au-dessous de Kaskaskias, on assure qu'on en compte cent cinquante.
Ils sont généralement de la même forme,
mais de dimensions différentes ; le plus considérable a deux mille quatre cents pieds de circonférence, et quatre-vingt-dix pieds de haut ;
les entrées souterraines, comme celles décrites
par M. Jefferson, sont généralement élevées de
dix à douze pieds au-dessus des terres environnantes. Il est probable que ces cavités servaient
de lieu de sépulture, car les Indiens les considèrent universellement comme la demeure des
manitous, ou esprits.

Routes. Par un acte du 29 avril 1816, il a
été décidé qu'une route serait construite depuis
Shawaneetown sur l'Ohio, jusqu'aux salines des
États-Unis, et à Kaskaskias : 8,000 dollars ont
été consacrés à cette entreprise ; trois commissaires chargés de ces travaux reçoivent par jour
3 dollars chacun, et leurs aides 1 dollar et demi.
Il y a deux routes qui vont de l'Ohio à Kaskaskias, l'une part du bac de Robin, dix-sept
milles au-dessous de la Saline, et a cent trente-
cinq milles de longueur ; et l'autre du bac de
Lusk, à quinze milles au-dessous de l'embouchure du Cumberland. Cette dernière est plus
courte de quinze ou vingt milles. Il y a une
route de poste depuis Vincennes jusqu'à Kas-

kaskias, dont la longueur est de cent cinquante
milles, et sur laquelle les voyageurs sont obligés de camper deux ou trois nuits. Une autre
route assez bonne se rend de l'embouchure de
la Vase jusqu'à la rivière Wood-Creek, et traverse Kaskaskias, la Prairie-du-Rocher, Saint-
Philippe et Cahokia. Ces routes sont réparées et
améliorées sur le produit des terres affermées
par le gouvernement dans différens endroits.

Navigation intérieure. L'état des Illinois,
conjointement avec celui de l'Indiana, aura
droit à la navigation de la Wabash, tant que
cette rivière leur servira de limite commune.
Il partagera également ce droit à celle du Mississipi, avec tous les états que l'on jugera à
propos de former à l'ouest de ce fleuve.

Bateaux à vapeurs. « Les bateaux de cette
espèce, dit M. Birkbeck, naviguent déjà sur la
Wabash; la Nouvelle-Orléans en envoya un cet
hiver (1817) à quelques milles de notre colonie. On en construit un à Harmony, ville qui
se trouve vingt milles au-dessous de nous. On
le destine à exporter régulièrement le surplus
de nos produits, et à nous rapporter en échange
du sucre, du café, des épices, et des marchandises d'Europe (1). »

_____

(1) Lettres sur les nouveaux établissemens qui se for-

Forts. Le fort de *Chartres*, construit par les Français à quatre milles au-dessus de la Prairie-du-Rocher, et à un quart de mille du bord du Mississipi, est miné par les eaux de cette rivière. On dit qu'il a coûté 100,000 dollars. Le fort *Massac*, bâti aussi par les Français, à quarante-cinq milles au-dessus du confluent de l'Ohio, a été démantelé depuis la révolution.

Ouvrages qui traitent de l'histoire et des productions de cet état.

Voir les ouvrages de Charlevoix, Dumont, Hutchins, Bossu, etc., dont les titres se trouvent indiqués à la fin du chapitre de l'Indiana.

Années 1818. *Birkbeck (Morris). Letters from Illinois,* in-8°., *London.* — Lettres sur le pays des Illinois. Il en a été fait une traduction française en 1819.

Cartes.

— 1817. *Gardiner (John), chief clerc in the general land-office. Map of the bounty lands in the Illinois territory.* — Carte des terres à distribuer à titre de récompenses dans le territoire des Illinois.

---

ment dans les parties occidentales des États-Unis d'Amérique, traduction française, p. 47. Paris, 1819.

— 1818. *Van Zandt. Map of the military bounty lands in the Illinois territory, accompanied with an accurate description of the soil, etc., in each section, price 8 dollars, Washington.* — Carte des terres à distribuer en récompense aux militaires, dans le territoire des Illinois.

Williams (Samuel), of the State of Ohio. Map of the Illinois territory, compiled from the public surveys and other authentic sources. — Carte de ce territoire dressée d'après les renseignemens les plus authentiques.

CHAPITRE XXII.

ÉTAT D'ALABAMA (1).

TOPOGRAPHIE.

SITUATION ET ÉTENDUE. Cet état est situé entre le 30° 12′ et le 35° de latitude nord, et entre le 8°, et le 11° 20′ de longitude ouest de Washington. Il est borné au nord par le parallèle du 35°, qui le sépare de l'état de Tennessée ; à l'est, par la ligne de démarcation occidentale de la Géorgie, et par la rivière de Perdido, depuis le 31° de latitude jusqu'à l'embouchure de la baie du même nom, dans le golfe du Mexique ; au sud, par une ligne tirée sous ce dernier parallèle depuis la Chatahooché jusqu'au Perdido, et ensuite par le golfe du Mexique jusqu'à la baie de Pascagoula ; et à l'ouest, par la rivière de Tennessée jusqu'à la jonction de

---

(1) Le congrès des États-Unis, par un acte du 2 mars 1819, ayant autorisé les habitans de ce territoire à se donner une constitution et un gouvernement d'état, les représentans devaient s'assembler pour cet effet à Huntsville, le 1er. juillet suivant.

la Bear-Creek ; puis par une ligne droite jusqu'à l'angle nord-ouest du comté de Washington, et ensuite par une autre ligne qui va directement au sud aboutir au golfe du Mexique.
La ligne de limites du nord a cent trente-sept
milles de longueur; celle de l'est en a cent
vingt-huit jusqu'au point où elle arrive à la Chatahooché ; cette rivière, qui fait aussi partie
de cette ligne, en a plus de cent, et la rivière
et la baie de Perdido environ cinquante. La
ligne du sud, tracée sous le 31° de latitude
depuis le Chatahooché jusqu'au Perdido, a au-
delà de cent trente-sept milles d'étendue, et
celle de l'ouest trois cent vingt. L'état a près
de soixante-dix milles de côtes.

Superficie. Selon la carte et le calcul de
M. Melish, l'état a quarante-six mille milles
carrés, ou vingt-neuf millions quatre cent quarante mille acres de superficie.

Aspect du pays et nature du sol. Le colonel
Parmentier observe qu'en remontant la Mobile
depuis la ville de ce nom, on voit des deux
côtés des terres toujours inondées, et que les
premières, que l'on trouve à sec, sont à vingt
et un milles au-dessus de son embouchure. Il y
a des terres glaises entremêlées de couches,
ou plutôt des veines irrégulières de sable qui
sont presque le seul fond que l'on aperçoive

jusqu'à ce qu'on arrive dans le pays des marécages, un peu au-dessous du confluent de
l'Alabama et de la Tombekbé. C'est le long
du 31° de latitude qu'on trouve ces marécages
si prodigieusement fertiles, et qui s'étendent
à un mille environ de la rivière. Au-delà de
ce point est un espace s'élevant par une
pente peu sensible, dont le sol est noirâtre et
rempli de petits cailloux. La terre est de la même
espèce que celle dont les vignerons font tant
de cas dans le sud-est de la France. Les bords
de l'Alabama sont d'une étendue et d'une fertilité remarquables; mais trop bas, et sujets à
de fréquentes inondations, à cinquante milles
environ au-dessus de son confluent, où commencent les terres élevées et entrecoupées,
qui s'étendent à soixante milles vers le nord,
et qui sont couvertes de chênes, de noyers,
de cèdres et de peupliers. Le meilleur sol pour
l'agriculture se trouve dans les vallées des rivières Cahawba et du Guerrier-Noir, et sur la
rive gauche de la Coosa, à trente milles au-
dessus de sa jonction.

Une chaîne de montagnes traverse ce territoire au sud de la rivière de Tennessée, depuis
ses bords près du confluent de Bear-Creek jusqu'au fort Déposit; du côté de l'est, elle prend
une direction septentrionale, traversant la ri-

vière et la ligne de frontière du nord. La largeur de cette chaîne, vis-à-vis des bas-fonds
de Mussel, est d'environ cinquante milles.
Dans plusieurs endroits, elle s'élève d'un demi-
mille au-dessus de sa base, et n'est praticable
nulle part pour les chariots. Entre cette chaîne
et le Tennessée se trouve une riche vallée de
dix à douze milles de largeur ; mais la chaîne
elle-même est si escarpée, et tellement coupée par des roches dans toute son étendue,
qu'elle n'est pas susceptible de culture, excepté
vers l'extrémité occidentale, où elle occupe
un grand espace de terre, nommé vallée de
Russel. Du côté du midi, elle s'abaisse en
collines qui se prolongent jusqu'aux chutes
des rivières qui se portent au midi. De ces
collines descendent des eaux qui vont se réunir
dans des vallées délicieuses. Celle qui est à l'est
du Guerrier-Noir, connue sous le nom de
Jones Valley, a cinquante ou soixante milles
de long, et est extrêmement fertile. A l'est
de la Cahawba se trouve une autre vallée également riche et vaste. Elles sont couvertes de
beaux chênes, de noyers, d'érables, de cerisiers sauvages, de copalmes avec quelques
plantes plus petites, de manière que la terre
s'y trouve toute préparée pour la culture. En
général, ce sol est un composé d'argile et de

terre noire et légère, reposant sur ún lit de pierres calcaires (1).

Les côtes de la mer et les parties au sud (2),

---

(1) Cette description de la partie supérieure de l'état m'a été communiquée par le docteur Fearon, de Huntsville, qui a aussi fourni des renseignemens sur ses productions et sur l'accroissement extraordinaire de ses établissemens.

(2) La côte de la Floride occidentale était bien connue des Français depuis l'an 1719; mais, il paraîtrait qu'ils avaient peu de notions sur l'intérieur du pays. Dupratz dit que la terre le long de la mer, depuis le Mississipi jusqu'à la Mobile, n'est qu'un beau sable aussi blanc et aussi brillant que la neige (*). Dumont, officier qui demeura vingt ans dans la Louisiane, dit « qu'il a peine à comprendre à quel dessein ce fort a été bâti, et quelle peut en être l'utilité : car, quoiqu'il soit à cent vingt lieues de la capitale en descendant le fleuve, c'est de là qu'on est obligé de tirer tout ce qui est nécessaire pour l'entretien de la garnison, tant le terroir des environs est mauvais, étant partout mêlé de sable, et ne produisant que des pins et des sapins, avec quelques légumes qui n'y croissent pas des mieux (**). » Le père Charlevoix, qui parcourut la Floride, remarque, en décrivant le poste Saint-Joseph sur les bords de la Floride orientale et de la Floride occidentale, que c'est un pauvre pays, tout couvert d'un sable aride, sur une côte plate et très-froide; et le der-

(*) Histoire de la Louisiane, tom. I, p. 25.
(**) Mémoire de la Louisiane, tom. II, p. 79.

à quelque distance dé la ligne de démarcation, sont en général sablonneuses et couvertes de pins, excepté le long du Conecuh et d'autres rivières, où le sol est assez bas, entrecoupé de riches prairies et de belles forêts, et reposant sur un fond de pierres calcaires. Vers les sources de la Limestone-Creek, il y a un canton d'excellente terre, long de vingt milles sur huit de large, bien arrosé et couvert d'arbres de différentes espèces. A soixante milles environ au-dessus du confluent de la Coosa et de la Tallapóosa, la surface devient plus élevée, inégale et bien boisée; mais, au-dessus des chutes de ces rivières, il est dur, coupé et pierreux.

---

nier lieu sur la terre où l'on s'attendrait à trouver un seul homme, et surtout des chrétiens. Le capitaine Mairn, qui a levé le plan de la plus grande partie de la Floride en 1708, parle ainsi d'une étendue de plus de cent milles carrés autour de Pensacola : « Tout ce pays est un désert sablonneux, sans aucune source d'eau. »

Ces descriptions ne conviennent qu'au pays situé le long de la côte, entre la Mobile et le Perdido, jusqu'à la hauteur de la ligne de la Floride; car dans l'intérieur et les parties élevées de l'état, il y a des étendues considérables de terroir excellent.

EAUX.

Rivières. Les parties septentrionales de l'état sont arrosées par le *Tennessée* dans un cours de deux cent cinquante milles, et par un nombre considérable de petits affluens qui s'y jettent du nord-est et du sud , particulièrement aux bas-fonds de Mussel, qui ont sept milles de long et trois de large. Dans les temps secs, les eaux sont basses et les rochers obstruent la naviga-tion ; mais, dans les autres saisons, les ba-teaux de trente tonneaux peuvent monter et descendre sans danger.

Depuis cette rivière jusqu'au golfe du Mexi-que, ce territoire est arrosé par la *Mobile*, formée de deux grands affluens, l'Alabama et la Tombekbé, ou Tombigbée, qui se réu-nissent à la distance de quarante-cinq milles de son embouchure dans la baie du même nom, et neuf milles au-dessus du 31° de lati-tude. L'*Alabama* est formée de deux affluens, la Coosa et la Tallapoosa, qui ont leurs sour-ces, la première vers l'angle nord-est de l'état; l'autre, à une petite distance à l'est, dans l'état de Géorgie. La *Coosa* coule premièrement vers le sud-ouest ; ensuite elle fait une grande courbure, et se dirige vers le sud-est avant de se réunir à la Tallapoosa. Cette dernière, qui a ses sources près du 34° de latitude, coule vers le sud jusqu'à une petite distance de sa jonction, où son cours se porte vers l'ouest. Après l'union de ces deux affluens, l'Alabama poursuit la même direction jusqu'à la rivière Cahawba, autre affluent considérable, qui a aussi ses sources près le 34° de lat., et coule du nord au sud. Le cours de l'Alabama est ensuite sud-sud-ouest jusqu'à sa réunion avec la Tombekbé. Cette dernière prend sa source dans l'état du Mississipi, passe dans celui d'Alabama sous le 33° et demie de latitude, coule ensuite vers le sud-est, et après se dirige vers le sud jusqu'à sa jonction. Au-dessous du 33° de latitude, elle reçoit la *Tuskaloosa*, ou *Guerrier-Noir*, grand affluent qui est navigable à cent milles de son embouchure.

Après la jonction de la Tombekbé et de l'Alabama, leurs eaux se séparent au-dessous du fort Stoddart, et forment les canaux de la Mobile, du Tensaw et de la rivière du milieu, par lesquels elles se jettent dans la baie de Mobile.

La Mobile a de quatre à cinq pieds d'eau à la jonction de l'Alabama et de la Tombekbé. L'Alabama est toujours navigable pour les bâtimens tirant six pieds d'eau jusqu'au fort Claiborne, situé à soixante milles de son con-

fluent, et il y a de quatre à cinq pieds de profondeur jusqu'à celui de la Cahawba, à cent
cinquante milles plus haut. De ce point à la
jonction de la Coosa et de la Tallapoosa, à cent
soixante milles plus loin, elle a trois pieds
d'eau dans les endroits les moins profonds, et
la navigation est commode, excepté le long
des bas-fonds que les bons mariniers passent cependant sans accident à l'aide des crocs dont
ils se servent pour diriger le bateau. La Tallapoosa est navigable jusqu'aux grandes chutes,
à trente ou quarante milles de sa réunion avec
la Coosa, au-dessus de laquelle ces deux rivières coulent très-près l'une de l'autre. La
Coosa est navigable jusqu'aux chutes, distance de quinze ou seize milles, et au-dessus
son lit est obstrué par des rochers pendant
cinquante milles jusqu'au fort William (1),
d'où elle est encore navigable jusqu'à l'un de
ses affluens supérieurs, le Connesaughah, qui
a quarante-six pieds de large, et qu'on dit
porter bateau dans une étendue de plus de
cent milles. Cette dernière rivière offre une
communication avec le Tennessée par l'Amoy,

---

(1) On croit qu'on pourrait la rendre navigable le long
des grandes chutes, à bien peu de frais.

dont elle n'est éloignée que de huit ou dix milles.

Le temps nécessaire pour remonter l'Alabama dépend de la plus ou moins grande élévation des eaux. Le trajet du fort Mobile au fort Jackson, éloignés l'un de l'autre de quatre cent vingt milles, est d'un mois à six semaines. Une barge chargée de cent vingt-cinq barils de farine, avec cinq hommes d'équipage, l'a parcouru en trente jours, et on regardait cela comme un heureux passage. La Tombekbé est navigable pour les barges jusqu'à Saint-Stéphen, et pour les petites chaloupes jusqu'à la Bear-Creek.

La rivière de *Perdido* (1) parcourt soixante-dix milles du nord au sud le long de la frontière orientale de la partie inférieure de l'état, et se jette dans le golfe du Mexique en formant une lagune à son embouchure (2).

L'angle sud-est de l'état au-dessus du 31° de latitude, est traversé par la rivière *Conecuh*, qui coule dans une direction sud-ouest et dé-

---

(1) Roberts, dans son Histoire de la Floride, observe que cette rivière fut ainsi nommée d'un vaisseau espagnol qui y fut jeté sur la côte, et dont l'équipage périt.

(2) La distance de Pensacola est environ à quatre lieues au sud-ouest un quart à l'ouest.

bouche dans la baie de Pensacola. Elle est navigable à la distance de cinquante ou soixante
milles au-dessus de ce parallèle.

Les sources de la rivière de *Saint-Andrew*,
qui se jettent dans la baie du même nom, et la
rivière de *Choctaw*, qui se décharge dans celle
de Santa-Rosa, se trouvent dans l'état d'Alabama.

Les parties méridionales de l'état au-dessous
du 31° de latitude, sont arrosées par plusieurs
autres rivières plus petites; 1°. la rivière aux
Pierres, qui traverse ce parallèle, et se jette à
l'extrémité de la baie de Perdido; 2°. la rivière
de *Bon-Secours*, qui tombe dans la baie du
même nom, qui est un bras de celle de la Mobile; 3°. la rivière aux *Poissons*, qui se décharge dans la baie de Mobile, sur le côté de
l'est; 4°. la rivière aux *Chiens*, qui se joint du
côté opposé vers l'extrémité de cette baie;
5°. la rivière aux *Daims*, qui a son embouchure plus bas; 6°. la rivière aux *Poules*, qui
fait une communication entre la baie et le
golfe; 7°. la rivière *Derbane*, qui se décharge
dans ce dernier; et 8°. le *Cèdre* (1), qui prend
sa source au nord du 31°. parallèle, et tombe
dans la baie de Pascagoula.

---

(1) Nommée aussi rivière aux Chiens.

Quelques affluens de la *Chatahooché*, qui
forme la ligne des limites orientales, depuis
le 31° jusqu'au 32° et demi de latitude, sont
voisins de ceux de l'Alabama. La Chatahooché
prend ensuite le nom d'*Apalachicola*, à son
passage à travers les Florides, et est navigable
depuis son embouchure dans le golfe jusqu'à la
distance de quatre cents milles.

Baies. Le capitaine Robinson, dans ses Observations sur la Floride, décrit la baie de
Mobile comme formant un havre 'magnifique
et spacieux, s'étendant à trente milles au nord,
et ayant six milles de large. Jusqu'aux différentes bouches de l'Alabama et de la Chickasaw,
elle offre un très-bon ancrage, et pourrait contenir toute la marine anglaise (1). La meilleure
entrée est au nord de l'île Dauphine, du côté
de l'ouest. La profondeur moyenne de la baie
à l'ouest est de trois brasses jusqu'au fort Condé,
sur la Mobile, où elle n'est plus que de deux ;
et à la barre, auprès de l'île Dauphine, il n'y
a jamais moins de dix-huit pieds d'eau. Les
bâtimens qui en prennent treize ou quatorze
peuvent monter à la petite rivière aux Chiens,
à trois lieues environ au-dessous de Mobile ;

---

(1) *Roberts' Florida*.

et ceux qui n'en tirent que douze approchent à
la distance d'une lieue de cette ville (1).

Iles. La principale île, celle *Dauphine* (2),
est située du côté de l'ouest de la baie de Mobile. Elle est décrite d'une manière très-exacte
par le père Laval, qui le premier l'a placée
dans ses véritables latitude et longitude. « Elle
peut avoir, dit-il, trois lieues de longueur de
l'est à l'ouest, avec un peu de crochet qui court
à l'ouest un quart sud-ouest; mais la partie de
l'ouest n'est que sable, qui court dans la mer
assez loin. On ne trouve pas une pierre dans
cette île, non pas même de la grosseur d'une

---

(1) Il n'y a aucune fontaine dans le pays, et le père
Laval raconte que, « pour avoir de l'eau douce à boire,
on fait des creux dans le sable à cinquante pas de la mer,
dans lesquels on met des barriques défoncées : le lendemain on y trouve deux à trois pieds d'eau. On vide la
première; ensuite on y puise de la bonne eau, dont j'ai
bu pendant mon séjour dans cette île, et dont on a pris
quantité pour notre retour, sans que personne en ait été
incommodé (*). »

(2) D'abord appelée l'île *Massacre*, parce que les premiers colons français y découvrirent, vers la partie de
l'ouest, une grande quantité d'ossemens humains, restes
des sauvages qui périrent dans divers combats qu'ils se
livrèrent dans cette île.

(*) Voir la description de l'île Dauphine, dans le voyage de
la Louisiane, par le père Laval.

noisette ; ce qui fait voir que ce n'est qu'un
amas de sables et de terres, formé par la mer
et par la rivière de Mobile, qui n'est pas rapide, et dont cette île est voisine. Le fond
de la mer en ces parages n'est que sable, et les
vents de sud-est, qui sont très-frais en hiver,
ont, dans la durée de plusieurs siècles, accu-
mulé ces sables, lesquels mêlés avec un peu
de terre portée par les inondations, ainsi que
des pommes de pin, de sapin, des glands de
chêne et autres arbres, ont formé peu à peu
cette île. Les arbres ont crû avec le temps,
ainsi s'est fait le bois dont l'île est couverte. »

L'île Dauphine devint très-importante pour
les Français, parce qu'elle offrait une espèce de
rade vers l'est, formée par la partie de la côte
qui fait un crochet. Des vaisseaux de trente et
quarante canons pouvaient y mouiller à l'abri
des vents d'ouest et de sud-ouest ; ensorte que
cette rade n'avait pour traversiers que les vents
depuis le sud jusqu'à l'est-sud-est ; car l'île aux
Grands-Gosiers et la terre ferme la garantissent
des autres vents ; mais la mer y a jeté une si
grande quantité de sable par les vents de sud-
est, qu'il n'y peut plus mouiller que de petits
bâtimens (1). Entre l'île Dauphine et l'île à

----

(1) Au mois d'avril 1717, elle fut remplie, dans l'es-

31 *.

Corne, il y a un canal où les vaisseaux qui tirent quatorze pieds d'eau peuvent passer ; mais celui qui sépare la première de la terre ferme n'a que six pieds de profondeur. Au nord de l'île Dauphine se trouvent quelques îlots, nommés par les Français *îles aux Hérons* et *Tête-de-Mort*. Entre les canaux de la Mobile, il y a une grande étendue de terres, nommée l'île *Mobile*, qui est très-propre à la culture du riz.

Étendue des eaux navigables, d'après l'auteur du « Western Gazetteer. »

	milles.
La Tombekbé et ses affluens de l'est, le Tensaw, la Mobile, la rivière aux Poissons, etc.	750
L'Alabama et ses tributaires, la Cahawba, la Coosa, la Talapoosa, la Kiowée, etc. . .	800
Le Perdido, la Conecuh, l'Escambia, l'Eau-Jaune, le Choctaw, la Pea et la côte du Golfe.	370
La Chatahooché et ses affluens de l'ouest. .	550
TOTAL.	2,470

pace de deux heures, d'une masse de sable de quatorze brasses de large, et environ autant d'épaisseur.

MÉTÉOROLOGIE.

Température. Les parties basses de cette
contrée situées au sud, et au-dessous du 31° de
latitude, sont peut-être aussi chaudes que la
Jamaïque pendant les mois de juillet, août et
septembre : dans les autres saisons, la température dépend beaucoup de la durée des brises
de mer et de terre. Le climat des parties intérieures et élevées est semblable à celui de la
Géorgie. Au fort Stoddard sur la Mobile, au-
dessus du 31° de latitude, la chaleur moyenne
pendant le mois de juillet 1808, fut de 86° de
Fahrenheit : au mois de septembre, 84°; pendant le mois de janvier, elle varia de 55 à 60;
en février, de 43 à 79; en mars, de 55 à 86.
Les bestiaux passent l'hiver sans autre abri que
les bois. Les arbres sont en feuilles vers le premier avril; et l'on mange des petits pois et
des fraises au premier mai (1).

_____

(1) Voici quel fut le progrès de la végétation en 1808 :
le 15 février, les pêchers étaient en fleurs; le 8 avril,
les pois étaient en fleurs; le 12 avril, ceux que l'on avait
semés en février étaient en cosses, les pêches étaient
grosses comme des noisettes, et les figuiers en feuilles; le
2 mai, on mangeait des petits pois et des fraises; et le
29 juin, des épis de maïs rôtis étaient servis à table.

Un des habitans de Saint-Stéphens s'exprime
ainsi : « Depuis plusieurs années de séjour,
et avec une constitution formée au milieu des
montagnes du nord, j'aimerais mieux, pour la
chaleur, supporter un de nos étés que de passer
cette saison, dans n'importe quel état, depuis
le Tennessée jusqu'au New-York. Je n'ai jamais
éprouvé dans ce pays-ci cet état accablant de
l'atmosphère, qui dure souvent des jours en-
tiers dans les états du centre, et même dans
ceux du nord.

» Depuis neuf heures du matin jusqu'au soir,
nous ressentons les agréables et salutaires effets
de la brise de l'Océan. Cet immense tapis de
gazon et de verdure, que la terre étale de tout
côté, avec la rosée abondante qui tombe pendant la nuit, et la situation de cette contrée
qui est plus élevée au-dessus de la mer que les
autres parties des États-Unis (1); toutes ces
causes concourent à rendre le climat tempéré (2). »

La température est assez régulière à Huntsville, près de la frontière septentrionale. On

---

(1) Elle a de six cents à mille pieds d'élévation au-
dessus de l'Océan.

(2) Lettres publiées en 1817 dans le Kentucky-
Monitor.

n'y a jamais vu le thermomètre s'élever au-dessus de 89° pendant les trois dernières années, ni descendre plus bas que le 14°, si ce n'est une seule fois qu'il baissa jusqu'à 6°. Les gelées commencent en octobre et continuent jusqu'au 20 de mai, de manière à nuire au coton dans les parties les plus élevées, sans cependant le faire périr. Pendant l'été, les vents de l'ouest dominent. Ceux du sud-est sont les avant-coureurs de la pluie.

RÈGNE MINÉRAL.

Substances métalliques, terreuses, etc. Il existe beaucoup de *fer* dans les parties septentrionales de l'état. On trouve, à soixante milles au-dessus de fort Claiborne, une *pierre siliceuse*, dont on fait de bonnes meules à aiguiser; il y a une grande quantité de *charbon de terre* sur les bords de la Cahawba, de la Tombekbé et du Black-Warrior.

RÈGNE VÉGÉTAL.

Dans les parties basses, près de la côte, le terrain sablonneux est couvert de pins; les marécages le sont de cyprès; les bords des rivières, de grands roseaux, mêlés, çà et là, d'orangers sauvages. Les parties élevées et inégales qui s'étendent à soixante milles au nord de la jonction de l'Alabama et de la Tombekbé, produisent le chêne, le noyer rouge et noir, le cèdre et le peuplier.

La barbe espagnole se trouve sur les arbres jusqu'à la hauteur du fort Jackson.

RÈGNE ANIMAL.

Mammifères. Le couguar, l'ours, le chat sauvage, le renard, le raton laveur, le castor, la loutre, l'écureuil, le lièvre et le lapin se trouvent dans cet état. Pendant l'hiver, le pays abonde en gibier.

Reptiles. Les caïmans sont nombreux dans les rivières, et montent jusqu'aux chutes du Black-Warrior. Il y a un grand nombre de serpens dans les lieux humides et boisés.

Poissons. Il y a beaucoup de poisson de rivière.

Coquillages. Il existe une quantité prodigieuse de petites huîtres qui s'attachent à des mangliers sur les côtes, et dont le goût est exquis : d'autres, beaucoup plus grandes et moins délicates, sont dans la mer même en si grand nombre, qu'elles y forment des écueils,

qu'on prend d'abord pour des rochers à fleur
d'eau (1).

POPULATION.

Population selon le recensement de 1816.

COMTÉS.	BLANCS.	ESCLAVES.	TOTAL.
Baldwin	411	752	1,163
Clarke	2,763	1,333	4,096
Green.	992	729	1,721
Jackson.	714	255	969
Madison	10,000	4,200	14,200
Mobile	867	433	1,300
Monroe.	3,593	1,603	5,196
Washington	1,888	671	2,559
Wayne.	1,566	517	2,083
	22,794	10,493 (1)	33,287

(1) *Western Gazetteer*, p. 16.

Dans le comté de Madison, contenant une
surface de vingt milles carrés, le nombre des

---

(1) Histoire de la Nouv. lle—France , par Charlevoix,
3e. tome , p. 471.

habitans, en 1817, était estimé à dix-huit mille, Huntsville, capitale du pays, renfermait douze cents habitans. De chaque côté de la rivière de Tennessée, au-dessus et au-dessous des bas-fonds de Mussel, il y a une population considérable ; celle des vallées de Jones et de Cahawba est estimée à trois à quatre mille individus ; celle de Tuskaloosa aux chutes du Guerrier-Noir, à environ cinq mille. Les établissemens formés par les Français près de l'embouchure de cette rivière, prennent aussi de l'accroissement. La population de tout le territoire, en 1818, a été estimée à cinquante mille.

L'émigration vers ce pays vient principalement de la Géorgie, des Carolines, du Kentucky et du Tennessée.

Indiens. Les Choctaws, les Creeks, les Cherokees et les Chickasaws résident dans les parties de l'est, du centre et de l'ouest de cet état (1).

Établissemens. La ville de Mobile est située dans une belle plaine élevée de vingt pieds environ au-dessus du niveau ordinaire des eaux. Quand les Américains en prirent possession, elle contenait environ deux cents maisons : depuis cette époque, la population a considé-

_____

(1) Voir les chapitres sur la Géorgie et le Mississipi.

rablement augmenté, et elle deviendra probablement une grande place de commerce et le
centre des affaires. En juin 1817, sa population
était de mille à quinze cents individus. Les maisons sont bâties en bois, et n'ont généralement
qu'un étage. Les rues ont de cent quatre-vingts
à trois cent pieds de largeur.

Le capitaine Robinson, qui examina cette
côte en 1754, remarque « que ce port, situé
avantageusement au centre de la partie la plus
riche du pays, est, pour ainsi dire, une porte
pour se rendre à la Nouvelle-Orléans, et qu'il
sera toujours un obstacle à son commerce, en
coupant inévitablement toute communication
entre le Mississipi et l'Europe et les îles occidentales françaises (1). » Pensacola cependant est
une meilleure route pour les bâtimens, attendu
qu'ils y sont parfaitement à couvert; et que la
profondeur de l'eau sur la barre à son entrée
n'étant jamais moindre de vingt-un pieds, des
vaisseaux de guerre de soixante canons peuvent
y entrer aisément (2). Le port de Mobile est le
seul lieu dans toute la baie où les bâtimens, tirant douze pieds d'eau, peuvent approcher. Ceux
qui prennent de dix pieds et demi à onze pieds

---

(1) Appendice de la Floride de Roberts.
(2) *Idem*, p. 9.

d'eau, remontent la rivière Espagnole pendant
environ deux lieues, et descendent celle de
Mobile jusqu'à la ville, dans l'intervalle de quelques heures. Les bâtimens d'une plus grande
dimension s'arrêtent à une ou deux lieues de la
ville, y déchargent leurs cargaisons, et en
prennent de nouvelles. On construit maintenant un quai à l'extrémité orientale, où il y
aura neuf pieds d'eau à mer basse (1).

Entre la baie de Mobile et Pensacola, dans un
espace de soixante-dix milles, le pays est encore
désert. On a tracé dernièrement le plan d'un
village à l'embouchure du Tensaw, sur une surface élevée et sèche, où se trouvent de belles
sources.

Saint-Stéphens, siége actuel du gouvernement (situé sur le bord occidental de la Tombekbé, à quatre-vingts milles au-dessus de
Mobile, à l'endroit où la rivière commence à
être navigable pour les chaloupes), contient environ cinquante maisons. Il y a dans cette ville
une académie qui renferme soixante à soixante-
dix étudians, une imprimerie et quinze magasins. La situation est très-saine et favorable.

Dix milles au-dessous de Saint-Stéphens se
trouve la ville de Jackson, qui s'accroît rapi-

_____

(1) Lettre du colonel Parmentier.

dement; et l'on croit que l'établissement du fort Claiborne, sur la rive élevée de l'Alabama, deviendra bientôt une ville considérable. « Sur le bord occidental de la Mobile, dit le colonel Parmentier, une ville rivale de celle qui porte le même nom s'élève sous celui de Blakely; mais Chastants' Bluff, vingt-sept milles au-dessus de Mobile, et le vieux fort Stoddard à quarante-deux milles au-dessus du même lieu, offrent des positions plus favorables. »

Le congrès américain vient d'accorder à la colonie française quatre districts, contenant en tout cent mille acres, à raison de 2 dollars par acre, payables en quatorze ans, moyennant qu'elle y introduira la culture de la vigne et de l'olivier. Ces terres sont situées à trois quarts de mille au-dessus du confluent du Black-Warrior et de la Tombekbé, près duquel s'élève la ville d'Aigleville.

Il y a maintenant beaucoup d'émigrés qui vont s'établir près des bas-fonds de Mussel, et on a déjà choisi un emplacement pour bâtir une ville sur une surface élevée, où se trouve une belle source, à trois milles au-dessus de cet endroit.

Au pied d'une chaîne de collines qui passe entre la Tombekbé et le Guerrier-Noir, et un peu au-dessous d'elle du côté de l'ouest, sous

le 33° de latitude, il s'est formé un établissement d'une douzaine de familles; à un demi-
degré au-dessus, dans la vallée de Jones, il y
en a un autre plus considérable; et celui qui a
été fondé près des chutes, s'accroît rapidement
par le nombre d'émigrés qui abandonnent la
vallée du Tennessée, pour aller chercher une
situation où ils puissent se procurer plus facilement les choses nécessaires à la vie, et obtenir
un prix plus élevé pour leurs produits (1).

Maladies. « Quant aux effets du climat sur les
habitans par rapport aux maladies, lit-on dans
le *Kentucky-Monitor* de 1817, les enfans nés
dans ce pays, et qui parviennent à un âge mûr,
sont en plus grande proportion que dans les
états du centre et du nord. Plusieurs de ces
maladies, si fatales aux enfans dans les parties
septentrionales de l'Union, et surtout dans les
états baignés par l'Atlantique, sont à peine
connues parmi nous, et je suis assuré que le
nombre de personnes âgées de quinze à vingt-
un ans qui tombent malades, est moins considérable dans ce pays que dans le Kentucky et
le Tennessée. Les femmes sont moins sujettes
aux maladies qui leur sont particulières, et paraissent en général être plus robustes que celles

---

(1) Lettre du colonel Parmentier.

du nord. Les vêtemens légers, dont les habitans se couvrent pendant l'hiver, ne produisent
aucun de ces funestes effets qui se font sentir
dans les états du centre et du nord; et jamais
je n'ai entendu parler d'une personne, née ou
fixée depuis long-temps dans le territoire, qui
soit morte de consomption. La même observation peut s'appliquer aux affections rhumatis-
males. A peine les fièvres pourprée, scarla-
tine et putride existent-elles; et jamais il
n'est venu à ma connaissance qu'un individu
ait été victime de celle connue dans le Kentucky
et le Tennessée sous le nom de *fièvre lente*. Les
fièvres aiguës et intermittentes sont aussi rares
parmi nous que dans l'état de Massachusets; et
enfin, pour la longueur de la vie, les naturels
et les personnes qui résident ici depuis long-
temps ne le cèdent en rien à ceux des autres
états ci-dessus mentionnés. »

Roberts, dans son Histoire naturelle de la
Floride, observe « que, malgré la grande chaleur de ce pays, l'air n'en est ni moins pur, ni
moins sain; et la meilleure preuve qu'on puisse
en donner, c'est la taille avantageuse, la force
de corps et de tempérament, et la longue vie
des Indiens de la Floride : ils surpassent de
beaucoup les Mexicains en tout cela. »

La mortalité qui eut lieu parmi les troupes

anglaises à Fort-Mobile, dans l'été de 1763, avait donné une idée très-défavorable de ce pays ; mais cette maladie fut occasionée par les miasmes, qui se dégagèrent d'une quantité prodigieuse de petits poissons restés à sec dans les marais des environs de la ville.

Précis historique.

En 1512, Jean Ponce de Léon, espagnol d'origine, ayant fait voile avec trois vaisseaux de l'île de Porto-Rico, arriva sur la côte sous le 30° 8′ de latitude nord, où il mit pied à terre, et prit possession du pays, auquel il donna le nom de *Floride* (1). En côtoyant le

---

(1) Quelques écrivains anglais prétendent qu'un prince du pays de Galles, nommé *Madoc*, fut poussé sur la côte de la Floride dès l'année 1171, et y établit une colonie ; que Sébastien Cabot, marin habile, envoyé par Henri VII, roi d'Angleterre, à la découverte d'un passage au nord-ouest pour se rendre à la Chine et aux Indes, découvrit ensuite cette partie de la Floride qui borde le golfe du Mexique, ayant fait route depuis le 28° jusqu'au 50° de latitude nord. Il paraît cependant, par ses propres paroles, qu'il n'alla pas à terre. « Faisant voile, dit-il, en longeant la côte, afin de voir si je trouverais quelque golfe qui la coupât, je vis que la terre se prolongeait toujours jusqu'au 56° de latitude ; et m'apercevant qu'en cet endroit la côte faisait un coude

rivage, il plaça une croix, avec une inscrip-
tion, sur le bord de la rivière de la Cruz ; et,
doublant le cap Floride, il continua sa course
jusqu'aux rochers des Martyrs, sous la latitude
de 25° ; de là, il cingla à travers les Lucayes,
et arriva enfin à l'île d'où il était parti. Il paraît
qu'il ignorait totalement que ce pays formait
une partie du continent, et cette circonstance
l'empêcha d'y pénétrer, ou même d'examiner
ses rivages ; mais, frappé de sa belle apparence,
il en fit un éloge pompeux, parla des mines
précieuses qu'il supposa y être renfermées, et
paraissait même ajouter foi à l'existence fabu-
leuse d'une fontaine de ce pays, dont les eaux
possédaient la qualité de rajeunir les personnes
qui allaient s'y baigner. Ce récit excita la
curiosité du gouvernement espagnol ; et dans
l'année 1520, Luke Vasquez de Aylon fut envoyé pour en prendre possession au nom de
Charles V, et y former des établissemens. Faisant voile d'Hispaniola, il prit terre près de

---

vers l'orient, et désespérant de trouver le passage, je
revins sur mes pas, et fis voile en côtoyant cette terre,
cinglant vers l'équateur, et j'arrivai à la partie du continent qu'on nomme aujourd'hui Floride, où, venant à
manquer de vivres, je mis à la voile et retournai en
Angleterre. »

l'embouchure d'une rivière, qu'il nomma Jourdain. Il fut reçu d'une manière amicale par les
naturels du pays, qui vinrent à l'envi lui offrir
des présens en or, en argent et en perles. Ne
soupçonnant aucune perfidie de sa part, quelques-uns d'entre eux se rendirent même à bord
de son vaisseau pour prendre part à une fète
qu'il leur avait préparée, et il les emmena à
Hispaniola, où il eut la barbarie de les vendre
comme esclaves.

Dans l'année 1524, un Florentin, nommé
Jean Verrazzani, au service de François Ier.,
fit voile le long de la côte de ce pays, et lui
donna le nom de Nouvelle-France. Étant re-
tourné pour rendre compte à son gouvernement des découvertes qu'il avait faites, on le
renvoya bientôt après pour y établir une colonie; mais ce projet ne réussit pas; car, après
avoir éprouvé beaucoup de malheurs, il périt
avec sa suite.

En 1528, Pamphilio Narvaez, ou Navarez,
pour faire échouer les projets des Français, fut
autorisé par son gouvernement à conquérir
tout le pays situé entre le cap Floride et la rivière des Palmiers. Il mit à la voile de l'île de
Cuba avec trois cents hommes d'infanterie et
quarante-deux cavaliers, qu'il débarqua sur la
côte sud-ouest, dans la baie de Santa-Cruz, et

fit marcher aussitôt sur Apalache, pour y chercher de l'or. Cette ville, consistant en une quarantaine de cabanes, fut prise au premier assaut.
Cette expédition les occupa depuis le 1er. mai
jusqu'au 25 juin. Ils se dirigèrent ensuite vers
le sud, et arrivèrent, après trois jours de marche, à une autre ville des Apalaches, où ils
furent attaqués, défaits et obligés de se retirer
vers la côte. L'on calcula qu'ils parcoururent
au moins deux cent quatre-vingts lieues de pays
pendant ces deux expéditions.

Cabeca de Vasa, un des quatre qui parvinrent
à se frayer un chemin jusqu'à la Nouvelle-Gal-
licie, a laissé une relation de cette expédition,
d'après laquelle il paraîtrait qu'ils n'avaient pas
pénétré bien avant dans l'intérieur : « car, dit-
il, toute la surface était un terrain sablonneux,
rempli de marais et présentant un aspect triste
et sombre (1).

En 1539, Ferdinand de Soto, gouverneur de
Cuba, qui avait servi avec François Pizarre lors
de la conquête du Pérou, fut envoyé pour con-

---

(1) *Solum omne quod hactenus lustraverant (secun-
dùm ipsorum calculum 280 leucarum), planum erat
atque arenosum multis stagnis riguum. Tristem et
squalidam regionis faciem renunciavit.* De Laet., l. 4,
c. 3. *Herrera,* acc. 4, l. 4, c. 4.

quérir la Floride et pour s'y constituer seigneur ou marquis d'un territoire de trente lieues de longueur et de quinze de largeur. Il partit de la Havane dans le mois de mai, avec neuf bâtimens, ayant à bord neuf cents hommes d'infanterie et trois cents de cavalerie, et arriva dans la baie du Saint-Esprit, où il débarqua cette armée. Il parcourut toutes les parties occidentales de la péninsule, l'intérieur de la Géorgie, et représenta le pays jusqu'à la distance de trois cents lieues, comme étant couvert d'un sable fin, et entrecoupé de marais, où croissaient des buissons très-hauts et très-épais. Il s'avança dans la Floride jusqu'au pays des Chickasaws, au 35° de lat., descendit de là aux affluens supérieurs de la rivière d'Alabama, se rendit à l'embouchure de la Mobile, traversa cette rivière, la Pascagoula, l'Yazoo et le Mississipi, à la hauteur du lac Mitchigamia : il passa ensuite la rivière d'Arkansas, et arriva près du confluent de la rivière Rouge avec le Mississipi, où l'on croit qu'il périt, puisque les historiens prétendent qu'on y jeta son corps pour empêcher qu'il ne tombât au pouvoir de l'ennemi.

D'après ces mêmes historiens, il est probable que c'est le Mississipi sur lequel le reste de ses soldats s'embarqua pour gagner la mer, et de là se rendre au Mexique ; car la narration porte qu'il avait en cet endroit un mille et demi de large, et qu'il était très-profond et très-rapide.

Ce fut Louis Moscoso de Alvarado qui succéda à Ferdinand de Soto. Incapable de résister aux naturels, il fut obligé d'abandonner le pays, après l'avoir traversé dans une direction occidentale jusqu'à Nacanné, situé sur les bords de la rivière des Cenis, ou de la Trinité, qui se rend dans la baie de Saint-Bernard. Dans cette expédition malheureuse, l'armée de Soto fut réduite de moitié par les Indiens, la famine, la fatigue ou les maladies.

Dans l'année 1549, une autre expédition fut entreprise par Pierre Ahumada, Jules Samana, et cinq moines dominicains qui marchaient en avant avec de grandes croix, devant lesquelles ils supposaient que les naturels se prosterneraient ; mais cela ne produisit aucun effet ; car les sauvages les ayant assommés à coups de massues, les écorchèrent, et suspendirent leurs peaux, comme trophées, sur les murs de leurs temples.

La dernière expédition faite par les Espagnols, en 1562, et dont le commandement fut confié à Pedro de Menendez, ne fut pas plus heureuse ; car il n'eut pas plutôt mis pied à

terre avec les trois jésuites romains (1) qui l'accompagnaient, qu'une tempête les sépara du
vaisseau, et le jeta sur les côtes de Cuba.

Dans l'année 1586, sir Francis Drake, étant
en croisière contre les Espagnols avec une flotte
de vingt vaisseaux et pinasses, ayant à bord
deux mille trois cents marins et soldats de
terre, après avoir attaqué Carthagène, doubla
le cap Floride, et longea la côte jusqu'à la ville
de Saint-Augustin, qu'il trouva abandonnée.
S'étant assuré qu'il y avait un autre fort appelé
Sainte-Hélène, à environ douze lieues au nord
de cet endroit, commandé par le gouverneur
Pedro Malendez Marquesse, il résolut d'aller
l'attaquer ; mais s'apercevant que la côte était
dangereuse, et n'ayant aucun pilote pour le
conduire, il se rendit en Virginie.

En 1665, le capitaine John Davies, un des
flibustiers des Indes occidentales, fit une descente sur la côte de Floride, saccagea et pilla
Saint-Augustin, qui avait alors une garnison de
deux cents hommes dans un fort d'une forme
octogone, et flanqué de tours rondes.

En 1702, d'Iberville ayant fait un troisième
voyage à la Louisiane, commença un établis-

_____

(1) Pierre Martinicus, Jean Roger et François Villa
Regius,

sement sur la rivière de Mobile. Il jeta les fondemens du fort Louis, à douze lieues de son
embouchure ; ét peu de temps après de Bienville, commandant en chef de toute la colonie, abandonna le poste de Biloxi et vint s'y
établir. Dans la même année, le colonel Moor,
gouverneur de la Caroline, guidé par les Indiens de cette province, s'avança vers la rivière
de Flint, où il attaqua et défit les Indiens alliés
des Espagnols, dont six cents furent tués ou
faits prisonniers : il assiégea ensuite Saint-
Augustin ; mais cette ville ayant été secourue
par quelques vaisseaux espagnols, il se rendit
par terre à Charleston, laissant derrière lui son
vaisseau et ses provisions.

L'année suivante, le même officier, commandant un parti de Caroliniens, pénétra dans
la province des Apalaches ; il défit les Espagnols,
et les Indiens, et fit prisonnier le gouverneur
don Juan Mexia. Quatorze cents Indiens furent
transportés à Savannah, en Géorgie.

En 1706, tous les établissemens dans le pays
des Indiens Altimaco furent détruits par les
habitans anglais de la Caroline (1).

En 1716, le capitaine Henry Jennings, avec
deux bâtimens et quatre chaloupes équipés à

_____

(1) *Roberts' Florida*, p. 89 et 90.

la Jamaïque, par les négocians des Indes occidentales, débarqua trois cents hommes aux
Martyrs, et retourna chargé de butin.

En 1719, De Chateaugué fut envoyé par le
gouverneur de la Louisiane, avec huit cents
Indiens, pour investir par terre le fort de Pensacola, tandis qu'avec trois vaisseaux il l'atta-
querait du côté de la mer : le fort se rendit, mais
il ne tarda pas à être repris par une flotte espagnole. Attaqué de nouveau par une force de
six vaisseaux français, sous les ordres de Champ-
meslin, qui fit voile de l'île Dauphine, tandis
que la place était investie par les Indiens, sous
le commandement de Bienville, les Espagnols
furent obligés de capituler le 17 septembre 1719.
Ce fort et celui de l'île Saint-Rose furent démo-
lis. Le premier fut ainsi pris et repris trois fois
dans l'espace de quatre mois.

En 1735, les Français établirent le fort de
Tombekbé, à cent quarante lieues au-dessus
du fort Louis.

En 1740, le général Oglethrop, gouverneur
de la Géorgie, projeta une attaque contre le
fort Saint-Augustin, et fit voile avec des trans-
ports, sous l'escorte de quatre vaisseaux de
guerre, jusqu'à l'embouchure de la rivière
Saint-Jean, où ses forces, consistant en quatre
cents soldats et deux cents marins, furent gros-

sies par trois cents Indiens Cherokées. Après avoir pris les forts Diego et Musa, il se rendit à l'île Sainte-Anastasie, et assiégea le fort Saint-Augustin ; mais il fut repoussé par les Espagnols, qui étaient forts de mille hommes.

En 1763, les Français évacuèrent le fort Alabama, au confluent de la Coosa et de la Talapoosa.

En 1767, le fort de Tombekbé, que les Anglais avaient en leur possession, étant réclamé par le gouverneur de Pensacola, il lui fut abandonné. — Quelques années après le commencement de la révolution américaine, plusieurs habitans des états du nord entreprirent de former un établissement sur les bords de l'Homochitto. Quoique ce projet ait été sans succès, il ne laissa pas que d'attirer des émigrés du même quartier au pays de Natchez, et de servir aux Anglais de prétexte pour en prendre possession.

En 1795, il arriva un événement remarquable, ce fut la vente de vingt-deux millions d'acres de ce territoire par l'assemblée de la Géorgie pour la somme de 5oo,ooo dollars. Cet acte fut déclaré illégal, et les titres en furent détruits par l'assemblée qui succéda.

En 1815 (au mois d'avril), le pays situé à l'ouest du Perdido, étant inclus dans la ces-

sion de la Louisiane, les États-Unis en prirent
possession, et celui à l'est de la rivière des
Perles fut annexé au territoire du Mississipi.

Pendant la dernière guerre, Mobile fut le
quartier-général du général Jackson, avant
qu'il n'attaquât les Indiens Creeks. Après leur
défaite, il marcha de là avec quatre mille
hommes sur Pensacola, qu'il prit d'assaut.

Organisation judiciaire.

Les juges ont le pouvoir d'exercer une juridiction originelle exclusive dans les cours des
différens comtés; mais ils ne peuvent siéger
plus de deux fois de suite dans la même cour.
La cour générale, qui se compose de trois
juges, s'assemble annuellement le premier
lundi de janvier et de juillet, à Saint-Stéphens,
lieu choisi comme siége du gouvernement,
jusqu'à ce qu'il en soit ordonné autrement par
un acte de la législature. L'ancienne forme de
procédure judiciaire ne doit pas éprouver de
changemens.

AGRICULTURE.

L'article de culture le plus important est le
coton; le produit moyen, par acre, est d'environ mille livres, en y comprenant les graines;

un homme peut cultiver six à huit acres, et en outre un peu de maïs pour l'usage de sa famille. Le sol est aussi favorable au blé, au seigle, à l'orge, à l'avoine, à la patate commune, etc. Le produit du maïs est d'environ douze barils par acre.

Parmi les plantes utiles que l'on pourrait cultiver avec avantage dans ce pays, sont le phormium, ou lin de la Nouvelle-Zélande (*phormium tenax*, Forst.), dont les feuilles fournissent d'excellens cordages, et le laurier camphrier du Japon (*laurus camphora*, L.), qui vient à la hauteur de quarante à cinquante pieds, et qui donne une grande abondance de camphre.

Terres publiques. On arpente maintenant les terres appartenant aux États-Unis qui se trouvent dans les limites de l'état, et la vente en a lieu de temps en temps, suivant l'avis qu'en donne le président dans les journaux. Des lots de terre, de quarante-cinq pieds de largeur sur quatre-vingt-dix de longueur, dans la ville de Saint-Stephens, qui renferme treize cent vingt acres, furent vendus lors du premier établissement de la ville, 200 dollars chacun.

Les terres du comté de Madison se vendaient, en 1810, de 4 à 6 dollars l'acre; le prix le plus élevé était 24 dollars. Les lots de terre

aux environs de Huntsville se sont vendus jusqu'à 1,5oo dollars dans les trois derniers mois
de 1817. La valeur de ces terres a doublé depuis cette époque. Celles qui sont situées au
nord du Tennessée, et qui s'étendent depuis le
comté de Madison jusqu'à la frontière septentrionale, coûtaient alors de 2o à 75 dollars.

COMMERCE.

Les journaux américains de 1817 ont établi
que les marchandises importées à Mobile, pendant l'année 1816, de Boston, de New-York et
de la Nouvelle - Orléans, pouvaient s'élever à
1,000,000 de dollars; et que, durant les six
derniers mois, dix-sept cents balles de coton
y avaient été embarquées. Il y a lieu de croire
que ce port servira de débouché au commerce
du comté de Madison.

Canaux de navigation. On croit que, par
le canal de la Mobile, de la Tombekbé et du
Black-Warrior, les marchandises peuvent être
amenées d'Europe, de New-York, ou même de
la Nouvelle-Orléans, à Huntsville, sur la rivière
Tennessée, dans la moitié du temps, et avec
moins de risque et de dépense que par aucune
autre route connue. Les chaloupes montent la
Mobile et la Tombekbé jusqu'au fort Stéphens,
éloigné de quatre-vingts milles. De là les ba-

teaux vont jusqu'au Guerrier-Noir, quatre-
vingts milles plus haut, et par cette belle rivière jusqu'aux rochers. Les bateaux, qui ne
tirent pas plus de trois pieds d'eau, peuvent
monter à ce point dans toutes les saisons; de
là il y a un chemin qui conduit à Huntsville
sur une surface très-unie, d'environ cent vingt
milles, que l'on peut parcourir en huit jours
avec des chevaux et des chariots chargés. Le
premier qui entreprit cette route fut M. Crumb,
négociant de Huntsville.

Le bateau qu'il employa avait trente-cinq
pieds de long, et tirait deux pieds d'eau : il
mit vingt jours à monter avec sa charge, de
là baie Mobile jusqu'aux chutes du Guerrier-
Noir, y compris cinq ou six jours de délai (1).

Routes.

*Route du fort Saint-Stéphens à Milledge-
ville en Géorgie,* traversant le plateau qui sépare les eaux de l'Alabama de celles du Conecuh et de l'Escambia.

---

(1) *Western Gazetteer*, p. 238. Avant l'établissement
des bâtimens à vapeur, le voyage des bateaux chargés de
la Nouvelle-Orléans aux Mussel-Shoals était d'environ
cent jours.

Du fort Saint-Stéphens (1) au fort Clai-
borne . . . . 25 milles.
Du fort Claiborne à Hurricane-Spring. . . 43
De Hurricane-Spring au fort Decatur . . . 56
Du fort Decatur au Point–Comfort 12
Du Point-Comfort à la rivière Chatahooché 30
De la Chatahooché au fort Lawrence . . . 45
Du fort Lawrence au fort Hawkins. . . . 50
Du fort Hawkins à Milledgeville 45

TOTAL. 306

Forts. Le fort *Bowyer* est construit à l'entrée de la baie de Mobile ; celui de *Condé* à
l'embouchure du canal occidental de la rivière
Mobile ; le fort *Stoddard*, sur la côte occidentale de cette rivière, à six milles au-dessus

(1) La distance de ce fort à Natchez, sur le Mississipi, par Washington, Winchester et Monticello, est
de 239 milles.

La distance par terre du confluent de la Coosa, et de
Talapoosa au confluent de la Cahawba, est d'environ 60
milles ; de la Cahawba à fort Claiborne, de 60 à 70 milles ; de ce fort à la jonction de l'Alabama et la Tombekbé,
environ 60 milles ; de ce dernier point à Mobile, 40
milles (*).

La route de la rivière Pierre à Nashville, distance de
383 milles, passe à travers l'angle nord-ouest de l'état.

(*) *Emigrants' guide*, p. 131.

du trente-unième degré de latitude ; les forts *Montgomery* et *Mimms*, près le confluent de l'Alabama du côté de l'est ; celui de *Saint-Sté-phens*, plus haut sur le bord occidental de la Tombekbé ; le fort *Jackson*, à la jonction de la Coosa et de la Talapoosa ; le fort *Decatur*, sur le détour oriental de cette dernière rivière ; les forts *William*, *Strother* et *Armstrong* sur la Coosa, ce dernier est la limite orientale de l'état ; le fort *Crawford*, sur le Conecuh ; un peu au-dessus du trente-únième degré le fort *Deposit*, au détour oriental du Tennessée.

Canaux. On a proposé d'établir une communication plus courte entre les parties septentrionales de cet état et l'Océan, au moyen d'un canal qui partirait des bas-fonds de Mussel, et aboutirait à la Tombekbé.

Ouvrages et documens qui traitent de l'histoire et des productions de l'état.

Années 1720. *Le père Laval.* Voyage de la Louisiane fait par ordre du roi en l'année 1720, in-4°.

Voir les ouvrages de *Bossu*, *Dumont* et *Charlevoix*, dans le chapitre sur la Louisiane.

— 1763. Roberts (*William*). *Account of the first discovery and natural history of east elorida*, in-8°., *London.* — Histoire de la première découverte et des productions naturelles de la Floride orientale.

— 1769. *Stork* (*William*). *Description of east Florida* , in-4°. , *London.* — Description de la Floride orientale.

— 1773—78. *Bartram* (*William*). *Travels through North and South Carolina, Georgia , east and west Florida , London.* — Voyages dans la Caroline du nord et du sud , la Géorgie et la Floride orientale et occidentale.

— 1817. *Barnetts'* (*one of the commissionners for the purchase of the Creek lands*) *Report dated march* 1817. — Rapport de M. Barnet fait en mars 1817.

— 1817. *Brown* (*Samuel*). *Western Gazetteer* , art. *Alabama.* — Gazetier de l'ouest , art. Alabama.

— 1817. Lettre du colonel Parmentier, un des commissaires de la compagnie française de la Tombekbé , insérée dans le *National Intelligencer of Washington* , du 14 juillet 1817.

— 1817. Lettres de Saint-Stéphens , contenant une description de ce pays , imprimées dans le *Kentucky-Monitor* du mois d'octobre.

Cartes.

— 1728. Carte de la côte de la Louisiane , depuis l'embouchure de la rivière de Mississipi jusqu'à la rivière de Saint-Martin , contenue dans le voyage de la Louisiane du père Laval.

— 1763. L'ouvrage de Roberts sur la Floride contient le plan gravé de la baie de Mobile , dessiné sur les cartes françaises et espagnoles.

— 1804. Carte des sources de la Mobile et de l'Yazoo, y compris une partie du cours du Mississipi, depuis la rivière de Margot jusqu'à Natchez, gravée par Tardieu l'aîné.

Cette carte (sans date), dressée pour montrer les principales positions militaires et les hauteurs qui séparent les eaux du Mississipi et du Tennessée de celles de la Mobile, paraît avoir été faite pour l'ouvrage du général Collot.

CHAPITRE XXIII.

TERRITOIRE DU MICHIGAN.

TOPOGRAPHIE.

SITUATION ET ÉTENDUE. Cette immense contrée est située entre le 41° 56′ et le 49° de latitude nord; et entre le 5° 12′ et le 18° 50′ de longitude ouest de Washington. Elle embrasse toute l'étendue de la peninsule formée par les lacs Érié, Saint-Clair, Huron et Michigan (1), et la surface comprise entre le dernier, le lac Supérieur et le Mississipi (2). La longueur de la peninsule du nord au midi, depuis la ligne de démarcation de l'état de l'Ohio jusqu'au détroit de Michillimakinac, est de deux cent cinquante-six milles; et sa largeur, de l'est à l'ouest, entre la rivière de Saint-Clair et le lac Michigan, est de cent cinquante-quatre milles.

_____

(1) Autrefois le comté de Wayne, et après le territoire du Michigan.

(2) Connu sous le nom de territoire du Nord-Ouest jusqu'à l'établissement du territoire actuel, le 18 avril 1818.

Le pays, situé au couchant de ce lac, a quatre cent cinquante-six milles d'étendue de l'est à l'ouest, et trois cent soixante milles du nord au sud?.

Superficie. Ce territoire a plus de cent soixante-quatre mille milles carrés.

Aspect du pays et nature du sol. Le sol de la péninsule, baigné par les lacs Michigan, Huron, Saint-Clair et Érié, s'élève graduellement de tous les points de sa circonférence jusqu'au centre. Toute sa surface est unie, excepté sur le rivage du lac Michigan, où se trouve une chaîne de collines sablonneuses, hautes de trois cents pieds (1); et sur le bord occidental du lac Huron, où il existe une bande étroite de terre stérile, large d'un demi-mille à un mille. De grandes prairies s'étendent depuis les bords du Saint-Joseph jusqu'au lac Saint-Clair. Quelques-unes, nommée Prairies-Hautes, sont d'aussi bonne qualité que celles de l'Indiana, et on les distingue des Prairies-Basses, qui sont sablonneuses ou marécageuses. Les autres parties sont couvertes de grandes forêts.

---

(1) Près de l'embouchure des rivières, sur une étendue considérable de la côte, se trouvent des éminences de sable formées par l'action de leur courant contre les eaux du lac.

On pense que la péninsule contient vingt
millions d'acres d'excellente terre, dont huit
millions ont été cédés par les Indiens aux États-
Unis, qui en ont vendu plus de deux cent mille
à divers individus. Le général Hull, qui fut
employé par les États-Unis à l'achat des terres
appartenant aux Indiens, depuis le Miami du
lac Érié, jusqu'auprès de la baie de Saguinam du lac Huron, et renfermant, selon son
calcul, une étendue de sept millions d'acres,
dit que ces terres, arrosées par plusieurs rivières, sont très-fertiles.

La contrée située à l'ouest du lac Michigan,
bordée et entrecoupée par des lacs et des rivières, présente une grande variété de sol.
Près des parties nord-ouest se trouve le point
de terre le plus élevé entre la côte atlantique,
le golfe du Mexique et la baie d'Hudson. C'est
là que le fleuve Saint-Laurent, le Mississipi et
la rivière Rouge prennent leurs sources, à environ trente milles l'un de l'autre; puis, se
dirigeant vers les mers qui les reçoivent, l'un
à l'est, l'autre au nord, l'autre au midi, ils traversent chacun un espace de plus de deux mille
milles. Carver décrit les terres au sud-est de la
baie Verte, comme très-médiocres, étant couvertes de bois épais, de cèdres, de pins, etc.;
mais il dépeint celles qui touchent au centre

de la baie comme très - fertiles. Le pays est
en général très-uni, d'un aspect agréable et
offre à l'œil une vue étendue. M. *Gratiot*,
major du génie, a donné la description suivante du pays qui borde cette baie : « La côte
sud-est de la baie, dit-il, est élevée, garnie de
rochers, et offre un beau hâvre pour les vaisseaux ; les terres, à une certaine distance du
rivage, sont belles et couvertes de forêts d'é-
rables, de chênes, de bouleaux et de noyers
blancs. La contrée qui borde cette baie et la
rivière du Renard surpasse en beauté tous les
récits qui en ont été faits. Les terres, à l'entrée
de la rivière, sont basses et marécageuses, et l'é-
tendue de ces marais semblerait indiquer un pays
malsain ; mais il est au contraire très-salubre. »

Les bords de la rivière sont bas pendant l'espace de deux ou trois milles, puis s'élèvent
graduellement de quatre-vingts à cents pieds
au-dessus de l'eau. Là commencent des forêts
immenses de pins, de chênes et d'érables. Carver décrit les terres adjacentes au lac Winnebago, comme très-fertiles, ainsi que celles qui
se trouvent le long de la rivière du Renard
jusqu'à l'Ouisconsing, dont les bords sont d'une
excellente qualité. Dans la prairie du Chien,
située près de la jonction de cette dernière rivière, les Indiens, lorsque Carver les visita,

recueillaient tout ce qui est nécessaire à la vie,
en grande abondance (1). Du côté de l'ouest,
au-dessous des chutes de Saint-Antoine, les
terres élevées paraissent bonnes; mais, au-dessus de ce point, le voyageur Pike a remarqué
qu'en avançant vers le nord, le sol devient
graduellement plus pauvre. Là commencent
des forêts de pins qui s'étendent jusqu'aux
bords des rivières et les deux tiers du pays
adjacent, entre la rivière des Corbeaux et celle
des Pins, est tellement remplie de petits lacs,
dont quelques-uns ont trois milles de circonférence, qu'elle n'est praticable qu'avec des canots faits d'écorce d'arbres. Le long des eaux
courantes, il y a des bouquets de chênes, de frênes, d'érables, etc. ; et on y voit un assez grand
nombre d'élans, de daims et de bisons. Au-dessus de la rivière des Pins, la surface est divisée
par des sommités couvertes de pins et de cèdres,
et entrecoupée par de petites prairies et par des
terrains bas, où croissent des ormes, des hêtres et des tilleuls. Depuis le lac Leech jusqu'aux
sources du Mississipi, toute la surface du pays
est représentée par Pike comme un marais im-
pénétrable, ou une savanne sans bornes. Les
montagnes qui séparent ses eaux de celles du

---

(1) Page 50.

lac Supérieur, sont couvertes de pins, de cyprès, etc.; et entre elles se trouvent des marais où la folle avoine vient en grande abondance. Sur les bords de la Chippaway, on trouve de belles prairies, et le pays, depuis la source de cette rivière, dans le lac Ottawa, jusqu'au lac Supérieur, est, selon Carver, généralement inégal et couvert de bois épais. Dans certains endroits le sol est assez bon; dans d'autres, il n'a point de valeur. Les plus hautes montagnes sont celles qui sont au sud du Portage, entre le Renard et l'Ouisconsing, que Carver a remontés. Elles offrent une vue de pays étendue. A la distance de plusieurs milles, on n'aperçoit rien que le sommet de monticules plus petits, semblables à des meules de foin, parce qu'ils sont dépourvus d'arbres. Des bouquets de petits chênes ou de noyers se trouvent seulement dans quelques - unes des vallées (1).

EAUX.

Lacs. La péninsule est presque entourée par les grands lacs Érié, Saint-Clair, Huron et Michigan; et l'intérieur est entrecoupé d'un grand nombre de lacs plus petits (2).

---

(1) Page 48.

(2) Voir la description de ces grands lacs, et des baies

Rivières. Les rivières de ce territoire, qui se jettent dans le lac Michigan, sont : 1°. le *Saint-Joseph*, qui prend sa source dans l'Indiana, et se jette dans le lac Michigan, près de son extrémité sud-est; bien qu'il soit rapide et rempli d'îles, il est navigable, pour les bateaux, dans presque tout son cours, qui est tortueux et long de deux cents milles; son embouchure est large de six cents pieds; 2°. la *Rivière-Noire*, la plus voisine du Saint-Joseph, qui prend sa source près de celle du Miami des lacs, et entre dans le territoire quatorze milles au nord de la précédente, avec laquelle elle coule parallèlement dans une étendue de soixante-dix milles; elle est navigable, pour les bateaux, presque à sa source, et a communication avec les deux Saint-Joseph, le Raisin et la Grande-Rivière; 3°. le *Marameg*, qui entre dans le territoire, à dix milles au nord de la précédente, prend son cours à l'ouest pendant environ quarante-cinq milles, et forme, à son embouchure, une baie spacieuse; 4°. La *rivière à la Barbue*, qui se décharge à quelques milles au nord de la précédente, et est à peu près semblable par sa grandeur et par la direction de son cours;

---

qui s'y trouvent, dans le 3°. chapitre du livre 1°., om. 1°.

5°. la rivière au *Raisin*, nommée ainsi par les Français à cause de la quantité de vignes qu'on voit sur ses bords, qui coule dans la direction de l'ouest pendant cinquante milles, et se décharge dans une baie à seize milles au nord de la précédente; 6°. la *Grande-Riviere*, qui sort de petits lacs, dans l'angle sud-est de la péninsule, coule à l'ouest-nord-ouest, et se décharge à vingt milles au nord de la précédente; c'est la plus considérable de celles qui se jettent dans le lac Michigan, et lorsque les eaux sont hautes, les bateaux peuvent passer de ce lac dans celui de Huron (1); 7°. le *Masticon*, qui a sa source dans des étangs et des marais près du centre du territoire, et coulant à l'ouest, va se jeter dans une baie, à vingt milles au nord de l'embouchure de la Grande-Rivière; 8°., 9°., et 10°, les trois rivières voisines, la *Blanche*, le *Beauvais*, etc., qui ont un cours de peu d'étendue à l'ouest, jusqu'au lac, et à la distance de dix à quinze milles l'un de l'autre; 11°; le *Saint-Nicolas*, long de cinquante milles, et large de cent cinquante pieds, qui a

---

(1) Le juge Woodward, dans son plan de navigation intérieure, recommande la formation d'un canal, qui pourrait être exécuté à peu de frais, entre cette rivière et le Saguinam, qui ont déjà une communication.

son embouchure dans le lac, à peu près à mi-chemin entre Michillimakinac et le Saint-Joseph; 12°. la rivière du père *Marquet*, qui est belle et navigable, et a communication avec les affluens du Saguinam, du Saint-Nicolas et de la Grande-Rivière. Les autres cours d'eau sont le *Monistic*, la rivière *au Sable*, l'*Assiette* et la *Grande-Traverse*, qui sont peu considé-rables, et dont la jonction a lieu entre le dé-troit et Michillimakinac. La dernière forme une baie de douze milles de longueur, sur qua-tre ou cinq de largeur, qui s'étend dans la di-rection du sud, à partir de l'extrémité supé-rieure du lac Michigan. La plupart des autres rivières ci-dessus forment des bassins de deux où trois milles dé diamètre, et d'une forme circulaire derrière des monticules de sable élevés par la force du courant.

Les rivières qui traversent la péninsule, et qui vont se jeter dans le lac Huron, sont: 1°. Le *Chaboyagan*, qui a son embouchure trente-cinq milles à l'est du détroit de Michil-limakinac; 2°. la rivière du *Tonnerre*, qui se jette dans la baie de Saguinam; 3°. le *Sandy*, qui se décharge dans la même baie; 4°. le *Sa-guinam*, rivière rapide, navigable dans une étendue de vingt-cinq milles, et qui coule du centre du territoire jusqu'à la baie qui

porte son nom, laquelle est longue de quarante milles et large de huit à douze; 5°. la
rivière de *Sucre* et d'autres plus petites qui
se jettent dans le lac entre le Saguinam et la
rivière Saint-Clair. Le canal du lac Huron, qui
a vingt-six milles de long et trois quarts de
mille de large, renferme plusieurs îles, et est
navigable pour les vaisseaux de vingt canons,
excepté près de l'embouchure du lac Saint-Clair,
où une barre de sable ne laisse que six pieds
et demi d'eau. Ce lac reçoit, du côté qui
appartient aux États-Unis, la *Belle rivière*,
qui a sa source près de celles de Saguinam, et
son embouchure a neuf milles au-dessous du
canal de Saint - Clair. Le *Huron*, qui prend sa
source près de celle du Saint-Joseph et se décharge plus bas dans le même lac, a soixante
ou soixante-dix milles de longueur, et est navigable pendant un espace considérable. Huit
ou dix milles au-dessous du Huron se trouvent
les ruisseaux de *Buttermilk*, de *Tremblée* et
autres. La rivière de *Détroit*, qui est le canal
de décharge du lac Saint - Clair dans le lac
Érié, va au sud-ouest, puis au sud pendant
vingt-huit milles; elle a trois milles de large
près de son embouchure et un demi-mille à
son extrémité supérieure. La rapidité du courant est de trois milles par heure; et, quoiqu'elle

renferme plusieurs îles, elle ne laisse pas que
d'être partout navigable pour les gros vaisseaux. Ce détroit reçoit, 1°. la rivière *Rouge*,
qui prend sa source près de celles du Huron,
quarante milles au nord-ouest du détroit, et
se dirige à l'est jusqu'à son embouchure. Cinq
milles au-dessous de cet endroit, elle a dix-
huit cents pieds de large, et forme une baie
considérable. Elle est navigable durant près
de cinq milles pour les bâtimens de cent cinquante tonneaux, et trent-cinq milles pour
les canots et les bateaux légers; 2°. l'*Écorce*, qui
se jette dans le détroit trois milles au-dessous
de l'embouchure de la précédente; 3°. le ruisseau *Maguaga*, qui se dégorge dans le lac à
l'opposé de Grosse-Ile, environ un mille au-dessous du village de même nom; 4°. le *Brownston*, qui a son embouchure à l'opposé de Malden, derrière l'île de Bois-Blanc. Entre le village de Brownston et l'embouchure du Miami
des Lacs se trouve le petit *Huron*, dont la
source est voisine de celle de la Grande-Rivière,
et qui entre dans le lac Érié sept milles au sud
de Malden. On dit que les canots passent de
l'une de ces rivières dans l'autre, à travers
une chaîne d'étangs et de marais. A quelques
milles de cette dernière se trouve une autre
rivière nommée *Raisin*, qui est large de cent

trente-cinq pieds à son embouchure, et qui est navigable jusqu'à quelques milles d'un affluent de la rivière Noire. A quinze milles de son embouchure, elle reçoit la rivière Macon. Son cours est généralement au sud-est. Elle communique par ses branches avec celles de la rivière Noire et du Saint-Joseph de Miami. La distance du Raisin, à l'embouchure du Miami des Lacs, est de dix-huit milles, et entre ces deux rivières il y en a d'autres qui se jettent dans le lac ; savoir : la petite rivière aux *Loutres*, à quatre milles de la précédente; la *Wappo-Creek*, dont l'embouchure est environ deux milles au nord de la baie Miami ; la *Swan-Creek*, qui a sa source près de celle des Loutres, et se jette dans le Miami des Lacs, à quatre milles au-dessus de son embouchure. La baie Miami, dans laquelle cette dernière se jette, ressemble à un lac, et a dix-huit milles de circonférence.

Étendue des eaux navigables de la péninsule, d'après l'auteur du « Western Gazetteer ».

	milles.
Le lac Michigan.	260
Le lac Huron.	250
Le lac Saint-Clair et le détroit.	56
	566

	milles.
Report.	566
La rivière Détroit.	26
Le lac Érié	72
Rivières du lac Érié.	175
Rivières qui se jettent dans le détroit, dans la rivière Saint-Clair et dans le lac de ce nom.	100
Rivières du lac Huron.	150
Rivières du lac Michigan.	700
	1789

Il est difficile d'imaginer une position plus belle, sous le rapport de la navigation intérieure, que celle de la contrée à l'ouest du lac Michigan. Le lac Supérieur au nord communique avec le lac Michigan à l'est, et avec une chaîne de petits lacs, qui va jusqu'à celui des bois. Le Mississipi s'étend à l'ouest jusqu'à ses sources ; au-dessus, la rivière Rouge sert de limite et coule dans une direction opposée, et l'intérieur enfin est entrecoupé par de nombreuses rivières coulant de sources voisines les unes des autres, dans diverses directions jusqu'aux lacs Supérieur et Michigan, et jusqu'au Mississipi, et entre lesquelles on peut pratiquer facilement des canaux le long des portages qui ont peu d'étendue. Les parties supérieures sont remplies de petits lacs.

Ceux nommés Ottawaw, d'où sort la Chippaway, ont une étendue considérable. Le lac
des *Bois* a environ soixante-dix milles de longueur de l'est à l'ouest, et quarante dans sa
plus grande largeur. Le fond en est fangeux,
et, dans quelques endroits il a une profondeur
considérable. Le lac de la *Pluie* ou *Rainy-
Lake*, qui se trouve entre le précédent et le
lac Supérieur, a environ vingt milles de large
et trois cents de long (1). Ses eaux sont divisées par un isthme; la partie de l'ouest est
appelée le grand lac de la Pluie, et celle de
l'est, le petit lac de la Pluie. L'eau est basse,
et les bords sont fertiles et garnis de bois épais.
Le lac *Rouge*, qui est la source d'une branche
du Bourbon ou rivière Rouge, est d'une forme
circulaire, et a environ soixante milles de circonférence. Le lac de l'*Ours blanc*, à peu près
de la même grandeur, et situé au sud-ouest
du précédent, est considéré comme la source
la plus au nord du Mississipi. A quelques milles
au sud-est se trouvent les *Mille lacs*, dont aucun n'a plus de dix milles de circonférence.

'La rivière *Sainte-Marie*, canal du lac Supérieur, a soixante-dix milles de long jusqu'à son
entrée dans le lac Huron, qui est éloigné du

_____

(1) Carver, p. 14.

précédent de vingt-deux milles. Cette rivière
a une descente de vingt-cinq pieds dans l'espace de trois quarts de mille. Quoique le courant soit rapide, les bateaux passent avec sûreté
le long des bords, et même au milieu, entre
des rochers au-dessous desquels sa largeur, qui
n'est en cet endroit que d'un mille, s'accroît
jusqu'à dix milles, et même vingt milles dans
quelques points. Elle est navigable pour les
vaisseaux de toute grandeur.

Entre la rivière de Chicago et la baie
Verte, plusieurs rivières coulent de diverses
parties du territoire dans la direction de l'est,
pendant l'espace de trente à soixante milles,
et se jettent dans le lac Michigan, à la distance
de dix à vingt milles l'une de l'autre : ce sont
le *Tanahan*, le *Wakayah*, le *Masquedon*,
le *Cèdre*, le *Roaring*, le *Milwakée*, la *Saukie*,
le *Skaboyagon*, le *Maurice* et la *Fourche*. Le
Roaring est ainsi nommé à cause d'un bruit
semblable à celui du tonnerre éloigné, qu'on
entend fréquemment sur ses bords pendant
l'été. Ses rives sont élevées près de l'embouchure.

La rivière du *Renard*, qui se jette dans la
baie Verte, à son extrémité sud-ouest, a douze
cents pieds de large à son embouchure et trois
brasses d'eau. Elle est navigable dans une éten-

due de cent soixante milles jusqu'au lac Winnebago, à travers lequel elle passe pour aller
se jeter dans la baie Verte. Ce lac, qui est un
épanchement de la rivière, a, selon Carver,
quinze milles de l'est à l'ouest et six de largeur. Du côté du sud-est il reçoit la rivière
Crocodile (1). Il y a deux chutes; l'une de
dix pieds d'élévation, l'autre de cinq, entre le
lac Winnebago et le Portage qui sépare la rivière du Renard de celle de l'Ouisconsing, et
qui n'a pas plus d'un mille trois quarts de
longueur; le courant est doux, et la navigation n'éprouve d'autre obstacle que celui qui
est occasioné par les tiges de la folle avoine,
dont la végétation, dans quelques endroits,
est forte et abondante (2). Dans cette étendue
il y a trois lacs, quelques petites montagnes,
qui, se trouvant près du Portage, se voient à la
distance de douze milles; et, entre ces deux
rivières se trouve un marécage couvert d'une
sorte de longues herbes : le reste est une plaine
où croissent quelques chênes verts et quelques

---

(1) Ainsi nommée par Carver, à cause d'une fable
accréditée chez les Indiens du voisinage, de la destruction dans cette rivière d'un animal qu'il suppose être le
crocodile ou cayman.

(2) Voyages de Pike.

pins. J'ai observé, dit Carver, que le principal affluent de la rivière du Renard vient du sud-ouest; que la rivière de l'Ouisçonsing arrive du nord-est, et que quelques-unes des petites branches de ces deux rivières décrivent des sinuosités telles que, dans plusieurs endroits au sud du portage, elles s'approchent l'une de l'autre de quelques pieds. Lorsque les eaux sont hautes, les bateaux chargés passent d'une rivière dans l'autre. Vingt-cinq milles au-dessus de l'embouchure de la rivière du Renard, la baie Verte reçoit la rivière Rouge, et plus haut celles de Gaspard, Menomonie et Sandy.

Entre la baie Verte et le détroit de Michillimakinac sont deux rivières, la *Manistic* et le *Mino-Cockien*. La première a sa source dans un lac près du lac Supérieur, et tombe dans celui de Michigan, à trente milles au nord de la baie Verte. L'autre prend aussi sa source près du lac Supérieur, et se décharge environ à trente-cinq milles au sud-ouest du Michillimakinac. Entre cet endroit et le détroit de Sainte-Marie, qui forme le canal de communication, long de soixante-dix milles, entre les lacs Supérieur et Huron, il y a deux autres rivières nommées *Bouchitaouy* et *Saint-Ignace*, qui se jettent dans ce dernier. Les parties septentrionales du territoire, qui bordent le lac Supérieur, sont arrosées par plus de trente rivières considérables. Entre le détroit de Sainte-Marie et la péninsule, ou pointe de Kioneouan, qui a soixante milles de longueur, ce lac reçoit, dans l'espace de trois cent soixante-dix milles, les rivières de *Grand Marais*, *Corn*, *Dead*, *Carp*, *Grand* et *Petit-Garlic* et *Porcupine*. Entre la péninsule et le centre du lac, les autres rivières qui s'y jettent sont celles d'*Ontanagan*, *Fair*, *Montréal*, *Bad*, *Bois-Brûlé*, *Goddard* et *Strawberry*; les deux dernières ont été nommées par Carver, l'une du nom d'un gentilhomme de la compagnie, l'autre à cause de la grande abondance de fraisiers qui croissent sur ses bords. La source du Bois-Brûlé est très-proche de celle de la Sainte-Croix du Mississipi. La rivière de *Saint-Louis*, qui se jette dans la baie de l'Ouest, au fond du lac, prend sa source près de quelques-uns des affluens orientaux du Mississipi, et est navigable pendant cent cinquante milles : la compagnie du Nord-Ouest a établi sur ses bords, de même qu'à son embouchure, plusieurs maisons de commerce. Presque toute la ligne de frontière, depuis le lac Supérieur jusqu'à celui des Bois, est formée par de petites pièces d'eau liées entre elles par des rivières dont les branches s'étendent au sud-ouest. La rivière *Rouge*

34

reçoit, du côté de l'est, les rivières Rat, Pierced et Salt. Le lac *Rouge*, principale source de la rivière Rouge, est situé dans ce territoire, un peu au nord des eaux précédentes, qui coulent dans une direction contraire jusqu'au Mississipi.

Les affluens de cette grande rivière arrosent la partie occidentale de ce territoire, depuis sa source jusqu'au dessous de l'embouchure de l'Ouisconsing. On croit que les rivières *Lacroix* et *Deer* communiquent, par leurs branches, avec quelques-unes de celles du Saint-Louis du lac Supérieur. On ne connaît pas l'étendue de leur navigation. La rivière des *Prairies*, qui coule trois milles au-dessous des chutes du Pakagaman, au 40° 20′ de latitude nord, est navigable, pour les canots indiens, pendant l'espace de cent milles. La rivière aux *Cygnes* est aussi navigable, pour les canots, durant près de quatre-vingt-dix milles, jusqu'au lac du même nom. La rivière de *Sandy-Lake*, à quarante milles au-dessous de la précédente, se jette à six milles du Mississipi, dans un lac de ce nom, qui a vingt-cinq milles de circonférence, et reçoit plusieurs rivières, dont l'une nommée *Savannah*, approche de quatre milles du Saint-Louis du lac Supérieur, et sert de canal pour le transport des marchandises de la compagnie du nord-ouest. La rivière *Bourbeuse*, dont l'embouchure se trouve à vingt milles au-dessous, a soixante pieds de large. Plus bas que cette dernière, est la rivière du *Cédre-Rouge*, qui sort d'un lac de même nom; et, entre sa jonction et les chutes de Saint-Antoine, sont les rivières Shrub-Oak, Lake, Clear, Elk, Saint-François et Rum. La rivière *Clear*, qui coule des terres près du lac Supérieur, est belle et a deux cent quarante pieds de large. La rivière *Rum* sort des Mille lacs, et fait sa jonc-tion à trente-cinq milles au sud du lac inférieur de Cédre-Rouge. Elle a cent cinquante pieds de large (1), et est navigable jusqu'à sa source. La *Sainte-Croix* prend la sienne près du 36e. de latitude, à une petite distance de celle de *Bois-Brûlé* du lac Supérieur, et coule au sud-ouest jusqu'au Mississipi, à travers le lac Sainte-Croix, à la sortie duquel elle a mille cinq cents pieds de large. Ce lac a deux ou trois milles de largeur et trente-six de longueur. Le major Pike re-marque que la navigation de cette rivière n'est pas interrompue. Le courant est doux dans toute la longueur, et comme le trajet par terre jusqu'au Bois-Brûlé n'est que d'un demi-mille, elle offre un excellent canal de communication

_____

(1) Carver, dit 60.

avec le lac Supérieur. Les Français avaient, sur
le bord de cette rivière, un fort du même nom,
à environ quarante lieues de son embouchure ,
et vingt-cinq du lac Supérieur , vers lequel ils
avaient trouvé une route facile par le canal du
Neouatisicoton , qui se décharge dans le fond
du lac , et qui porte maintenant le nom de
Burnt (rivière de Bois-Brûlé). La rivière de
Sainte-Croix entre dans ce lac, trente milles
au-dessus du lac Pepin. La rivière de la *Montagne* se jette dans l'extrémité supérieure du
lac Pepin , qui reçoit aussi une autre petite rivière. La *Chippaway* ou *Sauteaux* entre dans
le Mississipi , à l'extrémité inférieure du lac , et
se divise, à la distance de trente milles, en deux
branches, l'une orientale, l'autre occidentale ,
qui s'approchent de celles du Montréal , et de la
Ménomonie, lesquelles aboutissent au lac Supérieur. Elle a d'autres branches considérables ,
le *Rufus*, le *Vermillon* et le *Cooper*, et est représentée comme étant profonde, large et
majestueuse. Les plus proches rivières qui entrent ensuite dans le Mississipi, sont le Buffalo ,
la Noire et la Prairie-le-Cross. La rivière
Noire, qui a son origine près de la source de
la rivière du Renard du lac Michigan, coule à
peu près parallèlement avec l'Ouisconsing, et
près de son embouchure elle a six cents pieds de

large. L'Ouisconsing prend sa source au-dessus
du 45°. de latitude près de celle de Montréal ,
et au nord de celle du Renard (1), avec laquelle
il coule dans la direction du sud , séparés seulement par une arête de terre élevée, jusqu'auprès de l'endroit nommé *Portage*. Là il
prend son cours sud-ouest jusqu'à sa jonction avec le Mississipi au 43° 23′ , à la distance
de deux cent quarante milles en suivant le
cours de l'eau. Au *Portage* , il a plus de trois
cents pieds de large, et près de son embouchure , il a environ un demi-mille: Le courant est doux , quoique rapide. Ses eaux sont
extrêmement claires, et l'on aperçoit à travers
un lit de sable très-peu embarrassé de rochers.
Cette rivière renferme quelques îles dont le
sol paraît fertile , bien qu'il soit un peu boisé.
Carver la descendit en octobre , du 8 au 15. Il
trouva l'eau basse et la navigation interrompue
dans quelques endroits par des barres de sable.
Les négocians de Michillimakinac envoient
leur marchandises par le canal du Renard et de
l'Ouisconsing jusqu'au Mississipi, pour faire des
échanges avec les Indiens , qui vivent entre
Saint-Louis et la rivière des Corbeaux. Les

---

(1) Dans le gazetier de l'Ouest , il est dit à l'Est des
sources de la rivière du Renard.

Français sentirent dès long-temps l'importance de cette rivière, sous le rapport commercial, et un fort, nommé Saint-Nicolas, fut construit à son embouchure, par Perrot, un des habitans du Canada (1).

Les parties méridionales de ce territoire sont arrosées par la rivière *Rock*, qu'on dit avoir sa source près de la baie Verte du lac Michigan, et avoir un cours de quatre cent cinquante milles, dont trois cents navigables (2). Un assez grand nombre de lacs, formés par les rivières, se trouvent dans l'intérieur du pays.

Étendue des eaux navigables, d'après l'auteur du Western Gazetteer.

	milles.
Côtes du lac Michigan.	280
Côtes orientale et occidentale de la baie Verte.	235
Côtes du lac Huron	50
Détroit de Sainte-Marie.	55
Côtes du lac Supérieur, depuis son embouchure jusqu'au grand portage	800
Le Plein et le Depage	200
Le Chicago, Wakayah, Masquedon, Milwa-	
	1,620

___

(1) Bellin, p. 123.

(2) « *Western Gazetteer*, p. 252. »

milles.

● *Ci-contre.* 1,620

kie, Saukie, et toutes les autres rivières qui se
jettent dans le lac, entre Chicago et l'embouchure de la baie Verte 400

Les rivières de Renard (Fox), Crocodile et
Wolf 250

Ménomonie, rivière Rouge, Gaspard et
Sandy, qui se jettent dans la baie Verte . . . 350

Manistic et Minocockien. 150

Le Saint-Ignace et le Petit-Bouchitaouy . . 120

Le Grand-Bouchitaouy et Minaston. 140

Rivières qui coulent dans le lac Supérieur,
du côté des États-Unis. 1,500

Le Mississipi, depuis le lac Cédre-Rouge jusqu'à la frontière des Illinois, au 40° 50′ de latitude. 1,000

Eaux tributaires du Mississipi, au-dessus des
chutes de Saint-Antoine 550

Chippaway, Buffalo, Ouisconsing, etc. . . 1,300

Une partie du Rocky, les affluens de cette
rivière. 570

Lacs intérieurs 150

TOTAL. 8,100

Iles. Parmi les îles nombreuses (1) qui se
trouvent dans les lacs et les rivières de ce territoire, est celle de Michillimakinac, d'une

---

(1) Voir chap. 3, vol. 1, *Grands lacs*, etc.

forme elliptique, et de six milles de circonférence. Elle est située entre les lacs Huron et
Michigan, dans le détroit qui porte son nom.
Elle a un havre profond et sûr, protégé par un
fort construit sur une éminence qui a cent
cinquante pieds d'élévation au-dessus du niveau
de l'eau.

MÉTÉOROLOGIE.

Température. L'élévation et la situation
septentrionale d'une grande partie de ce territoire indiquent un haut degré de froid, qui
cependant est tellement modifié par les eaux
des lacs, que l'hiver y est plus doux qu'à une
latitude plus méridionale. Cette saison commence vers le milieu de novembre, et dure
jusque vers le 15 mars. Pendant cette période,
la glace est assez forte sur les rivières et sur le
bord des lacs, pour porter des traîneaux. Il ne
tombe que peu de neige. Vers l'état de l'Indiana, le climat ressemble à celui des comtés
de l'ouest du New-York et de la Pensylvanie ;
mais sur les côtes du lac Huron l'hiver commence une quinzaine de jours plus tôt qu'au
détroit. Le lac Saint-Clair est couvert de glace
chaque année, depuis le mois de décembre
jusqu'à celui de février. Selon les observations
faites par le général Wilkinson en 1797, le

thermomètre entre Saint-Clair et Michillimakinac, né monta jamais plus haut, à midi, que
le 70°. degré, et tomba souvent le matin ou
le soir, au 46°. (Fahrenheit).

Carver fut étonné de la végétation abondante de la folle avoine, qu'on ne voit pas à
l'est du lac Érié, et qui mûrit rarement près
de ses eaux. La baie Verte, autrefois baie de
Ménomonie, ou, comme l'appelle ce voyageur, la baie des Puants, prit d'abord son
nom de sa verdure hâtive. En quittant Michillimakinac au printemps, lorsque les arbres
n'ont pas encore poussé leurs bourgeons, on
trouve tout le pays aux environs de la baie,
quoique le trajet ne dure que quatorze jours,
couvert de la plus belle verdure, et la végétation y est aussi avancée qu'elle pourrait l'être
dans l'été (1). Il est bien connu que les colonies, particulièrement la Nouvelle-Angleterre
et le Canada, ressentent grandement l'effet, au
commencement de l'hiver, d'un vent de nord-
ouest qui souffle pendant plusieurs mois, et
qui rend le froid bien plus intense que dans les
parties intérieures de l'Amérique. « Je puis
assurer, dit Carver, l'avoir éprouvé pendant
un hiver que je passai à l'ouest du Mississipi,

(1) Page 21.

où je le trouvai bien moins rigoureux, et le vent nord-ouest qui soufflait sur cette contrée, bien plus tempéré que je ne l'ai observé près de la côte. J'ai aussi remarqué que ce vent ne provenait pas de l'inconstance des saisons, mais qu'il s'élevait chaque année : de là vient qu'il tombe très-peu de neige, et que les Indiens de ces contrées ne font nullement usage des patins, sans lesquels aucune des nations plus à l'est ne peut voyager pendant l'hiver (1). »

« On attribue aux forêts qui couvrent les bords de la rivière du Renard, la salubrité du climat de cette contrée. Le vent sud-ouest qui domine pendant l'été, soufflant immédiatement dans la vallée formée par la rivière, et ne rencontrant aucune eau stagnante, doit nécessairement être pur; et, lorsque d'autres vents règnent, ce qui est rare, ils portent vers les habitations les exhalaisons malfaisantes des marais; mais ces vents n'étant pas de longue durée, et les marais ayant peu d'étendue, ces vapeurs ne peuvent pas infecter l'air assez long-temps, ni à un tel degré qu'elles puissent attaquer la santé de ceux qui les respirent. (2) »

---

(1) Page 78.

(2) *National Register*, vol. 2, n°. 16, 1816.

RÈGNE MINÉRAL.

Substances métalliques. Un morceau d'*argent*, pesant huit livres, fut trouvé par le capitaine Norbury (officier russe au service de l'Angleterre), au sud du lac Supérieur, près de la pointe aux Iroquois, à quinze milles des chutes de Sainte-Marie. Cet officier l'emporta en Angleterre ; et ce métal, dit-on, donna soixante pour cent d'argent pur.

Cuivre. On trouve des *mines de cuivre* et de *cuivre natif* sur la côte méridionale du lac Supérieur, et sur les bords de quelques-unes de ses eaux tributaires, ainsi que sur la rivière de Renard, près de son entrée dans la baie Verte. Dans ce dernier endroit on a trouvé récemment une masse de cuivre natif de quatre-vingts à cent livres pesant. Il y a dans le lit de l'Onatanagan, qui se décharge dans le lac Supérieur, une autre masse de cuivre pur, ayant douze pieds de circonférence à une extrémité, et quatorze à l'autre. Lorsque l'eau est basse, la partie supérieure de cette masse paraît au-dessus. Ce métal est très-pur, et si ductile, qu'on lui fait prendre aisément toutes les formes. Des morceaux du poids de plusieurs livres en ont été séparés, au moyen d'un ciseau, par le docteur François le

Barron, pharmacien général des États-Unis, et par M. Henry, agent d'une compagnie anglaise employée à la recherche de ce métal. Ce dernier dit que l'Onatanagan est remarquable par l'abondance du cuivre natif qui se trouve sur ses bords et dans ses environs. Ce métal se présente de lui-même à la vue, par masses de différentes grandeurs. Les Indiens en montrèrent une qui pesait vingt livres. Ils avaient l'habitude d'en faire des cuillers et des bracelets pour leur usage. A la distance de dix milles de l'embouchure de cette rivière, il découvrit une autre masse de ce métal, qu'il supposa du poids de cinq tonneaux, et dont il sépara cent livres au moyen d'un ciseau (1).

Plomb. Il y a des mines de ce métal qui s'étendent depuis quelques milles du Mississipi jusqu'à la distance de vingt-huit lieues, entre les branches de l'Ouisconsing et de la Rocky, occupant une largeur de un à trois milles. Leur

(1) Charlevoix raconte que ces grosses pièces de cuivre étaient l'objet du culte superstitieux des naturels, et qu'à son premier voyage dans ce pays, un de ses frères en avait fait des chandeliers, des croix et des encensoirs ; car ce cuivre est souvent presque tout pur (t. 3, p. 281). Cet auteur ajoute qu'on prétend avoir trouvé du cuivre assez près de l'embouchure de la rivière de Sainte-Croix (p. 398).

produit annuel est de vingt à trente mille livres
de plomb.

Ce métal abonde aussi dans les montagnes
au sud du portage de l'Ouisconsing, à quinze
milles de la grande ville de Sacs, où Carver en
a vu des morceaux gisant dans les rues (p. 47
et 48).

Salines. Sur les deux affluens du Saguinam, il y a des salines qu'on croit suffisantes
pour fournir aux besoins du territoire et des
établissemens qui se trouvent sur les lacs supérieurs.

RÈGNE VÉGÉTAL.

On trouve dans cette contrée presque toutes
les espèces de pins d'Amérique, diverses sortes
de chênes, le noyer, le platane, l'érable blanc
et l'érable à sucre, le peuplier, l'acacia, l'orme,
le prunier sauvage, le févier, le frêne, le tilleul, et beaucoup d'autres espèces d'arbres. Sur
les bords des rivières croissent le platane, le
noyer, l'orme, l'érable, l'acacia, etc.; et sur
les terres élevées, le chêne, le frêne, le noyer
et le pin blanc. Près des détroits de Saint-Clair,
il y a des bouquets de pins blancs. Le févier à
trois pointes vient jusque sur des bords du lac
Huron, quoique, du côté oriental des monts

Alleghanys, on ne le trouve pas plus haut que
la rivière Delaware.

Autour des lacs nombreux d'où sortent les
rivières, et près de leur embouchure, il y a
des milliers d'acres de terre couverte de folle
avoine, qui nourrit des essaims d'oiseaux aquatiques.

RÈGNE ANIMAL.

Mammifères. On trouve dans ce territoire
un grand nombre d'animaux. Carver a remarqué que les *bisons* qui se rencontraient dans les
plaines près du lac Pepin, étaient plus grands
que dans aucune autre partie de l'Amérique (1).
L'*élan* et le *daim* sont très-nombreux. La *loutre*,
la *martre*, le *castor* et le *rat musqué* abondent
près des petits lacs et des rivières. Les *castors*
se trouvent en grand nombre dans les rivières
du lac Michigan. Les chasseurs les prennent en
été au moyen d'un canot qui les porte jusqu'à
leur habitation : en hiver, ils en approchent en
marchant sur la glace, à laquelle ils font des
ouvertures avec un instrument tranchant (2).

Oiseaux. Les bois fourmillent de dindons
sauvages, de pigeons et de perdrix. Au-

_____

(1) Pag. 56.
(2) Voyage de Henry.

dessus des chutes de Saint-Antoine, dans la rivière du Mississipi, il y a une petite île d'environ un acre et demi d'étendue, sur laquelle, selon le rapport de Carver, il croît un grand nombre de chênes, dont toutes les branches capables de supporter un poids sont garnies de nids d'*aigles* (1).

Les lacs, les rivières et les baies sont peuplés d'*oies*, de *canards*, de *sarcelles* de différentes espèces, etc., qui se nourrissent de folle avoine en automne. Lorsque les grains sont hors de leur portée, ces oiseaux brisent la tige par une forte secousse qu'ils donnent avec leurs pates, et la tirent sous leur poitrine jusqu'à ce qu'ils puissent atteindre le grain. Dans le pays qui avoisine les Mille lacs, dit Carver, le chasseur voit toujours ses espérances surpassées.

Poissons. Les lacs et les rivières renferment une quantité inépuisable de diverses sortes de poissons. Ceux connus sous le nom de poissons blancs sont si nombreux aux chutes de Sainte-Marie pendant l'automne, qu'un bon pêcheur peut en prendre cinq cents en deux heures; et le voyageur Henry, qui rapporte ce fait, dit que lui-même en prit autant dans l'espace de quelques jours, pesant de cinq à six

---

(1) Pag. 73.

livres, et ayant un goût délicieux ; qu'aux rapides de l'Ontanagan, à trois lieues du lac où il passa l'hiver de 1765, les esturgeons sont en si grand nombre, qu'on en peut prendre assez en quelques heures pour la consommation d'un régiment pendant un mois ; et qu'avec les secours de ses hommes, il prit promptement deux mille truites et poissons blancs, dont les premières pesaient chacune environ cinquante livres. On pêche beaucoup de poissons blancs avec des filets dans le détroit et dans le lac Saint-Clair, et aussi au moyen d'un dard ou d'un harpon. Aucune partie des États-Unis n'est aussi-bien fournie de poissons. Les eaux des lacs baignent six cents milles de frontières, et toutes les rivières sont poissonneuses.

Insectes. Une espèce d'*abeille* plus petite que l'abeille commune abonde dans les bois. Son miel est d'une qualité inférieure, quoique très-estimé par les Indiens.

POPULATION.

La population du pays, renfermé entre les lacs Érié, Saint-Clair, Huron et Michigan, qui est principalement d'origine française, ne s'est pas accrue aussi rapidement qu'on aurait pu l'attendre, en raison de sa salubrité et de sa position commerciale. En 1800, il y avait environ trois mille habitans; en 1810, leur nombre ne s'élevait pas à cinq mille. Dans les quatre districts qui forment la division du territoire, la population était alors ainsi qu'il suit :

COMTÉS.	BLANCS.	ESCLAVES.	TOTAL.
Détroit.	2,114	17	2,131
Érié.	1,336	4	1,340
Huron de Saint-Clair.	578	2	580
Michillimakinac . . .	599	1	600
			4,651

La population, en 1816, était estimée à douze mille, sans compter les Indiens.

On n'a point fait, en 1810, le dénombrement des blancs qui habitent la contrée à l'ouest du lac Michigan, et nous n'avons pu nous procurer de renseignemens satisfaisans sur le nombre actuel des habitans, qui d'ailleurs est encore peu considérable.

Mœurs et caractère. Les habitans qui font le commerce des fourrures sont tombés dans

35 *

un état de dégradation par la nature de leurs occupations et par leur association avec les Indiens. Ceux de la baie Verte sont extrèmement polis et courtois, conservant exactement les mœurs de leurs aïeux. Les femmes, dont la plupart sont d'origine indienne, sont modestes, et ont de la dignité dans les manières, malgré la sauvagerie et les goûts dont elles ont hérité de leurs mères. Leur costume est bizarre : elles portent des robes courtes de calicot imprimé, des jupes de différentes couleurs, et des souliers indiens. Presque tous les hommes ont adopté en partie les mœurs des Indiens. Leur habillement est celui que portaient les premiers habitans de Détroit (1).

Indiens. Les *Ottawas* ont un grand village sur la rivière de Huron, deux petits près de la baie de Miami, un autre près de la roche aux Bœufs, six milles au-dessus du fort Meigs, et un autre à l'Arbre à Cruche. Les *Miamis* ont quatre ou cinq villes près des sources des affluens de la rivière Noire. Les *Pottawatamies* ont un village sur la rivière Maçon, un peu au-dessus de la plantation française sur le Raisin ; deux villages sur la rivière Rouge ; plusieurs sur le Saint-Joseph, et un sur le Huron,

---

(1) *National Register*, 14 décembre 1816.

à environ quinze milles de Brownston. Les *Wyandots* en ont un de vingt-cinq maisons à Brownston, et un de dix-neuf à Maguaga.

Le nombre total des Indiens dans cette partie du territoire, a été estimé à trois mille. Ils cultivent le maïs, le blé et les plantes potagères, et élèvent des chevaux, du bétail, des porcs et de la volaille.

Dans le pays situé à l'ouest du lac Michigan se trouvent les *Menomonies*, ou *Folle-Avoine* et les *Winnebagoes*. Les premiers réduits à environ deux cent cinquante guerriers, vivent sur la rivière qui porte leur nom, à quinze milles de la baie Verte, où ils ont huit ou dix villages ; sur la rivière Fox, près de son embouchure ; sur le lac Winnebago, aux portages Cakalin et grand Kenomic.

La taille de ces Indiens est noble ; leurs traits sont expressifs ; leur langage familier est très-animé. Ils vivent sous des tentes de forme elliptique, longues de trente ou quarante pieds, et larges de quinze ou seize, couvertes de nattes de joncs, et capables de contenir chacune soixante personnes. Ces Indiens ont une réputation de bravoure, et par cette raison les Sioux et les Chippaways leur permettent de chasser sur le lac Supérieur et sur les bords du Mississipi. Les *Winnebagoes*, nommés par les

Français *Puants*, résident sur la baie Verte, sur
les rivières du Renard, Rocky et Ouisconsing.
Ils ont neuf villages ; deux sur la baie Verte ,
un dans une île du lac Michigan , deux sur le
lac Winnebago ; un six milles au-dessus de ce
lac, un sur le lac Puckaway ; un autre au portage d'Ouisconsing, et deux sur la Rocky. Ils
peuvent mettre sur pied environ trois cents
guerriers. Le reste des Ottagaumies vivent entre
l'Ouiscousing et la Rocky. Les *Chippaways* ou
Sauteaux habitent sur les bords méridionaux,
du lac Supérieur , sur les affluens les plus hauts
de la rivière qui porte leur nom, et sur le bord
des autres cours d'eau qui se jettent dans le
Mississipi. Le nombre de leurs guerriers est
d'environ mille. Près des rives du lac Michigan, du côté de l'est du territoire, vivent quelques Indiens des tribus de *Kickapoo*, de *Pot-
tawatamie* et d'*Ottawa*. Les *Sioux* réclament
une grande étendue de pays au-dessus de la
plaine des Chiens, et le long du Mississipi (1).
A une petite distance d'une caverne se trouve
le lieu de sépulture des Indiens Sioux et Naudowessies. Quoiqu'ils n'aient point de résidence fixe , et qu'ils vivent dans des tentes , ils
apportent toujours dans ce lieu les os de leurs

_____

(1) *Western Gazetteer*, p. 265.

morts, à l'époque où les chefs s'assemblent,
afin de décider sur les affaires publiques pour
l'été suivant (1).

Établissemens. Les plantations sur les bords
de la baie Verte, selon le rapport du major
Gratiot, consistent en quarante-sept familles,
d'origine française, qui vivent dans de petites
fermes, et qui récoltent une grande abondance
de blé, de maïs, de pois et de pommes de terre.
Ils ont de beaux jardins, mais ils ne se sont pas
appliqués à la culture des fruits. Avant la dernière guerre, cette contrée était riche en bétail et en chevaux; quelques-uns des habitans
avaient de cent vingt à cent cinquante têtes de
bétail, et de quarante à cinquante chevaux,
mais ils ont été détruits par les Indiens, et
maintenant leur seule subsistance vient de quelques vaches et des grains qu'ils récoltent.

Entre le Renard et l'Ouisconsing, à trois cent
cinquante milles à l'est des chutes de Saint-
Antoine, deux ou trois familles d'origine française se sont établies, et retirent un prix considérable du transport des denrées, qu'elles
font payer en marchandises à raison de trente-
trois *cents* par quintal. On dit que les États-
Unis ont le dessein d'établir là un poste mili-

---

(1) Carver, p. **65.**

taire. La prairie du Chien, établissement sur le bord oriental de l'Ouisconsing, à environ un mille de son embouchure, consiste en soixante maisons et quatre cents habitans, qui sont principalement d'origine française et mêlés avec le sang indien. Ces maisons composent un village de deux rues, quoique quelques-unes soient répandues à quatre et cinq milles de distance. Au printemps et en automne, c'est un lieu de refuge pour les marchands blancs et indiens, dont le nombre égale quelquefois celui des habitans (1). Lorsque Carver visita cet endroit, en 1766, la ville consistait en trois cents familles indiennes. Ici, dit-il, ceux qui habitent sur les affluens les plus éloignés du Mississipi, se rassemblent tous les ans à la fin de mai, apportant avec eux leurs fourrures pour commercer avec les négocians. Mais ce n'est pas toujours dans cette ville qu'ils concluent leur marché. Ceci est déterminé par une assemblée des chefs, qui examinent s'il est plus convenable à leurs intérêts de vendre leurs marchandises dans ce lieu, ou de les porter à la Louisiane ou à Michillimakinac. Selon la décision de l'assemblée, ou ils avancent plus

---

(1) *Western Gazetteer*, p. 263.

loin, ou ils retournent à leurs diverses habitations (1).

A l'est du lac Michigan, les principales plantations sont sur la rivière de Raisin, et le long
des bords du lac Érié.

Les établissemens d'agriculture et de commerce sont formés principalement dans le district de Détroit, sur le Miami, le Raisin, le
Huron, et sur le lac Saint-Clair. Le pays, depuis la rivière Rouge jusqu'au Saint-Clair, est
bien peuplé; tout cet espace, long de douze
milles, ressemble au voisinage d'une grande
ville. Depuis le fort Meigs jusqu'au lac Huron,
il y a plusieurs plantations séparées par des
bois ou des terres appartenant aux Indiens.
Les habitations françaises sont restreintes aux
bords des lacs et des rivières ; plusieurs se sont
formées dernièrement dans divers endroits, sur
les rives des deux lacs. La ville de Détroit est
située sur le côté occidental du Détroit, dix-
huit milles au-dessus de Malden, six au-dessous
de l'embouchure du lac Saint-Clair, et contient
plus de trois cents maisons. A peu près la moitié de la population est d'origine française, le
reste est composé d'habitans de diverses parties de l'Europe et des États-Unis. Cette ville

(1) Pag. 5o.

était autrefois défendue par une forte estacade,
qui fut brûlée en 1806. Il y a plusieurs quais
de bois établis sur la rivière. Celui des États-
Unis a cent quarante pieds de long, et l'eau est
assez profonde dans cet endroit pour les vaisseaux de quatre cents tonneaux. Les édifices
publics consistent en une maison de conseil,
une prison, et un magasin d'approvisionnement. Ce dernier bâtiment a trois étages, quatre-vingts pieds de long sur trente de large. On
bâtit actuellement une maison pour le gouvernement. On doit aussi élever une chapelle pour
les catholiques romains, afin de remplacer celle
qui existe maintenant. On y a établi une imprimerie.

Précis historique.

La péninsule, lorsqu'elle fut découverte par
les blancs, était occupée par les Hurons, dont
plusieurs furent convertis au christianisme, en
1648, par les missionnaires jésuites qui élevèrent une chapelle aux chutes de Sainte-Marie,
et une autre dans l'île de Saint-Joseph. Vers l'année 1670, les Hurons furent défaits et dispersés par les Iroquois, leurs ennemis implacables;
et, à la fin de la guerre d'Amérique, ce territoire fut occupé par diverses tribus, dont les
guerriers montaient à trois mille cinq cents.

En 1667, Louis XIV envoya un petit détachement de troupes sur ce territoire, pour protéger le commerce des fourrures, et quelques années après, un fort fut construit au Détroit, et un autre à Michillimakinac. Par ce moyen, on eut le pouvoir d'étendre ce commerce, malgré l'opposition des Iroquois, jusqu'au bord du Mississipi; mais ces avantages furent perdus par la guerre de 1756, qui priva la France de toutes ses possessions dans le nord de l'Amérique; et ce territoire, étant tombé entre les mains des Anglais, fut cédé aux États-Unis par la paix de 1783; et, placé sous la protection d'un gouverneur avec des pouvoirs temporaires, sur tous le pays qui s'étend au nord-ouest de l'Ohio. Le fort anglais de Détroit fut aussi cédé en 1796, et la péninsule reçut le nom de comté de Wayne.

En vertu de l'acte du 11 mai 1805, ce pays fut érigé en territoire et prit le nom de Michigan; et par un autre acte, passé le 18 avril 1818, toute la partie des possessions des États-Unis, comprise dans l'ancién territoire de l'Indiana, qui est située au nord de l'état du même nom et de celui des Illinois, fut annexée au territoire du Michigan.

Instruction publique. On s'occupe d'établir un collége à Détroit.

Antiquités. Dans une plaine unie, quelques
milles au-dessous du lac Pepin, on voit les
restes d'une ancienne fortification. Bien qu'ils
soient couvers d'herbes, Carver dit qu'il a parfaitement reconnu un ouvrage de forme circulaire, avec des remparts s'étendant jusqu'à la
rivière qui couvre les derrières; les murs ont
environ quatre pieds de haut; près d'un mille
d'étendue, et sont capables de mettre à couvert
cinq mille hommes; quoique ces ouvrages, dit
le même voyageur, aient été déformés par le
temps, on distinguait chaque angle, qui paraissait construit selon les règles de l'art militaire; et aussi régulièrement que si Vauban en
eût tracé le plan. Les vestiges des fossés n'é-
taient plus visibles; mais je pensais, dit-il,
qu'en examinant avec plus d'attention, on se
convaincrait qu'il en a existé. Il n'y avait aucune éminence de terre dans un espace considérable, à l'entour de ces fortifications, et on
ne voyait près de là que des chênes isolés. Enfin on pouvait conclure de l'épaisseur du lit de
terre qui recouvrait ces ouvrages, qu'ils étaient
d'une grande antiquité.

Dans une plaine stérile, sur les bords de la
rivière Huron, à trente milles de Détroit et dix-
huit de Saint-Clair, se trouvent un grand nombre de petits tertres qui renferment des osse-

mens humains d'une grandeur remarquable. En creusant une cave pour l'établissement des missionnaires, on en retira plein seize paniers. Sur le bord oriental de cette même rivière, on trouve une forteresse avec des murs en terre, ressemblant à ceux de l'Indiana et de l'Ohio. On en voit un autre à trois milles et un quart au-dessous de Détroit, qui renferme une étendue de plusieurs acres de terre, au milieu d'un grand marais, avec un bastion de trois ou quatre pieds de haut.

AGRICULTURE.

Les produits de l'agriculture du pays situé à l'est du lac Michigan, en 1810, furent ainsi qu'il suit :

Pommes	20,000 boisseaux.
Maïs	10,000
Blé.	12,000
Avoine	8,000
Orge	100
Sarrasin	1,306
Patates	12,540
Navets	3,024
Pois	1,000
Cidre	1,500 barils.

Les vergers de pommiers, poiriers et pêchers sont très-communs, et l'on fait beaucoup de cidre qui se vend à un prix élevé.

En indiquant l'usage de quelques productions végétales, Carver décrit une sorte de pain que font les Indiens Menomonies de la baie Verte, et qui est digne de remarque. On pétrit en gâteaux la graine du maïs, qui n'est pas encore mûre : on l'enferme pour la faire lever dans des feuilles de tilleul, et on la fait cuire sous la cendre. Ce voyageur assure qu'il n'a mangé dans aucun pays du pain de meilleur goût (1).

Terres publiques. Le gouvernement des États-Unis a acheté de certaines tribus indiennes une étendue considérable de terre à différentes époques, et il possède maintenant plus de quatre millions d'acres dans la contrée, à l'est du lac Michigan. A l'ouest de ce lac, une autre grande étendue fut achetée, en 1807, aux chefs des Pottawatamies, Ottawas, Wyandots et Chippaways, et une ligne de démarcation fut établie (2).

---

(1) Pag. 26 de ses Voyages.

(2) Une étendue de huit millions d'acres de ce territoire est réclamée par les héritiers du capitaine Jonathan Carver, en vertu d'un acte à leur avantage, consenti et signé par deux chefs des Indiens Naudowessies,

Manufactures. Les produits des manufactures de ce même pays, à l'est du lac Michigan, en 1810, montaient à une valeur de 37,018 dollars, mais leur accroissement fut arrêté pendant la guerre par les ravages des Indiens.

Tableau de ces produits manufacturiers.

Tanneries (1).	2,720 peaux.
Chapelleries	600 chapeaux.
Eau-de-vie de grains	19,400 gallons.
Fabrique d'eau-de-vie	1,000
de savon	37,000 livres.
de chandelles	6,500
de draps	2,405 verges.
d'étoffes de lin	1,195
d'étoffes de chanvre . . .	20

le premier mai 1767, et dans lequel les limites sont établies ainsi qu'il suit : des chutes de Saint-Antoine, en suivant le bord du Mississipi dans une direction presque sud-est, jusqu'à l'extrémité méridionale du lac Pepin, où la Chippaway se réunit au Mississipi; de là à l'est, pendant cinq jours de marche, en faisant vingt milles anglais par jour; de là au nord, pendant six jours de marche, puis aux chutes de Saint-Antoine en droite ligne (*).

(1) On comptait à cette époque soixante établissemens de selliers.

(*) Vie du capitaine Carver, mise en tête de ses voyages, par le docteur Latham.

TRAVAUX PUBLICS.

Routes. On a commencé à établir une route depuis la rivière d'Écorce jusqu'aux rapides du Miami, distantes de soixante-six milles. Les troupes des États-Unis, stationnées dans ce territoire, sont employées à cet effet.

Bateaux à vapeur. Un bateau à vapeur, nommé *Walk in water* (*marche dans l'eau*), qui peut prendre à bord du fret et cent vingt passagers, vient d'être construit sur le lac Érié. Il s'arrête à Dunkerque, à Érié, à la grande Rivière, à Cleaveland, dans la baie de Sandusky et à Détroit.

Forts. Le fort *Holmes* dans l'île de Michillimakinac, élevé de cent cinquante pieds audessus du lac Huron, est une des plus fortes positions de la contrée occidentale. Le fort *Détroit* est construit sur une petite éminence derrière la ville du même nom, à la distance d'environ six cents pieds. Le fort *Gratiot* est situé près de l'extrémité supérieure du détroit de Saint-Clair. Dans les plaines du Chien, près de l'embouchure de l'Ouisconsing, au 45° 28' de latitude, les États-Unis ont récemment établi une forteresse imposante, et une autre près de l'ouverture de la baie Verte, où les Français avaient autrefois une garnison.

Ports. Les ports de commerce sont ceux de Détroit et de Michillimakinac.

Ouvrages qui traitent de l'histoire et des pro-ductions de ce territoire.

Années 1705. La Hontan. Voyages dans l'Amérique septentrionale, etc., 3 vol in-12.

— 1745. De Charlevoix (le père). Histoire générale de la Nouvelle-France, 3 vol. in-4°., Paris.

— 1781. *Carver (J.). Travels through the interior parts of North-America in the years* 1766, 1767, *and* 1768. — Voyage dans l'intérieur de l'Amérique septentrionale, etc.

— 1802. Traduction abrégée du même voyage faisant partie de la bibliothéque des jeunes gens, par Campe, traduit par Berton.

— 1802. *Mackenzie (Alexander). Voyages from Montreal through the continent of North-America to the frozen and Pacific Oceans, in* 1789 *and* 1793, *London*, 2 vol. in-8°. — Voyages à travers le continent de l'Amérique, etc.

— 1809. *Henry (Alexander). Travels in Canada between the years* 1760 *and* 1776, in-8°., *New-York.* — Voyages en Canada, etc.

CHAPITRE XXIV.

TERRITOIRE DU MISSOURI.

TOPOGRAPHIE.

SITUATION ET ÉTENDUE. Ce territoire est situé entre le 36° et le 49° de latitude nord, et entre le 12° 50′ et le 32° de longitude ouest de Washington. Il est borné au nord par le 49° de latitude (1) ; au sud, par le 36° depuis le Mississipi jusqu'au fleuve Saint-François, et ensuite par une ligne tirée de l'est à l'ouest sous le 36° et demi, qui va aboutir aux frontières des possessions espagnoles, et le séparent du territoire d'Arkansas (2) ; à l'est par le Mississipi, et

---

(1) Par le traité conclu à Londres, le 20 octobre 1818, entre les États-Unis et la Grande-Bretagne, il a été convenu que le 49° de latitude serait la ligne septentrionale de démarcation entre les possessions américaines et anglaises, depuis l'extrémité nord-ouest du lac des Bois jusqu'aux montagnes Rocky.

(2) D'après le dernier traité fait entre les États-Unis et l'Espagne, la Sabine doit former partie de la frontière occidentale, depuis son embouchure jusqu'au 32° de

à l'ouest par la grande chaîne des montagnes Rocky. Sa longueur de l'est à l'ouest est de plus de 1,030 milles, et sa largeur du nord au sud, d'environ 890.

Superficie. Ce territoire a 445,334 milles carrés ou 285,013,760 acres.

Aspect du pays et nature du sol. Pays arrosé par le Missouri (1). Au nord du Missouri, de

---

latitude, où commence une ligne méridienne tirée vers le nord, qui aboutit à la rivière Rouge. Le cours de cette rivière sert ensuite de limite jusqu'au 100° de longitude ouest de Greenwich, auquel point une autre ligne méridienne, tracée vers le nord, va frapper l'Arkansas, et remonte cette rivière jusqu'à sa source; de là, suivant la crête des montagnes (*) qui séparent les eaux tributaires du Missouri et du Mississipi, de celles du Rio-del-Norte, elle va jusqu'au 41° de latitude, sous lequel parallèle une autre ligne, tirée de l'est à l'ouest, rejoint la Multnomah (grand affluent de la Columbia), à cinquante lieues environ de son embouchure; la ligne de démarcation descend ensuite cette rivière jusqu'au 42° de latitude, et suit ce parallèle jusqu'à l'Océan Pacifique.

(1) Attendu que cette description du pays, arrosée par le Missouri, est tirée en partie du voyage de Lewis et de Clark, nous croyons devoir le citer une fois pour toutes.

(*) La direction de ces montagnes est à peu près du sud au nord.

belles et riches plaines s'étendent depuis son embouchure jusqu'à la jonction des deux Charaton. En cet endroit, les collines s'écartent de la rivière pour se rapprocher ensuite de la *Grande rivière* qui est vis-à-vis, et au-dessus de laquelle elles s'éloignent encore jusqu'à la prairie des Sacs, où on les perd de vue; elles reparaissent à Charaton Scarty, après quoi elles décroissent et sont à peine sensibles jusqu'à l'embouchure de la Kansas. Dans une pareille étendue, sur le côté méridional, il y a dans le voisinage du Missouri des lieux élevés qui s'aplanissent considérablement au-dessus de l'Osage. Ces collines ont de cent cinquante à deux cents pieds d'élévation au-dessus du niveau de la rivière, et se composent d'un sol noir plus ou moins fertile. Elles sont peu boisées, excepté entre l'Osage et la Kansas, où il y a beaucoup d'arbres, dont quelques-uns arrivent à une grosseur considérable. Au-delà de ces collines, on trouve des plaines vastes et fertiles. Depuis l'embouchure de la Kansas jusqu'à celle de la Nodawa, la distance entre la chaîne de collines de chaque côté du Missouri, varie de quatre à huit milles, mais entre la petite rivière Plate et les anciens villages des Kansas, elle est beaucoup moindre. Au nord, au-dessus de la Nodawa, l'étendue des prairies est telle, que la chaîne septentrionale, jusqu'à vingt-sept milles au-dessus de la Plate, ne s'aperçoit que dans quelques endroits. Au sud, le Missouri baigne le pied des collines, depuis l'ancien village des Kansas jusqu'à la distance de cinquante milles au-dessus de l'embouchure de la Plate. Les terres sont fertiles et propres à la culture. Au-dessus du village d'Ayoway, les collines au nord du Missouri s'éloignent pour ne se rapprocher que vers l'embouchure du Floyd, éloignée d'environ trois cent vingt milles. A l'opposé, auprès de Council Bluffs, elles disparaissent également et reviennent ensuite auprès du village de Mahar, qui est éloigné d'environ deux cent milles de l'embouchure du Floyd; et dans cet intervalle, il y a beaucoup moins de bois qu'au-dessous de la jonction de la Plate. Auprès du Floyd, les collines septentrionales s'approchent du Missouri, et elles commencent à s'en écarter au confluent du Sioux, dont elles suivent la direction pour reparaitre à celui de la Pierre-Blanche, où elles sont beaucoup moins élevées. Elles disparaissent au midi au-dessus des villages Mahar, et on les retrouve ensuite à la distance de quarante-quatre milles, dans un lieu appelé Cobalt Bluffs, d'où elles s'étendent le long des bords de la Pierre Jaune, pendant plus de mille milles.-A partir de l'embouchure du Jacques, les deux chaînes se rapprochent graduellement et vers la rivière Mussel-Shell, la séparation n'est que d'un à trois milles ; là elles se resserrent encore jusqu'à la grande cataracte, où le Missouri s'est ouvert un passage au travers de la chaîne elle-même. En général, ces collines ne sont pas trop élevées pour être cultivées, et n'ont pas plus de cent cinquante pieds de hauteur, au-dessus de la rivière de Wood. Vers le confluent de l'Osage, elles conservent la même élévation, après quoi elles diminuent près des villages Mandan, où elles croissent de nouveau jusqu'à leur jonction avec les montagnes du nord, qui conservent une élévation de deux à trois cents pieds jusqu'à la grande chaîne des montagnes. Dans beaucoup d'endroits, il n'y aurait pas suffisamment de bois pour former des établissemens, principalement au-dessus de l'embouchure de la Plate. Mais un peu plus bas, le sol est fertile et couvert de beaux arbres. Près de Poncas, on voit des troncs d'arbre pétrifiés enfouis dans des couches d'argile, qui prouvent que le terrain fut autrefois couvert de bois, et que sa rareté ne peut être attribuée qu'à la combustion de la houille, qui est très-abondante dans ce district. Au-dessus de l'embouchure de la Plate, dans le

voisinage des rivières qui se déchargent dans le
Missouri, le sol végétal a été entièrement con-
sumé, et la plaine présente l'aspect des ruines
d'une ville. Tout le pays, à la distance de deux
ou trois cents milles du Mississipi, est une
prairie continuelle ou surface unie, excepté le
long des rivières, où le sol d'alluvion, beaucoup plus bas que le terrain environnant, a une
largeur proportionnée à celle des eaux qui le
baignent. Le Missouri est généralement de
cent cinquante à trois cents pieds au-dessous
de la surface générale du terrain.

Région au sud du Missouri. A l'angle sud-
est du territoire, le sol est un terrain riche
très-convenable à la culture des plantes céréales, à celle du coton, du tabac, du lin et du
chanvre. Le pays élevé commence à environ
douze milles au-dessous du cap Gerardeau,
d'où une chaîne de collines s'étend à travers ce
pays jusqu'au Saint-François, laquelle sépare
les parties basses des parties élevées, dont aucune n'est sujette à l'inondation. Les terres
basses sont généralement bien boisées; celles
qui sont élevées le sont très-peu, et à peine
voit-on un arbrisseau dans les prairies naturelles.

Le long du côté méridional du Missouri, le
sol est élevé, fertile et entremêlé de beaux arbres, de vignes, et de roseaux, jusqu'à la jonc-

tion de l'Osage. Au-dessus du confluent de cette rivière, il y a une étendue d'environ trente mille milles carrés (1) que l'on considère comme la plus fertile du territoire, et égale au sol du Kentucky. Les trois cinquièmes consistent en prairies ondulées, et le reste en terrains boisés, arrosés par différens ruisseaux : toute la surface est susceptible de culture.

L'arpenteur M. Brown, employé par le gouvernement à tracer la ligne de démarcation depuis le Missouri jusqu'à l'Arkansas, entre les terres des États-Unis et des Indiens Osages, a donné quelques renseignemens précieux sur ce pays. Le long de cette ligne, depuis le fort Missouri, situé près le bord de la rivière de ce nom, sous la latitude de 39° 5′ nord, jusqu'à l'Osage, à trois ou quatre milles au-dessous du village de cette nation, il se trouve une prairie continue qui n'est interrompue que dans quelques endroits le long des petits ruisseaux. Le sol est généralement de bonne qualité. Il y a sur le bord septentrionnal de l'Osage, une grande étendue de riche terre d'alluvion. Le sol

---

(1) Connue sous le nom de *Boones' Lick*, aujourd'hui le comté de Howard. Le major Nathaniel Boone y forma le premier établissement en 1805, à dessein d'y fabriquer le sel.

du côté opposé est inférieur. Mais il offre une belle et fertile plaine, qui, vue du sommet de quelques tertres ou collines isolées près le village des Indiens, présente un bel aspect. De ces éminences, dit M. Brown, je suis persuadé qu'en tournant autour, je pouvais apercevoir cinq cents milles carrés de terre de première qualité; le bois et les sources seuls y manquent pour en faire la plus belle partie du monde que j'aie encore vue. » De ce lieu au pays boisé, éloigné de cent trente milles du point de départ, la terre devient graduellement moins fertile, jusqu'aux affluens de la grande rivière des Arkansas, qui coule dans une direction orientale.

Sur les frontières des territoires américain et espagnol, il y a un espace large de deux cents à cinq cents milles, qui s'étend depuis les côtes de la province de Texas, dans une direction nord-ouest, jusqu'au Missouri, et dont le sol est si aride qu'il ne peut être cultivé. L'auteur anonyme des Esquisses de la Louisiane (1) remarque « que la rivière Rouge prend sa source dans cette vaste plaine, tandis que les rivières Arkansas et Missouri la traversent depuis les

_____

(1) Datées de mai 1817, de Winchester; comté de la Nouvelle-Madrid, dans le territoire de Missouri.

montagnes, en se dirigeant vers l'occident. On peut juger par la nature saline de cette terre, particulièrement vers le midi, et par la grande quantité de fossiles qu'elle renferme, qu'elle fut autrefois une mer intérieure, qu'une convulsion de la nature aurait élevée à sa hauteur actuelle ; car chaque petite montagne ou éminence, dans toute son étendue, est entièrement couverte d'huîtres et autres coquilles marines. Les deux tiers des sources au moins sont aussi salées que la mer, et dans toutes les directions, on peut tirer de grandes quantités de sel gemme près de la surface de la terre ; ce qui probablement donna naissance à l'idée d'une montagne salée, que l'on n'a jamais pu découvrir d'après toutes les recherches que l'on a faites, et les informations que l'on a prises. Cela explique l'extrême salaison des eaux de la rivière Rouge, qui prend sa source dans cette partie. Celles de l'Arkansas, qui la parcourt, et de quelques-uns de ses affluens, dont les sources s'y trouvent, sont en tout temps trop salées, pour qu'on puisse en faire un usage agréable. La couleur rouge de ces deux rivières provient de l'oxide de fer, qu'elles accumulent dans leur cours à travers les montagnes, et des lits immenses d'ocre, que l'on trouve partout dans la partie méridionale des prairies. »

Région au nord du Missouri. Depuis le confluent du Missouri jusqu'aux chutes de Saint-Antoine du Mississipi, la partie basse du bord de cette rivière est un sol sablonneux, riche et bien boisé, mais de peu d'étendue ; au-delà de cette partie, dans plusieurs endroits, il y a de grandes prairies inégales, qui au-dessus du Wabisipinokan s'étendent dans une direction opposée à la rivière, et forment une succession de vallées basses et de hauteurs presque perpendiculaires, ornées de frênes, d'ormes, de bouleaux, d'érables et de cotonniers. Au-dessus des chutes de Saint-Antoine se trouvent des pins que l'on voit généralement sur le bord des rivières (1). Le Saint-Pierre, qui traverse dans son cours le territoire des Naudowessies, arrose, dit le voyageur Carver, un des pays les plus délicieux, lequel fournit en abondance toutes les choses nécessaires à la vie, et qui, s'il était cultivé, pourrait produire tous les objets de luxe. La folle avoine y croit en abondance, et tout le pays est rempli d'arbres qui courbent sous le poids de leurs fruits, tel que les pruniers, les pommiers et les vignes, etc. Les prairies sont couvertes de houblon et de diverses espèces de plantes.

(1) Journal de Pike, appendix, n°. 1, p. 50.

Montagnes. La grande chaîne de montagnes, connue sous le nom de *Rocky* ou *luisantes*, traverse les parties occidentales de ce territoire du nord au midi, et sépare les eaux qui se rendent dans l'océan Atlantique de celles qui coulent dans une direction contraire pour se perdre dans la mer Pacifique. Du milieu et de la partie orientale de cette chaîne, une autre, appelée les *montagnes Noires*, sépare les eaux de la Kansas, affluent du Missouri de celles de l'Arkansas. Une autre chaîne de montagnes sépare les eaux de l'Osage de celles de la rivière Blanche; et d'autres chaînes très-irréguliéres, connues sous le nom de *Masserne*, s'étendent depuis cette dernière jusqu'à la rivière Rouge. Les rochers sont généralement d'une pierre calcaire blanchâtre, disposée en couches horizontales.

Un trait remarquable de la géologie de cette contrée, ce sont de grandes cavités en forme de cônes creux, appelés *sinkholes*, qui ont de quatre-vingt-dix à six cents pieds de diamètre à la surface du sol, et diminuent en approchant du fond. Elles sont si profondes, que la cime des grands arbres qui y croissent, est à peine apercevable. On entend généralement le bruit du ruisseau qui coule dans le bas, et quelquefois son cours est visible.

Cavernes. Sur les bords du Missouri, à la distance de vingt-un milles de son embouchure, les rochers s'élèvent jusqu'à trois cents pieds : ils forment une cavité souterraine de vingt pieds de hauteur, quarante de largeur et cent vingt de longueur.

EAUX.

Lacs. Le Missouri renferme un grand nombre de petits lacs qui ne sont pas encore bien examinés. Le lac *Biddle* est la principale source de la rivière Big-Horn, et le lac *Eustis* celle de la rivière de Pierre-Jaune ; le lac *Despice*, grand réservoir de la petite rivière des Sioux a soixante-dix milles de contour. Il y a un autre lac de plusieurs milles de circonférence, situé à dix-sept milles au-dessus de la petite rivière Tabo et à deux des bords du Missouri. Le lac des *Oisons*, près les rives de cette rivière, au-dessus du confluent de la Plate, a sept ou huit milles de longueur sur trois-quarts de mille de largeur.

Beaucoup de lacs s'étendant le long des parties nord-est du territoire, sont les sources des rivières qui coulent dans des directions opposées au Mississipi et dans la baie d'Hudson. Le lac *Winipec*, une des sources de ce fleuve, est d'une forme ovale, et a environ trente-six milles de circonférence. Le lac de *Sable* a vingt-cinq milles; le lac du *Cèdre-Rouge* dix milles; un autre situé par 46° 32′ de latitude nord, a sept milles de long et deux de large; plus bas se trouvent les deux lacs du *Poisson blanc*, dont l'un a six milles de long et deux de large (1).

Rivières. Le *Missouri* et ses tributaires, qui arrosent la plus grande partie de la surface de ce territoire, sont décrits dans le tableau des grands fleuves des États-Unis (2). Le Missouri est navigable pour des grands bâteaux l'espace de plus de trois mille milles; la Plate et ses tributaires dans une étendue de deux mille milles, pour de petits bateaux; l'Arkansas, douze cents milles; le Grand-Osage et la Grande Rivière, chacun de six cents milles; le Jacques, trois cents; le Big-Sioux et la Gasconnade, chacun deux cents; la Nodawa, plus de cent, etc. On estime à plus de neuf mille milles l'étendue des eaux navigables de la contrée du Missouri.

Le *Mississipi* et ses affluens, qui arrosent les parties orientales du Missouri, sont aussi déjà

_____

(1) *Pikes' Journal of a Voyage to the sources of the Mississipi.*

(2) Voir vol. 1, liv. 1, chap. 3.

décrits (1). Ce fleuve est navigable l'espace de
mille six cents milles au-dessus de l'embouchure du Missouri ; un de ses tributaires, le
Saint-Pierre, l'est pendant mille milles ; le De
Moins, huit cents ; la rivière des Corbeaux,
trois cents milles ; le Pine ou Pike, cent vingt;
l'Iowa, soixante-dix, etc. , etc.

Le *Maramek* s'alimente des eaux d'un petit
lac près de la source du Saint-François, et
traverse un pays coupé et cultivé jusqu'à sa
jonction avec le Mississipi, à quarante milles
au-dessous de celle du Missouri, où sa largeur
est environ de cent quatre-vingts pieds. Dans la
saison du printemps, il est navigable dans
toute son étendue, qui est de plus de trois
cents milles; mais en été et en automne il est
peu profond et à peine susceptible de porter
bateau.

Iles. Il y en a un grand nombre dans le Missouri, dont quelques-unes ont plusieurs milles
de longueur. Les îlots sont si nombreux au-
dessus du confluent de la Médecine, qu'on en
compte jusqu'à onze durant le même nombre
de milles.

_____

(1) Vol. 1, chap. 3.

Rivières et endroits les plus remarquables, leur position, etc.,
et leur distance du Mississipi, en remontant le Missouri,
telle qu'elle fut déterminée par les capitaines Lewis et
Clark, lors de leur expédition à l'Océan Pacifique, pen-
dant les années 1804, 1805 et 1806.

NOMS DES RIVIÈRES ET ENDROITS REMARQUABLES	LARGEUR DES RIVIÈRES.	POSITIONS RESPECTIVES.	ÉLOIGNEMENT	
			LES UNES DES AUTRES.	DU MISSISSIPI.
	verges.		milles.	milles.
Village de Saint-Charles . . .	»	N. E.	21	21
La rivière de la Femme-Osage.	30	N. E.	20	41
Le village et la rivière de Cha-rette.	20	N. E.	27	68
La Shepherd's Creek	»	S. O.	15	83
La Gasconade.	157	S. O.	17	100
La Bourbeuse.	50	N. E.	15	115
Le Grand-Osage	397	S. O.	18	133
La Murrow-Creek.	20	S. O.	5	138
L'île et la rivière de Cedar. .	20	N. E.	7	145
La colline de la Mine de Plomb	»	S. O.	9	154
La Manitou-Creek.	20	S. E.	8	162
La Splitrock-Creek.	20	N. E.	8	170
La Saline , ou Salt	30	S. E.	3	173
Le Manitou.	30	N. E.	9	182
La Good-Woman.	35	N. E.	9	191
La Mine.	70	S. O.	9	200
L'Arrow-Prairie.	»	S. O.	6	206
Les deux Charatons . . . ? . .	» 10/72	N. E.	14	220

NOMS DES RIVIÈRES ET ENDROITS REMARQUABLES.	LARGEUR DES RIVIÈRES.	POSITIONS RESPECTIVES.	ÉLOIGNEMENT LES UNS DES AUTRES.	ÉLOIGNEMENT DU MISSISSIPI.
	verges.		milles.	milles.
L'ancien village des Missouris, près duquel se trouvait autrefois le fort Orléans . . .	»	N. E.	16	236
La Grande-Rivière	90	N. E.	4	240
La Snake-Creek.	18	N. E.	6	246
L'ancien village des Petits-Osages.	»	S. O.	10	256
L'île et la rivière du Tigre . .	25	N. E.	20	276
L'île et la rivière de Hubert. .	»	S. O.	12	388
La Fire-Prairie-Creek.	»	S. O.	12	300
Le fort Point	»	S. O.	6	306
La Haycabin-Creek.	20	S. O.	6	312
Le lit de Charbon de Terre. .	»	S. O.	9	321
L'Eau-Bleue.	30	S. O.	10	331
La Kanzas.	230	S. O.	9	340
La Petite-Rivière-Plate. . . .	60	N. E.	9	349
Le premier village des Kanzas.	»	S. O.	28	377
L'Indépendance-Creek, à un mille au-dessous du second village des Kansas	»	S. O.	28	405
La prairie de Saint-Michel. .	»	N. E.	25	430
La Nodawa.	70	N. E.	20	450
Le Loup.	60	S. O.	14	464
La Grande-Nemaha.	80	S. O.	16	480
La Tarkio-Creek	23	N. E.	3	483
La Neshnabatona.	50	N. E.	25	508
La Petite-Nemaha	48	S. O.	8	516

NOMS DES RIVIÈRES ET ENDROITS REMARQUABLES.	LARGEUR DES RIVIÈRES.	POSITIONS RESPECTIVES.	ÉLOIGNEMENT	
			LES UNS DES AUTRES.	DU MISSISSIPI.
	verges.		milles.	milles.
La Baldpated-Prairie, à 150 verges du Missouri	»	N. E.	23	539
La Weepingwater-Creek	25	S. O.	29	568
La rivière Plate, ou Shoal	600	S. O.	32	600
Le Papillon	18	S. O.	3	»
La Musquetoe-Creek	22	N. E.	7	610
L'ancien village des Ottoes	»	S. O.	11	»
L'ancien village des Ayaways, sur le bord nord-est	»	N. E.	6	»
Le Bowyer	25	N. E.	11	»
Le Council Bluffs	»	S. O.	12	650
Le Soldat	40	N. E.	39	689
L'Eaneah-Wadepon	80	N. E.	44	783
Le Waucarde, ou le Badspirit-Creek	»	S. O.	55	738
Le contour d'une courbure, faite par la rivière, et dont la gorge n'a que neuf cent soixante-quatorze verges	»	»	21	809
L'île située à trois milles au nord-est du village des Mahas	»	»	27	836
La rivière de Floyd's Bluff	35	N. E.	14	850
Le Grand-Sioux	110	N. E.	3	853
Le commencement des écorres de couperose, de cobalt, de pyrites ou d'alun	»	S. O.	27	880
Les écorres chaudes ou brûlantes	»	S. O.	30	910

NOMS DES RIVIÈRES ET ENDROITS REMARQUABLES.	LARGEUR DES RIVIÈRES.	POSITIONS RESPECTIVES.	ÉLOIGNEMENT LES UNS DES AUTRES.	DU MISSISSIPI.
	verges		milles.	milles.
La Pierre-Blanche.	3o	N. E.	8	918
Le Petit-Arc, ancien village des Mahas, au confluent de la Littebow-Creek.	15	S. O.	20	938
Le Jacques.	90	N. E.	12	950
L'écorre du Calumet.	»	S. O.	10	960
L'ancienne fortification, l'île de la Bonne-Femme	»	S. O.	16	976
La Plum-Creek	12	N. E.	10	986
La White-Paint-Creek. . . .	28	S. O.	8	994
Le Qui-Court.	152	S. O.	6	1009
La rivière et le village de Poncarar	3o	S. O.	10	1010
Retraites des Chiens de prairie.	»	S. O.	20	1030
L'île des Cèdres	»	»	45	1075
La rivière Blanche.	3oo	S. O.	55	1130
Les 3 rivières de Sioux-Pass. .	35	N. E.	22	1152
L'île située au commencement du Grand-Détour.	»	N. E.	20	1172
La partie supérieure du Grand-Détour, dont la gorge n'a que 1 mille ¼ de largeur	»	S. O.	3o	1202
La Tylor	35	S. O.	6	1208
Le fort Loisel, sur l'île de Cèdre	»	S. O.	18	1226
La Téton.	70	S. O.	37	1263
Le village le plus élevé des cinq villages Ricaras, abandonné.	»	S. O.	42	1305

37 *

NOMS DES RIVIÈRES ET ENDROITS REMARQUABLES.	LARGEUR DES RIVIÈRES.	POSITIONS RESPECTIVES.	ÉLOIGNEMENT	
			LES UNS DES AUTRES.	DU MISSISSIPI.
	verges.		milles.	milles.
La Chayenne	400	S. O.	5	1310
L'ancien village des Ricaras, sur l'île de Laboocat.	»	»	47	1357
La Sarwarkarna.	90	S. O.	40	1397
Le Wetarhoo	120	S. O.	25	1422
Le premier village des Ricaras, situé sur une île.	»	S. O.	4	»
Le second village de cette na- tion	»	S. O.	4	1430
La Stone-Idol-Creek.	18	N. E.	18	»
Le Warreconne.	35	N. E.	40	1488
La Cannonball.	140	S. O.	12	1500
La Chessehetar river, près des six villages Mandans.	38	S. O.	40	1540
Les anciens villages des Ricaras et des Mandans	»	S. O.	40	1580
Le fort Mandan.	»	N. E.	20	1600
Les villages Mandans des envi- rons.	»	»	4	1604
Le Knife, près du confluent de laquelle sont bâtis les deux villages Minnetaree et Maha	80	S. O.	2	1606
L'Isle.	»	»	11	»
La Miry.	10	N. E.	16	1633
L'île du Petit-Bassin.	»	»	28	»
Le Petit-Missouri	134	S. O.	29	1690
La Wild-Onion-Creek	16	N. E.	12	»

NOMS DES RIVIÈRES ET ENDROITS REMARQUABLES.	LARGEUR DES RIVIÈRES.	POSITIONS RESPECTIVES.	ÉLOIGNEMENT	
			LES UNS DES AUTRES.	DU MISSISSIPI.
	verges.		milles.	milles.
Le lac de Goose-Egg	3oo	N. E.	9	»
La Chaboneau's-Creek	20	S. O.	16	1727
La Goatpen-Creek, le Mouse, tributaires du lac Winipec, près du Missouri	20	N. E.	16	1743
Le lac et la rivière de Hall's Strand.	»	N. E.	47	1790
La Terre-Blanche.	6o	N. E.	4o	184o
La Roche-Jaune.	858	S. O.	4o	188o
La Martha.	5o	N. E.	6o	194o
Le Porc-Épic	112	N. E.	5o	1990
Le Little-Dry	200	S. O.	6	2046
Le golfe dans le détroit de l'Ile.	»	»	32	»
Le Milk	15o	N. E.	13	2090
Le Big-Dry	4oo	S. O.	25	»
Le Werner's-Run.	1o	N. E.	9	»
La Pine-Creek.	20	N. E.	36	216o
Le Gibson	35	N. E.	17	2177
La Brownbear-Defeated-Creek	4o	S. O.	12	»
Le Bratton	1oo	N. E.	24	2213
La Burntlodge-Creek	5o	S. O.	6	»
La Wiser's-Creek.	4o	N. E.	14	2233
Le Muscleshell.	11o	S. O.	37	227o
La Grouse-Creek	2o	N. E.	3o	»
La North-Mountain-Creek . .	3o	N. E.	36	2336
La South-Mountain-Creek . .	3o	S. O.	18	2354

NOMS DES RIVIÈRES ET ENDROITS REMARQUABLES.	LARGEUR DES RIVIÈRES.	POSITIONS RESPECTIVES.	ÉLOIGNEMENT	
			LES UNES DES AUTRES.	DU MISSISSIPI.
	verges.		milles.	milles.
L'île d'Ibex............	»	»	15	»
L'île Goodrich	»	»	9	2378
La Windsor-Creek	30	N. E.	7	2385
Le rapide de l'Eau......	»	»	15	2400
La Thomson's-Creek.....	28	N. E.	27½	2427
Le Judith	100	S. O.	11½	2439½
Le rapide du Frêne......	»	»	4	»
Le Slaughter	40	S. O.	11	2454
La Stonewall-Creek, au-dessus des murs naturels....	20	N. E.	26	2480
La Maria............	186	N. E.	41	2521
La Snow............	50	S. O.	19	»
Le Shield	35	S. O.	28	2568
Le confluent du Portage, à 5 milles au-dessous des grandes chutes...........	45	S. O.	7	2575

MÉTÉOROLOGIE.

Température. Le climat des parties de ce territoire déjà peuplées, situées entre le 33° et le 34° degré de latitude, est sujet aux extrêmes de chaud et de froid que l'on éprouve dans les états baignés par l'Atlantique, mais leur durée est beaucoup plus courte, et la température en général est douce et agréable. Les changemens ne sont pas si soudains que dans les états de l'est, et le vent du nord-ouest qui amène un froid glacial dure rarement plus de huit heures. En hiver, le Mississipi gèle ordinairement dans le mois de décembre, et la glace, qui a près de deux pieds d'épaisseur, se fond vers la fin de février. Quelquefois cela a lieu plutôt, et quand le temps froid revient, le fleuve gèle une seconde fois. C'est ce qui arriva en janvier 1811, lorsqu'après plusieurs semaines d'une température délicieuse, le thermomètre (Fahr.), dans l'espace de quatre jours, tomba de 78° à 10° au-dessous de zéro. A Saint-Louis, au 38° 40' de latitude, les hivers sont généralement plus doux que sous le même degré à l'est des monts Alléghanys. La neige y a rarement plus de six pouces d'épaisseur, quoiqu'il y règne quelquefois pendant deux ou trois jours un froid plus grand que dans le Canada. Le mercure tombe fréquemment à plusieurs degrés au-dessous de zéro. Au fort Osage, il y a environ trois mois d'hiver, et l'état du thermomètre est de 25° au-dessus de zéro, à 6° au-dessous. M. Bradbury raconte que, dans le voyage qu'il fit pour remonter le Missouri en 1810, la pluie fut continuelle pendant sept jours, après son départ de Saint-Charles, le 14 mars. Dans la soirée du 28, il y eut un orage affreux, accompagné de tonnerre; le 30, le jour fut chaud, mais le vent ayant passé au nord, occasiona un si grand degré de froid, que l'eau contenue dans un vase d'étain, qui se trouvait dans le bateau, fut presque toute convertie en glace; le 27 avril, les bords des bateaux, ainsi que les rames, étaient couverts de glaçons sous la latitude de 40°. Jusqu'à la latitude de 47° près le fort de la compagnie des fourrures du Missouri, il trouva la végétation plus rapide qu'entre les tropiques, où la chaleur est beaucoup plus grande. Le maïs y mûrit en dix semaines, mais ne s'élève pas à plus de trois pieds de hauteur (1). Les vents influent beaucoup sur la température : ceux qui viennent du sud-ouest donnent une chaleur agréable, tandis que ceux qui soufflent du nord-ouest produisent un froid subit. Près le confluent du Missouri, le printemps s'annonce par de fortes pluies, qui tombent jusqu'au premier de mai, époque à laquelle elles cessent jusqu'au premier août; et durant cette période, le temps est chaud et les

---

(1) M. Bradbury, p. 145. Cela est dû probablement à la nature de cette espèce de grain, qui donne deux récoltes dans la même année dans l'état de Virginie.

orages fréquens. En été , dans les mois de juin
et d'août, le mercure s'élève quelquefois à 96° à
Saint-Louis, mais ne passe pas ordinairement
84°. Cette haute température cependant dure
rarement plus de deux mois, tandis qu'à Natchez elle continue plus du double. En juillet et
en août, l'ardeur du soleil est tempérée par
des brises rafraîchissantes. Au nord de l'Arkansas les pluies sont fortes, quoique peu fréquentes. Au sud de cette rivière, les rosées
suppléent aux pluies; mais dans l'été la sécheresse est si grande, que des cours d'eau considérables deviennent à sec; et l'eau est si rare à
une certaine distance des grandes rivières, que
les Indiens, dans leurs longues excursions, en
portent une provision dans des vessies.

Tremblemens de terre. Le lieu sur lequel la
Nouvelle-Madrid s'élève, au 36° 34' de latitude,
éprouva depuis décembre 1811 un tremblement de terre, qui s'annonça par une secousse
et un bruit souterrain une fois tous les quinze
jours, jusqu'au mois de février 1812, et ce
tremblement se fit sentir jusqu'à Kaskaskias dans
l'état des Illinois, éloigné de cent cinquante
milles.

Sur les bords de la rivière Blanche, et dans
le pays d'Ouachitta et de Saline, il y a des explosions souterraines, dont le bruit ressem-

ble à celui du canon ou du tonnerre éloigné.
Les rochers lancés par ces explosions sont
polis, et ont une surface luisante qui paraît
métallique.

Au-dessus de la jonction de la rivière des
Sioux avec le Missouri, sur le côté sud-est, il
y a une colline d'argile bleue de cent quatre-
vingts à cent quatre-vingt-dix pieds de hauteur, qui semble avoir été récemment dans
un état de combustion. La chaleur des crevasses
est si grande que, dans le premier moment, la
main ne peut la soutenir. On observe une substance cristallisée qui ressemble au charbon,
et qui fait croire que cette chaleur vient d'une
combustion intérieure.

RÈGNE MINÉRAL.

Substances métalliques. On trouve d'excellentes mines de fer près du Maramek, du Saint-
François et de l'Osage, et dans le pays arrosé
par la rivière Blanche. Au-dessus de l'île de
Cedar, à mille soixante-quinze milles du confluent du Missouri, à l'endroit où finit le sol
d'alluvion, le *fer brun* qui existe à la surface
empêche la végétation. (Bradbury.)

On suppose que la mine de plomb sulfuré de
ce pays s'étend sur une surface entière de six

cents milles en longueur, et deux cents en largeur, depuis Sainte-Geneviève jusqu'aux mines
des Indiens Sacs et Fox, sur les bords du Mississipi (1).

_____

(1) La mine principale, connue sous le nom de Burton (*), est située à quarante milles à l'ouest du village
de Sainte-Geneviève, dans le district du même nom,
sur le Negrofork. La matrice ou *gangue* est de la pierre
calcaire et se trouve à la profondeur de neuf ou dix pieds ;
les veines de la mine s'étendent généralement suivant
une direction horizontale de quatre à six pieds sous
terre ; et dans quelques endroits, elles descendent à une
profondeur considérable. M. Lebaume, de Saint-Louis,
qui est propriétaire d'une lieue carrée de terre, creusa
des trous à la profondeur de quatre pieds seulement,
dans des endroits éloignés l'un de l'autre, et trouva de
la mine dans trente-huit (**).

Sur les bords du Maramek, on trouve la mine en
couches de deux pieds d'épaisseur au-dessus du roc. La
matière se vend, au lieu où se trouve la mine, de 20
à 25 dollars le millier. Un mineur habile, n'ayant
d'autres instrumens qu'un pieu, une pelle en bois et
un traîneau, en retire quelquefois deux mille livres en
un jour. La matière se fond au moyen de l'embrase-
ment de grosses souches de bois, sur lesquelles elle est
placée en couches alternatives jusqu'à la quantité de six
mille livres. Par ce simple procédé, elle rapporte 5o pour
cent, et les scories contiennent encore de 25 à 3o de

(*) Appartenant à M: Austin.
(**) Bradbury, p. 253.

Cuivre. On trouve ce métal à peu de distance au-dessous des chutes de Saint-Antoine ,
dont la mine fut autrefois exploitée par les

---

métal en sus. Les Américains ont introduit dernièrement
des fourneaux mieux perfectionnés et semblables à
ceux d'Europe. Le seul fourneau à vent , dont la dépense,
est estimée de 5,000 à 6,000 dollars , se trouve à la mine
à Burton. La matière contient de l'arsenic; ce dont on
s'est convaincu par des animaux domestiques , qui ont
été empoisonnés en la léchant; et des chiens , des chats
et des volailles , qui sont tombés morts près de la vapeur du fourneau. L'état suivant du produit annuel des
différentes mines , et du nombre de personnes qui y
sont employées, sans y comprendre les fondeurs , les
forgerons et autres , a été fourni par M. Brackenridge.

	livres.	ouvriers.
Mine à Burton	50,000	15
Nouvelles-Fosses.	200,000	40
Fosses-de-Perry	60.000	50
Fosses-d'Elliot	100,000	20
Mines de Belle-Fontaine	300,000	50
Fosses de Bryan	600,000	70
Richwood	75,000	30
Mine à Lamotte , sur le Saint-François. . .	100,000	40
Fourche Courtois	10,000	15
Mine à Robin et Mine à Joe.	30,000	20
En tout.	1,525,000	350

En 1816, les profits de la mine de M. Smith , au taux
d'un cinquième de la quantité obtenue , montaient
à 20,000 dollars. L'auteur du *Western Gazetteer* (p. 188.)
estime la quantité totale, en 1816, à mille tonneaux

Français, jusqu'à ce qu'ils eu eussent été chassés par les Indiens. *Mine d'argent.* Il est bien constant maintenant que ce minerai n'existe pas sur les bords du Maramek, comme Dupratz l'avait assuré. *Zinc oxidé.* Ce métal se trouve associé aux mines de plomb.

· *Cobalt.* On trouve ce métal au-dessus de la rivière des Sioux, où les collines approchent des bords du Missouri : l'odeur et la vapeur étaient nuisibles aux voyageurs, et la surface de l'eau, quand elle n'était point agitée, se couvrait d'une substance qui incommodait ceux qui en buvaient.

Substances terreuses, acidifères et combustibles. La *pierre calcaire,* d'un beau grain et de couleur bleue, abonde sur les bords du Missouri, près de ses trois affluens supérieurs. On trouve des *stalactites cristallisées,* dans les cavernes et les endroits souterrains, depuis le Missouri jusqu'au Saint-François. Il y a une *roche quartzeuse* sur le bord du Bonhomme, d'où l'on tire des meules à moulin et des meules à aiguiser.

Marbre. Celui qui est commun se trouve en différens lieux. On fait mention d'une espèce

---

de plomb fondu, dont le prix est de 4 à 5 dollars le quintal, et celui du plomb de chasse de 9 dollars.

veinée de rouge. Le *gypse* est en grande quantité sur les bords du Maramek, de l'Osage, du Missouri et de la Kansas. Les rives élevées de la dernière consistent en plusieurs endroits en gypse solide. Il s'en trouve un lit sur les bords de l'Eau-Bleue, que l'on exploite pour envoyer à Saint-Louis. Il y a de la *serpentine* d'une belle couleur rouge à trois cents milles à l'ouest du Mississipi, près des sources du De Moins et du Saint-Pierre. Les Indiens en font leurs pipes à tabac. *Alun.* On en a découvert dernièrement un lit, sur les bords de la rivière Rouge, sous le 33° de latitude, et à cent quarante-six milles à l'ouest du Mississipi. *Ocre.* On en trouve près du cap Gerardeau, que les habitans des bords du Mississipi emploient pour badigeoner leurs maisons, et on dit que, pour la beauté et la durée, il ne le cède pas à celui qu'on importe sous le nom de *brun d'Espagne.* Il existe aussi sur les bords du ruisseau d'Ocre jaune, une substance ocreuse très-estimée. *Argile.* Il y en a de couleur noire, bleue et rouge, sur les bords du Saint-Pierre et du Dé Moins. Les Indiens fabriquent leurs ustensiles de ménage avec la première espèce, qui est d'une consistance compacte, et avec la seconde espèce, mêlée avec de la pierre de talc rougeâtre et très-fine, ils font différentes couleurs. Les fourneaux de leurs pipes et leurs calumets sont faits avec une belle argile blanche, qui est sans doute l'espèce de *kaolin* dont on fabrique la belle porcelaine, car il paraît que les premiers Français qui s'établirent dans le pays, en envoyèrent des échantillons en France.

Charbon de terre. Cette substance existe dans les collines au-dessus de la jonction de la Terre-Blanche avec le Missouri, près du confluent de ce dernier, au pied des Écorres, sur les rives de l'Osage, et selon le récit des chasseurs, sur celles du Petit-Missouri et de la Pierre Jaune. A quatre milles environ à l'ouest de Saint-Louis, sur le bord d'un petit ruisseau, il y a une veine de treize à dix-huit pouces d'épaisseur, dont les forgerons font usage sur les bords du Missouri. Près du village de Saint-Ferdinand, le lit de charbon de terre, appelé par les Français la *Charbonnière*, a plus de vingt pieds d'épaisseur.

Bois carbonisé. Près les villages des Mandans on en voit des couches horizontales, qui ont de un jusqu'à cinq pieds d'épaisseur. Une fumée sulfureuse sort d'un monticule près de cet endroit.

Nitre. On le trouve dans un état très-pur en différens endroits, sur les bords de la Gasconade et de l'Arkansas. Les rives de la dernière

en sont si incrustées, que dans quelques saisons elles paraissent être couvertes de neige.
Dans les lieux souterrains, le long des bords
du Missouri, il ne perd pas plus de quatre pour
cent, par le procédé du raffinement, et il est
si abondant que trois hommes peuvent en recueillir cent livres en un jour. Au printemps
de 1810, James M^c. Donald, habitant de Bonhomme, étant allé avec ses deux fils dans quelques cavernes sur les bords de la Gasconade,
ils en rapportèrent en quelques semaines trois
mille livres à Saint-Louis. (Bradbury.) Au-
dessus de la jonction du Petit-Missouri, les revers des collines et les bords de la rivière sont
couverts d'une substance blanchâtre, qui pour
le goût semble tenir du sel commun ou de
celui de glauber.

Sources minérales. Sur les bords du Missouri,
près de l'île de Cédre-Rouge, il y a deux sources minérales. Auprès de la jonction de la Médecine, dans la grande chaîne des montagnes,
se trouve une *source sulfureuse.* Auprès du
Wisdom est une source, dans une vallée formée par des montagnes couvertes de neige;
ses eaux, contenues dans un bassin d'environ
quarante-cinq pieds de circonférence, sont si
chaudes, qu'une pièce de viande est suffisamment cuite lorsqu'on l'y laisse cinq minutes.

RÈGNE VÉGÉTAL.

Les terrains bas produisent le peuplier de
Caroline, l'érable rouge, le prunier, le platane, l'annone à trois lobes, le micoucoulier,
le tremble, l'hamamélis, le sumac, le saule et
l'alisier ; et la terre d'alluvion est couverte de
peupliers de Caroline et de saules. Près des
ruines du fort d'Orléans, à deux cent quarante
milles du confluent du Missouri, M. Bradbury
traversa un marais qui était tellement couvert
de zanthoxylum à feuilles de frêne, que sa
figure et ses mains étaient continuellement
égratignées (p. 3o). Les terrains élevés produisent le plaqueminier, le cédre rouge, le
mûrier, le châtaignier, sept ou huit espèces de
chênes, le syderoxylum satiné, et le pommier
sauvage. Le frêne ne croît pas sur les rives du
Missouri au-delà du 40° de latitude. De petits
bois de cédres ornent les bords du Maramek,
du Saint-François et du Missouri.

Près du 41°. parallèle, les collines sont couvertes de chênes, d'ormes et de noyers ; et
autour des prairies il y a des groupes de chênes,
de noyers noirs, d'ormes et de peupliers de la
Caroline. Le cédre rouge vient abondamment
sous le 42° de latitude; mais au-dessus du Mus-

sel-Shell, le pays est si mal boisé, que les neuf
dixièmes de sa surface n'ont point d'arbres.
Les bords du Milk sont couverts de pins ; ce
sont les premiers arbres de cette espèce que
l'on rencontre en remontant le Missouri.

Près des affluens supérieurs du Missouri, il y
a des groseilliers de six à huit pieds de hauteur,
qui produisent des fruits de différentes couleurs et d'une saveur agréable. Le prunier sauvage et la vigne croissent dans beaucoup d'endroits sur les bords du Missouri. Vers le 41° 18'
de latitude, le raisin est mûr vers le 1er. août,
et on en remarque trois espèces, dont une de
couleur de pourpre. Telle est la force de la
végétation vers le 42° de latitude, que le tour-
nesol et les orties s'élèvent à la hauteur de neuf
à dix pieds. Les ognons sauvages et les artichauts viennent sur les terres basses, et les
collines sont couvertes de plantes aromatiques.
Près des ruisseaux de Pope, on a remarqué une
espèce de seigle et de pomme-de-terre. Dans
les parties supérieures du pays, il y a deux
espèces de lin ; l'une monte à la hauteur de
deux ou trois pieds, et l'autre seulement à
celle de neuf à douze pouces. Les plaines y
sont couvertes de cierges, dont les pointes
sont tellement fortes et aiguës, que les voyageurs jugent nécessaire de garantir leurs pieds

au moyen d'une espèce de souliers garnis d'une double semelle de peau de daim tannée. Les prairies ou plaines sont couvertes d'herbages très-abondans. Au-dessus de la Nemaha, l'herbe est si grande, qu'au commencement de juillet, sa hauteur moyenne était de cinq pieds.

RÈGNE ANIMAL.

Mammifères. Le *mammouth* habitait autrefois cette région : des os ont été dernièrement retirés de terre, près des salines, sur les bords de l'Osage, à quelques pieds au-dessous de la surface, de même que sur les bords d'un petit lac, près de la rivière Qui-Court, à cent cinquante milles de son confluent avec le Missouri. Les forêts contiennent un grand nombre d'animaux, et le gibier y est si abondant, que partout, sur les bords du Missouri, au-dessus des établissemens des blancs, cinq ou six chasseurs peuvent nourrir quarante ou cinquante hommes. On voit les *bisons* dans les plaines du Missouri, en troupes de quarante ou cinquante mille. En hiver, ils émigrent du nord au sud, et l'on dit qu'ils emploient plusieurs jours à traverser le Missouri. Il en périt un grand nombre au printemps, lorsqu'ils passent sur la

38 *

glace, qui rompt souvent sous eux ; emportés
par le courant, ils sont jetés contre des îles,
où l'on voit des monceaux de leurs débris. La
laine de cet animal est réputée supérieure à
celle du mérinos; mais l'opération nécessaire
pour la débarrasser des poils, exige beaucoup
de temps et de soins. On distingue deux
espèces d'*élan*, l'une et l'autre très-nom-
breuses. Des *chevaux* redevenus sauvages,
se trouvent dans les prairies, entre l'Arkansas
et la rivière Rouge. Il y en a de différentes
couleurs. Ils sont très-légers à la course. Les
daims sont très-nombreux, même dans le
voisinage des établissemens. A la clarté de la
lune, ils visitent la rive sablonneuse du Missouri, sans doute pour éviter les mousquites qui
fourmillent dans les buissons. On tire ces
daims d'un échafaud de dix ou quinze pieds
de haut, qui cache le chasseur à leur vue.
Un animal, connu sous le nom d'*antelope*,
habite les bords du Missouri au-dessus de la
rivière Plate. Les *moutons de montagne*, ou
grosses cornes (1), fréquentent le revers des
montagnes arides et désertes. Ils sont à peu
près de la taille d'un gros daim : ils ont des

---

(1) *Ovis montana* de Geoffroy, connu par les Indiens
Mandans par le nom d'*ahsahta*.

cornes de deux pieds de long, et de quatre
ou cinq pouces de diamètre, semblables à celles
d'un belier. Les *chèvres* paraissent en troupeaux, pendant l'été, sur les plaines du Mississipi. Dans l'hiver, elles émigrent à l'ouest
vers les montagnes noires. Le grand *ours gris*,
qui n'est pas encore bien connu des zoologistes
européens, vit dans le voisinage de la rivière
Jaune et du Petit-Missouri, et on ne le voit pas
plus bas que les villages des Mandans. Il se tient
communément dans les buissons voisins d'une
rivière. Cet animal pèse de huit cents à neuf
cents livres, et sa force musculaire est si grande,
qu'il détruit en un moment le plus gros bison.
Il poursuit le chasseur à sa trace, et est la ter-
reur des Indiens, qui honorent le guerrier qui
le tue, plus que s'il était le porteur triomphant
d'un crâne humain. Le loup, le renard, le
raton laveur, l'opossum, le blaireau, le castor,
la loutre, le lièvre, l'écureuil et le porc-épic
urson, habitent cette contrée. Le *chien de
prairie*, ou *écureuil aboyant*, qui se trouve
dans les prairies naturelles, est un animal dont
la forme et les habitudes sont singulières. Il est
environ d'un tiers plus gros que l'écureuil renard, d'une couleur gris-clair, excepté le
ventre qui est blanc. Son corps est long, ses
jambes courtes, et il a la lèvre fendue comme

celle d'un lapin. Son cri, à l'approche de l'homme, ressemble à l'aboiement d'un petit chien. Il vit dans des terriers, se nourrit d'herbe et est engourdi dans l'hiver. Quoiqu'on l'apprivoise aisément, il n'est pas facile de l'attraper, parce qu'il se retire dans son trou, qui est ordinairement très-profond.

Oiseaux. On en a compté cent trente espèces, dont les plus utiles sont : le dindon sauvage, l'oie de Canada, les canards de différentes sortes, trois espèces de sarcelles, la gelinotte, ou poule de prairie, le pigeon, la caille, la perdrix, le faisan et le pluvier.

Les bois abondent en dindons sauvages et en cailles. Au-dessus du fort Osage, sur les bords de la rivière de ce nom, M. Bradbury vit de grandes quantités de gallinazes aura (*vultur aura*), qui y étaient attirés par les carcasses de bisons noyés. Comme la nuit précédente avait été pluvieuse, ils étaient perchés sur les arbres, les ailes étendues au soleil pour les faire sécher (p. 44). La pie (1) habite les bords du Missouri.

Reptiles. Les *serpens* sont très-nombreux dans quelques endroits. M. Bradbury en trouva jusqu'à onze espèces différentes sous des pierres

_____

(1) *Pica lutea nigra varia* de Catesby.

plates, aux maisons d'hivernage, près la rivière Naduct.

Poissons. Les poissons étaient si abondans dans le ruisseau de Mahar, auprès du village de Mahar, qu'on en prit trois cents de différentes espèces la première fois, et huit cents la seconde, avec un filet fait d'écorce de saule. Sur une colline au sud de l'île du Cèdre-Rouge, on trouva le squelette bien conservé d'un poisson de quarante-cinq pieds de longueur.

Insectes. Au-dessus de la rivière de Knife, près du fort de la compagnie du Missouri, M. Bradbury dit que, le 23 juin, après le débordement de la rivière, les *mousquites* étaient en si grande quantité dans la vallée, qu'il fallait avoir une main constamment employée à les écarter des yeux; et les chevaux en étaient si incommodés dans la soirée, qu'ils se réfugiaient dans la fumée d'un feu, sur lequel on jetait des herbes vertes pour l'épaissir.

Abeilles. Au-dessus de la jonction de la Grande-Rivière, les chasseurs de la partie de Lisa trouvèrent une ruche d'abeilles, dont les rayons donnèrent trois gallons de miel. Avant l'année 1797, on ne voyait pas d'abeilles à l'ouest du Mississipi; mais aujourd'hui on en trouve jusque chez la nation Maha, sur les bords du Missouri; et dans l'espace de qua-

torse ans, elles se sont propagées sur une
étendue de six cents milles vers l'occident (1).

POPULATION.

En 1810, la population de ce territoire était
ainsi qu'il suit :

	habitans.
Dans le district de Saint-Charles.	3,505
de Saint-Louis.	5,667
de Sainte-Geneviève. . .	4,620
du cap Gérardeau	3,888
de la Nouvelle-Madrid. .	3,103
de Hopefield ou Saint-François.	188
d'Arkansas (2).	874
	21,845
Troupes en garnison au poste militaire. .	200
Compagnies de chasseurs et de traiteurs des parties supérieures arrosées par le Missouri et par le Mississipi	300
Familles établies dans des endroits écartés, et que le schérif n'a pas comprises dans son rapport	300
TOTAL.	22,645

Dont 8,011 étaient esclaves. Le nombre des métis et

---

(1) On dit qu'elles furent d'abord apportées de Kaskaskias à Saint-Louis par une dame française. (*Bradbury*, p. 36.)

(2) Ce district fait actuellement partie du territoire du même nom.

des Indiens civilisés est inconnu, mais il est peu considérable. En 1818, on évaluait à 50,000 la population entière du territoire. L'établissement de Boone contenait 8,000 individus.

Maladies. Dans la partie basse du pays, sur les bords du Mississipi, que nous avons déjà décrite, les miasmes occasionés par les substances végétales corrompues et les eaux stagnantes, causent des fièvres bilieuses et intermittentes pendant les mois d'août et de septembre, et particulièrement près des rives de ce fleuve. Ces fièvres attaquent principalement les nouveaux émigrés des climats plus septentrionaux, mais sont rarement mortelles. Les naturels sont généralement sains, et l'on a calculé qu'il y mourait moins d'individus, à proportion du nombre, que dans la plupart des autres pays. La nature calcaire du terrain sur lequel est bâti Saint-Louis et d'autres villages, rend leur position favorable à la santé. En 1797, le village de New-Design, à environ vingt milles de Saint-Louis et quinze du Mississipi, fut attaqué d'une fièvre bilieuse, qui enleva cinquante-sept individus sur deux cents qui l'habitaient.

Indiens. Les Indiens du Missouri, les nations d'Osage, Mahas, Poncas, Panis, Ricaras et Mandans ont des villages fixes, où ils cultivent le

maïs, les fèves, les melons d'eau, les pepons, etc. D'autres tribus mènent une vie
errante, et suivent les bisons dans leurs émigrations. Les tribus méridionales élèvent une
grande quantité de chevaux, de mulets et d'ânes
que le commerce leur a fournis, ou qu'elles
prennent en temps de guerre aux Espagnols
établis sur les frontières du nouveau Mexique.
Les tribus au nord-est du Missouri reçoivent
ces animaux en échange des articles qu'elles se
procurent des Anglais. Les Indiens de ce pays
deviennent tous les jours moins insolens et moins
incommodes, et leurs déprédations sont beaucoup plus rares. Protégée par des postes qui
ont de bonnes garnisons, et par une milice
bien armée et bien disciplinée, la population
blanche n'a plus rien à craindre des Indiens,
qui sont d'ailleurs si peu nombreux sur les
bords du Missouri, que M. Brackenridge n'en
vit pas un dans une distance de mille milles (1).

(1) Sous le gouvernement espagnol, les Indiens du
Missouri étaient encouragés à des hostilités fréquentes
par l'achat de la paix, pour laquelle le premier donnait
des marchandises ou de l'argent. En 1794, un chef de
guerre entra avec un parti de sa nation dans le village
de Saint-Louis, demanda et obtint une entrevue avec
le lieutenant gouverneur, auquel il adressa ces paroles :

Des établissemens dans ce territoire.

Le *district de Saint-Louis* est borné à l'orient
par le Mississipi ; à l'ouest, par le Missouri ; et
au midi, par le Maramek. La ville du même
nom, située sous le 38° 39' de latitude nord et
le 12° 51' de longit. de Washington, et connue
autrefois sous le nom de Pain-Court, à cause
de la détresse des premiers colons, s'étend de
deux milles le long du côté occidental du Mississipi, à la distance de quatorze milles au-
dessous de l'embouchure du Missouri. Ce fut
en 1764 que les habitans du fort Chartres en
jetèrent les fondemens sous la protection d'une
compagnie associée pour commercer. Il y a
trois rues parallèles à la rivière. La plupart des
maisons sont bâties en pierres calcaires, avec
un jardin ou parc entouré de murs. En 1816,

« Nous sommes venus pour vous offrir la paix. Nous
vous avons fait la guerre pendant plusieurs lunes, et
qu'en est-il résulté ? Rien. Nos guerriers ont employé
tous les moyens pour combattre les vôtres ; mais vous
ne voulez pas, vous n'osez pas vous mesurer avec nous !
Vous êtes un tas de vieilles femmes ! Que peut-on faire
avec un tel peuple, si ce n'est la paix, puisqu'il ne veut
pas combattre ? Je viens donc vous l'offrir, et enfouir la
hache, éclaircir la chaîne, et ouvrir de nouveau la
communication entre nous. »

la population de Saint-Louis était à peu près
de deux mille individus, et celle du pays envi-
ronant de cinq mille quatre cents. En 1815, le
prix des terres, à Saint-Louis, s'est élevé de
600 à 1,000 dollars l'acre.

Le nombre des habitations était, en mars
1817, de trois cent cinquante à quatre cents,
et il y avait environ cinquante maisons de
commerce et deux banques. Il y a dans cette
ville une école française et anglaise, une imprimerie, et on y publie un journal appelé
la « Gazette de Missouri. » *Carondelet*, connu
autrefois sous le nom de *Vide-poche*, situé à
un mille environ à l'ouest de Saint-Louis,
dans la direction des mines, contient quarante à cinquante maisons. *Saint-Ferdinand*,
à quatorze milles au nord-ouest de Saint-
Louis, en renferme soixante : il est situé sur
un terrain élevé, sur un côté duquel se trouve
un beau ruisseau, et de l'autre des prairies
fertiles. D'autres établissemens se forment
à *Saint-André*, à vingt-quatre milles au sud-
ouest de Saint-Louis, le long du Maramek et
vers l'établissement du Bois, à soixante milles
du Mississipi. *Herculanum*, village de deux
cents habitans établi par le colonel Hammond
et le major Austin, est situé sur les bords du
Mississipi, à l'embouchure du Joachim, à

égale distance environ de Saint-Louis et de
Sainte-Geneviève. On y construit des bateaux.
Il y a plusieurs moulins dans le voisinage, et
une fabrique de plomb de chasse, patentée,
a été établie dernièrement par M. Matlock, sur
le bord d'un rocher, où il se trouve une chute
pour le petit plomb de deux cents pieds perpendiculaires. La distance de ce lieu aux mines
est de quarante-cinq milles.

Le *district de Sainte-Geneviève* est borné au
nord par le Maramek; au midi, par la petite
rivière de Pomme; à l'ouest, par une ligne
qui n'est pas désignée; et à l'orient, par le
Mississipi, le long duquel il s'étend sur un espace de plus de cent milles. Le village de
Sainte-Geneviève est situé à environ trois milles
au-dessus de l'embouchure de la Gabarre, sous
la latitude de $37° 51'$. Le premier établissement
qui, à cause de la pauvreté des habitans, fut
appelé *Misère*, commença en 1774. Les bords
de la rivière sur lesquels on l'avait formé,
ayant été inondés et en partie emportés en
1782, les habitans se retirèrent à un mille de
là entre les deux branches de la rivière Gabou-
rie. En 1816, il y avait six magasins, trois
cent cinquante maisons, une académie, et un
chemin qui conduisait aux mines de plomb.
Les importations annuelles étaient alors esti-

mées à 150,000 dollars. Une partié du terrain
qui s'étend dans un espace de cinq milles le
long du bord de la rivière, et qui contient
sept mille acres, connue sous le nom du *champ
du village*, appartient en commun aux habitans. On y récolte généralement du blé et du
maïs. Le village de *Nouveau-Bourbon*, situé
sur un terrain élevé à deux milles au-dessous
du premier, contenait soixante-dix maisons
en 1816. Les habitans sont presque tous d'origine française. Le long de la grande rivière qui
traverse le terrain où l'on exploite les mines
de plomb, il y a plusieurs établissemens rap-
prochés, dont le plus grand est *Bellevue*,
situé à cinquante milles à l'ouest de la ville de
Sainte-Geneviève. D'autres petites plantations
s'étendent à cinquante milles de l'embouchure
du Maramek, jusqu'aux eaux du Saint-François, et on a établi des fermes sur les eaux navigables de ce district. Le plomb et le sel sont
les principaux articles d'exportation. Le produit annuel du premier est estimé à 1,525,000
livres. Il se fait quelque commerce avec les
Indiens du voisinage, les Shawanèse, les Piorias et les Delawares.

Le *district de Saint-Charles* est situé entre
la rive gauche du Missouri et la rive droite du
Mississipi, à la distance de vingt milles de leur

jonction. Le village de *Saint-Charles*, sur les
bords du premier, à environ vingt-quatre
milles de son embouchure, et vingt-cinq de
Saint-Louis, par terre, contient à peu près
mille habitans; les maisons s'étendent l'espace
d'un mille, le long de la rivière, au pied
d'une colline qui s'oppose à l'extension de la
ville de ce côté. Cet établissement fut fondé en
1780, par des créoles et des Canadiens. C'est
la résidence d'une classe nombreuse de bateliers, appelés *engagés*. Il y a deux ou trois
magasins, où il se fait un commerce de fourrures et de pelleteries. A trois milles de l'embouchure du Missouri, et à treize cent cinquante
pieds de l'eau, se trouve *Belle-Fontaine*, qui
est la station principale des troupes américaines de ce territoire. Elle est assez grande
pour recevoir trois cents hommes. Les habitans sont en grande partie d'origine française.
Le village de *Portage des Sioux*, contenant
environ vingt-cinq maisons, est situé sur la
rive droite du Mississipi, à peu près à six
milles au-dessus de l'embouchure du Missouri,
dans une grande prairie, dont le terrain est
très-fertile; mais la difficulté de trouver de
l'eau de source et du bois de chauffage, oblige
ceux qui y sont nouvellement établis à se fixer
sur le bord des terrains élevés. *Charette*, situé

à cinquante milles environ au-dessus de Saint-
Charles, consiste en dix ou douze familles
d'origine française. Sur le bord de la Femme-
Osage il y a un autre établissement. Près de la
rivière Mine, du côté du nord-est du Missouri,
se trouve un village de quatre-vingts maisons,
et la population des blancs s'étend maintenant
à près de deux cents milles de l'embouchure de
cette dernière rivière.

Le *district du Cap Gérardeau* s'étend jusqu'à
la distance de trente milles, le long du Mississipi, depuis le fond Tiwappaty jusqu'à la
Pomme. Vers l'occident, ses limites ne sont
pas fixées. Les établissemens principaux sont
situés à douze milles du Mississipi; et le long
des eaux du Saint-François, à environ soixante
milles de la pointe du Cap, où la première
maison fut bâtie par un Français, en 1794. A
la distance d'environ trente milles à l'ouest,
on trouve une colonie d'Allemands. Le village
de *Cap Gérardeau*, situé à trente-cinq milles
au-dessus de l'embouchure de l'Ohio, contient
environ trois cents habitans français et allemands. Le propriétaire principal est M. Lowri-
mée, ancien commandant espagnol de cette contrée. Le pays entre celui-ci et l'établissement de
la Nouvelle-Madrid, qui a cinquante milles
d'étendue, est très-fertile. Il y a un chemin de

poste qui conduit du cap Gérardeau au fort Massac, et à l'est du Cumberland et de l'Ohio.

District de la Nouvelle-Madrid. Cet établissement était connu autrefois sous le nom de *Graisse d'ours*, à cause de la grande quantité d'huile qu'on y retirait de ces animaux. Il éprouva, en 1811, un tremblement de terre, qui le détruisit en grande partie, en faisant sortir les eaux de leur lit et inondant le pays. A cette époque le village du même nom, sous le 36° 30′ de latitude, sur le bord occidental du Mississipi, à environ soixante-dix milles au-dessous de l'embouchure de l'Ohio, contenait quatre cents habitans. Une rue, qui avait trois cent soixante pieds de largeur, s'étendait le long de la rivière; et dix autres, ayant la moitié de cette largeur, étaient situées parallèlement à celle-ci; elles étaient traversées par dix-huit rues, de quarante-cinq pieds de largeur, qui les coupaient à angles droits. Six places, contenant chacune deux acres, étaient réservées pour l'usage de la ville. Ce plan fut préparé par le général Morgan, de New-Jersey, dont le travail rencontra de l'opposition de la part des agens du gouvernement espagnol. Il y a derrière la ville un petit lac, et au-dessus coule un ruisseau qui se rend dans le Mississipi, et qui fournit un bon abri pour des ba-

teaux. Les autres établissemens sont formés
sur le bord du Saint-François, le long des
prairies vers le cap Gérardeau, et à la Petite-
Prairie, trente milles au-dessous de la Nouvelle-
Madrid. Le dernier fut formé en 1795, par des
traiteurs du Canada. La situation de la Nouvelle-
Madrid, sous le rapport de sa salubrité, sa
communication directe avec le pays qui s'é-
tend des deux côtés du Mississipi, en feront
probablement une ville très - commerçante.
L'établissement de *Boone*, dans le comté d'Howard, avait, en novembre 1815, une population de cinq cent vingt-six blancs libres; et,
en août 1816, elle s'élevait à environ mille
cinquante. Dans le mois de février 1810, M. Sibley, agent près des Indiens, au fort Osage,
vit les premières familles, au nombre de six
ou huit, se transporter vers ce lieu. En novembre 1811, leur nombre était de soixante.
Les commissaires de ce district avaient tracé le
plan d'une ville sur le bord du Missouri, à peu
près sous la latitude de 38° 43' nord, à cent
cinquante-huit milles par terre, et cent quatre-
vingts par eau de l'embouchure de cette rivière, et M. Sibley pensait que les établissemens, en 1817, s'étendraient à la distance de
vingt milles du fort Osage.

Précis historique.

Les Français pénétrèrent, il y a environ un siècle, jusque vers la source de l'Arkansas. La plus ancienne concession de terres, faite à Saint-Louis, est datée de 1766; et les autorités françaises accordèrent des terres jusqu'en mai 1770, époque à laquelle l'Espagne prit possession de la haute Louisiane, en vertu du traité de 1762. Lorsqu'on faisait une concession de terres, on exigeait du propriétaire qu'il défrichât une certaine portion de terrain, et qu'il bâtît une maison dans l'espace d'un an et un jour, faute de quoi il perdait ses prétentions : il en était de même s'il quittait le pays sans avoir obtenu une permission spéciale de disposer de sa propriété.

Les villages de Carondelet, Saint-Charles, Portage des Sioux, Saint-Jean, Bonhomme, Saint-Ferdinand et autres, furent formés par des émigrés venus de Saint-Louis, auxquels se joignirent ensuite quelques habitans anglais du côté opposé de la rivière. Cette circonstance excita la jalousie du gouverneur de Michilli-makinac, en Canada, qui, en 1779, se réunit aux Indiens pour attaquer ces établissemens. Quatre-vingts personnes furent victimes de leur fureur, avant qu'ils n'eussent été dispersés

39 *

par les troupes américaines, sous les ordres
du général Clark, qui, avec quinze cents hommes, parcourut tout le pays depuis Louisville,
et revint à Détroit. Après l'attaque faite contre
Saint-Louis, en 1779, on construisit des tours
en pierre et des palissades pour sa défense; et
l'on commença, en 1797, une ligne d'ouvrages réguliers, mais qui furent ensuite aban-
donnés.

Antiquités. Dans le pays des Sioux, sur le
bord du Saint-Pierre et de la rivière Jaune, il
y a plusieurs tertres et retranchemens, de
même que sur ceux du Missouri, de l'Osage et
de la Plate. Il se trouve à six milles à l'ouest de
Saint-Louis, une vallée nommée la « Vallée
des os », dont le sol est rempli d'ossemens
d'hommes et d'animaux.

Les restes d'une fortification, qui prouve
une grande connaissance de l'art militaire, se
trouvent auprès de l'île de Bonhomme, sûr
une courbure du Missouri, dont les bords sont
unis. Un amas de terre, de trois mille huit
cent cinquante-huit pieds de longueur, et de
soixante-quinze de largeur à la base et de huit
pieds de hauteur, s'étend entre deux points de
la rivière. Un autre, de six pieds de hauteur,
s'étend depuis l'extrémité de la précédente jusqu'à la distance de trois mille trois cents pieds.

D'après le rapport d'interprètes français, il en existe de semblables sur les rivières Platte, Kansas et Jacques, et sur la partie supérieure du ruisseau le Petit-Arc.

Forme du gouvernement. L'acte du congrès des États-Unis qui pourvoit au gouvernement de ce territoire, fut passé en juin 1812.

Le *pouvoir exécutif* est confié à un gouverneur, nommé pour trois ans par le président et le sénat des États-Unis. Il est commandant de la milice, il est chargé de traiter avec les Indiens, et il est investi du pouvoir de désigner et de commissionner tous les officiers publics dont la nomination n'est pas déterminée par la loi; d'accorder des pardons pour des offenses contre le territoire, des sursis pour celles contre les États-Unis, et de convoquer l'assemblée dans des occasions extraordinaires. Il a sous sa direction un secrétaire, qui est tenu d'enregistrer et de conserver tous les actes de l'assemblée générale, et d'en expédier des copies authentiques tous les six mois au président des États-Unis. En cas de vacance de l'emploi du gouverneur, il est remis à ce secrétaire.

Le *pouvoir législatif* réside en une assemblée générale, composée du gouverneur, d'un conseil législatif et d'une chambre de représentans.

Le *conseil législatif* se compose d'une personne choisie dans chaque comté pour deux
ans, par les électeurs des représentans à l'assemblée générale. Voici les conditions pour
leur admission : Il faut qu'ils soient âgés de
vingt - cinq ans, qu'ils aient résidé dans le
territoire un an avant leur nomination, qu'ils
n'occupent aucun emploi lucratif, et qu'ils
possèdent en toute propriété deux cents acres
de terre. Quand une place vient à vaquer par
démission ou par mort, la chambre des représentans nomme deux personnes, dont les noms
sont envoyés au président des États-Unis, et
l'une d'elles est désignée et commissionnée
pour le reste du temps. Les nouveaux membres
sont nommés au moins quatre mois avant l'expiration du terme de service.

La *chambre des représentans* se compose de
membres choisis tous les deux ans. Les conditions d'admission sont : 1°. d'être âgé de vingt-
cinq ans ; 2°. d'avoir résidé dans le territoire
l'année qui précède le jour de l'élection ;
3°. d'avoir un franc-fief dans le comté où l'on est
élu ; 4°. enfin, de n'occuper aucune place sous
le gouvernement des États-Unis, ou aucun
emploi lucratif sous celui du territoire.

Électeurs. Tous les citoyens mâles et libres
âgés de plus de vingt-un ans, qui ont résidé

dans le territoire l'année qui précède une élection, et qui ont payé une taxe territoriale ou
de comté établie au moins six mois auparavant, ont droit de voter pour la nomination
des représentans. Tous les actes, après avoir
passé à la majorité des deux chambres, doivent
ensuite être approuvés par le gouverneur;
mais l'assemblée générale n'a aucun droit de
s'opposer aux règlemens que le congrès pourrait faire concernant l'achat des terres; celles
qui appartiennent aux États-Unis sont exemp-
tes d'impôts; celles des propriétaires, qui ne
résident pas dans le territoire, ne sont pas
taxées plus haut que les terres de ceux qui y
habitent. La navigation du Missouri, du Mississipi et de leurs eaux tributaires, est exempte
de taxes, de droits ou d'impôts. Les délégués au
congrès sont choisis par les citoyens à l'époque
où ils nomment leurs représentans à l'assemblée
générale, et doivent jouir des mêmes pouvoirs, priviléges et compensations que l'on
accorde aux délégués des autres territoires.

Le *pouvoir judiciaire* réside dans une cour
supérieure et une cour inférieure. Les juges qui
sont désignés et commissionnés par le président occupent leurs charges pendant quatre
ans. La cour supérieure se compose de trois
juges, ayant juridiction dans tous les cas cri-

minels , excepté dans les affaires capitales. Par
un acte du congrès du 29 avril 1816, les juges
de la cour suprême peuvent être requis par
l'assemblée générale pour tenir des cours supérieures et de districts à certaines époques, et
d'après des règlemens prescrits. Les cours de
districts ont la même juridiction que celles dont
on vient de parler, avec appel à la cour supérieure dans toutes les matières de loi et d'équité.
Les jurés sont choisis de la manière prescrite
par les cours, parmi les citoyens blancs et libres
âgés de vingt-un ans , qui ne sont dégradés par
aucun jugement légal, et qui ont vécu une
année dans le territoire.

Dénominations religieuses. Les membres de
l'église méthodiste , faisant partie de l'assemblée du Missouri, étaient , en 1818, au nombre
de quatre mille vingt-cinq blancs et de cent
trente-six gens de couleur.

AGRICULTURE.

Près les bords du Mississipi , la moitié de la
surface consiste en marais et en étangs qui sont
sujets à des inondations annuelles. Le pays
élevé et les bords du Missouri et de ses affluens
ont un sol riche et profond , capable de produire de belles récoltes. Les parties élevées

produisent trente boisseaux de blé et quatre-vingts de maïs par acre.

Les habitans du district du cap Gérardeau récoltent du froment, du maïs, du tabac, du lin, du chanvre et du coton, et fabriquent une quantité considérable de sucre d'érable. Le coton n'y prospère pas aussi bien que dans les parties plus méridionales. Une surface de deux acres ne rapporte guère plus que la quantité nécessaire pour habiller deux familles. Le sol est fertile, bien boisé et bien arrosé. Il y a un marais couvert de cyprès, qui s'étend au-dessous du cap à travers le pays jusqu'au Saint-François. Le district de Sainte-Geneviève est plus montagneux et non aussi fertile que le premier, si ce n'est sur les bords du Mississipi, qui ne sont pas inondés, ou qui ne le sont qu'une fois tous les dix ou douze ans. Le chanvre est indigène, et croît à la hauteur de onze pieds. On peut en obtenir environ quinze quintaux par acre. Le sol du district de Saint-Louis est, en beaucoup d'endroits, fertile et favorable à l'agriculture, particulièrement le long du Maramek, où la terre est très-convenable à la culture du grain, du froment et du maïs. Depuis la partie supérieure de Saint-Louis jusqu'à l'embouchure du Missouri, la surface est unie et couverte de bois dans une largeur d'un mille et demi. Derrière la ville, il y a une prairie élevée et étendue. Une autre prairie, dans le voisinage de Saint-Ferdinand, a douze milles de longueur, deux de largeur, et est située à peu près à la même distance du Missouri ; depuis l'embouchure de ce fleuve, jusqu'au Bonhomme et le long de cette rivière, il y a quantité de belles fermes. On dit que les terres dans Boone's Lick sont fertiles, au point de produire cent boisseaux de maïs par acre ; cinquante de froment à soixante livres par boisseau, et mille livres de coton de la Caroline. Le tabac n'y prospère pas bien (1). Dans le district de Saint-Charles, le froment, le chanvre et les plantes potagères réussissent à merveille. Le pays est inégal, sans être montagneux, et les terres, sur les bords du Missouri, sont bien boisées et arrosées ; mais le long du Mississipi, depuis le confluent de ce dernier jusqu'à la Sandy-Creek, il se trouve un fond de prairie, sans bois et sans eau, qui a soixante-cinq milles de longueur, et de quatre à six de largeur. On cultive, dans le district de la Nouvelle-Madrid, le coton, le chanvre et le riz, de même que le tabac, pour l'usage des Indiens ; mais l'été est trop court pour le coton. Il y a quelques bonnes

(1) *Western Gazetteer*, p. 193.

fermes aux environs de ce village. On cultive,
dans toutes les parties, le maïs, le froment, le
seigle, l'avoine, l'orge, le sarrasin et le lin.
Les melons, les concombres, les patates douces
et les pommes-de-terre, y viennent très-bien.
Les pommiers, les poiriers et les pêchers y
croissent rapidement. Les derniers sont généralement si chargés de fruits, que les branches
ne peuvent les porter. On trouve que le sol des
fonds bas est trop riche pour y cultiver le froment, l'avoine et autres grains, qui, à l'époque
de la floraison, sont attaqués par une espèce
de rouille. Le maïs cependant y croît bien,
et un acre de terre, moyennant une culture
soignée, en produit cent boisseaux. Sur les
lieux élevés, la récolte du froment est de
trente-cinq à quarante boisseaux par acre, pesant chacun de soixante-cinq à soixante-dix
livres. Les bestiaux coûtent peu à élever : beaucoup de fermiers en ont de cent à cent cinquante têtes. En été, ils paissent l'herbe des
prairies et des terrains élevés, et, en hiver, ils
se nourrissent des roseaux et des joncs du sol
abandonné par les eaux. Les cochons subsistent
de la glandée des bois. Le bétail et les cochons
sont tués dans les bois avec un fusil ; on y dé-
coupe la chair ; on la sale, et on l'entasse dans
des barils pour l'envoyer au marché. On exporte

du beurre et du fromage : le dernier passe
pour être de qualité inférieure. Le climat y est
trop froid pour la culture de la canne à sucre,
qui ne croît pas au-delà du 31° et demi de
latitude ; mais l'espèce de coton (*gossypium
annuum*) que l'on élève dans l'état de la Louisiane, prospère bien jusque sous le 36° de latitude. A Sainte-Geneviève et en d'autres lieux, il
y a un champ commun aux habitans du village;
fermé par une clôture, élevée et entretenue en
bon état, à leurs frais. Ce champ est divisé en
lots d'une égale dimension, et presque tous les
habitans en ont une part. Les travaux de l'agriculture commencent au mois d'avril. On sil-
lonne la terre avec une charrue, et on fait peu
d'usage de la houe. La récolte ordinaire consiste en maïs, froment et pepons ; en général,
on ne prend aucun soin de ces productions
jusqu'à ce qu'elles soient mûres, quoique les
Américains aient introduit dernièrement une
meilleure culture, que les créoles ont adoptée.
Une partie du clos est en herbe; et après l'époque
des semailles, les chevaux y paissent attachés
à de longues cordes fixées à des pieux ; ce qui
les empêche de manger le grain. Quand la
moisson est finie, on fait des ouvertures à la
haie, et tout le bétail y entre. Les terres basses
près des bords du Missouri et les îles à la dis-

tance de plusieurs centaines de milles de son embouchure, sont couverts de prêle d'hiver (*equisetum hyemale*), de quatre ou cinq pieds de hauteur, dont le bétail se nourrit en hiver.

Prix des terres (1). En 1818, le prix moyen de trente-cinq mille acres de terre, situés à environ quarante milles à l'ouest de Saint-Louis, entre le Missouri et la jonction de la Salt, fut de 2 dollars par acre, quoiqu'on en eût vendu à raison de 3 et même de 10 dollars. Quelques-unes des terres du voisinage sont ex-

---

(1) On a acheté aux Indiens leurs droits sur une étendue de terre d'environ soixante-dix mille milles carrés, ou quarante-cinq millions d'acres. La ligne de démarcation commence sous le 39° 5′ de latitude nord, à la jonction de la Kansas et du Missouri, à trois cents milles de celle de ce dernier avec le Mississipi, et se prolonge au nord pendant cent milles, à travers un beau pays, jusqu'à la source de la petite rivière Plate. De ce point, elle se dirige vers l'est, et parcourt une contrée moins fertile durant cent cinquante milles, jusqu'au De Moins, qu'elle descend pendant seize milles, jusqu'au Mississipi; elle passe ensuite au sud du Missouri, depuis la Prairie de Feu, à trente milles au-dessus du confluent de la Kansas, suit le cours de cette rivière pendant l'espace de deux cent cinquante-quatre milles jusqu'à l'Arkansas, et va, par le canal de cette dernière, aboutir au Mississipi, après avoir parcouru une étendue de deux cent cinquante milles.

trêmement fertiles. M. Bradbury vit croître sur celles de Boones' Lick, près de la rivière, du maïs, dont les tiges pouvaient bien avoir quatorze pieds de haut (p. 188). Une partie de cette terre a été vendue dernièrement 1 dollar et 65 *cents* l'acre.

Titres de terres.

En 1804, peu de temps après que les États-Unis eurent pris possession de la Louisiane, tous les titres de terres furent enregistrés au bureau de l'arpenteur général. La quantité de terre réclamée dans la haute Louisiane, sous des titres français et espagnols, montait à un million sept cent vingt-un mille quatre cent quatre-vingt-treize arpens, sans y comprendre celles des Arkansas, sur lesquelles on n'obtint alors aucun compte exact. Par un acte du congrès du 3 mars 1807, toute personne en possession de terres qui n'excédaient pas deux mille acres, et non réclamées par aucune autre pendant dix années consécutives, antérieures au 20 décembre 1803, et ayant résidé dans le pays à cette époque, fut confirmée dans ses titres de propriété, à l'exception des mines de plomb et de sel. En vertu d'un autre acte rendu par le congrès au mois d'avril 1814, les personnes établies jouissent du droit de préemption.

COMMERCE.

La quantité moyenne annuelle de fourrures que l'on retira de ce pays depuis 1789 jusqu'en 1804, fut comme il suit :

		dollars.
Castors, 36,900 livres . . . . . Valeur		66,820
Loutres, 8,000.		37,100
Peaux d'ours, 5,100 peaux.		14,200
Id. de bisons, 850.		4,750
Id. de ratons laveurs, chats sauvages et renards, 28,200.		12,280
Id. de martres, 1,300 . . . . ,		3,900
Id. de lynx, 300		1,500
Id. de daims, 158,000.		63,200
Total.		203,750

La valeur annuelle moyenne des marchandises auxquelles on fit remonter le Missouri durant le même intervalle de temps, fut de 61,250 dollars, qui donnèrent un profit annuel de vingt-sept pour cent. Tout le commerce avec les Indiens de la Haute-Louisiane, d'après cette proportion, montait à plus de 55,000 dollars. Les fourrures et les peaux s'échangèrent pour des marchandises indiennes, à Michillimakinac, à cent trente pour cent au-des-

sus de ce qu'elles avaient coûté d'abord. Ce
commerce s'étendait à neuf cents milles de
l'embouchure du Missouri, tout le long du
Saint-François et de la rivière Blanche, en remontant le Mississipi jusqu'aux chutes de Saint-
Antoine et aux sources de tous les affluens occi-
dentaux au-dessous de ce point, vers l'orient,
jusqu'à la résidence des Kickapoos, près des
sources de la Kaskakias, et aux villages des
Piorias et autres Indiens, dans le pays des Illinois.

Saint-Louis est le marché pour le plomb des
mines des Sacs, et le lieu d'expédition pour différens établissemens de commerce, sur le Missouri et le Mississipi. 60,000 dollars sont annuellement mis en circulation par les troupes,
à Belle-Fontaine. Les Indiens du voisinage y
vendent à bas prix, le gibier, la venaison, les
dindons, les oies, les canards, etc. Ce lieu est
extrêmement favorable au commerce, parce
qu'il a une communication avec la rivière des
Illinois, le Mississipi et le Missouri, qui sont les
canaux naturels de transport pour les productions de la contrée située entre les montagnes
Alléghanys et Rocky. On peut aussi ouvrir de là
un commerce avec les parties septentrionales
de la Nouvelle-Espagne. Pour faciliter les affaires de commerce, on a établi dernièrement

deux banques : l'une, nommée la banque de Saint-Louis, et l'autre celle du Missouri.

En 1817, les importations annuelles de Saint-Louis étaient estimées à 250,000 dollars, et les exportations, qui étaient aussi très-considérables, consistaient principalement en plomb, sel, fourrures, pelleteries, porc salé, bœuf et suif. Les marchandises sèches sont transportées sur des chariots, de Philadelphie et de Baltimore, à Pittsburg, où elles sont embarquées sur l'Ohio et le Mississipi. Le prix du transport n'excède pas dix *cents* par livre. Le fret, depuis la Nouvelle-Orléans jusqu'à Saint-Louis, qui en est éloigné de quinze cents milles est de 5 dollars le quintal.

Prix des articles de consommation. En décembre 1816, le maïs et le blé se vendaient à Saint-Louis 37 *cents* et demi, et le froment 1 dollar le boisseau. Au fort Osage, éloigné de trois cent trente milles du confluent du Missouri, le prix ordinaire du porc fut de 2 dollars et demi à 3 et demi le quintal, et celui du bœuf, de 2 et demi jusqu'au mois de mars 1817, époque à laquelle arrivèrent de nouveaux colons. Le prix du premier s'éleva alors à 5 et même à 6 doll., et celui du bœuf à 4 et demi (1).

(1) Lettre de M. Sibley, publiée dans les journaux américains.

Forts. Le fort *Osage* fut établi en 1808, lors-que l'habitation la plus avancée des colons blancs était environ à trente-huit milles par terre au-dessus du village de Saint-Charles. Le fort du *Missouri* est situé sur le penchant d'une colline couverte de rochers, à trois cents pieds de distance de la rivière du même nom, au 39° 5′ de latitude nord. Le fort *Clark* est construit sur le côté méridional du Missouri, au-dessous du confluent de la Kansas. Les forts *Gillespie* et *Crawford* sont assis sur le bord de la rivière. De Moins, au-dessous du 41° de latitude, près de la jonction d'un de ses affluens, sur lequel est situé le fort *Louis*, au-dessus de ce parallèle. Le fort *Mandan* est sur le bord du Missouri, près des villages de ce nom.

Routes. On fait maintenant une route publique entre l'établissement de Boone, à cent cinquante-huit milles du confluent du Missouri, et la ville de Potosi, comté de Washington, qui en est éloignée de cent trente milles. Un chemin conduit de la jonction de l'Ouachitta, dans l'état de la Louisiane, aux sources chaudes dans le territoire de Missouri.

Positions astronomiques citées dans les voyages de Lewis et de Clark.

TOME I.	LATITUDE.
P. 3. Le confluent du Missouri avec le Mississipi (longit. de Greenwich, 89° 57′)	38° 55′
8. Le confluent de la rivière Osage, avec le Missouri	38° 31′
18. — de la rivière de Kansas	38° 31′
24. — de la Grande-Nemaha	39° 55′
28. La prairie Chauve	40° 27′
32. Dix milles au nord du confluent de la Plate	41° 3′
37. Le Council-Bluff	41° 18′
42. Le confluent de la petite rivière des Sioux	41° 42′
43. — de Waucandipuche	42° 1′
45. Le camp à trois milles au nord-est des vieux villages Mahas	42° 13′
79. Quatre milles et demi au sud des trois Sœurs	44° 11′
96. La partie supérieure de détour Lookout	44° 19′
100. Le confluent de Wetarhoo	45° 39′

(1) Il est à regretter que plusieurs des positions astronomiques citées dans le texte des voyages de Lewis et de Clark ne correspondent avec celles qui sont indiquées sur la carte jointe à l'ouvrage.

40 *

Ouvrages qui traitent de l'histoire et des pro-
ductions de ce territoire.

Années 1810. *Pike* (major Z. M.). *Account of*
expeditions to the sources of the Mississipi and through
the western parts of Louisiana , in-8°. *, Philadelphia ,*
with maps. — Détails sur les expéditions du major Pike

aux sources du Mississipi, et dans la partie occidentale de la Louisiane. Il en a été publié une traduction française en 1812.

— 1812. *Stoddard* (*major A.*). *Sketches historical and descriptive of Louisiana*, *Philadelphia*, in-8°. — Aperçu historique et descriptif de la Louisiane.

History of the expedition under the command of captains Lewis and Clark, to the sources of the Missouri, thence across the Rocky mountains and down the river Columbia to the Pacific Ocèan, performed during the years 1804, 1805 *and* 1806. 2 vol. in-8°.—Relation de l'expédition des capitaines Lewis et Clark, aux sources du Missouri, etc., faite pendant les années 1804, 1805 et 1806.

— 1817. *Bradbury* (*John*). *Travels in the interior of America in the years* 1809, 1810 *and* 1811, etc. —Voyages dans l'intérieur de l'Amérique, etc., Liverpool, in-8°.

1816. — *Brackenridge* (*H. M.*). *Journal of a voyage up the Missouri river*, *in* 1811. — Journal d'un voyage en montant le Missouri, Baltimore, 1816, 2°. édition (1).

— 1817. « Western Gazetteer », art. Missouri.

(1) Ce voyageur partit du fort Charles le 2 avril 1811, accompagné de M. Lisa, agent de la compagnie du Missouri, dans une barge manœuvrée avec vingt rames, et arriva le 20 mai suivant au fort de cette compagnie, situé à la distance de mille six cent quarante milles de l'embouchure de la rivière Missouri. Il revint dans la même barge à Saint-Louis, qui en est éloigné de mille quatre cent quarante milles, dans le court espace de quatorze jours.

dix milles, et sa plus grande largeur, du nord au sud, est de près de deux cent soixante-dix.

Superficie. Ce territoire a soixante-seize mille neuf cent soixante-un milles carrés, ou quarante-neuf millions deux cent cinquante-cinq mille quarante acres.

Aspect du pays et nature du sol. Les montagnes de *Masserne* occupent en chaînons détachés le pays situé entre l'Arkansas et la rivière Rouge. Le voyageur Pike, qui traversa les parties supérieures du territoire de l'Arkansaw vers les sources de l'Osage, dit que ce pays est le plus beau du monde, qu'il présente une grande variété de collines, de vallées, et des prairies pourvues d'herbages les plus abondans. Une petite chaîne de collines graveleuses sépare les eaux de l'Osage de celles de la rivière Blanche. En approchant de l'Arkansas, le pays est bas et marécageux, sur une étendue de quinze à vingt milles ; de là à demi-distance des montagnes, il se trouve une succession continue de petites collines et de prairies dont le sol est bas, dépourvu d'arbres, et mal arrosé. Entre le Mississipi et le Saint-François, il y a un espace de trente à quarante milles de largeur, rempli de marais et d'étangs qui sont à sec en été et entièrement débordés au printemps ; et comme le milieu de cet espace est plus élevé que l'un et l'autre côté, les eaux s'écoulent de là dans des directions opposées, en se rendant aux deux rivières. Le pays traversé par la rivière Blanche n'est encore connu que par ce qu'en disent des chasseurs blancs, des traiteurs et des Indiens, qui tous s'accordent à décrire le sol comme très-riche, ayant de beaux bois et des cours d'eau navigables, sur les bords desquels se trouvent les situations les plus convenables pour des établissemens d'agriculture, dans une étendue de cent milles carrés au moins.

Le général Collot observe que les rives de l'Arkansas sont basses et noyées jusqu'au fort et au village des Arkansas, où les terres commencent à s'élever, et qui sont éloignés de soixante milles de son confluent. Passé la ligne où les terres cessent d'être inondées, cette rivière arrose peut-être le plus beau pays du monde. Ce sont des terres de couleur chocolat, ayant depuis huit jusqu'à dix-huit pieds de couche végétale, et des pentes très-douces qui, en facilitant l'écoulement des eaux, concourent à la salubrité de l'air. La vallée de l'Arkansas est très-étroite jusqu'à la distance de trois cents milles de son confluent. La rivière Blanche prend sa source d'un côté, et l'Ouachitta de l'autre, toutes les deux près de ses bords. Le long des limites du sud de ce territoire, sous

le 33° de latitude ; et sur les bords de la rivière
Rouge, il y a beaucoup de bonnes terres.

EAUX.

Rivières. L'*Arkansas* ou *Akansás,* qui forme
actuellement la limite de ce territoire au sud-
ouest, jusqu'au 36° et demi de latitude, prend
sa source dans la chaîne élevée des montagnes
du Mexique, près du 41° de latitude, et
se dirige au sud-est jusqu'au Mississipi, dans lequel elle se jette à deux mille milles de l'embouchure de ce fleuve, en suivant les sinuosités
de son cours. L'Arkansas a cent cinquante toises
de largeur à son confluent, et est navigable,
dans la saison du printemps, jusqu'à sa descente des montagnes, distante de mille neuf
cent quatre-vingt-un milles. Depuis sa source
jusqu'à ce point, elle parcourt une étendue de
cent quatre-vingt douze milles, ce qui fait une
longueur totale de deux mille cent soixante-treize
milles. En été, elle perd la presque totalité de ses
eaux pendant près de quinze cents milles (1).
Quelques-uns de ses tributaires sont navigables
à plus de cent milles. La Grande-Rivière et le
Vermillon se joignent au-dessus des Rapides, à

_____

(1) *Pikes' expeditions,* etc., *appendix to part. II.*

sept cents milles de l'embouchure. Les affluens de la première avoisinent ceux de l'Osage, et elle a quatre cents pieds environ de largeur à son confluent, l'autre n'en a que trois cents. Au sud, l'Arkansas reçoit la Negracka, qui vient des montagnes au sud-ouest qui séparent ses eaux de celles de la Rivière Rouge; la Forte-Saline, qui a deux cent vingt-cinq pieds de largeur; la Saline, qui se décharge quelques milles plus bas, et en a cent cinquante; le Newsewhetonga, ou Jefferson, nommé aussi la Grande-Saline, dont plusieurs des affluens coulent de lacs salés, et qui a quatre cent cinquante pieds vers son confluent; le Nesoutche-brara, ou la Canadienne, grand affluent qui reçoit le Necouregasca, et la rivière des Loutres, qui est séparée de la précédente par une chaîne de montagnes. L'Arkansas coule sur un lit de sable, et de terre rouge dont elle prend la teinte; et, comme elle traverse à six cents milles de son embouchure un banc de roches composées de sel pur, ses eaux conservent un goût saumâtre qui les rend désagréables et malsaines. A dix-huit milles de son confluent, il y a un canal de huit milles de long et de vingt toises de large, par où elle décharge une partie de ses eaux, excepté dans les mois de sécheresse (juillet, août et septembre),

quand il est presque à sec. Le général Collot ,
qui donne ces renseignemens, observe que la
rivière d'Arkansas et celle des Grands-Osages
sont les deux clefs du Mexique.

La *Rivière Rouge*, qui forme la limite méridionale du nouveau territoire d'Arkansas, depuis le 100° de longitude jusqu'à l'extrémité
nord-ouest de la Louisiane, a été déjà décrite dans le chapitre de cet état. Les parties
situées entre l'Arkansas et l'état de la Louisiane,
sont traversées par l'*Ouachitta* (1) ; affluent
de la rivière Rouge. Il sort des montagnes de
Masserne trois sources principales, qui, formant un égal nombre de courans d'eau , ont
d'abord une direction sud-est et est ensuite, de
cent soixante milles, avant d'opérer leur jonction , d'où résulte l'Ouachitta. Cette rivière
coule alors vers l'est pendant vingt milles , et
reçoit la petite rivière de la Source-Chaude ;
elle se dirige ensuite au sud durant vingt-cinq
milles, et se grossit des eaux de la Fourche au
Cado, et , à environ vingt-cinq milles plus
au sud, de celles du Petit Missouri, qui ont
toutes les deux une direction orientale. La
Saline, autre affluent de cette rivière, prend
sa source à douze milles au sud des sources

---

(1) Voir le chapitre de la Louisiane , art. *Rivières*.

chaudes, et, après avoir parcouru plus de cent cinquante milles, va se décharger dans l'Oua-chitta, au point où cette dernière traverse le 33° de latitude. (M. Darby.)

La rivière *Blanche*, qui arrose le pays entre l'Arkansas et le Saint-François, a sa principale source près le 36° de latitude, non loin de la Grande-Rivière, affluent de l'Arkansas, et coule vers l'est à travers un beau pays montagneux et bien boisé pendant environ douze cents milles, jusqu'au Mississipi, dans lequel elle se décharge à six cent trente milles de son embouchure, et environ à trente au-dessus de l'Arkansas : elle peut avoir soixante à soixante-dix toises de largeur à son confluent, d'où elle est navigable pour des barques pendant près de huit cents milles, et pour des bateaux jusque vers sa source (1). Son lit est profond et généralement sûr, excepté quand les eaux sont basses : il se rétrécit et découvre un grand nombre de pe-

(1) Cette rivière était peu connue avant qu'elle fût examinée par le général Collot, et après par le capitaine Many, de l'armée des États-Unis. Le premier dit que sa direction est nord-ouest, et que, pendant le temps des hautes eaux, elle est navigable dans un espace de six cents milles pour de grandes pirogues portant six milliers.

tites chutes ou rapides : ses eaux sont claires et limpides. A dix-huit milles de son embouchure, et sur la rive droite, on trouve l'ouverture du canal par où les bateaux passent dans l'Arkansas, en remontant le Mississipi : son cours est lent, mais il est obstrué de bancs de sable et de gros arbres, et n'est praticable seulement que durant les grandes eaux (1).

La rivière Blanche, dans son cours vers l'est, se grossit des eaux du Jacques, de la Rapide et de la Rouge, qui ont chacun de cent cinquante à trois cents milles de longueur, et qui sont navigables jusque près de leurs sources. Au 36° de latitude, et sous le 15° de longitude, elle prend une direction méridionale, et reçoit à quatre cents milles de sa jonction, son grand affluent, la rivière Noire, qui est formé par le Current, l'Eleven-Point, et le Spring, et est navigable sur une étendue de près de cinq cents milles. Ces dernières rivières ont leurs sources dans une chaîne de collines, qui les séparent de celles des tributaires de l'Osage. La source du Spring est immense; la rivière a cinquante

(1) C'est dans cet endroit que l'adjudant général Warin, qui accompagnait le général Collot, a été tué par un Chickasaw.

milles de longueur, et elle porte bateau dans tout cet espace (1).

Le *Saint-François* s'alimente de plusieurs sources, non loin du 38° de latitude, près la rivière Maramek, dans le territoire du Missouri, et se dirige au sud pour se rendre au Mississipi, dans lequel il se décharge à soixante-quinze milles au-dessus de la rivière Blanche. Vers le 36°, il reçoit les eaux d'un grand affluent, qui a sa source à neuf ou dix milles au nord-ouest de la Nouvelle-Madrid, et offre une communication avec les lacs situés entre lui et le Mississipi. On dit que le Saint-François est navigable pour les canots dans une étendue de trois cents milles (2).

RÈGNE MINÉRAL.

Salines. Les salines, situées au midi du Missouri, sont si nombreuses, que l'on croit

---

(1) Cette rivière est probablement celle décrite par M. Bradbury, qui dit qu'à environ trois cents milles sud-sud-ouest de Saint-Louis, il y a un affluent de la rivière Blanche, entièrement alimenté par une source si abondante, que des bateaux de trente à quarante tonneaux peuvent y naviguer.

(2) M. Collot remarque que cette rivière vient du nord-nord-ouest, et non pas du nord-ouest, ainsi qu'elle est marquée sur les cartes.

qu'elles pourraient fournir du sel à plus du
double de la population actuelle des États-Unis.
Le lieutenant Pike, dans son voyage à Arkansas, trouva les eaux d'un affluent supérieur
de la Kansas, qui a soixante pieds de largeur, si
impregnées de sel, qu'elles rendent cet article
inutile dans la préparation des alimens. Le
lieutenant Wilkinson trouva les eaux de la
grande saline de l'Arkansas si salées, que le
maïs qu'on y faisait bouillir était désagréable
au goût. Près d'un affluent de cette rivière, au
sud-ouest, sur le penchant d'une petite colline,
il y a cinq sources d'environ un pied et demi
de diamètre et de deux pieds de profondeur,
dont l'eau est très-salée, et qui se remplissent
à mesure que l'on en retire. L'affluent salé, qui
se jette dans la Mine, est si imprégné de sel,
que, depuis le mois de juin jusqu'au mois de
novembre, l'eau est aussi salée que celle de la
mer. Il y a sur les bords de l'Ouachitta plusieurs salines, dont la pesanteur spécifique des
eaux de trois d'entre elles, comparée à celle
de la rivière, est pour une de 1,02720 à 1 ;
l'autre, 1,02104 ; et pour la troisième, 1,0176.
L'eau des deux premières est de la même force
que celle de l'Océan, le long de la côte, et
double de celle des salines du Kentucky. Deux
gallons et demi, de celle de l'Ouachitta,

donnent, par évaporation, huit onces de bon
sel. Près de l'embouchure de la Grande Rivière,
affluent oriental de l'Arkansas, on trouve une
source salée, dont huit gallons d'eau en produisent un de sel. La rivière Saline, branche
-méridionale, est ainsi nommée à cause de ses
eaux salées; celles de la branche méridionale
de la rivière Mine, sont tellement imprégnées de sel, qu'on ne peut en boire. La grande
saline de roche dans le pays arrosé par différens affluens de l'Arkansas, fut visitée, en 1811,
par M. Sibley, qui a donné la description suivante de ce grand phénomène de la nature,
connu auparavant par le seul témoignage des
Indiens, et dont l'existence fut révoquée en doute
et même tournée en ridicule dans les États-
Unis (1). La saline de roche est située au milieu
de montagnes de gypse et de collines d'argile
et de sable, à environ soixante milles au sud-
sud-ouest de la grande saline. Elle se trouve sur
un plateau uni de sable d'une couleur rougeâtre, contenant environ cinq cents acres, coupé
dans sa longueur par un courant d'eau qui
se rend dans une branche de l'Arkansas. Il y a
tout lieu de croire que cette section contient

---

(1) Par plaisanterie, on l'appelait « Rocher salé de
Jefferson.»

une masse solide de sel égale à son étendue,
qui commence aux collines. Elle s'élève en
quelques endroits à deux pieds de la surface,
et n'est peut-être nulle part à plus de trois ou
quatre pieds au-dessous. Il sort du plateau quatre sources, dont l'eau est si saturée, que le sel
ne peut s'y dissoudre. Ces sources se joignent
en partie aux petites qui sortent de ces collines;
et réunies elles entretiennent sur le plateau une
quantité d'eau suffisante pour l'évaporation du
soleil. Tout ce pays a été plusieurs fois inondé
par de fortes pluies continuelles. La petite rivière,qui passe à travers la saline, et dont l'eau
ne monte ordinairement que jusqu'à la cheville
du pied, était alors débordée. M. Sibley arriva
le lendemain du jour où les pluies avaient cessé.
Les sources salées commençaient à couler, et
avaient déjà formé dans le voisinage des collines, un étang d'un quart de pouce à peu près
de profondeur, sur lequel se réunissait une
épaisse glace de sel (si on peut la nommer ainsi)
semblable à des écailles de poisson. Son guide
(le même Osage, homme spirituel et intelligent, qui était avec lui à la grande saline) lui
dit que si le temps continuait à être beau et
chaud pendant huit ou dix jours, presque tout
ce canton serait couvert d'un roc solide de
sel de cinq à douze pouces d'épaisseur, et

qu'aussitôt on trouverait autour des quatre
sources une espèce de cône de sel creux, ouvert aux sommets, à plus de deux pieds au-
dessus de la surface. Ce que dit le guide fut
confirmé par le témoignage unanime de près
de cinquante des Osages présens qui l'avaient
vu dans cet état. Il y avait encore de grandes
masses de sel, dit-il, autour des sources, et
avec mon *tomahawk* (hache indienne) je
coupai d'une de celles-ci un bloc de sel de 15
ou 16 pouces d'épaisseur. Je creusai ensuite à
environ douze pouces au-dessous de la surface
de la terre, et je trouvai encore du sel en très-
gros morceaux mêlés avec le sable. Le sel de
roche, à l'égard de la qualité, est sans con-
tredit le meilleur que j'aie jamais vu. Il est d'un
très-beau blanc, et je le crois plus pesant que
le meilleur sel gemme que l'on importe.

La grande saline, située à soixante milles
au sud-sud-ouest de la saline de roche, est décrite de la manière suivante par le même voyageur : « Après avoir traversé un bois, dit-il, où
se trouvent plusieurs endroits marécageux,
nous arrivâmes à un petit affluent de l'Arkansas, qui coule avec une rapidité considérable
du sud-ouest, sur le bord d'une plaine de sable
rouge. Cette petite rivière est partagée par des
barres de sable en neuf canaux, dont chacun a

environ soixante pieds de largeur. Ses eaux sont d'une couleur rouge foncée et un peu saumâtres. Nous la passâmes à gué avec facilité et sans aucun risque, excepté les barres entre les canaux et les rives des deux côtés, qui étaient un peu marécageuses, ce qui fait que nous nous pressâmes de les traverser, de crainte que nos chevaux ne vinssent à enfoncer. Ayant pris terre, sans accident, sur le bord de cette rivière, nous nous trouvâmes dans une plaine unie et sablonneuse, à l'extrémité méridionale de la grande saline. J'eus alors le loisir de contempler la scène étonnante qui s'offrait à mes regards ; c'était une plaine unie de sable rouge, ayant trente milles de circonférence, parfaitement de niveau, et si dure qu'à peine les sabots de nos chevaux y laissaient une empreinte, excepté sur la croûte du sel, dont elle était entièrement incrustée. L'idée de courir à cheval sur un terrain couvert de verglas se présenta simultanément à chacun de ceux qui étaient de la partie. Cette croute était généralement de l'épaisseur d'un pain à cacheter, et dans plusieurs endroits de plus du double, et elle fut produite en moins de vingt heures de soleil. Pendant les dix jours qui précédèrent notre arrivée à la saline, le temps avait été excessivement pluvieux ; si nous étions arrivés deux jours plus

tôt, nous n'aurions trouvé qu'une très-légère
apparence de sel, peut-être aucune, et nous
aurions vu toute la saline couverte d'eau; mais si
nous étions venus douze jours auparavant, nous
aurions trouvé toute la plaine couverte d'un sel
blanc très-pur, de deux à six pouces d'épaisseur, d'une qualité supérieure au sel que l'on
importe, et excellent pour la consommation.
Dans cet état, la saline ressemble d'une manière frappante à la surface de la neige gelée
après la pluie. Si nous nous y étions rendus le
lendemain du jour que la pluie avait commencé,
nous aurions trouvé le sel en grande quantité
dans de petites ravines formées par les eaux,
présentant l'apparence de masses de glaces et
de neige couvertes d'eau, et se dissolvant promptement.

» Tous ces détails me furent donnés par un
Osage intelligent et digne de foi, qui a visité
cette saline presque chaque année depuis sa
jeunesse, et qui a été témoin de ses divers
phénomènes (1). »

_____

(1) Cette relation est extraite du journal manuscrit
du docteur Sibley, qu'il communiqua au général Mason,
agent américain pour les affaires indiennes, lequel eut
la complaisance de les procurer à l'auteur. En compa-
rant la route de M. Sibley avec celle du major Pike,

Eaux minérales. Non loin des sources de l'Ouachitta, situées près du canal de l'Arkansas, sous la latitude nord de 34° 27′, six sources sortent du flanc d'une colline, formée d'une substance siliceuse et calcaire : l'une, dans les saisons sèches, a la température de 150° de Farenheit; une autre, 145°; une troisième, 136°, et une quatrième, 132°. Quand on laisse refroidir leurs eaux, elles sont claires, sans odeur, et agréables au goût. Ces sources sont fréquentées par des personnes atteintes de maladies chroniques, causées par l'exposition du corps au froid et à l'humidité, dans la guérison desquelles on trouve l'usage de leurs eaux très-efficace. Les tribus indiennes de cette contrée ont fait long-temps usage de ce remède, et ces tribus, quoique ennemies dans la guerre, paraissaient ici comme amies : c'est de là que le pays, jusqu'à une

---

on trouve que la grande saline est située par 34° 35′ de latitude, et 22° 35′ de longitude ouest de Washington. La saline de Roche est par 33° 57′ de latitude, et 23° 18′ de longitude. On voit une plaine de sel semblable, de quatre journées d'étendue du nord-est au sud-ouest, en Abyssinie, près du pays de l'Assa Deerwa, à environ cinquante milles à l'ouest d'Amphila. (*Voyage de Salt en Abyssinie, en 1805.*)

certaine distance , fut appelé la *terre de paix* (1).

RÈGNE ANIMAL.

Mammifères. Sur les bords de l'Arkansas , dit le voyageur Pike , il y a des bisons , des élans et des daims en si grande quantité, qu'ils suffiraient pour nourrir pendant un siècle tous les sauvages des États-Unis.

POPULATION.

Indiens. Les *Arkansas*, autrefois puissans, ont été presque détruits par les Chickasaws et par l'usage des liqueurs fortes. Plusieurs traiteurs français se marièrent autrefois avec des femmes de cette tribu , et beaucoup d'habitans du village de leur nom sont de cette race mêlée. Sur les bords de Saint-François et de la ri-

---

(1) Le docteur Hunter, qui a visité ces sources , trouva une plante verte dans l'eau chaude , qui paraissait être une espèce de conferve ; mais , ce qu'il y a de plus étonnant , c'est qu'un petit testacé vivant dans une température approchant de celle de l'eau bouillante , y était attaché. Il y remarqua également des plantes , des arbrisseaux et des arbres , et une espèce de chou sauvage en très-bon état , quoique ses racines fussent exposées à une chaleur de 130°.

vière Blanche, il y a quelques villages de *De-lawares*, de *Shawanese* et de *Cherokées*. Il s'y trouve aussi des *Creeks*, des *Choctaws* et des *Chickasaws*, que l'on considère comme proscrits par leurs nations respectives, et qui justifient cette réputation par les déprédations qu'ils commettent quelquefois dans les établissemens des blancs.

Établissemens. Les établissemens du territoire d'Arkansas, peu considérables encore, se trouvent principalement dans le voisinage du poste et sur les bords de la rivière du même nom. *Arkansas*, établissement français, situé à la distance de quarante-cinq milles du confluent de la rivière, contient quatre cent cinquante habitans. On y a établi plusieurs maisons de commerce pour trafiquer avec les Indiens Osages et ceux qui habitent le pays arrosé par la rivière Blanche, où il y a quelques familles émigrées de la Caroline du nord, du Kentucky et du Maine. Il y a peu d'établissemens sur les bords du Saint-François. Plusieurs familles se sont fixées sur les bords de la rivière Blanche, de l'Ouachitta, près des sources chaudes et du Petit Missouri.

Précis historique.

De La Harpe, Dumont et d'autres officiers, ayant été envoyés, en 1722, par la compagnie de l'ouest, à la découverte d'une prétendue roche d'émeraude, remontèrent la rivière des Arkansas, avec un détachement de vingt-deux hommes dans trois pirogues, jusqu'à quelques journées de marche de Santa-Fé. « Si dans cette course, dit Dumont, nous n'eûmes pas le bonheur de découvrir le rocher d'émeraude qui nous l'avait fait faire, nous eûmes du moins la satisfaction de parcourir un très-beau pays, des plaines fertiles, de vastes prairies couvertes de bœufs, de cerfs, de biches, de chevreuils, de tortues, etc. Nous y vîmes des rochers, les uns de très-beau marbre jaspé, au pied desquels il y avait des tables entières taillées par la nature même, d'autres remplis d'ardoises et de talc propre à faire de très-bon plâtre. Je ne doute pas même qu'il n'y ait des mines d'or dans cette contrée, puisque nous y découvrîmes un petit ruisseau, qui parmi ses eaux roule des paillettes de ce métal. A quelque distance de ce ruisseau, on trouve dans la rivière même des Arkansas un bouillon d'eau salée, quoique cette source soit éloignée de la mer de trois cents lieues : il n'est pas douteux qu'avec du soin et du travail,

on ne pût en tirer du sel. » Ils remontèrent un
affluent situé à cent vingt-cinq lieues du poste
français (1), pendant l'espace de douze lieues,
au bout desquelles ils trouvèrent la concession
du sieur de Villemont, qui était venu s'établir
dans ce canton par la rivière Noire. En 1739,
le commandant général du pays fit bâtir un fort
sur le Saint-François, pour servir d'entrepôt
aux troupes destinées à marcher contre les Natchez, qui, en 1730, s'étaient retirés sur la rivière Noire, après avoir massacré tous les
Français de leur contrée.

Forme du gouvernement.

Le gouvernement exécutif réside en un gouverneur, et le pouvoir législatif est confié à cet
officier et aux trois juges de la cour suprême,
jusqu'à ce que l'assemblée générale soit convoquée : le nombre des représentans, qui est de
neuf, ne sera augmenté que lorsque celui des
mâles blancs libres sera de cinq mille. Le
poste des Arkansas, situé sur la rivière du même
nom, a été désigné comme le siége du gouvernement territorial.

---

(1) Situé à environ huit lieues à droite de son embouchure, presque vis-à-vis le grand village des
Arkansas.

Tableau des distances de Saint-Louis (1) *au petit Missouri, affluent de l'Ouachitta* (Emigrants' guide).

	milles.
De Saint-Louis à la rivière de Maramek . . .	60
De cette rivière aux terres élevées situées entre elle et le Saint-François.	30
De ce point à la source du Saint-Francois. .	35
De là au grand affluent Noir de la rivière Blanche.	30
Du grand affluent Noir au petit affluent Noir de la même rivière	12
Depuis ce dernier jusqu'au Courant.	10
Du Courant à Thomas' Fork.	25
Du Thomas' Fork au Spring	30
Du Spring à la rivière aux Fraises.	35
De la rivière aux Fraises à la rivière Blanche.	60
De la Blanche à son affluent la Petite-Rouge.	60
De la Petite-Rouge à l'Arkansas.	35
De l'Arkansas aux sources chaudes.	50
Des sources chaudes à l'Ouachitta	9
De l'Ouachitta à la fourche au Caddo. . . .	24
De cette fourche à la petite rivière Terre-Noire.	20
De la Terre-Noire au Petit-Missouri.	16
Distance totale	541

(1) Saint-Louis, capitale du territoire de Missouri, est situé sur les bords du Mississipi, à dix-huit milles au-dessous du confluent du Missouri.

CHAPITRE XXVI.

Description du pays situé entre les montagnes
Rocky et l'Océan Pacifique (1).

TOPOGRAPHIE.

SITUATION ET ÉTENDUE. Cette contrée est située
entre le 42° et le 49° de latitude nord, et entre
le 32° et le 47° 57′ de longitude ouest du Washington. Elle est bornée au nord par le 49°, qui
la sépare des possessions anglaises (2); au sud,

_____

(1) Elle est tirée presque toute du voyage des capitaines Lewis et Clark dans cette partie du continent
américain, pendant les années 1804, 1805 et 1806.

(2) L'on n'est pas encore d'accord sur la ligne de démarcation septentrionale entre les possessions des États-
Unis et celles de l'Angleterre, à l'ouest des montagnes
Rocky. Les Américains réclament la continuation jusqu'à l'Océan Pacifique, de la ligne tirée sous le 49° de
latitude.

Par le traité conclu à Londres le 20 octobre 1818, il
a été convenu que tout pays qui pourrait être réclamé
par l'une ou l'autre des parties contractantes sur la côte
nord-ouest de l'Amérique, à l'ouest des montagnes
Rocky, serait, ainsi que les havres, baies, creeks et

par le 42°, qui lui sert de limites entre celles
de l'Espagne; à l'est, par la chaîne des montagnes Rocky, et à l'ouest, par l'Océan Pacifique.
Sa plus grande longueur, de l'est à l'ouest, est
de sept cents milles environ, et sa plus grande
largeur, du nord au sud, est de cinq cent cinquante.

Superficie. Ce pays a cent quatre-vingt mille
cent quatorze milles carrés, ou cent quinze
millions deux cent soixante-douze milles neuf
cent soixante acres. (M. Tardieu fils.)

Aspect du pays et nature du sol. Les montagnes Rocky forment une partie de la grande
chaîne, encore peu connue, qui s'étend du
détroit de Magellan vers le cercle polaire; les

---

rivières qui s'y trouveraient, libre et ouvert pendant
dix années, à compter du jour de la ratification de la
présente convention, aux vaisseaux, aux citoyens et
aux sujets des deux hautes puissances; bien entendu
que cet arrangement ne pourra être tourné au préju-
dice d'aucune prétention, que l'une ou l'autre des deux
hautes parties contractantes pourront avoir sur quelque
portion que ce soit dudit pays, et qu'il ne sera pas non
plus regardé comme affectant les prétentions de toute
autre puissance à une partie de ladite contrée : l'unique
objet des hautes puissances contractantes à cet égard,
étant de prévenir les disputes ou différens entre elles
deux.

chasseurs les ont nommées montagnes Rocky, à cause de leur élévation et de leur aspect escarpé. Les voyageurs ne purent mesurer avec précision leur hauteur, parce qu'ils manquaient de baromètres, mais les sommets aplatis et couverts de neige, indiquaient une élévation de huit à neuf mille pieds. Au moyen du loch, on estima la rapidité du Missouri à cinq milles généralement par heure, ce qui est une nouvelle preuve de la grande élévation des montagnes. En Europe, la région des glaces permanentes est élevée de neuf ou dix mille pieds au-dessus du niveau de la mer, mais il règne un froid plus grand dans le continent américain. Cela admis, on peut supposer que les montagnes Rocky ont environ huit mille cinq cents pieds de hauteur. Les Andes, qui en sont à peu près la continuation sur la côte occidentale de l'Amérique du sud, s'élèvent en quelques endroits à la hauteur de vingt mille pieds (1).

La chaîne la plus considérable, située entre le 45ᵉ et le 47ᵉ parallèle, était couverte de neige aux mois d'août et de septembre, et dans les endroits plus bas, le long des défilés et des courans d'eau. Elle ne disparaît point avant le mois de juin. M. Mackenzie suppose, d'après le

(1) Voyez le 40ᵉ. N°. de l'*Edinburgh review.*

grand froid qu'il y éprouva, que leur sommet est
élevé de trois mille pieds au-dessus de la base.
Entre les parallèles indiqués plus haut, la largeur de cette chaîne est évaluée à environ deux
cent quarante milles : mais elle se partage en
plusieurs petites chaînes, et renferme des vallées
profondes, dans lesquelles coulent d'un côté de
nombreux ruisseaux, qui sortent presque tous
de la même source. Les rivières de Jefferson et
de Lewis, dont l'une est un affluent du Missouri, et l'autre de la Columbia, commencent
dans les mêmes montagnes. La rivière de Clark
descend du côté ouest d'une autre chaîne, de
laquelle plusieurs ruisseaux coulent à l'est dans
le Missouri, et la distance entre les eaux de
l'est et celles de l'ouest est, dit-on, dans un endroit d'un mille seulement. Le terme de la navigation du Jefferson est sous le 45° 30' de latitude, et le 112° de longitude de Londres.
Une petite île de cette rivière se nomme *île
de trois mille milles*, parce que c'est la distance qu'il y a de l'embouchure du Missouri,
en suivant le cours de la rivière. La route des
voyageurs américains fut pénible et ennuyeuse,
attendu qu'ils eurent continuellement à traverser des montagnes, des vallées couvertes de
neige, des rivières qu'ils ne connaissaient au-
cunement. Ils employèrent cinquante jours à

passer du lieu de leur débarquement sur la rivière de Jefferson, à celui de leur embarque-
ment sur la Kooskooskée, affluent oriental de
la rivière de Lewis, qui tombe dans la Columbia. On a depuis assuré que l'espace entre la
source du Jefferson et la Travellers'rest Creek (1),
sous le 46° 48′ de latitude, n'était que de
cent soixante-quatre milles, et qu'on pourrait
aisément le franchir en voiture, lorsqu'une
hauteur très-escarpée, que l'on aplanirait à
peu de frais, serait rendue praticable. A leur
retour, les voyageurs trouvèrent un passage
plus court, depuis les plaines de Quamash, auprès du ruisseau du même nom, jusqu'au confluent de la Travellers' rest Creek, et la route
est si facile le long du grand sentier indien qui
conduit dans une plaine, qu'on pourrait la faire
en quatre ou cinq jours (2). A la distance de

---

(1) Petite rivière du repos du voyageur.

(2) Depuis l'expédition de Lewis et de Clark, divers
partis au service de l'établissement de la compagnie des
fourrures d'Astoria, sur les côtes de l'Océan Pacifique,
à quatorze milles du cap Disapointment, ont traversé
le continent américain, et par une route beaucoup plus
praticable dans les montagnes, en un endroit où la
chaîne s'affaisse considérablement. Un des directeurs de
la compagnie partit d'Astoria, le 28 juin 1812, avec
quatre associés et deux chasseurs français, pour porter

quatre-vingts lieues , une autre grande chaîne
de montagnes , presque parallèle à la précédente , s'étend le long du pays voisin de la

dès dépêches à New-York. Un de ces premiers étant
tombé malade à quatre-vingt-dix milles de l'embouchure
de la Columbia, il fut renvoyé à l'établissement, et les
autres continuèrent à remonter cette rivière, lorsqu'à
la distance de six cents milles, ils rencontrèrent un
Américain, nommé Joseph Millar, qui se rendait au
lieu de leur départ, et qui, ayant été dépouillé de tout
ce qu'il avait par les naturels du pays, se trouvait dans
le plus grand besoin de nourriture et d'habillemens.
Lorsqu'ils arrivèrent à deux cents milles des montagnes
Rocky, quelques Indiens, ayant témoigné des intentions
hostiles, suivirent leurs traces pendant six jours, et
finirent par leur enlever les quinze chevaux qu'ils avaient
pris avec eux; de sorte qu'ils furent forcés de continuer
la route à pied, portant eux-mêmes leurs munitions,
leurs couvertures et quelques provisions. Suivant alors
une direction est-sud-est, ils arrivèrent à la source de la
grande rivière Plate (*), qu'ils descendirent jusqu'à son
confluent avec le Missouri, et se rendirent, par le canal
de ce dernier, à Saint-Louis, où ils débarquèrent
le 30 mai 1813. Sur cette route, qui est de beaucoup
plus au sud que celle de Lewis et de Clark, les montagnes sont si peu élevées et d'une pente si facile,

(*) Cette rivière, qui porte bateau dans une étendue de deux
cents milles, est ensuite si peu profonde jusqu'au village des
Indiens Otto, qu'un canot fait de peaux aurait de la peine à y
naviguer.

côte. Les endroits les plus élevés de cette chaîne, les monts Jefferson et le Mont Hood, entre les 44ᵉ et 45° parallèles, sont également couverts de neiges éternelles. Ces montagnes, aperçues par tous les voyageurs qui visitent cette côte, ont plus de trois mille milles d'étendue, depuis l'entrée de Cook jusqu'à la Californie. Entre ces deux grandes chaînes, il en passe une autre moins élevée, et qui a une direction sud-ouest vers le 45° de latitude, où elle se termine par une plaine ouverte. Une autre s'étend dans une direction nord-ouest, et est traversée de la Columbia, en se rendant à la grande chaîne parallèle à la côte. Entre les montagnes Rocky et celles qui avoisinent la mer, le pays est une large et longue plaine sans bois, excepté le long des bords étroits et

---

qu'elles seraient praticables pour des charrettes et des chevaux.

Une autre expédition, composée de soixante hommes, partit de Saint-Louis le 1ᵉʳ. mars 1811. Ayant cessé de suivre le Missouri aux villages des Ricaras, elle prit une direction sud-ouest pour se rendre aux montagnes de Big-Horn; et, après avoir essuyé de grandes privations, et perdu plusieurs hommes par le manque de nourriture et par la fatigue, quelques-uns d'entre eux arrivèrent à Astoria au mois de février 1812, et les autres au mois d'avril suivant.

élevés des courans d'eau. Vers le 46ᵉ parallèle,
cette contrée s'étend à près de quatre cents
milles de l'est à l'ouest; auprès du 53°, où elle
fut traversée par Mackenzie, elle se resserre de
deux cents milles, et là commencent les bois
et les inégalités du terrain.

A l'ouest des montagnes Rocky, le pays,
dans une longueur de plusieurs centaines de
milles et une largeur d'environ cinquante, est
une plaine haute, unie, couverte en quelques
endroits de pins à longues feuilles. En descendant, le sol devient graduellement plus fertile,
et dans plusieurs endroits il est d'une qualité
excellente. Au bas de la chaîne, on voit de
grosses masses de grès répandues sur la surface
du terrain, auquel il donne sa couleur. Mais le
long de la Kooskooskee et du Lewis, le sol est
formé d'une argile légère et jaune, qui ne produit que des cierges, et une petite herbe barbue de trois pouces de longueur. Au-dessous de
la jonction du Lewis, sous le 46° 13′ de latitude, il n'y a point d'arbres dans une étendue
considérable. Entre cette rivière et la Kooskooskee, la chaîne des montagnes, qui se dirige
au sud-ouest, et que traverse le Lewis, se termine au nord-est par une plaine vaste, élevée.
De là une autre chaîne, qui est traversée par
la Columbia, a une direction nord-ouest, et

42 *

au-dessus d'elle, depuis l'embouchure du
Lewis, est une plaine qui, en automne, n'a
d'autres végétaux que des espèces de saules et
de cierges. Au printemps, elle est couverte
d'une petite herbe si nourrissante, qu'en peu
de temps elle engraisse les chevaux du pays,
malgré les fatigues auxquelles ils sont souvent
exposés. Au-dessous de la Cataracte, le pays est
inégal, les collines sont couvertes de chênes
blancs et de pins. Au-dessous du Quicksand, le
terrain est bas, riche et boisé. Auprès du Cru-
satte, les montagnes se rapprochant de la Columbia ont leurs flancs escarpés et couverts
de pins, de cédres, de chênes et de peupliers
de la Caroline. A la jonction du Lepage, les
bords escarpés s'élèvent de deux cents pieds
au-dessus de l'eau, et de là on aperçoit distinc-
tement, du côté de l'ouest, les montagnes
couvertes de neige, qui en sont éloignées de
cent cinquante milles. Depuis le rocher du Sé-
pulcre (1), à trois milles au-dessous de la Cataracte, jusqu'aux montagnes Rocky, se trouve
une plaine unie, dont la largeur, entre les
deux grandes chaînes de montagnes, est d'environ cinq cents milles, et sans bois, excepté

(1) Ainsi appelé de plusieurs excavations de forme
carrée qu'on aperçoit à sa surface.

dans la vallée de la Columbia. Cette vallée s'é-
tend depuis la chaine qui longe la côte jusqu'à
celle qui traverse la rivière du même nom, au-
dessus des grandes chutes, distante d'environ
trente milles; mais sa longueur, du nord au
sud-est, est beaucoup plus considérable. Elle
est couverte dans presque toute son étendue
d'arbres. La température y est douce, et le sol
si productif, qu'on le croit capable de nourrir
quarante ou cinquante mille personnes. Les
hautes terres voisines sont également fertiles;
leur sol est noir, fécond et susceptible de culture; mais un des grands avantages du pays,
c'est que le bois pourrait suffire pendant long-
temps à tous les usages pour lesquels il est nécessaire. Les collines, à l'ouest des grandes
chutes de la Columbia, sont couvertes de pins
et de chênes; mais les bords escarpés et rocailleux n'ont point de bois.

Le rivage de l'océan Pacifique est bas et couvert de gazon; mais l'intérieur de la chaîne de
montagnes qui lui est parallèle produit de
très-grands arbres. Le cap du Disappointment
s'élève de cent cinquante à cent soixante pieds
au-dessus de l'eau. Le point de Clark, à trente
milles au sud-est du précédent, et qui s'avance
de deux milles et demi dans la mer, a mille
pieds d'élévation au-dessus de son niveau.

Une chose remarquable est le rocher de Bea-
con, situé dans une prairie au nord de la Columbia. Il s'élève d'une base de douze cents
pieds de large sur le côté méridional, jusqu'à
la hauteur de sept cents pieds, formant un pré-
cipice qui se termine par une pointe aiguë. A
l'opposé, il y a quelques végétaux, des pins et
des sapins. Cette hauteur s'aperçoit à la distance
de vingt milles.

EAUX.

Rivières. La *Columbia*, dans son passage à
travers le pays, situé entre les deux grandes
chaînes de montagnes, coule d'abord au sud-
ouest, et ensuite dans une direction sud, jusqu'au 46° de latitude, où elle prend son cours
vers l'ouest, jusqu'à l'océan Pacifique, dans lequel elle se décharge, un peu au-dessus de ce
parallèle. Les principaux tributaires de la Columbia sont les rivières de Clark, de Lewis et
de Multnomah.

1°. La rivière de *Clark*, la plus au nord,
prend sa source dans la grande chaîne des montagnes Rocky, auprès du 45° parallèle, un peu
au nord de la rivière de Wisdom, affluent supérieur du Jefferson, et se dirige au nord-ouest
jusqu'au 48° de latitude, où elle perce la chaîne
des montagnes occidentales; et coule ensuite

au sud–ouest jusqu'à la Columbia. Elle se divise
en deux branches, dont la principale est celle
de l'est, ou Cobahlarishkit. La première, auprès
de la Travellers'rest creek, a quatre cent cinquante pieds de large; l'autre, environ deux
cent soixante-dix, à sa jonction. L'affluent
septentrional de celle-ci, dont le lit est profond
et bourbeux et le courant rapide, en a cent
trente–cinq. Le Clark et ses divers tributaires
sont embarrassés de rapides et de bas-fonds;
et, si leur navigation était libre, il existerait
une communication avec le Dearborn et l'Ord-
way, qui se jettent dans le Missouri, et dont ils
approchent de très-près.

2°. La rivière de *Lewis*, dont les branches
s'étendent vers celles du Madison, affluent
du Missouri, coule dans une direction nord-
ouest jusqu'à la Columbia, à laquelle elle se joint
auprès du grand Détour du sud-est. Ses bords
formés d'une pierre raboteuse de couleur foncée, ont, dans quelques endroits, jusqu'à deux
cents pieds d'élévation. Auprès de sa jonction
elle a mille sept cent trente-cinq pieds de largeur, mais les bas-fonds et les rochers en rendent la navigation difficile. Son affluent oriental, la Kooskooskee, a aussi beaucoup d'îlots
et de bas-fonds. Celle-ci, près de sa jonction, a
quatre cent cinquante pieds de largeur, mais

dans les montagnes, à son confluent avec le ruisseau le Quamash, elle n'en a que quatre-vingt-dix, et là elle coule avec une grande rapidité.

3°. La *Multnomah* prend sa source dans les montagnes Rocky vers le sud, probablement auprès de celle du Rio del Norte du golfe du Mexique; et, suivant un cours nord-ouest à travers les montagnes parallèles à la côte, elle opère sa jonction avec la Columbia, dans la vallée de Wappatoo, à cent quarante milles de l'embouchure de cette dernière. La Multnomah, auprès de son confluent, a mille cinq cents pieds de large et cinq brasses de profondeur, et la quantité des eaux qu'elle décharge est estimée au quart de celles de la Columbia. A quarante milles au-dessus de son embouchure, elle reçoit le Clackamas, qui descend du mont Jefferson à travers une contrée fertile et boisée, et porte des canots à une grande distance. Les autres branches supérieures n'ont pas encore été explorées; mais il est probable qu'elles prennent leurs sources près du golfe de Californie, et qu'elles arrosent un vaste pays entre la côte maritime et les montagnes de l'ouest. La chute ou cataracte de la Multnomah est à vingt milles au-delà de sa jonction avec le Clackamas, et au-dessus des montagnes il y a un pays uni sans bois, excepté le long des bords des ruisseaux. Les autres affluens les moins considérables de la Columbia, en commençant par ceux du nord, sont : 1°. le *Wakneacha*; 2°. le *Basket-Pot*; 5°. la *Tapetete*, formée des eaux de deux grandes branches, qui prennent leur source dans les hautes montagnes voisines du détroit de Fuca; 4°. la *Wollawollah*, qui a cent cinquante pieds de largeur et quatre et demi de profondeur, et descend de la chaîne méridionale des montagnes; 5°. le petit ruisseau de *Youmatolam*; 6°. le *Towahnahiooks*, petite rivière rapide, dont une des branches a sa source dans le mont Hood, et l'autre dans celui de Jefferson, et qui se joint à la Columbia au-dessus des grandes chaînes. Auprès de son embouchure il a six cents pieds de largeur; 7°. le *Labiche*; 8°. la rivière de *Quicksand*, ainsi appelée de la nature de son lit, qui a sa source au sud-ouest du mont Hood; 9°. la *Cataracte*, qui descend du nord-nord-est, et dont le lit est profond et le courant rapide; 10°. la rivière à *Canots*; 11°. le *Cruzatte*, appelé du nom du principal batelier de l'expédition, qui se jette au-dessous de la rivière de la Cataracte; 12°. le *Seal*, ainsi nommé à cause du grand nombre de veaux marins que l'on voit auprès de son embouchure, qui se décharge

près du Quicksand, et qui a deux cent quarante
pieds de largeur; 13°. le *Tahwahnahiook*, qui
se joint du côté du nord, et a quatre cent cinquante pieds de largeur; 14°. le *Coweliskee*,
qui s'unit au nord et a la même largeur que le
précédent. Il est profond et navigable.

La Columbia est très-considérable à quelques
centaines de milles de son embouchure. A la
jonction du Lewis, qui en est éloignée d'environ quatre cents milles, en latitude, 46° 15', sa
largeur est de deux mille huit cent quatre-vingts
pieds; elle augmente ensuite depuis un jusqu'à
trois milles, et embrasse beaucoup d'îles, dont
quelques-unes sont d'une grande étendue. Au-
dessus de l'embouchure du Lewis, il y a des
chutes remarquables, où l'inclinaison, dans
l'espace de trois mille six cents peds, est de
trente-sept pieds huit pouces, et des rapides qui
s'étendent sur un espace de trois à quatre milles.
Dans cette descente, toute la masse des eaux,
durant un demi-mille, passe par un canal formé
d'une roche noire qui n'a que cent trente-cinq
pieds de largeur. Au-dessus de l'endroit où la
marée se fait sentir, les eaux sont de douze
pieds plus hautes au printemps qu'en automne,
et (1) il paraît que la Columbia, comme le

(1) L'élévation ordinaire du Nil, du Gange et du

Missouri, a quelquefois inondé ses bords et formé de nouveaux lits. Ceci explique le fait si curieux rapporté par les voyageurs Lewis et Clark, qui ont vu croître de gros pins auprès du Kishowee, quoique la rivière eût alors (le 15 avril) trente pieds de profondeur, et qu'elle n'en ait jamais moins de dix. Auprès du Lewis, les eaux de la Columbia sont si claires, qu'on y aperçoit le saumon à la profondeur de quinze à vingt pieds.

Les autres rivières, qui déchargent leurs eaux dans l'océan Pacifique, au sud de la Columbia, sont le Clatsop, le Chinnook et le Killamuck.

Le *Clatsop*, ainsi nommé de la tribu qui habite ses bords, est une rivière rapide qui a deux cent cinquante-cinq pieds de largeur et trois de profondeur. Le *Chinnook* a cent vingt pieds de largeur pendant les basses eaux. Le *Killamuck*, qui reçoit aussi son nom de la tribu qui réside sur ses bords, a trois cents pieds de largeur; il est rapide, mais navigable pendant tout son cours. C'est le grand canal pour le commerce du pays.

Sénégal, après les pluies du Tropique du nord, est évaluée à environ trente pieds.

Table des distances après avoir quitté le Missouri au-dessous des chutes, et en se rendant par terre aux affluens de la Columbia.

NOMS DES ENDROITS LES PLUS REMARQUABLES.	LARGEUR DES RIVIÈRES.	DISTANCES		
		D'UN ENDROIT A L'AUTRE.	DES CHUTES DU MISSOURI.	DU MISSISIPI.
	verges.	milles.	milles.	milles.
Au confluent de la Médecine.	137	18	18	2593
A la montagne du Fort, en passant entre la Médecine et le Missouri.	»	15	33	2608
Aux montagnes Rocky, à un ouverture de la chaîne qui sépare les eaux du Missouri de celles de la Columbia, en passant au nord d'une montagne, et traversant le Dearborn.	»	35	68	2643
A la fourche de Cohahlarishkit, arrivant du nord. . . .	45	40	108	2683
A la Seamans'-creek, arrivant du nord.	20	7	115	»
A la Werners'-creek, arrivant du nord.	35	10	125	2700
A la fourche orientale du Clark, à l'entrée du Cohahlarishkit.	80	30	155	2730
A la rivière de Clark, au-dessous des fourches.	150	12	167	2742
A la Travellers'rest creek . .	»	18	190	»
Aux sources chaudes, sur les bords de la rivière.	»	13	203	2778
A la clairière de Quamash,				

NOMS DES ENDROITS LES PLUS REMARQUABLES.	LARGEUR DES RIVIÈRES.	DISTANCES		
		D'UN ENDROIT A L'AUTRE.	DES CHUTES DU MISSOURI.	DU MISSISIPI.
	verges.	milles.	milles.	milles.
entre la source de la rivière , et un des affluens de la Kooskooskee.	»	7	210	»
A l'affluent septentrional de la Kooskooskee. . . . . , . . .	»	7	217	»
A la rencontre des sentiers sur le sommet d'une montagne couverte de neige.	»	10	227	2802
A la Hungry-creek qui arrive à droite, après avoir traversé une chaîne de montagnes couvertes de neige , à l'exception de deux endroits exposés au midi, à huit ou à trente-six milles de la rivière.	»	54	281	2856
A une clairière sur la Hungry-creek.	»	6	287	»
A une clairière sur un de ses affluens	»	8	295	»
A une clairière sur la Fish-creek.	10	9	304	»
A la Collins' creek . . . . , .	25	13	317	»
Aux plaines de Quamash. . .	»	11	328	2903
A la Kooskooskee, dans un pays couvert de pins	120	12	340	2915

Tableau des distances, depuis les sources des affluens de la Columbia jusqu'à l'embouchure de cette rivière, dans l'océan Pacifique.

NOMS DES ENDROITS LES PLUS REMARQUABLES.	LARGEUR DES RIVIÈRES.	SITUATION RELATIVEMENT AUX RIVIÈRES.	DISTANCES		
			D'UN ENDROIT À L'AUTRE.	EN DESCENDANT LA COLUMBIA.	DU MISSISSIPI.
	verges.		milles.	milles.	milles.
A la jonction de la Rockdam creek.	20	N.	8	8	2923
A la rivière de Chopunnish. .	120	N.	5	13	2928
A la Colters-creek.	35	N.	37	50	2978
A la jonction de la rivière de Lewis et de la Kooskooskée.	200	S.	23	73	2988
Au village et ruisseau de Swea-thouse.	»	S.	7	80	1 »
Au village du pilote.	»	N.	11	91	3006
A la Kemooenin-creek. . . .	20	S.	48	139	»
A la rivière de Drewyer, au-dessous des courans du Le-wis.	30	N.	5	144	3059
Au rapide de Cave.	»	»	28	172	»
Au rapide de Basin.	»	»	34	206	3121
Au rapide de Discharge. . .	»	»	14	220	3135
A la Columbia, au confluent du Lewis.	»	S. E.	7	227	3142
A la Wollawollah, où l'on passe près de neuf cabanes d'Indiens de cette nation. .	40	S. E.	16	243	3158
Au rapide de Muscle-shell, où l'on passe près de tren-te-trois cabanes de cette tribu	»	S.	25	268	3183

NOMS DES ENDROITS LES PLUS REMARQUABLES.	LARGEUR DES RIVIÈRES.	SITUATION RELATIVEMENT AUX RIVIÈRES.	DISTANCES		
			D'UN ENDROIT A L'AUTRE.	EN DESCENDANT LA COLUMBIA.	DU MISSISSIPI.
	verges.		milles.	milles.	milles.
Au rapide du Pélican , où l'on passe près de quarante-huit cabanes des Pishquit-pahs.	»	N.	22	290	3205
A trois îles, sur lesquelles sont construites vingt-une cabanes des Wahowpum. . . .	»	N.	18	308	3223
Au Court rapide, où se trouvent huit cabanes de ces mêmes Indiens.	»	N.	27	335	3250
Au rapide Rocailleux, où ils ont encore neuf cabanes. .	»	N.	13	348	3263
A la rivière de Le Page. . . .	40	S.	9	357	3272
Au rapide de Fishstack, où il y a vingt-sept cabanes des Eneshures.	»	N.	10	367	3282
A la rivière de Towahnahiook.	180	S.	8	375	3290
Aux grandes chutes de la Columbia , qui ont trente-sept pieds huit pouces d'élévation , près desquelles il se trouve quarante cabanes des Eneshures.	»	N.	4	379	3294
Aux petits courans.	45	»	2	381	3296
Au village de Skilloot, composé de vingt-une grandes maisons en bois, situé près des grands courans, qui ont de cinquante à cent verges de large.	»	N.	4	385	3300
Au village de Chilluckitte-quaw, consistant en huit grandes maisons en bois. .	»	N.	14	390	3314

NOMS DES ENDROITS LES PLUS REMARQUABLES.	LARGEUR DES RIVIÈRES.	SITUATION RELATIVEMENT AUX RIVIÈRES	DISTANCES		
			D'UN ENDROIT A L'AUTRE.	EN DESCENDANT LA COLUMBIA.	DU MISSISIPI.
	verges.		milles.	milles.	milles.
A la rivière de Cataracte , située entre deux villages des Chilluckittequaws , l'un composé de sept maisons et l'autre de onze.	60	N.	10	409*	3324
Au roc du Sépulcre , vis à vis un village des Chilluckitte-quaws.	»	N.	4	413	3328
A la rivière de La Biche , vis-à-vis de vingt-six maisons des Smackshops éparses çà et là sur le bord septentrional. . . . . , . . .	46	S.	9	422	3337
A la Little-lake-creek , où il y a trois autres maisons des Smackshops.	28	N.	10	432	3347
A la rivière de Cruzatte. . .	60	N.	12	444	3359
Au grand Rapide , un peu au-dessous du village des quatorze maisons en bois , habité par la tribu de Yehuh , dépendant de la nation de Shahala.	»	N.	6	450	3365
Au village Wahclellah des Indiens Shahala , composé de vingt trois maisons bâties un peu au-dessous du confluent de la Beacon-rock - creek.	»	N.	12	462	3377
Au roc de Phoca , qui s'élève dans la rivière , de soixante pieds au-dessus de l'eau. .	»	»	11	473	3388
A la rivière de Quicksand. .	120	S.	9	482	3397
A celle de Seal.	80	N.	3	485	»

NOMS DES ENDROITS LES PLUS REMARQUABLES.	LARGEUR DES RIVIÈRES.	SITUATION RELATIVEMENT AUX RIVIÈRES.	DISTANCES		
			D'UN ENDROIT A L'AUTRE.	EN DESCENDANT LA COLUMBIA.	DE LA MISSISSIPI.
	verges.		milles.	mil'es.	milles
Au village de Neechaokée, vis-à-vis l'île du Diamant.	»	S.	4	489	»
A un autre village des Shahalas, consistant en vingt-cinq maisons.	»	S.	12	501	3416
A la Multnomah.	500	S.	14	515	3430
Au village du même nom. . .	»	S.	6	521	»
Au village de Quathlahpotle.	»	N.	8	529	»
A la rivière de Tahwahnahiooks.	200	N.	1	530	3445
Au village et à la rivière de Cathlahaws.	18	N.	10	540	3455
A l'extrémité inférieure de l'île d'Élaliah , ou aux Daims. .	»	S.	6	546	»
A la rivière de Coweliskée. Les Skilloot résident près du confluent, sur les bords de cette rivière.	150	N.	13	559	3474
A l'île de Fanny. . . . , . . .	»	S.	16	577	3490
A l'île de Sea Otter.	»	»	12	587	3502
Au village supérieur des Wahkiacum.	»	N.	6	593	3508
Au village des Cathlamahs, consistant en neuf grandes maisons de bois , au sud des îles Seal.	»	S.	14	607	3522
Au point William, vis-à-vis la baie Plate.	»	S.	10	617	3532
Au point Meriwether , au dessus de la baie du même nom.	»	S.	9	626	3541
Au village de Clatsop , au des-					

NOMS DES ENDROITS LES PLUS REMARQUABLES.	LARGEUR DES RIVIÈRES.	SITUATION RELATIVEMENT AUX RIVIÈRES.	DISTANCES		
			D'UN ENDROIT A L'AUTRE.	EN DESCENDANT LA COLUMBIA.	DU MISSISSIPI.
	verges.		milles.	milles.	milles.
sous de la baie de Meriwether, et cinq milles au nord-ouest du fort Clatsop. . . .	»	S.	8	634	3549
Au point Adams, à l'embouchure de la Columbia, dans l'océan Pacifique, au 46° 15' de latitude nord, et au 125° 57' de longitude ouest de Greenwich	»	S.	6	640	3555

« Le fort Clatsop est situé sur la rive occidentale du Netul, à 3 milles de la baie de Meriwether, et à 7 de la côte de la mer la plus voisine. C'est dans ce fort que les capitaines Lewis et Clark passèrent l'hiver de 1805. La route que ces deux officiers firent en remontant le Missouri jusqu'à ses sources, fut de 3,096 milles ; de là ils se rendirent par terre, en suivant la rivière de Lewis, à celle de Clark, qu'ils descendirent jusqu'à la jonction de la Travellers' rest Creek, où tous les sentiers se rencontrent. Ils traversèrent ensuite les montagnes Rocky, et arrivèrent sur les affluens de la Columbia, après avoir parcouru une étendue de 398 milles ; ils suivirent après le cours de cette dernière pendant 640 milles ; ce qui fait une distance totale de 4,134 milles. Lors de leur retour en 1806, ils se rendirent directement de la Travellers' rest Creek aux chutes du Mis-

souri : ce trajet abrégea leur route de 579 milles ; de
sorte que la distance depuis le Mississipi jusqu'à l'Océan
Pacifique , se réduirait à 3,555 milles. Ils avaient suivi
le Missouri pendant 2,575 milles , jusqu'aux chutes , et
traversé ensuite les plaines et les montagnes Rocky
jusqu'aux affluens de la Kooskooskée , durant 340 milles ;
ils trouvèrent le chemin bon pendant 200 milles ; après
quoi ils eurent à franchir des montagnes escarpées et
remplies de précipices , qui étaient couvertes , dans une
étendue de près de 60 milles , de plusieurs pieds de
neige lorsqu'ils y passèrent à la fin de juin. Depuis le
point où commence la navigation de la Kooskooskée ,
ils descendirent cette rivière rapide pendant 73 milles ,
jusqu'à son confluent avec le Lewis , dont ils suivirent
le cours jusqu'à la Columbia , qui est éloignée de ce
point de 154 milles , et se rendirent , par le canal de
cette rivière , à l'Océan Pacifique, distance de 413 milles.
La marée remonte jusqu'à 180 milles de son embouchure. Ils passèrent plusieurs courans dangereux , et une
chute considérable , de 37 pieds 8 pouces d'élévation ,
située à 368 milles de la mer. L'espace qu'ils parcoururent le long de la Columbia et de ses tributaires étant
de 640 milles , le trajet le plus court depuis le confluent
du Missouri et du Mississipi jusqu'à l'Océan Pacifique ,
est de 3,555 milles. »

MÉTÉOROLOGIE.

Température. Le climat de cette contrée est
plus doux que celui des états bordés par l'Atlantique, sous les mêmes parallèles. La vallée
de Columbia offre peu d'apparence de gelée

43 *

au mois de novembre. Auprès de l'embouchure de la Columbia, Lewis et Clark virent pleuvoir tous les jours depuis le 1er. jusqu'au 15 novembre, et dans la baie de Haley, la pluie ne cessa que deux heures durant les dix derniers jours. Les sommets des montagnes Rocky sont couverts d'une neige perpétuelle, et leurs côtés et les vallées qu'elles forment sont sujets à des variations extraordinaires de température. Le 21 août, l'encre gela dans la plume des voyageurs américains, et le 16 septembre il tomba de six à huit pouces de neige. Le 21, le froid fut intense sur les montagnes, tandis que dans une vallée arrosée par une branche de la Kooskooskée, on jouissait d'une chaleur agréable, qui le 25 devint même accablante; en descendant vers les grandes plaines, la température fut douce pendant les premiers jours d'octobre, et ensuite la chaleur fut tempérée par une brise régulière, qui venait chaque matin des montagnes de l'est à la latitude de 46° 34': En repassant sur ces montagnes en 1806, la neige sur le côté sud des chaînes qui séparent les eaux du Chopunnish de celles de la Kooskooskée avait, en plusieurs endroits, onze pieds d'épaisseur, le 17 juin. Le froid engourdissait les mains et les pieds des voyageurs, qui ne purent continuer leur route avant le 27. Alors la neige, qui était tombée, avait à peu près quatre pieds d'épaisseur, et était assez solide pour que les chevaux ne pussent enfoncer de plus de deux ou trois pouces; le 29, on put descendre jusqu'à la branche principale de la Kooskooskée. Mackenzie, en retournant à travers la même chaîne de montagnes, mais plus au nord, auprès du 53° de latitude, trouva leurs flancs couverts de neige, le 26 juillet. La terre était encore gelée, et l'herbe commençait à peine à poindre.

RÈGNE MINÉRAL.

Sources minérales. Dans la chaîne des montagnes Rocky, il y a plusieurs sources chaudes qui ont différens degrés de température.

RÈGNE VÉGÉTAL.

On a déjà vu qu'excepté sur les bords des rivières, la grande plaine de ce pays est sans bois, mais que le long de la côte, et à une distance considérable, il y en a beaucoup d'excellent. Les arbres les plus abondans sont, disent Lewis et Clark, différentes espèces de pins. Quelques-uns ont de vingt-sept à quarante-deux pieds de circonférence, s'élèvent à la hauteur de deux cent trente pieds, dont les cent premiers n'ont point de branches. Dans les terres élevées voisines de la vallée de Columbia, ils ont trouvé un arbre renversé de trois cent deux pieds de longueur et de treize de diamètre. Le bouleau noir parvient à la hauteur de soixante à soixante-dix pieds, et en a deux à quatre de diamètre. Il perd son feuillage vers le 1er. décembre. Un arbre qui ressemble au frêne vient sur les bords de la Columbia, au-dessous de la jonction de la Cataracte; son tronc a communément trois pieds de diamètre, et il s'élève à quarante ou cinquante pieds de hauteur. Un autre arbre ayant un petit tronc de six ou sept pouces de diamètre, se trouve en bouquets dans le même pays. En descendant des montagnes près de la Kooskooskée, le cédre blanc devient assez gros pour qu'on puisse en faire des pirogues de quarante-cinq pieds de longueur. Le cornouiller abonde dans les terres élevées, où il atteint deux pieds de diamètre. Le frêne, le peuplier de Caroline et le saule, croissent sur les terres basses dans le voisinage des montagnes.

RÈGNE ANIMAL.

Mammifères. Le *cheval* et le *chien* sont les seuls animaux domestiques. Les chevaux sont

petits , mais robustes, et accoutumés à supporter les intempéries des saisons. Les Indiens les
cèdent volontiers aux voyageurs pour quelques
bagatelles , et notamment pour des grains de
verroterie. Il y en a de sauvages , en grandes
troupes , auprès des sources de la rivière Yel-
low-Stone , à l'est des montagnes. Le *chien* est
de petite taille ; il a les oreilles droites et le nez
pointu comme le loup; ses poils sont courts et
assez doux ; ceux de la queue longs et durs. Les
indigènes ne le mangent point, et ne l'emploient qu'à la chasse de l'élan. On compte quatre espèces du genre cerf (*cervus*) de Linnæus.
1°. l'*élan* ordinaire , qui habite les parties boisées et les plaines; 2°. le *daim commun rouge* ;
3°. le *daim mulet*, qui se tient principalement
dans les plaines du Missouri et sur les bords de
la Kooskooskée, non loin des montagnes Rocky ;
4°. le *daim à queue noire*, qui paraît appartenir à une espèce encore inconnue , et qu'on ne
trouve qu'au-delà des montagnes Rocky, sur
les bords de l'Océan Pacifique : il est plus trapu
et plus bas sur jambes que le daim ordinaire,
dont il semble faire le passage à l'espèce du
daim mulet. Ses couleurs sont plus sombres et
sa peau est noire.

Le *mouton*, dont on a vu seulement la peau
employée comme vêtement par les habitans de

la côte maritime, paraît aussi grand que nos races domestiques. Sa laine est blanche, courte et mêlée de jars ; ses cornes sont rondes, longues de quatre pouces et contournées en spirale vers le milieu du front, un peu au-dessus des yeux. Sa laine sert à faire des sortes de tapis. Un petit ruminant à cornes courtes, droites et coniques, et qui a été rapporté au genre des *antilopes*, fournit sa peau aux Indiens, qui s'en servent en guise de couvertures.

Les loups et les renards sont abondans : le *gros loup brun*, semblable à celui des États-Unis, habite les forêts des bords de la mer et les montagnes que traverse la Columbia entre les grandes chutes et les rapides ; les *loups des plaines* sont de deux espèces, qui diffèrent entre elles par la taille, et qui ressemblent assez au loup des terrains bas du Missouri. Quant aux renards, on distingue : 1°. le *gros renard rouge* ; 2°. le *petit renard rouge*, qui habite les plaines; 3°. le *renard rouge ordinaire* des États-Unis, qui se trouve sur la côte ; 4°. le *renard noir* ou *pêcheur*, comme on l'appelle à Détroit, qui se tient dans les parties boisées de l'est ; 5°. la *renard argenté*.

Le *couguar* se trouve dans les grandes plaines de la Columbia, dans la partie occidentale des montagnes Rocky, et sur la côte de l'Océan

Pacifique. Le *chat tigre*, qui ressemble à celui
des États-Unis, quoique plus gros; le *grand
ours gris* et l'*ours noir* habitent les parties fo-
restières. Les autres quadrupèdes carnassiers
sont : 1°. le *blaireau*, que l'on dit semblable au
blaireau ordinaire, et qui habite les plaines de la
Columbia et du Missouri; 2°. le *raton laveur ;*
3°. la *loutre de rivière ;* 4°. la *loutre de mer*,
très-grande et couverte d'une magnifique fourrure ; 5°. le *minx,* espèce de marte, semblable
à celui des États-Unis; 6°. la *fouine* ; 7°. les
phoques, dont on trouve plusieurs espèces, tant
sur la côte que dans les embouchures des rivières qui y aboutissent, et notamment dans la
Columbia , jusqu'à ses chutes. La *taupe* est la
même que celle des États-Unis.

Parmi les rongeurs, on remarque : 1°. un
lièvre, gris de plomb en été , tout blanc en hiver, à l'exception des oreilles, qui sont toujours
de couleur noire ou rousse foncée, et dont le
poids est de sept à onze livres; 2°. le *lapin*,
semblable en tout à celui des États-Unis; 3°. le
castor ; 4°. le *gros écureuil gris*, sur le côté supérieur des montagnes Rocky, au-dessus des
chutes de la Columbia : il est voisin de l'écureuil
renard des États-Unis, s'il n'est le même ; 5°. le
petit écureuil gris, dans tous les bois des montagnes Rocky; 6°. le *petit écureuil brun*, qui

se trouve dans les pays à pins, et qui est à peu près de la grosseur de l'écureuil rouge des États-Unis; 7°. l'*écureuil de terre*, ou l'écureuil suisse; 8°. l'animal appelé *écureuil aboyant*, par Lewis et Clark, mais qui paraît appartenir à un groupe de rongeurs particulier : il ressemble à un animal qu'on trouve dans le Missouri, qui vit dans des trous de vingt à trente verges d'étendue, éloignés l'un de l'autre de dix ou douze, et qui fait consister sa nourriture seulement en matières végétales; 9°. la *souris*, semblable à celle des États-Unis. Le nom de *sewellel* appartient à un quadrupède dont on ne saurait déterminer le genre ou la famille, parce qu'on n'en connaît que la peau, qui a quatorze à dix-huit pouces de longueur, et sept à neuf de largeur. Cette fourrure est d'un beau rouge brun, ce qui lui donne beaucoup de prix parmi les Indiens, qui s'en font des vêtemens. Quoique cet animal vive sous la terre comme le chien de prairie ou l'écureuil aboyant, il monte cependant sur les arbres avec une grande activité. Il fréquente les endroits boisés de la côte, ainsi que les grandes chutes et les rapides de la Columbia.

Les *cétacés* sont nombreux dans l'Océan Pacifique, et il y a lieu de croire que les espèces de *baleines*, au nombre de buit au moins (1), qu'on a observées dans les mers du Japon, fréquentent aussi les rivages du nord-ouest de l'Amérique. Il en échoue quelquefois sur la côte, où l'on voit fréquemment des marsouins, qui remontent la Columbia jusqu'au point où. la marée haute cesse son effet.

Oiseaux. On n'a encore donné aucune description scientifique des oiseaux que les voyageurs Lewis et Clark ont rapportés. Ceux dont ils font particulièment mention dans leur voyage, sont : l'*aigle*, appelé *calumet*, et dont le plumage est très-estimé comme ornement par les naturels du pays, qui se tient dans la partie occidentale des montagnes, et descend dans la plaine en été et en automne ; plusieurs espèces de *gelinottes ;* le *faisan*, dont il y a quatre espèces ; le *gallinaze aura*, qui fréquente le pays au-dessous des chutes de la Columbia, et dont un avait neuf pieds de l'extrémité d'une aile à l'autre ; le *corbeau*, qui est plus petit que celui des états baignés par l'Océan Atlantique ; le *vautour ;* le *grand merle ;* la *pie ;* la *bécasse ;* le *pic ;* l'*alouette ;* le *gobe-mouche*, dont il existe deux espèces.

(1) En ne comptant que célles sur l'existence desquelles M. Lacépède a publié récemment une notice.

Les *oiseaux aquatiques* qui visitent la côte pendant l'hiver, sont, deux espèces de *cygnes*; plusieurs sortes de *canards ;* l'oie *sauvage,* dont il y a une espèce qui ressemble à celle de Canada; et plusieurs autres oiseaux particuliers aux États-Unis.

Reptiles. Parmi les *serpens* qu'on a remarqués, on cite principalement : 1°. le serpent à sonnette, et 2°. le serpent rayé (semblable à celui des États-Unis). Parmi les sauriens, on distingue le *lézard à corne ,* ou *buffle de prairie ,* qui abonde dans les lieux sablonneux, à la suite des grandes pluies.

Poissons. Les poissons les plus abondans et les plus estimés des Indiens, sont le *carrelet* et le *saumon,* dont il y a quatre espèces. L'une de celles-ci, qui est la plus commune, a ordinairement deux pieds et demi à trois pieds de long, et pèse cinq à quinze livres. Ces diverses espèces de saumons fréquentent les eaux de la Columbia, et forment la principale nourriture des naturels du pays. La *truite tachetée* se trouve seulement dans les eaux tributaires de la Columbia qui serpentent parmi les montagnes, et ressemble à celle que l'on prend dans les parties supérieures du Missouri. Les *anchois,* connus sous le nom de *olthen ,* sont fumés par les Indiens pour leur consommation.

Insectes. On trouve le *ver à soie* dans ce pays, mais non pas l'*abeille.* Les *mousquites* y sont fort communs, et incommodent beaucoup les hommes et les chevaux. Les *puces* sont prodigieusement nombreuses dans les cabanes des Indiens, situées depuis les chutes de la Columbia jusqu'à l'embouchure de ce fleuve dans l'Océan Pacifique.

Positions astronomiques citées dans les voyages de Lewis et Clark.

TOME II.	LATITUDE.
P. 11. Confluent des rivières Lewis et Columbia	46° 15′
77. Camp à la baie de Haley	46° 19′
35. Camp à l'extrémité des grandes chutes de la Columbia	45° 42′
56. Portage du Grand-Rapide	45° 44′
Cap Rond de La Peyrouse, ou la Pointe—Adams de Vancouver (longitude de Greenwich, 124° 57′, et de Washington, 47 59′)	46° 15′

Lewis et Clark indiquent comme point des rapides de la Columbia, le 59° 45′ de latitude septentrionale ; mais il est évident que c'est une erreur.

CHAPITRE XXVII.

TERRITOIRE DES FLORIDES (1).

TOPOGRAPHIE.

SITUATION ET ÉTENDUE. Ce pays est situé entre le 25° et le 31° de lat., et entre le 3° 30′ et le 10° 30′ de long. ouest de Washington. Il est borné au nord par la Géorgie et l'Alabama ; au sud et à l'est, par l'Océan atlantique ; et à l'ouest, par le golfe du Mexique. Le pays se divise en Floride orientale et occidentale. La première est cette longue presqu'île située entre le golfe du Mexique et l'Océan ; et la seconde, formée d'une portion de terre étroite, s'étend entre l'état d'Alabama et le golfe, depuis le Perdido jusqu'à la Chatahooché. Sa longueur est d'environ cent quarante-cinq milles, et sa largeur varie depuis trente jusqu'à quatre-vingt-dix milles.

Superficie. La Floride, comprise entre le Rio

---

(1) Ce pays fut cédé aux États-Unis par l'Espagne, le 22 février 1819.

Perdido, le 31° de latitude et la limite de la Géorgie, contient une surface de 35,808 milles carrés, ou 22,917,120 acres, d'après le calcul de M. Tardieu fils. Selon le docteur Stork, la Floride orientale, bornée au nord par la Sainte-Marie, et à l'ouest, par l'Apalachicola, a 12,000,000 d'acres en superficie, ou presque la même étendue que l'Irlande. Elle a 350 milles de longueur du nord au sud, et 240 de largeur depuis cette dernière rivière jusqu'à l'embouchure de la Sainte-Marie. De celle du San-Juan, 40 milles plus au sud, où commence la péninsule, sa largeur est de 180 milles, et aux environs du cap de la Floride elle n'est plus que de 30 ou 40.

Aspect du pays et nature du sol. La côte de la mer de la Floride orientale est basse et plate jusqu'à la distance de quarante milles dans l'intérieur, où la surface devient tant soit peu montueuse, et même rocailleuse en quelques endroits. Le pays est en général entrecoupé de rivières, et ressemble assez à la Hollande ou à Surinam dans la Guiane. Il y a presque partout quatre couches de terre; la première se compose d'un terreau qui a plusieurs pouces d'épaisseur; la seconde consiste en sable, et est épaisse d'un pied et demi; au-dessous de celle-ci il s'en trouve une d'argile blanche compacte semblable à la marne d'Angleterre, qui a communément quatre pieds d'épaisseur; la quatrième est une couche de roche formée de coquillages pétrifiés. Ces deux dernières contribuent beaucoup à rendre humide le sable autour des racines des arbres et des plantes, et par conséquent sont une des principales causes de la fertilité du pays (Stork).

Le sol de la Floride occidentale ressemble en tous points à celui des parties de l'Alabama qui lui sont contiguës : il est marécageux sur les bords des rivières et sur la côte; plus avant, il est aride et sablonneux, et ne produit que des pins. Sa surface, presque unie, n'a ni roches ni pierres. Il y a, le long des rivières, quelques endroits propres à la culture du riz, du coton et de la canne à sucre. Une bande sablonneuse, qui a environ un quart de mille de largeur, s'étend le long du rivage de la Floride orientale sur l'Atlantique; derrière cette bande, l'on trouve souvent une grande étendue de bonnes terres avec des intervalles où il ne croît que des pins. Quelques géographes ont marqué une chaîne de montagnes dans les parties centrales de la péninsule; mais le fait est que les hauteurs qu'on y voit ne peuvent pas mériter ce nom ; le point le plus élevé, qui est plus près du rivage oriental que de la

côte du golfe, n'offrant que de petits monticules, des rochers épars çà et là, et de vastes
marais (1). L'intérieur du pays renferme des
lacs d'une étendue considérable, et en plusieurs endroits on trouve de la bonne eau dans
de petites excavations. La surface est en général couverte de différentes espèces d'arbres qui
sont moins gros à mesure que l'on approche
du centre de la péninsule, où le terrain est
très-rocailleux. Le meilleur sol, désigné sous
le nom anglais de *haut hammock*, s'élève en
monticules au-dessus de la surface marécageuse,
et consiste en un terreau noir de deux à quatre
pieds d'épaisseur, reposant sur un lit de marne
fertile. Il existe plus ou moins de ces terres
dans la péninsule, à une vingtaine de milles
de la côte, quoique la terre à pin y domine
généralement. Les premières se trouvent en
portions détachées de cent à deux mille acres,
et sont toujours situées auprès d'un cours d'eau
navigable; de sorte qu'on peut se rendre en
bateau d'une plantation à une autre. Ces terres

---

(1) Il se trouve une élévation assez considérable sur
le bord septentrional de la Matanzas, appelée *Torre de
Romo*, et une autre assez remarquable à environ sept
milles au nord du Rio Jega o Goga, nommée *Ropa
Tendida*.

ne sont plus si communes au-delà du San
Juan. Il y a sur les deux bords de cette rivière
des marais salés , s'étendant jusque près de sa
source , qui pourraient être aisément garantis
contre le flux de la marée , et dont la position
est on ne peut pas plus favorable à la culture
du riz , de l'indigo et du chanvre. Les terres
qui bordent la Sainte-Marie sont les plus fertiles de la partie septentrionale de la province.
Celles qui sont situées entre cette rivière et le
San Juan , éloignés l'un de l'autre de quarante
milles , ne présentent qu'une plaine couverte
de pins et entrecoupée par des marais de deux
à cinq milles de longueur et d'un demi-mille à
un mille de largeur. Depuis San Juan jusqu'à
Saint-Augustin , quarante-cinq milles plus au
sud , le sol est encore de même nature , excepté que les marais n'y sont pas si fréquens
et si étendus. A environ vingt milles au sud
de cette rivière , et à trois de la mer , il y a
une étendue de terres peu élevée, connue sous
le nom de *bas hammock* , et large d'un à trois
milles , qui va parallèlement à la côte , et
presque sans interruption jusqu'à l'ouest et au
midi de Saint-Augustin. Ces terres étant sujettes à être inondées de temps à autre, on est
obligé d'y faire des tranchées. Autour de cette
ville , et à vingt milles au sud , le sol est léger

et entrecoupé çà et là par de petits monticules
dont le terrain est sec. Plus loin, le pays s'a-
méliore dans une étendue de vingt-cinq milles,
et la quantité de terre fertile est beaucoup plus
considérable. Au-delà de la petite rivière
d'Yomoco sont situées les terres du Vieux
Mousquite, ou Nouvelle-Smyrne, qui, s'étendant du côté du sud pendant près de cinquante
milles jusqu'aux affluens de la petite rivière
Indienne, renferment une plus grande surface de bonnes terres que n'en pourrait offrir,
dans le même espace, un des états méridionaux de l'Union. Des portions de terres élevées et fertiles au-delà des précédentes s'é-
tendent ensuite le long de la rivière Indienne;
mais, à son embouchure, le sol est pauvre et
stérile.

Un grand banc de sable appelé la *Sonda*,
situé sous le 24° 23′ de latitude, s'étend le long
de la côte occidentale de la péninsule, dans
le golfe du Mexique, à la distance de trente
lieues du rivage. La profondeur de l'eau dans
cet intervalle est de cent brasses en quelques
endroits, mais elle diminue à mesure qu'on
approche de la terre ferme. La côte est entrecoupée de nombreuses baies, et autour de la
partie méridionale de la péninsule il se trouve
encore d'autres bancs de sable, des récifs de

44 *

coraux et de petites îles, dont quelques-unes sont couvertes de palmiers.

EAUX.

Lacs. Le lac le plus considérable de la péninsule est celui *Del Espiritu Santo*, qui a vingt-sept lieues de long sur huit de large. Il s'étend au nord de la pointe de la Floride, qui est située sous le 26° 20', et communique par plusieurs canaux avec le golfe de Floride et les nombreuses baies de la côte occidentale. Il y a encore plusieurs autres grands lacs que la rivière San Juan traverse en se rendant à l'Océan.

Rivières. Les principales rivières de la Floride, qui se déchargent dans le golfe du Mexique, sont : 1°. L'*Apalachicola* ou *Cahuitas*, qui, après avoir reçu les eaux de son grand affluent, le Flint, traverse la Floride occidentale dans une étendue de cent vingt milles, et se décharge dans le golfe du Mexique, sous le 29° 45' de latitude, à cinq lieues au nord-est du cap Escondido. A la distance de cinq lieues de la mer, elle se partage en deux branches, dont l'une est appelée le *Calistobale*, et l'autre tombe dans la baie de Saint-Joseph. Le lit de l'Apalachicola est large et profond, et la marée y remonte à cinquante milles envi-

ron. A son embouchure, il y a une belle rade,
entourée d'îles et de lacs, mais qui n'a, à
l'entrée, que trois brasses de profondeur sur
la barre. 2°. L'*Apalache* ou *Ogelagena*, qui
prend sa source près des frontières de la Géorgie, et suit un cours de cent trente milles d'é-
tendue jusqu'à la baie du même nom, près de
laquelle elle reçoit les eaux d'un affluent considérable. La baie qu'elle forme à son embouchure est située à quarante milles environ à
l'est du Saint-Joseph. 3°. Le *Rio Vasisa*, qui a
un cours d'environ quatre-vingts milles, et se
jette dans le golfe à quinze milles au sud-est de
Saint-Marc. 4°. Le *San Pedro*, dont le cours
a cent milles d'étendue, et qui se décharge à
soixante-dix milles de cette même ville. 5°. Le
Rio Amasura, qui se jette dans le golfe sous
le 28° 15′ de latitude, où il est large de dix
milles, et qui conserve une largeur de trois
milles jusqu'à trente milles de son embouchure. Cette rivière communique avec le golfe
de Floride, et l'on croit qu'elle reçoit du nord
les eaux de la rivière Carolinienne.

Les rivières qui se perdent dans l'Océan Atlantique et le golfe de la Floride du côté de l'est,
sont : 1°. la *Sainte-Marie*, qui forme la limite
méridionale de la Géorgie, et qui est navigable
jusqu'à la distance de soixante milles, où elle a

trois brasses de profondeur. Son embouchure, qui a un mille de largeur, forme une belle baie, près de laquelle est située l'île d'Amélie. 2°. Le *Nassau*, au sud de la précédente, qui est navigable jusqu'à une certaine distance de la barre, où il y a communément huit pieds d'eau. 3°. Le *San Juan*, appelé aussi *San Mattheo*, qui est formé par plusieurs cours d'eau, et qui vient, dans une direction septentrionale du cap de la Floride, se jeter dans la mer, au-dessus du 30° de latitude. Il a trois milles de largeur à son embouchure. Le lit de cette rivière étant presque de niveau avec l'Océan, la marée s'élève de deux pieds jusqu'à la distance de cent vingt-cinq milles; et le courant est si faible, que des navires remontent depuis la barre, sur laquelle il y a de cinq à huit pieds d'eau à la marée basse, et neuf lorsqu'elle est haute jusqu'à deux cents milles au-dessus, avec autant de facilité que s'ils descendaient la rivière. Le San Juan traverse dans son cours plusieurs lacs qui, étant joints à diverses rivières, forment une communication non interrompue entre les parties les plus reculées de la péninsule. 4°. Le *Rio San Marco*, qui suit une direction méridionale depuis l'embouchure de San Juan, avec lequel il communique, jusqu'à la rade de Saint-Augustin. 5°. Le

Rio Matanzas, par le canal duquel il existe une communication avec Saint-Augustin, et qui est un bras de la mer. Il a de dix à quinze pieds de profondeur et huit sur la barre. Un peu au sud de Saint-Augustin, il reçoit le Rio Saint-Sébastien, qui a sa source dans un lac. 6°. Le *Rio de Mosquitos*, qui décharge ses eaux sous le 28° 48′ de latitude, et procure une communication facile avec le golfe du Mexique par le canal du Rio Amasura. 7°. Le *Rio de Ays*, ou *Indian Inlet*, dont l'embouchure forme une belle rade sous le 27° 45′ de latitude, qui a cinq brasses de profondeur. 8°. Le *Rio Santa Lucia*, nommé sur plusieurs cartes *Rio Santa Cruz*, qui est situé à trois lieues au sud du précédent, et a une communication avec la baie de l'Espiritu Santo et le Rio Amasura. 9°. Le *Rio Jobe*, sous le 27° 24′ de latitude, qui est joint à la lagune de l'Espiritu Santo. 10°. Le *Rio Jega o Goga*, à cinq lieues au sud de ce dernier, qui mène à un lac rempli de petites îles, et communique par plusieurs canaux avec l'Espiritu Santo. 11°. Le *Rio Seco*, à trois milles plus au midi, qui, à son embouchure sous le 27° de latitude, est profond de dix brasses.

Baies. Les baies situées sur le golfe du Mexique, à l'ouest de la péninsule, sont celles de

Pensacola, de Santa Rosa, de Saint-Joseph, de Saint-André, d'Apalache; une autre baie nommée Saint-Joseph; celles de l'Espiritu Santo et de Carlos. 1°. « La première est, de toutes les rades du golfe, la seule dans laquelle les vaisseaux puissent être en sûreté contre toute sorte de vent; son fond, qui est de sable mêlé en plusieurs endroits de vase, est d'une terre excellente. Environnée de toutes parts, la mer n'y est jamais agitée, et elle peut contenir un grand nombre de navires. On trouve vingt-un pieds d'eau sur la barre qui est à son entrée, et des vaisseaux de soixante canons y peuvent entrer. Le seul défaut est que les grands courans d'eau, qui s'y dégorgent, exposent les canots et les chaloupes à échouer en naviguant pour le service des vaisseaux. Il y a, d'un autre côté, un grand avantage dans cette rade; c'est que les vers qui n'aiment pas l'eau douce, ne s'y engendrent pas; ainsi, les vaisseaux ne sont jamais percés. » (Laval.) 2°. La baie de *Santa Rosa*, douze lieues à l'est de la précédente, offre une rade assez étendue dans laquelle on entre par deux passages formés par une île considérable qui se trouve à son embouchure. 3°. La baie de *Saint-Joseph*, située à trente lieues au sud-est de Pensacola, a treize milles de long sur huit de large. Elle a cinq ou six brasses de profondeur, et procure un bon mouillage. Elle est formée par une langue de terre étroite, qui s'étend en forme de croissant depuis la terre ferme, dans une étendue de vingt milles, et se termine en une pointe appelée *Cabo Escondido*, ou *Cap Caché*. 4°. La baie de *Saint-André* est située à sept milles au nord-ouest de la précédente. 5°. La baie d'*Apalache*, qui a une grande étendue, reçoit les eaux de la rivière du même nom. 6°. Une autre baie de *Saint-Joseph* se trouve sous le 28° de latitude, au sud de l'embouchure du Rio Amasura. 7°. La baie de l'*Espiritu Santo*, longue de vingt milles et large de six milles, a cinq ou six brasses de profondeur. Deux entrées, formées par deux îles, conduisent à cette baie ; celle du nord, seize lieues au sud du Rio Amazura, a de dix à douze brasses d'eau, et celle du sud en a de trois à sept. Un bras de cette baie, appelé *Tempa Bahia*, qui s'étend à vingt milles au nord-ouest, a six milles de largeur, et l'on croit qu'il communique avec la baie de Saint-Joseph et les rivières de l'intérieur. 8°. La baie de *Carlos*, située vers le 27° 30′ de latitude, qui a quatorze lieues de longueur de l'est à l'ouest, et près de cinq de largeur Sa profondeur n'excède nulle part trois brasses d'eau. Le canal qui y mène est à

quatre milles au sud-ouest de l'entrée méridionale de la baie de l'Espiritu Santo.

Les baies ou havres situés sur la côte orientale de la péninsule, sont ceux de Sainte-Marie,
de Saint-Augustin, d'El Palmar, de Baraderos
et d'Aymonté. 1°. La baie de *Sainte-Marie*,
située à l'embouchure de la rivière du même
nom, est regardée come le meilleur havre qu'il
y ait depuis les caps de la Virginie jusqu'à ceux
de la Floride. 2°. Le havre de *Saint-Augustin*
est formé par l'extrémité septentrionale de l'île
de Sainte-Anastasie, et une langue de terre
étroite qui est séparée du continent par la rivière de Saint-Marc. Il y a deux entrées, et
l'eau qui recouvre la barre a toujours de huit à
neuf pieds de profondeur à la marée basse.
3°. La baie d'*El Palmar*, sous le 18° 13' de
latitude, a une étendue de dix milles du
nord au sud, deux de largeur, et dix brasses de
profondeur à l'entrée. 4°. et 5°. Les deux petites
baies de *Barraderos* et d'*Aymonté* sont situées,
l'une sous le 28° 56', et l'autre sous le 29° 4'.

Courans. Le courant est si rapide au cap de
Floride, nommé par les Espagnols cap *de los
Corrientes*, qu'il a plus de force que le vent,
et qu'il empêche les vaisseaux à pleines voiles
d'avancer, les faisant même échouer quelquefois contre les écueils.

Marées. Sur la côte orientale de la Floride, la marée est réglée par les divers vents qui y règnent; un fort vent de l'ouest la fait monter de six pieds sur la barre de Saint-Augustin lorsque l'eau est basse, et celui de l'est du double environ. (Stork.)

Iles. Un groupe d'îles, appelé par Christophe Colomb, *Los Martyros*, borde le cap de Floride. Les *Tortugas*, ou *Tortues*, au nombre de dix, situées sous le 24° 5o′ de latitude, furent ainsi appelées par les Espagnols, qui y pêchèrent plus de cinq mille de ces reptiles lorsqu'ils les découvrirent. Ces îles sont à découvert lorsque les eaux sont basses, et autour d'elles se trouve un mouillage sûr de trois à vingt brasses. Le *Cayo del Anclote* s'étend dans une direction sud, pendant vingt-trois milles, à partir de l'embouchure du Rio Amasura. Son extrémité septentrionale est, pour les marins, une bonne indication de la terre. La *Santa Rosa*, qui s'étend depuis la baie du même nom jusqu'à celle de Pensacola, a trente-trois milles de long, et est séparée de la terre ferme par un canal d'une demi-lieue environ de large, qui est navigable pour de petits bateaux seulement.

Les *Tortolas*, situées sur le rivage oriental, consistent en une ligne de rochers, qui s'é-

tend pendant six lieues le long de la côte,
depuis le 27° 56' de latitude jusqu'à la baie d'El
Palmar. L'île de *Saint-Anastasia* a neuf milles
de long, et est située entre la barre de Matanzas et le havre de Saint-Augustin. L'île d'*Amélie*, qui se trouve à l'embouchure de la Sainte-
Marie, a treize milles de longueur sur deux de
largeur. Le havre qu'elle possède est excellent,
et son sol est en général très-fertile.

MÉTÉOROLOGIE.

Température. La preuve la plus évidente de
la douceur du climat de la péninsule, c'est
qu'on n'y voit jamais de neige; que les plantes
les plus tendres des Indes occidentales, les
orangers et les bananiers ont rarement à souffrir
de la gelée pendant l'hiver; que l'air, pendant
le jour, y est rafraîchi par les brises de mer
et durant la nuit par des vents de terre, et que
les pluies et les rosées nécessitées par l'extrême
ardeur du soleil pendant onze heures du jour,
y sont beaucoup plus abondantes que dans les
pays plus au nord. La partie sud de la Floride
se trouve à un degré et demi du tropique septentrional, et la température du pays approche
de celle des Indes occidentales. Le thermomètre (Fahr.) se tient ordinairement, en été,

entre le 84° et le 88° à l'ombre; mais, en juillet et août, il monte souvent à 94°. On n'y connaît point de brouillards. Aux équinoxes, particulièrement à celui d'automne, il tombe beaucoup de pluie tous les jours, depuis onze heures du matin jusqu'à quatre heures après midi, durant plusieurs semaines. A cette époque aussi, les ouragans sont fréquens.

RÈGNE MINÉRAL.

Les mines de *fer* sont en grande quantité, et on y a remarqué aussi du *cuivre*, du *plomb* et du *mercure*.

Vis-à-vis Saint-Augustin, se trouve une carrière de *pierre blanchâtre*, formée de petits coquillages pétrifiés, qui a servi à bàtir le fort et les maisons de la ville. Elle est molle avant qu'on ne la tire de terre; mais une fois exposée à l'air, elle durcit considérablement, et est très-durable. Il existe beaucoup d'*ambre gris* sur la côte orientale. Il y a aussi plusieurs mines de *houille*.

RÈGNE VÉGÉTAL.

Le climat de cette contrée étant favorable aux productions des pays du midi et du nord, on y trouve une grande variété d'arbres, d'arbrisseaux et de plantes. Les arbres les plus utiles sont le chêne vert, dont le bois est préféré à tout autre pour la construction des vaisseaux ; le cédre rouge qui s'emploie aux mêmes usages, ainsi qu'à faire des planches et des palissades ; le pin blanc, dont on fait de bons mâts, des planches et des charpentes ; le pin rouge que l'on recherche pour la poix et le goudron qu'il fournit, et dont l'écorce est employée pour tanner ; le baumier de Giléad, qui sert à faire de la bière ; le spruce ; l'acajou à meubles (*swietenia mahogany*, L.), et l'acajou à planches (*cedrela odorata*, L.); le laurier borbonia, le bois de campêche commun, l'acajou à noix, qui croissent dans l'intérieur et dans la partie méridionale de la péninsule, et dont ils forment un des principaux articles d'exportation ; le châtaignier, le noyer, le merisier, le frêne et le robinier, dont le bois est aussi très-estimé ; les mûriers blanc et rouge, qui abondent dans les forêts, et sont si précieux pour l'éducation des vers à soie ; l'espèce de sassafras la plus recherchée pour ses qualités médicinales ; l'andromède, le magnolier, le tulipier, le badiane de la Floride (*illicium floridanum*); le tupélo, qui fait le principal ornement des jardins et des parcs (1). Le grenadier,

---

(1) Parmi les arbres et les arbrisseaux de ce pays, se

l'oranger, le citronnier, le figuier, l'olivier, l'abricotier et le pêcher y viennent sans culture et produisent d'excellens fruits ; l'ananas, l'igname, le bananier à grands fruits y croissent aussi. La vigne, les cierges de plusieurs espèces, la salsepareille, l'indigotier sauvage, et différentes espèces, sont indigènes dans ce pays.

La *salicorne*, nommée en anglais *samphire* ou *glass-wort*, abonde sur la côte, dans les marais et les terres basses sujettes à être submergées par la marée. On croit que cette plante est la même que celle dont on fait la perlasse en Espagne.

RÈGNE ANIMAL.

Mammifères. On voyait autrefois de grands troupeaux de bisons dans les savannes, ou les prairies naturelles de l'intérieur de la Floride orientale ; mais aujourd'hui on n'en rencontre

---

trouve une espèce de néflier (*mespilus arbutifolia*); le houx à feuilles de la Louisiane (*ilex cassine*, L.); l'yucca à feuilles entières (*yucca gloriosa*, L.); la cannelle blanche (*winterania canella*, L.); plusieurs espèces de croton; l'amyris sylvestre (*amyris sylvatica*, L.); le sablier élastique (*hura crepitans*, L.); le spondias monbin, le manglier (*rhizophora mangle*); le xanthoxylon à gros aiguillons; le cirier de la Louisiane.

presque plus. Les *daims* y habitent encore en abondance, ainsi que tous les quadrupèdes particuliers aux États-Unis, excepté les élans et les castors, qui ne peuvent supporter la chaleur du climat.

Plusieurs espèces de *dauphins* se trouvent sur la côte.

Oiseaux. La côte de la Floride est visitée par une grande quantité d'oiseaux de mer, qui sont : les pélicans de plusieurs espèces (*pelecanus aquilus*, L.), en anglais, *man of war-bird*, et le sterne noddi, ou sot, *booby* (*sterna stolida*, L.); la sarcelle de Bahama, *whistling duck*; le petit phaéton, *tropic bird* (*phaeton ethereus*, L.); le bec en ciseaux, *sheer-water* (*rhyncops nigra*, L.); le phœnicoptère flamant, *flamingo* (*phœnicopterus ruber*, L.); le crabier bleu (*ardea cærulea*, L.), et le crabier gris de fer ou de Bahama (*ardea violacea*, L.), etc., et en général tous les autres oiseaux aquatiques communs aux États-Unis, à l'exception des cygnes.

Reptiles. On trouve dans ce pays plusieurs espèces de tortues de terre et de mer ; la tortue verte ou franche (*T. mydas*, L.); le caret (*testudo caretta*, L.), etc. Il y a également une grande quantité de lézards, tels que l'iguane (*lacerta iguana*, L.); le lézard strié

(*lacerta striata* , L.), etc. Les rivières sont remplies de *caïmans*, dont les plus grands ont vingt pieds de long. La plupart des *serpens* qu'on y rencontre ne sont pas nuisibles.

Poissons. La côte fourmille de poissons. On remarque entre autres la licorne de mer, *Bahama unicorn fish* (*balistes monoceros*, L.); la vieille femme, *oldwife* (*balistes vetula*, L.); le mulet (*mugil cephalus*, L.); plusieurs espèces de perches; le spare, (*sparus chrysops*, L.), et le *S. radiatus*, L.; le coffre lisse (*ostracion triqueter*, L.)

Coquillages et crustacés. Les huîtres sont en grande quantité; le homar (*cancer homarus*, L.), et plusieurs autres espèces d'écrevisses.

Insectes. Une espèce d'*araignée* jaune, dont le corps est à peu près de la grosseur d'un œuf de pigeon, est particulière à ce pays : sa toile est si forte que de petits oiseaux viennent quelquefois s'y prendre, et deviennent sa proie. Sa morsure est dangereuse (Stork). La *cochenille* se trouve en abondance sur une espèce de cierge.

POPULATION.

La population entière des gens de couleur peut s'élever à deux mille, et celle des blancs à un peu plus. Presque tous les habitans, dont la plupart sont Américains, et les autres Français, Anglais et Allemands, parlent la langue anglaise.

Maladies. L'on a remarqué que, sur la péninsule, les fièvres bilieuses ne sont pas si communes que dans la Géorgie ; et le docteur Stork rapporte, comme preuve de la salubrité du climat, que, lors de l'évacuation de Saint-Augustin par les Espagnols, il s'en trouvait parmi eux plusieurs qui avaient atteint l'âge de quatre-vingt-dix ans ; et que le neuvième régiment anglais, qui forma la garnison de cette ville et des différens forts pendant vingt mois, ne perdit pas un seul homme de mort naturelle durant cet intervalle.

Établissemens. La ville la plus considérable de la Floride occidentale est celle de *Pensacola*, située sur une baie du même nom, à environ dix milles de son embouchure. Les établissemens dans la Floride orientale se trouvent principalement dans la partie située entre la Sainte-Marie et le San Juan. Ils s'étendent à la distance de quarante milles dans l'intérieur et aux environs de Saint-Augustin. Plus au sud, on voit quelques noirs et une plantation à vingt milles de la ville. A Musquito, qui en est éloigné de soixante milles, il y a quatre ou cinq plantations de coton, et un grand nombre d'esclaves. On ne compte tout au plus que deux ou trois établissemens peu considérables aux environs du cap de la Floride. Toute la partie méridionale qui est encore habitée, se peuple de gens qui s'y rendent de la Providence et des îles Bahamas.

Le pays situé entre la Sainte-Marie et le San Juan, divisé en trois districts, contient environ cent cinquante familles, dont trois cent soixante hommes capables de porter les armes. Le nombre d'esclaves dans cette étendue de pays est évalué à près de cinq cents. L'île d'Amélie est défendue par quinze hommes blancs et environ cinq cents esclaves. On a estimé au même nombre les noirs qui habitent dans les autres lieux. *Saint-Augustin*, le seul endroit important de la Floride orientale, se trouve sur la côte Atlantique, à la latitude de 29° et demi; il est situé sur l'isthme d'une péninsule, environné d'une fortification, et défendu aussi par le château San Juan. Cette ville, attendu la salubrité de son climat, est l'endroit où les planteurs de l'île de Cuba viennent passer la saison des fièvres. La population blanche se monte à environ mille personnes, dont cent cinquante en état de porter les armes. Les forces militaires se composent de ces cent cin-

quante blancs , de deux cent cinquante noirs
ou gens de couleur de troupe réglée , de cinquante noirs-libres de milice , et de cinq cents
esclaves.

La ville de *Fernandina* , située sur le bord
méridional de la Sainte-Marie, dans une péninsule qui a sept cent cinquante pieds environ de
large dans la partie la plus étroite, est défendue
par un détachement et deux forts en bois. Sur
la côte , proche la rade , il y a un fort avec une
batterie de huit canons, qui protége les vaisseaux à l'ancre.

Précis historique.

Il paraît que lorsqu'on découvrit la Floride,
le pays était aussi peuplé que le Pérou ou le
Mexique; et l'on est d'autant plus porté à le
croire , qu'on y trouve un grand nombre de
villes et de villages en ruines. Les écrivains
espagnols représentèrent les naturels du pays
comme étant plus grands et plus robustes que
ceux du Mexique. Soumis à de petits chefs ,
appelés caciques , qui se faisaient souvent la
guerre les uns aux autres , ils vivaient dans des
cabanes d'une construction commode , recou-
vertes de feuilles de palmiers , et se nourris-
saient de maïs, de racines, d'oiseaux sauvages
et de poissons.

La Floride fut découverte, en 1512, par Jean Ponce de Léon (1), et visitée, en 1720, par Lucas Vasquez d'Aylon, qui s'y rendit de Saint-Domingue, à dessein d'enlever des sauvages pour les employer dans les mines. Il y toucha au cap, qu'il appela *Guadalpé*, nommé ensuite *Sainte-Hélène*, et donna le nom de *Chicora* à la rivière connue depuis sous celui de *Jourdain*. En 1538, Ferdinand de Soto entreprit la conquête du pays, et débarqua dans la baie de l'Espiritu Santo. Les Espagnols prirent possession du pays en 1565, et y construisirent le fort Saint-Augustin. Ils bâtirent ensuite, en 1696, le fort Saint-Charles, une église et quelques maisons sur la baie de Pensacola (2). En 1704, les Anglais s'emparèrent de Saint-Marc d'Apalache, et détruisirent la ville. Des Français s'établirent, en 1718, à l'entrée de la baie de Saint-Joseph; mais ils se retirèrent l'année suivante. Les Espagnols bâtirent, en 1719, un fort à l'embouchure de l'Apalachicola, et un autre à vingt-cinq lieues plus haut.

Dans les différentes guerres qui eurent lieu

---

(1) Voir le chapitre de l'Alabama, art. *Histoire.*

(2) Nom d'une tribu indienne habitant dans cet endroit, qui fut ensuite anéantie par suite des guerres qu'elle eut à soutenir contre d'autres peuplades.

entre les puissances européennes, le pays chan-
gea souvent de maîtres, et devenait toujours le
partage des vainqueurs (1). Lorsque les Espagnols le cédèrent aux Anglais, les établissemens
qu'ils y avaient à cette époque étaient ceux de
San Matheo, de San Augustin, de San Marcos,
de San Joseph et de Pensacola ; et le gouvernement britannique, voulant y attirer des planteurs, offrit, l'année suivante, cent acres de
terre à tout chef de famille qui viendrait s'y
établir, et cinquante à chacune des personnes
qu'il amènerait avec lui, à condition qu'il paie-
rait une redevance annuelle de 1 sou par acre.
La colonie n'eut cependant pas un accroissement rapide, bien que les dépenses du gouvernement civil et militaire fussent de 100,000 liv.
sterling par an. La valeur des marchandises
exportées annuellement de Pensacola pour la
Grande-Bretagne, après la paix de 1763,
a été estimée à 60,000 livres sterling ; elles
consistaient en cuirs, bois de campêche et
autres bois de teinture, et en dollars. Les
importations anglaises montaient à 97,000 liv.

_____

(1) Il fut cédé en 1763 au gouvernement anglais
pour le port de la Havane. La partie occidentale fut
prise par les Espagnols en 1781, et l'autre leur fut
rendue en 1783.

sterling. Le gouvernement des États-Unis, craignant que l'Espagne ne cédât ce pays à quelque
puissance européenne, fit une loi en 1811,
qui autorisait le pouvoir exécutif, en cas de
besoin, de s'emparer de la Floride en entier
ou en partie, et de la retenir jusqu'à ce qu'il
en fût décidé autrement par un traîté; et, par
un second acte de même date, il mit 800,000
dollars à sa disposition pour cet effet. L'île
d'Amélie étant devenue, vers cette époque,
l'endroit que les négocians anglais choisirent
pour débarquer leurs marchandises, et éluder,
par ce moyen, la loi promulguée par le gouvernement des États-Unis, défendant toute
communication avec les autres nations, le général Matthews en prit possession, ainsi que de
plusieurs autres parties de la Floride orientale,
qui furent rendues à l'Espagne immédiatement
après. Pensacola fut prise par le général Jackson,
après une légère résistance, le 24 mai 1818; et
l'on s'empara presqu'en même temps de Saint-
Marc, et du reste de la Floride occidentale. Les
États-Unis avaient ensuite restitué le poste de
Pensacola, mais ils s'étaient réservé celui de
Saint-Marc, attendu que les Espagnols n'y avaient
pas une force suffisante pour empêcher les incursions des Indiens ennemis. Enfin, le 22 février 1819, l'Espagne céda définitivement le

pays au gouvernement américain pour la somme de 5,000,000 de dollars, payables aux négocians américains, dont les propriétés auraient été séquestrées dans les ports d'Espagne; et le congrès passa le 3 mars suivant un acte, pour en prendre possession.

L'acquisition des Florides par les États-Unis leur sera d'une grande importance sous plusieurs points de vue. 1°. En temps de guerre, les vaisseaux ennemis, soit qu'ils se rendent dans le golfe du Mexique, soit qu'ils en sortent, étant forcés de se tenir près de la côte pour profiter des remoux et des brises de terre, s'exposent, par conséquent, à être capturés. 2°. Les États-Unis pourront plus facilement protéger un pays ouvert contre les attaques et les incursions des ennemis du dehors et celles des Indiens, encore redoutables par leur nombre et par leur bravoure. 3°. La position du pays est très-favorable sous le rapport du commerce en général, mais particulièrement de celui qui a lieu avec les colonies espagnoles. Un bâtiment peut se rendre en quelques jours de Saint-Augustin à la Havane, le grand entrepôt de l'île du Cuba, et la navigation est d'autant plus facile et plus sûre, que les vents alisés, dans ces parages, soufflent de l'est à l'ouest, tandis que

la position relative de ces deux villes est nord
et sud (1).

Organisation civile.

Dans chacun des trois districts, situés entre
Sainte-Marie et San Juan, il y a un capitaine
et un lieutenant de milice nommés par les habitans ; un juge de paix, qui, sur l'avis d'un
conseil ou jury, composé de trois membres,
prononce sur les affaires en litige. Ils ont le
pouvoir de punir dans des cas peu importans ;
mais, dans ceux qui emportent peine capitale,
leur jugement doit être confirmé par les autorités de Saint-Augustin. L'influence du gouvernement espagnol se fait à peine sentir dans la
colonie. Les habitans ne paient d'autres impôts

---

(1) M. Pinkerton remarque que la possession des
Florides, par l'expérience qu'elle en a déjà faite, ne
pourrait être d'aucune importance à la Grande-Bretagne, mais qu'elle serait on ne peut pas plus précieuse
pour les États-Unis, à cause de la grande étendue des
côtes, et de la forme arrondie qu'elle donnerait à leurs
possessions. Cet auteur ajoute qu'il serait peut-être pru-
dent à l'Espagne de leur en faire la cession, en ce
qu'elle détournerait les vues qu'ils pourraient former
sur les riches provinces de l'ouest, et qu'elle serait aussi
une garantie de l'union des deux peuples (*).

(*) *Modern geography*, art. *Florida*.

qu'une taxe indirecte levée sur les marchandises importées.

AGRICULTURE.

Ce pays donne presque toutes les productions des Indes occidentales. Les terres basses sont inondées de temps en temps; mais, lorsqu'on les a défrichées et desséchées, elles sont très-favorables à la culture. Les herbages sont très-beaux, même dans les terres à pins, les arbres y croissant à une plus grande distance les uns des autres que dans les régions plus septentrionales; les pluies et les rosées y étant plus abondantes, et le sol plus compact. Les plaines sont couvertes toute l'année d'une belle verdure; ce qui rend inutile de faire des provisions d'hiver pour la nourriture des chevaux et du bétail.

Le sol et le climat sont très-propres à la culture du riz : le pays étant situé sous la même latitude que celui où elle atteint une si grande perfection. On peut avoir deux récoltes de maïs par an. Le coton, qui vient bien dans un terrain léger et sablonneux, arrosé par des pluies fréquentes, ne pourra manquer de réussir dans ce pays. L'humidité du sol et la chaleur du climat sont très-favorables à la culture de la canne à sucre ; et il n'y a nul danger qu'elle soit avariée par la sécheresse. L'indigo reste sur pied pendant plusieurs années, et peut être coupé quatre fois par an. Lorsque les marais seront défrichés et desséchés pour y semer du riz, on pourra y recueillir les deux premières années de belles récoltes de *lin*, attendu que cette plante exige un sol neuf, riche et humide. La situation méridionale de cette contrée est très-propre à l'éducation des vers à soie. Ils ne sont pas exposés ici, pendant le printemps, à être détruits, comme en Géorgie et en Caroline, par les gelées et la fraîcheur des matinées, ou par le tonnerre et les éclairs, qui n'y sont pas aussi violens, à cause des brises de mer et des averses fréquentes qui y tombent. (*Voir l'ouvrage de Stork.*)

Forts. Les principaux forts sont : 1°. celui de *Barancas*, situé sur une hauteur de sable, qui commande l'entrée de la rade de Pensacola ; 2°. celui de l'île *Sainte-Rose ;* 3°. le fort *Saint-Marc*, qui prend son nom de la rivière sur les bords de laquelle il est situé ; 4°. le fort *San Juan*, au nord de Saint-Augustin ; 5°. celui de *Musa*, ou fort *Nègre*, qui se trouve à quatre milles au nord du précédent ; 6°. le fort *Diego*, bâti sur le bord septentrional du Rio San Marco, à vingt milles environ de Saint-Augus—

tin ; 7°. le fort *Picolata*, à trente milles au
nord-ouest de cette dernière ville ; et 8°. le fort
de *Matanzas*, qui est construit près de la rivière et du havre de même nom.

Phares. On en a construit un en pierre
blanche, à l'extrémité septentrionale de l'île
d'Anastasia.

Route de Saint-Marc-d'Apalache à Saint-Augustin, d'après Roberts.

	milles.
De Saint-Marc à Ocon.	16
D'Ocon au fort Ayavalla.	10
De ce fort à Machalla.	24
De Machalla à San Matheo	11
De San Matheo à San Pedro	25
De San Pedro à Utoca.	11
D'Utoca à Nuvoalla	12
De Nuvoalla à Alochua	8
D'Alochua à Justa-Noca.	8
De Jurla-Noca à un établissement espagnol sur les bords du San Juan.	26
De là au fort Picolata.	8
De ce fort au fort Augustin.	30
TOTAL.	188

Ouvrages qui traitent de l'histoire et des productions de ce pays.

Années 1722. *Coxe* (*Daniel*). *A Description of the english province of Carolina*, *by the Spaniards called Florida, and by the French la Louisiane*, in-8°., *London*. — Description de la province anglaise de Caroline, appelée par les Anglais la Floride, et par les Français la Louisiane.

— 1728. Laval (le père). Voyage de la Louisiane, fait par ordre du roi, en l'année 1720, in-4°., Paris.

— 1741. (*Campbell John*). *A concise history of the Spanish America*, in-8°., *London*. — Abrégé de l'Histoire de l'Amérique espagnole.

— 1763. *Roberts* (*William*). *An account of the first discovery and natural history of Florida*, etc., in-4°., *London, with maps.* — Aperçu de la première découverte et de l'histoire naturelle de la Floride (1).

— 1766. *Stork* (*William*). *An account of East Florida, with remarks on its future importance to trade and commerce*, in-12, *London*. — Description de la Floride orientale, à laquelle on a ajouté des remarques sur son importance future sous le rapport du commerce.

— 1788. *Schopf* (*Johann-David*). *Reise burch einige der mittlern und sudlichen bereinigten Nord-American-*

---

(1) Cet auteur a tiré une grande partie de sa description de la Pensacola du père Laval.

nischen Staaten, Erlangen, 2e. *vol.*, p. 352. — Description des pays du centre et du midi de l'Amérique septentrionale.

— 1791. *Bartram (William). Travels through North and South Carolina, Georgia, East and West Florida,* etc., *with plates*, in-8°., *Philadelphia.* — Voyages de Bartram dans la Caroline du nord et du sud, la Géorgie, la Floride orientale et occidentale, etc.

— 1817. Notes sur la géographie, etc., de la Floride orientale, contenues dans le *National intelligencer* de décembre 1817.

Cartes.

Le voyage du père Laval contient un plan de Pensacola, et une carte de la côte de la Louisiane, depuis l'embouchure du Mississipi jusqu'au Saint-Martin. L'histoire de la Floride, par Roberts, renferme une carte du pays, un plan et une vue de Pensacola, un plan de la baie de Saint-Joseph, de celle de l'Espiritu Santo, et de la ville et du havre de Saint-Augustin.